駿台

2025
大学入学共通テスト

実戦問題集

公共, 政治・経済

駿台文庫編

は　じ　め　に

　2025年度の「大学入学共通テスト」は現行の教育課程のもとで行われる初めての共通テストとなります。新しい科目「公共」も登場し，どのような出題がなされるのか不安に感じている受験生も多いことでしょう。しかし，教科書に準拠した出題内容，そして知識・技能のみならず，〈思考力・判断力・表現力〉も重視して評価するという出題方針には大きな変更はありません。また，「公共」で扱う内容は旧課程科目の「現代社会」に類似しており，共通テスト「現代社会」の過去問題を参考にすることができます。まずは教科書に記されている内容をしっかりと理解した上で，共通テスト形式の問題演習を重ねることが重要となります。

　本書は，駿台オリジナルの実戦問題を5回分，大学入試センターが公表した「試作問題」を1回分，大学入学共通テスト本試験を2回分収録しています。大学入学共通テストの特徴や傾向を把握しながらより多くの演習を重ねることが可能です。そして，わかりやすく，ポイントをついた解説によって学力を補強し，ゆるぎない自信をもって試験にのぞめるようサポートするものです。

　本書を効果的に活用することで，みごと栄冠を勝ち取れることを願っています。

＊　　＊　　＊

　この『大学入学共通テスト　実戦問題集』に加えて，本番前の力試しとして全教科1回分をパックした『青パック』を徹底的に学習することによって，共通テスト対策はより万全なものとなります。是非ご活用ください。

編　者

※　本書に収録されている実戦問題は，『2025－駿台　大学入学共通テスト　実戦問題集』の「公共，倫理」の一部と重複しています。

本書の特長と利用法

■— 特長 —■

1 **実物と同じ大きさの問題**
  問題は縮小せずに原寸大で掲載しました。本番と同じ形式で実戦的な学習ができます。

2 **入試対策が効率よく行える**
  本書は，駿台オリジナルの共通テスト実戦問題5回分，2022年度に大学入試センターが公表した令和7年度(2025年度)大学入学共通テスト試作問題「公共，政治・経済」，2024年度大学入学共通テスト本試験「現代社会」および「政治・経済」を収録しています。実戦問題は駿台講師陣が共通テストを徹底分析し，本番で問われるすべてをここに凝縮しました。

3 **出題傾向を徹底的に分析！**
  「共通テスト 攻略のポイント」では，大学入学共通テストにおける特徴や注意すべき学習のポイントをわかりやすく解説しました。

4 **頻出事項の総復習ができる**
  別冊巻頭には大学入学共通テストに必要な重要事項をまとめた「直前チェック総整理」を掲載しています。コンパクトにまとめてありますので，限られた時間で効率よく重要事項をチェックすることができます。

5 **解説がわかりやすい！**
  例えば選択肢に対しては，正解となるものだけでなく，誤答の選択肢についても解説しています。したがって，「なぜそれを選んではいけないのか？」までもわかります。

6 **共通テスト関連情報が満載！**
  ①2025年度大学入学共通テスト本試験の出題教科・科目，②過年度のセンター試験・大学入学共通テスト受験者数・平均点の推移，③データネット自己採点人数集計による「2024年度大学入学共通テスト得点別人数グラフ」を掲載しました。

7 **自分の偏差値がわかる！**
  大学入学共通テスト本試験の各回の解答のはじめに，大学入試センター公表の平均点と標準偏差をもとに作成した偏差値表を掲載しました。「自分の得点でどのくらいの偏差値になるか」が一目でわかります。

■— 利用法 —■

1 実際の試験にのぞむつもりで，必ずマークシート解答用紙を用いて，制限時間を設けて問題に取り組んでください。

2 1回分をまとめて解く場合は，試験時間である60分以内で解いてください。

3 解説を理解できるまでしっかり読み込み，解き方のポイントを身につけてください。

4 マークシート解答用紙の利用にあたっては，「氏名・フリガナ・受験番号・試験場コード」を必ず記入し，練習用として使用してください。

5 「解答」の「自己採点欄」を用いて自己採点をしてください。その後，時間をかけて問題を読み直し，考え直しましょう。特に，自己採点の結果，自分が正答できなかったと判明した設問については，自分が気づかなかった〈正答〉の根拠は何か，自分が選んでしまった答えのどこに間違いがあるのかについて，解説を読む前にもう一度考えてみてください。

2025年度　大学入学共通テスト　出題教科・科目

以下は，大学入試センターが公表している大学入学共通テストの出題教科・科目等の一覧表です。

最新の情報は，大学入試センターwebサイト（http://www.dnc.ac.jp）でご確認ください。

不明点について個別に確認したい場合は，下記の電話番号へ，原則として志願者本人がお問い合わせください。

●問い合わせ先　大学入試センター　TEL　03-3465-8600　（土日祝日，5月2日，12月29日～1月3日を除く　9時30分～17時）

教科	グループ	出題科目	出題方法 （出題範囲，出題科目選択の方法等） 出題範囲について特記がない場合，出題科目名に含まれる学習指導要領の科目の内容を総合した出題範囲とする。	試験時間(配点)
国語		『国　語』	・「現代の国語」及び「言語文化」を出題範囲とし，近代以降の文章及び古典（古文，漢文）を出題する。	90分（200点）（注1）
地理歴史 公民		『地理総合，地理探究』 『歴史総合，日本史探究』 『歴史総合，世界史探究』→(b) 『公共，倫理』 『公共，政治・経済』 『地理総合／歴史総合／公共』 →(a) ※(a)：必履修科目を組み合わせた出題科目 　(b)：必履修科目と選択科目を組み合わせた出題科目	・左記出題科目の6科目のうちから最大2科目を選択し，解答する。 ・(a)の『地理総合／歴史総合／公共』は，「地理総合」，「歴史総合」及び「公共」の3つを出題範囲とし，そのうち2つを選択解答する（配点は各50点）。 ・2科目を選択する場合，以下の組合せを選択することはできない。 　(b)のうちから2科目を選択する場合 　　『公共，倫理』と『公共，政治・経済』の組合せを選択することはできない。 　(b)のうちから1科目及び(a)を選択する場合 　　(b)については，(a)で選択解答するものと同一名称を含む科目を選択することはできない。（注2） ・受験する科目数は出願時に申し出ること。	1科目選択 60分（100点） 2科目選択 130分（注3） （うち解答時間120分） （200点）
数学	①	『数学Ⅰ，数学A』 『数学Ⅰ』	・左記出題科目の2科目のうちから1科目を選択し，解答する。 ・「数学A」については，図形の性質，場合の数と確率の2項目に対応した出題とし，全てを解答する。	70分（100点）
	②	『数学Ⅱ，数学B，数学C』	・「数学B」及び「数学C」については，数列（数学B），統計的な推測（数学B），ベクトル（数学C）及び平面上の曲線と複素数平面（数学C）の4項目に対応した出題とし，4項目のうち3項目の内容の問題を選択解答する。	70分（100点）
理科		『物理基礎／化学基礎／ 　生物基礎／地学基礎』 『物　理』 『化　学』 『生　物』 『地　学』	・左記出題科目の5科目のうちから最大2科目を選択し，解答する。 ・『物理基礎／化学基礎／生物基礎／地学基礎』は，「物理基礎」，「化学基礎」，「生物基礎」及び「地学基礎」の4つを出題範囲とし，そのうち2つを選択解答する（配点は各50点）。 ・受験する科目数は出願時に申し出ること。	1科目選択 60分（100点） 2科目選択 130分（注3） （うち解答時間120分） （200点）
外国語		『英　語』 『ドイツ語』 『フランス語』 『中国語』 『韓国語』	・左記出題科目の5科目のうちから1科目を選択し，解答する。 ・『英語』は「英語コミュニケーションⅠ」，「英語コミュニケーションⅡ」及び「論理・表現Ⅰ」を出題範囲とし，【リーディング】及び【リスニング】を出題する。受験者は，原則としてその両方を受験する。その他の科目については，『英語』に準じる出題範囲とし，【筆記】を出題する。 ・科目選択に当たり，『ドイツ語』，『フランス語』，『中国語』及び『韓国語』の問題冊子の配付を希望する場合は，出願時に申し出ること。	『英　語』 【リーディング】 80分（100点） 【リスニング】 60分（注4） （うち解答時間30分）（100点） 『ドイツ語』『フランス語』『中国語』『韓国語』 【筆記】 80分（200点）
情報		『情報Ⅰ』		60分（100点）

（備考）　『　』は大学入学共通テストにおける出題科目を表し，「　」は高等学校学習指導要領上設定されている科目を表す。

　　　　　また，『地理総合／歴史総合／公共』や『物理基礎／化学基礎／生物基礎／地学基礎』にある"／"は，一つの出題科目の中で複数の出題範囲を選択解答することを表す。

（注１）　『国語』の分野別の大問数及び配点は，近代以降の文章が３問110点，古典が２問90点（古文・漢文各45点）とする。

（注２）　地理歴史及び公民で２科目を選択する受験者が，(b)のうちから１科目及び(a)を選択する場合において，選択可能な組合せは以下のとおり。
　　　・(b)のうちから『地理総合，地理探究』を選択する場合，(a)では「歴史総合」及び「公共」の組合せ
　　　・(b)のうちから『歴史総合，日本史探究』又は『歴史総合，世界史探究』を選択する場合，(a)では「地理総合」及び「公共」の組合せ
　　　・(b)のうちから『公共，倫理』又は『公共，政治・経済』を選択する場合，(a)では「地理総合」及び「歴史総合」の組合せ

　　　　　［参考］地理歴史及び公民において，(b)のうちから１科目及び(a)を選択する場合に選択可能な組合せについて

○：選択可能　　×：選択不可

		(a)		
		「地理総合」「歴史総合」	「地理総合」「公共」	「歴史総合」「公共」
(b)	『地理総合，地理探究』	×	×	○
	『歴史総合，日本史探究』	×	○	×
	『歴史総合，世界史探究』	×	○	×
	『公共，倫理』	○	×	×
	『公共，政治・経済』	○	×	×

（注３）　地理歴史及び公民並びに理科の試験時間において２科目を選択する場合は，解答順に第１解答科目及び第２解答科目に区分し各60分間で解答を行うが，第１解答科目及び第２解答科目の間に答案回収等を行うために必要な時間を加えた時間を試験時間とする。

（注４）　【リスニング】は，音声問題を用い30分間で解答を行うが，解答開始前に受験者に配付したICプレーヤーの作動確認・音量調節を受験者本人が行うために必要な時間を加えた時間を試験時間とする。
　　　　　なお，『英語』以外の外国語を受験した場合，【リスニング】を受験することはできない。

2019～2024年度 共通テスト・センター試験 受験者数・平均点の推移（大学入試センター公表）

センター試験← →共通テスト

科目名	2019年度 受験者数	平均点	2020年度 受験者数	平均点	2021年度第1日程 受験者数	平均点	2022年度 受験者数	平均点	2023年度 受験者数	平均点	2024年度 受験者数	平均点
英語 リーディング（筆記）	537,663	123.30	518,401	116.31	476,173	58.80	480,762	61.80	463,985	53.81	449,328	51.54
英語 リスニング	531,245	31.42	512,007	28.78	474,483	56.16	479,039	59.45	461,993	62.35	447,519	67.24
数学Ⅰ・数学A	392,486	59.68	382,151	51.88	356,492	57.68	357,357	37.96	346,628	55.65	339,152	51.38
数学Ⅱ・数学B	349,405	53.21	339,925	49.03	319,696	59.93	321,691	43.06	316,728	61.48	312,255	57.74
国　語	516,858	121.55	498,200	119.33	457,304	117.51	460,966	110.26	445,358	105.74	433,173	116.50
物理基礎	20,179	30.58	20,437	33.29	19,094	37.55	19,395	30.40	17,978	28.19	17,949	28.72
化学基礎	113,801	31.22	110,955	28.20	103,073	24.65	100,461	27.73	95,515	29.42	92,894	27.31
生物基礎	141,242	30.99	137,469	32.10	127,924	29.17	125,498	23.90	119,730	24.66	115,318	31.57
地学基礎	49,745	29.62	48,758	27.03	44,319	33.52	43,943	35.47	43,070	35.03	43,372	35.56
物　理	156,568	56.94	153,140	60.68	146,041	62.36	148,585	60.72	144,914	63.39	142,525	62.97
化　学	201,332	54.67	193,476	54.79	182,359	57.59	184,028	47.63	182,224	54.01	180,779	54.77
生　物	67,614	62.89	64,623	57.56	57,878	72.64	58,676	48.81	57,895	48.46	56,596	54.82
地　学	1,936	46.34	1,684	39.51	1,356	46.65	1,350	52.72	1,659	49.85	1,792	56.62
世界史B	93,230	65.36	91,609	62.97	85,689	63.49	82,985	65.83	78,185	58.43	75,866	60.28
日本史B	169,613	63.54	160,425	65.45	143,363	64.26	147,300	52.81	137,017	59.75	131,309	56.27
地理B	146,229	62.03	143,036	66.35	138,615	60.06	141,375	58.99	139,012	60.46	136,948	65.74
現代社会	75,824	56.76	73,276	57.30	68,983	58.40	63,604	60.84	64,676	59.46	71,988	55.94
倫　理	21,585	62.25	21,202	65.37	19,954	71.96	21,843	63.29	19,878	59.02	18,199	56.44
政治・経済	52,977	56.24	50,398	53.75	45,324	57.03	45,722	56.77	44,707	50.96	39,482	44.35
倫理，政治・経済	50,886	64.22	48,341	66.51	42,948	69.26	43,831	69.73	45,578	60.59	43,839	61.26

（注1）2020年度までのセンター試験『英語』は，筆記200点満点，リスニング50点満点である。
（注2）2021年度以降の共通テスト『英語』は，リーディング及びリスニングともに100点満点である。
（注3）2021年度第1日程及び2023年度の平均点は，得点調整後のものである。

2024年度 共通テスト本試「現代社会」「政治・経済」 データネット（自己採点集計）による得点別人数

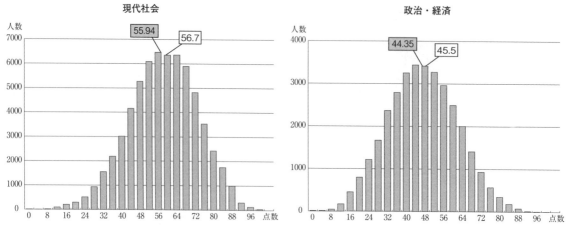

　上のグラフは，2024年度大学入学共通テストデータネット（自己採点集計）に参加した現代社会：63,472名，政治・経済：33,939名の得点別人数をグラフ化したものです。
　2024年度データネット集計による平均点は現代社会 56.7 ／政治・経済 45.5 ，大学入試センター公表の2024年度本試平均点は現代社会 55.94 ／政治・経済 44.35 です。

共通テスト　攻略のポイント

大学入学共通テスト「出題内容の分析」と「学習方法」

出題内容の予想

共通テストの『公共，政治・経済』は新教育課程に対応して新設された出題科目で，2025年度試験が初めてとなる。公民科の必修科目である「公共」と，選択科目の「政治・経済」を組み合わせたものである。「公共」は新課程で新設された科目であり，「政治・経済」は旧教育課程にも同名科目があった。

2022年11月に大学入試センターから試作問題が公表されている。その構成は次のとおりである。

試作問題の構成

問題番号	科目	設問数	配点
第1問	公共	4	13
第2問	公共	4	12
第3問	政治・経済	6	18
第4問	政治・経済	6	18
第5問	政治・経済	6	19
第6問	政治・経済	6	20

大問数は「公共」が3分の1で，「政治・経済」は3分の2，設問数と配点は「公共」4分の1，「政治・経済」4分の3となっており，「政治・経済」の比率がかなり高い。この構成は2025年度試験でも踏襲される可能性がある。

「公共」と「政治・経済」の関係を確認しておこう。「政治・経済」は「公共」を履修した後に履修できる科目である。つまり「政治・経済」は，「公共」の学習を踏まえ，さらに発展的に学習する科目という位置づけである。逆の言い方をすれば，「公共」は「政治・経済」の学習に向けての基礎をつくる科目という面をもっている。

同じことは，公民科のもう一つの科目である「倫理」と「公共」の関係にも当てはまる。高校で「倫理」を履修できるのも，「公共」を履修してからである。

実際，「公共」の履修内容は政治・経済分野と倫理分野からなり，学習する事項は，一部の例外を除いて，「政治・経済」か「倫理」のいずれかの科目に含まれている。政経分野の履修範囲は科目「政治・経済」とほぼ同じ，倫理分野は「倫理」より相当狭く，この点は旧課程の「現代社会」に類似している。したがって，『公共，政治・経済』の出題範囲は，「政治・経済」の履修範囲と「公共」の倫理分野を合わせれば，ほとんど網羅される。そして，「公共」に占める倫理分野のウエートは小さいので，『公共，政治・経済』は従来の出題科目『政治・経済』に比較的近いという見方ができる。

試作問題『公共，政治・経済』の分析

試作問題の内容を見てみる。

[公共]　第1問と第2問は「公共」である。いずれも4設問の中に政経分野の設問と倫理分野の設問があるが，倫理は1問ずつしかなく，中心は政経分野である。「公共」という科目の内容に忠実に沿って作問したと考えることができる。

第1問・問1，第2問・問1が倫理分野の知識問題である。ともに基本レベルで，カントとアリストテレスの思想について基礎的な内容を押さえていれば，正解できる。政経分野の知識問題は，第1問・問2で消費者基本法，障害者差別解消法，男女雇用機会均等法が出題された。いずれも基本的な法律であるし，問われている内容も平易である。民法に関する第1問・問4も，重要事項をきちんと習得していれば難しくない。なお，「公共」では法や契約について「政治・経済」より深く学ぶことになっているので，これらは「公共」の方でしっかり学びたい。

第2問・問2，問3は統計資料を用いた問題である。問2は合計特殊出生率などを示した散布図（2点），問3は高齢化率と社会保障の給付規模を国際比較する図をもとにして，統計の読み取りと思考力を問うている。

SDGs（持続可能な開発目標）のアイコンを使った第1問・問3も思考力を問い，会話文に基づく第2問・問4も，「効率と公正」という観点から行政施策を考えさせる問題である。

第1問と第2問は，このように政治，経済，倫理に関

する知識・理解，統計資料・文章の読解力，思考力・考察力を問うている。

出題形式は文章選択，組み合わせ，空欄補充（組み合わせを含む），正しい記述の全選択となっている。

[政治・経済]　第3問～第6問は「政治・経済」である。「政治・経済」については，国際分野を切り離し，政治（国際政治を含まない），国際政治，経済（国際経済を含まない），国際経済の4分野に分けて見てみよう。

第3問は政治と国際政治，第4問は経済と国際経済，第5問は政治と経済，第6問は国際政治と国際経済を出題している。4題とも複数の分野にまたがっている。

知識だけを問う問題として男女平等に関係する法律（労働基準法，育児・介護休業法，民法，男女雇用機会均等法），人権条約，年金の仕組みなどが出題されている（第3問・問1，問2，第4問・問3）。プロバイダー責任法というやや発展的な事項と，特定商取引法のやや細かい内容を問う問題（第5問・問4），欧州連合（EU）への東欧諸国の加盟が始まった年という年号の知識を求めている問題（第6問・問1）もある。また，第3問・問3と第6問・問4は統計資料の読み取りと知識を問う問題であるが，それぞれ衆議院の選挙制度改革が行われた年，2011年からのシリア内戦では政権交代が起きていないことを知らなければ，正解するのは難しい。「政治・経済」の問題が要求している知識レベルは，総じて「公共」より高くなっている。

統計資料を用いた問題は他にもあり，第6問・問2はEU加盟国に関する資料3点の読み取りと思考力を求めている。第4問・問2や第5問・問3は統計の読み取り問題で，日本を含む4か国の雇用慣行に関する統計，インターネット端末の利用状況を示した統計を出題している。

資料文などの文章を使った設問も目立つ。第3問・問5は裁判所法の読解問題で，正確な読み取りには時間を要する。第5問・問5はネット上の違法・有害情報への対策を議論している生徒3人の会話文を示して，その読み取りと思考力を問い，移民・難民の受け入れに関する第6問・問6も文章の読解力と思考力を求めている。

第6問・問3はイギリスのEU離脱に関し，知識と思考力を問う問題である。

このように，第3問～第6問の「政治・経済」で問われているのも，「公共」と同様，政治，経済に関する知識・理解，統計資料・文章の読解力，思考力・考察力である。

出題形式は文章選択，組み合わせ，空欄補充（組み合わせを含む），正しい記述の全選択と整序問題で，「公共」

と大きな違いはない。

2025年度『公共，政治・経済』のポイント

以上のように，試作問題の「公共」と「政治・経済」の出題傾向は基本的に同じである。異なるのは，正解に必要な知識のレベルである。「公共」が基本レベルにとどまっているのに対し，「政治・経済」は水準を上げている。先に述べた「公共」と「政治・経済」の関係から見て，このようになるのは自然と言える。

そして知識レベルを含めて，「政治・経済」の出題傾向は過去（2021～24年度）の共通テスト『政治・経済』の傾向をそのまま踏襲している。そこで『政治・経済』の過去問も踏まえ，2025年度試験の『公共，政治・経済』で予想される出題のポイントをまとめておこう。

■広範な知識・理解が問われる

第1に，各大問は幅広い単元の設問で構成されると考えてよい。特定の単元にしぼった大問は出題されない。これは共通テストの前身のセンター試験当時から定着していた傾向で，広範な知識・理解を問うことにより，教科書の全範囲をきちんと学習したかどうかを見極めるという意図によるものと考えられる。例えば『政治・経済』の2024年度試験の第1問は，成人年齢に関連する制度，選挙制度のシミュレーション，地方自治の直接請求権，裁判員制度，有効求人倍率，家計の所得，社会保障に含まれる各制度の特徴，中央省庁の新設を出題した。試作問題の「公共」と「政治・経済」の各大問も複数の分野にまたがっている。

第2に時事的事項の出題である。2022年度にコロナ禍に伴う巣ごもり需要，いわゆる大阪都構想をめぐる住民投票（2015，20年），2023年度は改正少年法（2021年成立），2024年度もこども家庭庁（2023年設置），経済安全保障推進法（2022年成立）というように，『政治・経済』では数は少ないが，毎回出題されてきた。

■統計・文章の読解力が問われる

第3に，統計や年表などの資料，会話文や文献抜粋などの文章を多用することが挙げられる。共通テストの特徴の一つに，統計や文章などの読解力を問うことがある。試作問題でも資料や文章が大量に使われている。

第4として，統計などの資料問題以外にも，図表を使った出題が予想される。統計などは図表で示されるが，図表問題はそれに限られない。『政治・経済』で，2022年度は市中銀行のバランスシート（貸借対照表），供給曲線，

— 8 —

2023年度には為替レート変動の模式図，2024年度も比較生産費説，需要曲線などの図表付き問題が出題されてきている。

■思考力・考察力が問われる

　第5に思考力・考察力を問う問題である。習得した知識を活用して考える力を問うことは，共通テストの最大の特徴と言ってよい。第4で述べた図表問題はこのタイプが多いが，それにとどまらず，図表を使わない問題でも思考力・考察力が問われる。試作問題にも思考力・考察力を求める問題が多く含まれている。

　最後に計算問題を挙げておく。習得した知識を活用するという点では，第5の問題と同じである。『政治・経済』で毎回出題されており，2024年度は平均消費性向，エンゲル係数，付加価値，GDP（国内総生産），GDPデフレーターなどを計算する問題が出された。

2021～24年度『政治・経済』の難易度

　ところで，過去4回の共通テストで，『政治・経済』の平均点は非常に低いことが多かった。2023年度は50.96点に落ち込み，2024年度は44.35点とさらに低下して，センター試験時代を含めても過去最低になった。初年度の2021年度（第1日程）も，得点調整の結果，最終的に57.03点に引き上げられたが，正答率をそのまま反映した得点調整前の平均点は49.87点（推定）と低かった。

　ただ，これらの数字には『倫理，政治・経済』受験者の得点は含まれていない。『倫理，政治・経済』の問題には，『政治・経済』の計30問の中から抜き出した16問が含まれており，この16問は『政治・経済』と『倫理，政治・経済』の共通問題になっている。

　『倫理，政治・経済』は相対的に学力の高い受験生が選択することが多いため，共通問題の正答率は，『政治・経済』選択者より『倫理，政治・経済』選択者の方が高いと考えられる。このことは『倫理』『政治・経済』『倫理，政治・経済』の平均点からも裏づけられる。例えば2024年度の平均点は，『倫理』の56.44点，『政治・経済』の44.35点に対し，『倫理，政治・経済』は61.26点だった。『倫理，政治・経済』は計32問で，16問が『政治・経済』との共通問題，残り16問は『倫理』との共通問題である。

　したがって『政治・経済』の言わば実質的な平均点は，もっと高くなる。上に示した平均点ほど，難度が高いわけではない。ではあるが，平易な問題ではないことは確かだ。

攻略のポイント

■教科書中心に知識習得

　『公共，政治・経済』の受験対策としては，まず「公共」と「政治・経済」の基本事項，重要事項を習得することが何より大切である。教科書を中心に「公共」と「政治・経済」の全範囲にわたって，基本的な用語，概念，理論，重要な制度・仕組みなどを習得しなければならない。その範囲には政治（国際政治を含む），経済（国際経済を含む），倫理の各分野が含まれる。

　このうち政治分野と経済分野は「公共」と「政治・経済」の両方で出題されるものであり，試作問題に見られたように，「政治・経済」ではやや細かい事柄，やや難しい事項も問われる可能性が高いので，細部にわたって学習することが望ましい。教科書の本文だけでなく，脚注や図表にある事項もしっかり押さえることである。細かい知識などを問う傾向は過去の共通テスト『政治・経済』で顕著であり，これが平均点を押し下げた原因の一つと考えられる。また，先に述べたように，政経分野のうち，法や契約については「公共」の方でより深く学ぶので，この単元に関しては「公共」の履修事項をきちんとマスターしたい。

　一方，倫理分野は「公共」でのみ出題されるので，試作問題を見る限りでは，基礎知識を固めておけばよいだろう。過去の共通テスト『現代社会』で出題された倫理分野の事項・レベルが参考になる。

　知識を習得する際，大事なことは，暗記する前に，まず内容をよく理解することである。十分な理解があって初めて，知識を活用する思考力問題にも対応することができる。

　また，時事的事項の出題が予想されるので，ここ数年，注目を集めた新しい法律，条約，判決や出来事に十分，注意したい。日頃からニュースに関心を持つようにすると良い。

■資料集と過去問の活用

　さらに，資料集なども活用して統計資料によく目を通し，本や新聞など文章にも日頃から親しむようにしたい。文章を読むことは思考力の強化にもつながる。統計では，統計的知識を得ることもさることながら，その統計からポイントとして何を読み取ることができるかを考えることが大切である。関連する複数の統計を見比べて分析することは，非常に有益である。

　これらの学習と並んで必要なことは，問題を解くことである。共通テスト『政治・経済』の過去問をはじめと

して，問題演習に取り組んでほしい。共通テストの思考力を問う問題には独特の出題パターンがあり，それに対応するには過去問を解くのが最も効果的である。また，大量の資料・文章の出題が予想されるので，それを時間内に処理するためのトレーニングとしても過去問は有効である。問題演習は，知識を確認し定着を図るのにも役立つことは言うまでもない。積極的に取り組もう。

第1回 実戦問題

第 1 回
(60分)

実 戦 問 題

● 標 準 所 要 時 間 ●

第1問	8分	第4問	11分
第2問	7分	第5問	11分
第3問	11分	第6問	12分

公共，政治・経済

（解答番号 | 1 | ～ | 32 | ）

第1問 高校の「公共」の授業で，先生Tが民法の改正により，成人年齢が20歳から18歳に引き下げられたことについて話してくれた。先生Tの話を聞いた生徒たちは，大人になることについてクラス内で話し合ったり，調べたりすることにした。後の問い（**問1～4**）に答えよ。（配点　13）

先生Tの話

> 2022年4月から成人年齢が20歳から18歳に引き下げられました。ですから，18歳になれば，高校生の中にも成人になる人がいますね。このことについて皆さんはどう思いますか。高校生の時はまだ子どもとして扱ってもらいたいですか，それとも早く大人として認めてもらいたいですか。この問題について，皆さんにはインターネットなどを活用し，資料を収集するなどして，18歳から成人になることや青年期について調べ，考えてもらいたいと思います。また，従来から18歳の成人規定を採用している国もあります。たとえば，日本と外国の若者は，大人になることをどのように考え，そこにどのような違いがあるのかを調べてみるのも良いでしょう。

問1　生徒Xは，成人規定を定めている民法に関して調べ，その条文をノートにまとめてみた。民法の条文に該当するものを後の**ア～ウ**からすべて選んだとき，その組合せとして最も適当なものを，後の**①～⑥**のうちから一つ選べ。 | 1 |

－2－

ア　第一条　この法律は,日本国内において罪を犯したすべての者に適用する。
　　　　2　日本国外にある日本船舶又は日本航空機内において罪を犯した者に
　　　　　ついても,前項と同様とする。

イ　第三条　私権の享有は,出生に始まる。
　　　　2　外国人は,法令又は条約の規定により禁止される場合を除き,私権
　　　　　を享有する。

ウ　第八条の四　独占的状態があるときは,公正取引委員会は,第八章第二節
　　　　　に規定する手続に従い,事業者に対し,事業の一部の譲渡その他当該商
　　　　　品又は役務について競争を回復させるために必要な措置を命ずることが
　　　　　できる。

① アとイ　　② アとウ　　③ イとウ
④ ア　　　　⑤ イ　　　　⑥ ウ

問2　生徒Yは,民法の改正により18歳から成人として認められることによって,
　　日常生活にどのような変化があるのかを調べることにした。そこで,民法の改
　　正により18歳から新たに認められたものや変更されたことを次のメモにまと
　　めた。メモの内容に関連する記述アとイの正誤の組合せとして最も適当なもの
　　を,後の①〜④のうちから一つ選べ。　2

メモ

> ・男女の結婚年齢の改正
> ・有効な契約ができる
> ・国家資格の取得
> ・親権に服さなくなる

ア　男女の結婚年齢が統一され,男18歳,女16歳が男女ともに18歳となった。
イ　18歳になれば,親の同意を得なくてもアパートを借りることができる。

① ア―正　　イ―正　　　② ア―正　　イ―誤
③ ア―誤　　イ―正　　　④ ア―誤　　イ―誤

問3 生徒Zは，「18歳」という年齢が人間の一生の中でどのような位置にあるのかに興味をもった。調べてみると，18歳は青年期に含まれており，子どもから大人への過渡期に該当することがわかった。そこで，Zは，青年期のあり方を模索した思想家や心理学者について調べて，これらの人物の考え方を次のノートにまとめた。ノート中の ア ～ ウ に当てはまる語句の組合せとして最も適当なものを，後の①～⑥のうちから一つ選べ。 3

ノート

青年期：「10代から20代前半までの若者」とする定義が多い

〈青年前期〉

・親からの依存を断ち切りたいとする気持ちが高まる＝アメリカのホリングワースは ア と指摘→第二反抗期が生じやすい

・青年期はさまざまな役割実験の試みが許されている イ の時期と定義＝アメリカの心理学者エリクソン

・近年では学習期間が長くなっていることや社会の多様化などもあり， イ の期間を延長する若者が増加中

〈課題〉

・アメリカの心理学者レヴィン……青年期は子どもと大人の二つの領域に属する ウ だと指摘

---

① ア 第二の誕生　　イ 疾風怒濤　　ウ ホモ・ファーベル

② ア 第二の誕生　　イ 疾風怒濤　　ウ マージナル・マン

③ ア 第二の誕生　　イ モラトリアム　　ウ ホモ・ファーベル

④ ア 心理的離乳　　イ 疾風怒濤　　ウ ホモ・ファーベル

⑤ ア 心理的離乳　　イ 疾風怒濤　　ウ マージナル・マン

⑥ ア 心理的離乳　　イ モラトリアム　　ウ マージナル・マン

— 4 —

第1回　公共，政治・経済

問4　生徒Xは，先生Tから戦後に親族・相続に関する民法の規定が大きく改正された
ことを聞いた。日本の家族のあり方について，Xと先生Tの**会話文**中の下
線部ア～ウの正誤の組合せとして最も適当なものを，後の①～⑥のうちから
一つ選べ。　4

会話文

X：戦前の民法では，家族は家を中心に考えていて，戸主権が強かったんですね。

T：そうですね。家長である戸主は，家や家族のことすべてを決定する権限を持っ
ていました。でも，戦後の民法では，家制度は廃止されましたし，戸主権もな
くなったんですよ。

X：戦後の民法で，家族制度は，どのように変更されたんですか。

T：戦後の民法は，夫婦を中心に家族を考えるようになりました。また，高度経済
成長期以降，家族の形態にも変化がみられるようになりました。

X：ア高度経済成長期以降，夫婦と子どもを中心とした拡大家族が増えたんですよ
ね。私の家族もこれに該当します。

T：近年は，家族の形態がさらに変化してきているといわれています。それが単独
世帯の増加です。

X：晩婚化や未婚率の上昇などが要因になっているんですか。

T：それも要因の一つです。他に長寿化もあって，高齢者の単独世帯も増加してい
ます。

X：家族といっても，法律上の結婚をしない事実婚や，ィ子どもがいる人と再婚す
るステップファミリーなど，日本でも家族の形が多様化しているって授業で習
いました。

T：フランスでは，自由結婚といって法律上の結婚をしない事実婚の夫婦なども一
定数いるんですよ。日本でも結婚の価値観は多様化していますが，家庭や社会，
経済面などで性別による役割分担が固定化されている傾向が見受けられます。
日本の社会でも家族のあり方や性別役割分担についての意識改革が必要ではな
いでしょうか。

－5－

X：以前の授業で_ウ<u>文化的，社会的に構築された性差であるリプロダクティブ・ヘ</u><u>ルス／ライツ</u>について勉強しました。家族の問題を考える上で，男女間の平等を実現していくことが社会に求められるんですね。

T：皆さんも，家族や男女間のあり方について，よく考えてみましょうね。

① ア―正　　イ―正　　ウ―誤

② ア―正　　イ―誤　　ウ―正

③ ア―正　　イ―誤　　ウ―誤

④ ア―誤　　イ―正　　ウ―正

⑤ ア―誤　　イ―正　　ウ―誤

⑥ ア―誤　　イ―誤　　ウ―正

第1回　公共，政治・経済

第2問　生徒Wのクラスでは，「公共」の夏休みの課題として班ごとにテーマを決め，夏休み明けに発表会を行うことになった。次の問い（Ⅰ・Ⅱ）に答えよ。
（配点　12）

Ⅰ　生徒Wと生徒Xの属する1班は，「情報化社会」について調べることにした。これに関連して，次の問い（**問1・2**）に答えよ。

　　問1　生徒Wは発表会の準備として，インターネットに関して調べたことを次のレポートにまとめてみた。レポート中の空欄　**A**　・　**B**　に当てはまる文と語句の組合せとして最も適当なものを，後の**①**〜**④**のうちから一つ選べ。
　　　5

レポート

　　近年，インターネット利用による情報ネットワークの飛躍的な拡大で，個人の日常生活から企業の組織，さらには経済の仕組みや政治のあり方まで，さまざまな面において大きな変化が起きている。企業は，商品の契約・発注・代金の決済を電子商取引（eコマース）にして人件費や流通コストを削減する一方で，ネット上で財やサービスを購入するオンラインショッピングを行っている人も多い。このようにインターネットは便利なシステムだが，使い方によっては社会に大きな害をもたらすことになる。

　　ここで情報化社会の課題について考えてみよう。一つはサイバー犯罪への対応である。コンピューターやネットワークを悪用して行われるサイバー犯罪は，匿名性が高い，地理的・時間的制約を受けない，短期間に不特定多数の人に被害が及ぶなどの特徴がある。サイバー犯罪の相談受理件数は，インターネットの普及とともに急速に増加し，近年は高い水準での推移を続けている。

— 7 —

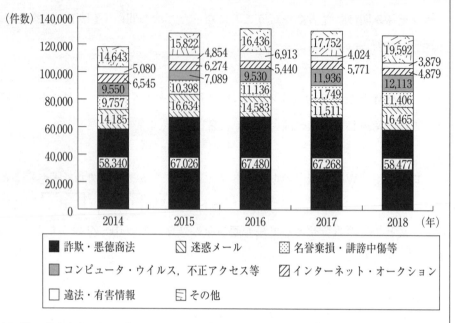

（出所） 警察庁「平成30年におけるサイバー空間をめぐる脅威の情勢等について」により作成。

　上記の図は，サイバー犯罪に関する警察への相談件数の推移を表している。この図からは， A ことが読み取れる。日本もサイバー犯罪条約に加盟したり，不正アクセス禁止法の改正強化などの法整備を行ったりしてきたが，それでも被害が後を絶たない。このようなサイバーテロへの対策には，世界各国との協力が必要となるだろう。

　二つ目の課題は，技術の急速な発展が，情報を利用する人の持つ技術や機会の違いによって，生活や仕事の上で必要な情報を得られないなど，人々の間に社会的・経済的な格差を生み出していることである。これが B である。これには個人間だけでなく，地域間，世代間，国家間でも差がみられるため，真剣な対策が求められている。

第1回　公共，政治・経済

A に当てはまる文

ア　2014年から2018年までの毎年，「その他」の項目と「名誉棄損・誹謗中傷等」の項目は相談件数が増え続けている

イ　「違法・有害情報」に関する相談は，2014年，2018年のいずれの年度においても相談件数が最も少ない

B に当てはまる語句

ウ　テクノストレス

エ　デジタル・デバイド

① 　A―ア　　B―ウ

② 　A―ア　　B―エ

③ 　A―イ　　B―ウ

④ 　A―イ　　B―エ

問2　生徒Xは，インターネット上の権利侵害について興味を持ち，調べてみた。現在の日本におけるインターネット上の権利侵害に関する次の記述ア・イの正誤の組合せとして正しいものを，後の①～④のうちから一つ選べ。 6

ア　隣人がある事件の捜査対象であることを知って，その人の個人情報（氏名や住所など）をインターネット上に掲載する行為は権利侵害に当たる。

イ　ホームページを検索してみつけた個人のサイトにアップされていた人気アーティストのCD収録曲を，正規の配信（有料配信）でないことを知りながら無料ダウンロードする行為は権利侵害に当たらない。

① 　ア―正　　イ―正

② 　ア―正　　イ―誤

③ 　ア―誤　　イ―正

④ 　ア―誤　　イ―誤

―9―

Ⅱ 生徒Yと生徒Zの属する2班は,「メディアと個人」について調べることにした。これに関連して,次の問い(**問3・4**)に答えよ。

問3 生徒Yは,世論とメディアについて調べたことを次の**ノート**にまとめてみた。**ノート**中の空欄 **A** ・ **B** に当てはまる語句の組合せとして最も適当なものを,後の①〜④のうちから一つ選べ。 7

ノート

> 「大衆の受容能力は非常に限られており,理解力は小さいが,そのかわりに忘却力は大きい。この事実からすべて効果的な宣伝は,重点をできる限り制限して,これをスローガンのように利用し,その言葉によって,目的としたものが最後の一人にまで思いうかべることができるように継続的に行われなければならない」と考える政治指導者が登場することもありうる。
>
> このような政治指導者が登場する背景には,政治的無関心= **A** という大衆の心理的傾向が存在していることも否定できない。
>
> 高度情報社会という情報の洪水の中から,情報を受け取る側が,どの情報が真実なのか,どれが必要な情報なのかを主体的に選択して活用する **B** を身に付けることが,民主主義が誤った方向に行かないためにも重要となるだろう。

A に当てはまる語句

ア アナウンスメント効果　　　イ アパシー

B に当てはまる語句

ウ メディア・リテラシー　　　エ メディア・スクラム

① A―ア　B―ウ　　　② A―ア　B―エ

③ A―イ　B―ウ　　　④ A―イ　B―エ

― 10 ―

第1回 公共，政治・経済

問4 生徒Zは，「個人」について「私とは何か？」をテーマにしようと考え，西洋哲学を調べることにした。そして実存主義に注目した。実存主義を唱えた哲学者についての記述として**誤っているもの**を，次の①〜④のうちから一つ選べ。 8

① キルケゴールは，かけがえのない自己を実存と呼び，今ここに生きる私にとっての主体的真理を求めることの重要性を説いた。

② ニーチェは，能動的な既存の価値観を否定するニヒリズムを主張し，その現実を引き受けて自ら価値を創造する超人を目指すべきことを説いた。

③ ハイデッガーは，人間は自らの本質を自ら創造する存在であり，自由と責任を引き受けてアンガージュマンの実践を行うべきと説いた。

④ ヤスパースは，限界状況を克服するためには，自己の有限性を自覚するとともに自己の存在を越えた包括者の存在に気づき，実在的な交わりの大切さを意識することが必要だと説いた。

— 11 —

第3問 次の文章A・Bを読み，後の問い（**問1～6**）に答えよ。（配点　18）

A　生徒Xと生徒Yは，今日の(a)民主政治がどのように発展してきたのかを調べている。二人は協力して，近代民主政治の成立過程を次のように簡潔にまとめてみた。

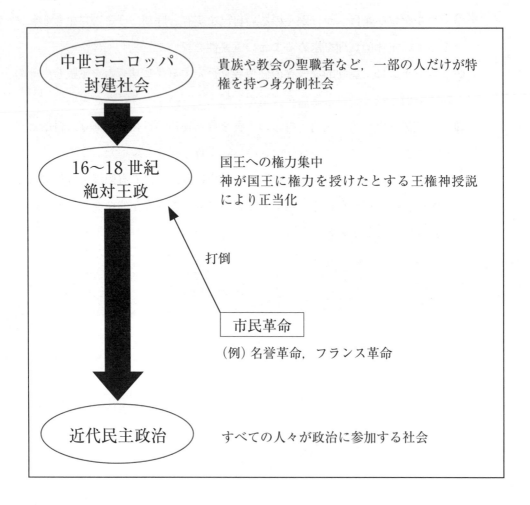

二人はこれをまとめるにあたり，近代民主政治の成立には，「人の支配」に対抗する(b)「法の支配」の原理が大きな意味を持ったこと，市民革命を正当化し，近代民主政治を支えた思想として，社会契約説があることを学んだ。さらに近代民主政治の発展とともに，(c)人権思想も発展していったことを知った。

第1回 公共,政治・経済

問1 下線部ⓐに関連して,価値観が多様化した今日の社会では,成員の間で意見の対立が生じやすい。これについて生徒Xは,民主主義には,多数派の利益を実現させようとする多数決型民主主義と,さまざまな意見を出し合い,対立を乗り越えて成員の合意をめざす合意型民主主義という二つのタイプがあることを知った。そこで,自分の意見が決定に生かされていると感じるかどうかという「成員の満足度」を縦軸に,「政治の決定に要する時間」を横軸にとって,次のような四つの領域を示す**モデル図**を作り,二つの民主主義を当てはめてみた。合意型民主主義はモデル図の**A～D**のいずれの領域に位置すると考えられるか。最も適当なものを,後の①～④のうちから一つ選べ。 9

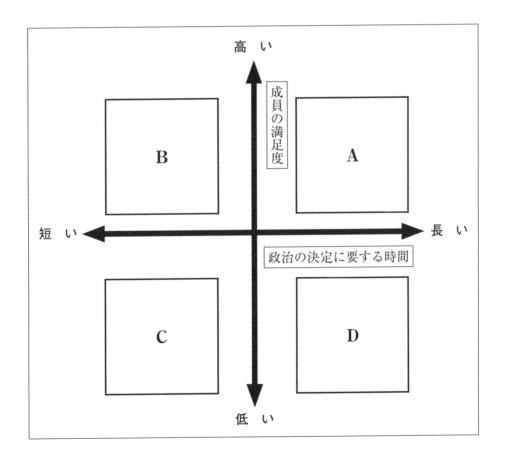

① A ② B ③ C ④ D

問2　下線部ⓑについて，生徒**Y**は，「法の支配」とは，人々の権利・自由を守る
ため，政治権力は法に基づいて行使されるべきものであり，その法は，人権を
侵す内容のものであってはならないとする考え方であることを知り，日本にお
ける権力行使について考えてみた。**法の支配の考え方に反しない記述として最
も適当なもの**を，次の①〜④のうちから一つ選べ。　10

① 　国会が零細業者を保護する目的で，目的達成のために必要かつ合理的な手
段で営業の自由を制限する法律を制定する。

② 　内閣が社会の分断を防ごうと考えて，国民が特定の思想を持つことを禁止
する方針を閣議で決定する。

③ 　裁判所が凶悪事件の裁判で，被害者の心情に配慮して，法律上は認められ
ていない厳罰を科す判決を下す。

④ 　県知事が住民の利便性向上のために迅速に県道を建設しようと考えて，法
律上の手続きを踏まずに私有地を収用する。

第1回　公共，政治・経済

問3 下線部©に関心を持った生徒**Y**は，世界の人権宣言やそれに影響を与えた歴史的文書について調べ，次の**表**を作成した。**表**中の空欄 ア ～ エ には，後の記述 ①～④ のいずれかが当てはまる。**表**中の空欄 ウ に当てはまる記述として最も適当なものを，後の ①～④ のうちから一つ選べ。 11

1215 年	マグナ・カルタ	〔抜粋：「……」〕
1628 年	権利請願	〔抜粋：「……」〕
1689 年	権利章典	〔抜粋：「……」〕
1776 年	アメリカ独立宣言	〔抜粋：「 ア 」〕
1789 年	フランス人権宣言	〔抜粋：「 イ 」〕
1919 年	ワイマール憲法	〔抜粋：「 ウ 」〕
1948 年	世界人権宣言	〔抜粋：「 エ 」〕
1966 年	国際人権規約	〔抜粋：「……」〕

① すべての人間は，生まれながらにして自由であり，尊厳と権利について平等である

② 経済生活の秩序は，すべての者に人間たるに値する生活を保障する目的をもつ正義の原則に適合しなければならない

③ われわれは，自明の真理として，すべての人は平等に造られ，造物主によって，一定の奪いがたい天賦の権利を付与され，そのなかに生命，自由および幸福の追求の含まれることを信ずる

④ 権利の保障が確保されず，権力の分立が規定されていないすべての社会は，憲法をもつものではない

— 15 —

B　生徒Xと生徒Yは，先生Tから「民主主義国と一口にいっても，政治制度はさ
まざまだ。(d)各国の政治体制の基本は憲法で定められている」と教えてもらった。
そこで(e)日本国憲法に関心を持った。

　　二人は，日本国憲法の三大原則である国民主権，平和主義，基本的人権の尊重
には，他国の憲法との比較でどのような特徴があるのかを知りたいと思い，図書
館で文献にあたって調べることにした。まず平和主義に関しては，古くは1791
年のフランス憲法，現在でもドイツやイタリアなどの憲法に侵略戦争を放棄する
条文があることを知った。

フランス憲法（1791年）

　第6篇　フランス国民は，征服の目的をもっていかなる戦争を行うことも放
　　　　棄し，かついかなる国民に対しても，決してその武力を行使しない。

ドイツ基本法（1949年）

　第26条第1項　国際間の平和的な共同生活をみだすおそれがあり，かつそ
　　　　　　　　の意図をもってなされる行為，とくに侵略戦争の遂行を準備
　　　　　　　　する行為は，違憲である。

　　そして，これらの憲法と比較して，日本国憲法第9条は，侵略戦争に限らず，
一切の戦争と武力の行使，武力による威嚇を放棄したこと，交戦権を否認したこ
となど，戦争を否定する立場を徹底させていることを学び，誇らしく思った。た
だ，この(f)第9条の解釈をめぐってはさまざまな見解があることも知った。

　　二人は翌日に各国の憲法の人権規定について調べることにし，この日は帰宅し
た。

問4 下線部⓪について，生徒**X**と生徒**Y**は次のような会話をしている。**会話文**中の空欄 **ア**・**イ** に当てはまる記述と語句の組合せとして最も適当なものを，後の①～④のうちから一つ選べ。 12

X：民主制にはいろんな体制があるんだね。

Y：イギリスで発展したのが議院内閣制，アメリカで始まったのが大統領制だ。

X：どういう風に違うのかな？

Y：この本には，「立法権と行政権が融合しているのが議院内閣制，立法権と行政権が厳格に分離されているのが大統領制」と書いてあるよ。

X：ということは，権力分立がより貫かれているのが大統領制なんだね。

Y：そういうことになるね。アメリカの大統領は **ア** し，一方，議会は大統領に対し不信任決議を行うことができないんだって。

X：フランスやドイツには，大統領も首相もいるんだね。大統領がいる国は，大統領制に分類されるのかな？

Y：そう単純な話じゃなくて，政治の実権がどこにあるかによって決まるようだよ。この基準に照らして，ドイツの体制は **イ** に分類されるんだって。

X：なるほどね。ドイツでは，十数年ぶりに首相が交代したことが大きなニュースになっていたけど，これも，そのためなんだろうね。

Y：うん，そうだと思う。

① ア　議会に議席があり，法案を議会に提出する権限を持っている

　　イ　大統領制

② ア　議会に議席があり，法案を議会に提出する権限を持っている

　　イ　議院内閣制

③ ア　議会に議席がなく，法案を議会に提出する権限を持っていない

　　イ　大統領制

④ ア　議会に議席がなく，法案を議会に提出する権限を持っていない

　　イ　議院内閣制

問5 下線部ⓔに関して，国会で日本国憲法の改正をめぐる議論が行われていることをニュースで知った生徒Yは，憲法第96条や総務省のWebページを参考にして，憲法改正手続きについて次のようにノートにまとめ，先生Tにチェックしてもらったところ，**誤り**があることを指摘された。先生Tが**誤り**と指摘したのはノート中の下線部㋐〜㋔のどれか。最も適当なものを，後の①〜④のうちから一つ選べ。 13

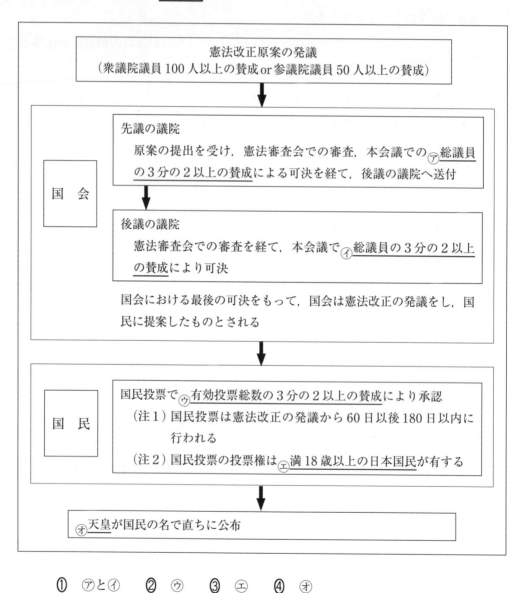

① ㋐と㋑　② ㋒　③ ㋓　④ ㋔

問6 下線部⑤に関して，生徒**Y**は憲法第9条をめぐる裁判や政府の見解について，さらに調べてみた。憲法第9条に関する記述として最も適当なものを，次の①～④のうちから一つ選べ。 14

① 砂川事件では，自衛隊が国連の平和維持活動（PKO）に参加することは憲法第9条に反するかどうかが争点になった。

② 長沼ナイキ基地訴訟では，日米安全保障条約に基づくアメリカ軍の日本駐留と憲法第9条との関係が争点になった。

③ 憲法第9条は「戦力」の保持を禁じているが，日本政府は，自衛隊は「戦力」に当たらず，合憲であると説明している。

④ 日本政府は，憲法第9条の下で，日本が集団的自衛権を行使することは認められないという見解を堅持している。

第4問 生徒Xと生徒Yは，岸田文雄首相が2022年1月に国会で行った施政方針演説を読んでいる。これに関して，後の問い（**問1〜6**）に答えよ。（配点　18）

岸田首相の施政方針演説（抜粋）

　ⓐ経済再生の要は，「ⓑ新しい資本主義」の実現です。

　市場に依存し過ぎたことで，公平な分配が行われず生じた，格差や貧困の拡大。ⓒ市場や競争の効率性を重視し過ぎたことによる，中長期的投資の不足，そして持続可能性の喪失。行き過ぎた集中によって生じた，都市と地方の格差。自然に負荷をかけ過ぎたことによって深刻化した，気候変動問題。分厚い中間層の衰退がもたらした，健全な民主主義の危機。

　世界でこうした問題への危機感が高まっていることを背景に，ⓓ市場に任せれば全てが上手くいくという，新自由主義的な考え方が生んだ，様々な弊害を乗り越え，持続可能な経済社会の実現に向けた，歴史的スケールでの「経済社会変革」の動きが始まっています。

　私は，ⓔ成長と分配の好循環による「新しい資本主義」によって，この世界の動きを主導していきます。ⓕ官と民が全体像を共有し，協働することで，国民一人ひとりが豊かで，生き生きと暮らせる社会を作っていきます。

第1回　公共，政治・経済

問1　下線部ⓐについて，岸田首相は演説のこのくだりの前で，「新型コロナとの
闘いに打ち克ち，経済を再生させる」と述べている。これを読んだ生徒Yは，
新型コロナウイルスの感染拡大の影響で，日本の2020年の国内総生産（GDP）
が大きく落ち込んだことを思い出した。Yは，GDPの定義を確認するため，
生産された付加価値を分類する次の表を作り，日本のGDPに含まれるものに
は〇，含まれないものには×を付けることにした。たとえば，表中ですでに×
が付いているのは，外国人（外国居住者）が日本国外で生産した付加価値である。
表中のa～cのうち，Yが〇を付けるべきものをすべて選び，その組合せとし
て最も適当なものを，後の①～④のうちから一つ選べ。　15

		生産の主体	
		日本国民 （日本居住者）	外国人 （外国居住者）
生産の場所	日　本	a	b
	外　国	c	×

① a
② aとb
③ aとc
④ aとbとc

― 21 ―

問2　下線部ⓑに関連して，生徒Xは資本主義経済の変遷について，それぞれの時代の代表的な経済思想とともに次の**表**にまとめてみた。**表**中の空欄　ア　～　エ　には，後の記述 a ～ d のいずれかが当てはまる。**表**中の空欄　ウ　に当てはまる記述として最も適当なものを，後の ①～④ のうちから一つ選べ。

16

18 世紀後半	資本主義経済の確立 □産業革命による工場制機械工業の発展 □資本家階級と労働者階級の分化 ☞アダム・スミス 「　ア　」
19 世紀後半	独占資本主義の成立 □資本の集積・集中による独占化・寡占化 □資本主義経済の弊害（恐慌，失業など） ☞マルクス 「　イ　」
1929 年	世界大恐慌
20 世紀前半	修正資本主義の成立 □政府が積極的に市場に介入 □混合経済体制 ☞ケインズ 「　ウ　」
1973，79 年	石油危機
20 世紀後半	新自由主義の台頭 □市場機能を重視 □政府の市場介入を縮小 ☞フリードマン 「　エ　」
21 世紀前半	新自由主義の見直し □貧富の格差拡大，貧困問題に対処する必要 □政府の役割の再認識

— 22 —

第1回　公共，政治・経済

 a 通貨供給量を経済成長率に合わせて一定に保つことが，物価安定には有効である

 b 資本主義経済は，その内的矛盾によって，必然的に社会主義経済に移行する

 c 私利私欲を追求する各人の経済活動が，「見えざる手」に導かれて，公共の利益を促進する

 d 完全雇用を達成するためには，政府が公共投資などによって有効需要を創出する必要がある

① a
② b
③ c
④ d

問3 下線部ⓒに関連して、生徒Xは「政治・経済」の授業で、市場は資源を効率的に配分する機能を持っていることを学んだ。次の図は、その授業でXが先生Tの板書をノートに書き写したもので、ある製品の価格と取引量の関係を表している。Dは需要曲線、S₀は当初の供給曲線で、S₁、S₂は、この製品の原材料価格が変化した後の供給曲線を示している。その授業で先生Tに指名されたXは、図について正しく説明することができた。Xの説明中の空欄 ア ・ イ に当てはまるものの組合せとして最も適当なものを、後の①〜④のうちから一つ選べ。 17

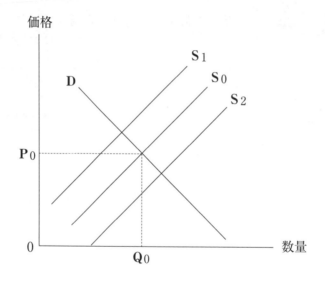

Xの説明

　この製品の当初の価格はP₀、取引量はQ₀になります。その状態から、原材料価格が ア すると、供給曲線は イ に移動し、この製品の価格は上昇して、取引量は減少します。

① ア―上昇　イ―S₁
② ア―上昇　イ―S₂
③ ア―下落　イ―S₁
④ ア―下落　イ―S₂

第1回　公共，政治・経済

問4　下線部ⓓの考え方に対して，実際には市場で資源が効率的に配分されないことがあり，これは市場の失敗と呼ばれる。生徒Yは，市場の失敗が生じる具体的事例を考えてみた。市場の失敗の事例として**誤っているもの**を，次の①〜④のうちから一つ選べ。 18

① 工場の煙突から有害な汚染物質が放出されたため，近隣住民に健康被害が生じた。

② 猛暑の影響でエアコンの売り上げが伸びて品薄状態になり，店頭価格が上昇した。

③ 民間企業が有料図書館の設置を計画したが，採算がとれないと考え，計画を断念した。

④ 鉄道会社が新駅の建設計画を発表したのを契機に，建設予定地周辺の地価が急騰した。

問5　下線部ⓔに関連して，国内総生産（GDP）の変化率で表される経済成長率には，名目経済成長率と実質経済成長率がある。「政治・経済」の授業で，先生Tは，このうち名目経済成長率の求め方を説明した後，次の二つの**表**を黒板に書き，後の**会話文**のように，生徒Xを指名して授業を進めた。**表**中の空欄 ア に当てはまる数値として正しいものを，後の①〜④のうちから一つ選べ。 19

A国の名目GDP（単位は省略）

2021 年	2022 年	2023 年
900	1,000	1,100

B国の名目GDP（単位は省略）

2021 年	2022 年	2023 年
680	ア	880

T：いま説明したやり方で，A，B両国の名目経済成長率を計算して，比べて下さい。2022 年と 2023 年で，どちらの国の名目経済成長率が高いでしょう？……Xさん，わかりますか。

X：2022 年はB国の方が高いですが，2023 年は同じです。

T：その通り。よくできました。

① 760　　② 780　　③ 800　　④ 820

— 25 —

問6 生徒Yは下線部⒡のくだりで,「政治・経済」の授業で,政府,家計,企業の経済活動の関係を学んだことを思い出した。次の図は,政府,家計,企業の相互関係を示したものである。図中の空欄 ア ～ ウ に当てはまる語句の組合せとして最も適当なものを,後の①～④のうちから一つ選べ。 20

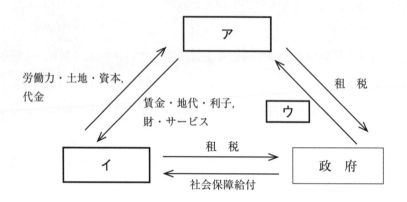

① ア 家 計　イ 企 業　ウ 配 当
② ア 家 計　イ 企 業　ウ 補助金
③ ア 企 業　イ 家 計　ウ 配 当
④ ア 企 業　イ 家 計　ウ 補助金

第1回　公共，政治・経済

第5問　生徒Xと生徒Yらは，二つのグループに分かれて，「国民や住民の意見を政治に反映させる仕組み」というテーマで探究学習を行い，「政治・経済」の授業で発表することになった。次の図は，研究活動の流れとその内容の一部を整理したものである。これに関して，後の問い（**問1～6**）に答えよ。（配点　19）

```
Ⅰ．課題の設定
○現在は十分に国民や住民の意見が政治に反映されているといえるか？
○国民や住民の声をより政治に反映させるには？
```
↓
```
Ⅱ．情報収集
○現在の ⓐ選挙制度，国政選挙と ⓑ地方選挙の違いは？
○国民と住民の違い→憲法ではどのように定義されているか？
○ⓒどのようにして政治に意見を反映させるのか？
```
↓　繰り返す　↑
```
Ⅲ．整理と分析
○制度の目的と，実際の運用状況にギャップはあるのか？
○高校生世代は，現状と理想にどのような意見を持っているのだろうか？
```
↓
```
Ⅳ．まとめと発表
○政治に意見を反映させる方法はたくさんある
○まずは気楽に ⓓ同じ意見を持つ人と一緒に活動してみる
○ⓔ政治家だけが政治をするわけではない
```

問1　下線部ⓐに関連して，生徒Xのグループは，選挙制度の中でも比例代表制に着目し，調査を進める中で，比例代表制で当選者を決める方法が複数存在することを知り，その具体的な内容について調べてまとめた。

　　後の**表**を参考にしながら，ノートおよび文章中の空欄　ア　～　ウ　に当てはまる語句の組合せとして最も適当なものを，後の①～④のうちから一つ選べ。　21

生徒Xのグループがまとめたノート

〈ドント式〉
- 各党の得票数を1，2，3…と自然数で割っていき，その商の大きい順に各党に議席を配分する。
- 日本では，衆議院は　ア　，参議院は　イ　を一つの単位として当選者が決定される。

〈サン=ラグ式〉
- 各党の得票数を1，3，5…と奇数で割っていき，その商の大きい順に各党に議席を配分する。
- サン=ラグ式を一部修正したものが，ニュージーランドやノルウェーなどで採用されている。

表　比例代表制選挙における各党の得票数（定数は5人）

	A党	B党	C党
各党の得票数(a)	100,000	80,000	30,000
(a)÷1	100,000	80,000	30,000
(a)÷2	50,000	40,000	15,000
(a)÷3	33,333	26,667	10,000
(a)÷4	25,000	20,000	7,500
(a)÷5	20,000	16,000	6,000

第1回　公共，政治・経済

生徒Xのグループがまとめたノートをもとに，前ページの表に示される得票数のとき，ドント式によって当選者を決定してみると，A党が3議席，B党が2議席をそれぞれ獲得する。各党の得票数が全く同じだったと仮定して，サン=ラグ式を採用した場合の当選者を決定してみると，ドント式での結果と比べて，サン=ラグ式は得票数が　ウ　政党に有利な傾向があることがわかる。

① ア　全　国　　　　　　　イ　11の選挙区（ブロック）　ウ　多　い
② ア　全　国　　　　　　　イ　11の選挙区（ブロック）　ウ　少ない
③ ア　11の選挙区（ブロック）　イ　全　国　　　　　　　ウ　多　い
④ ア　11の選挙区（ブロック）　イ　全　国　　　　　　　ウ　少ない

問2　生徒Xのグループは，衆議院の優越についても調べてみた。衆議院の優越に関する次の記述アとイの正誤の組合せとして正しいものを，後の①～④のうちから一つ選べ。　22

ア　衆議院は参議院と比較して，被選挙権を得られる年齢が高く設定されている。また，任期満了前の解散もないことから，「良識の府」と呼ばれており，衆議院の優越の理論的根拠となっている。

イ　法律案の議決について，衆参両院が異なった議決をしたとき，および衆議院が可決した法律案を参議院が60日以内に議決をしないときは，衆議院で出席議員の3分の2以上の賛成により再可決をすることができる。

① アー正　イー正
② アー正　イー誤
③ アー誤　イー正
④ アー誤　イー誤

— 29 —

問3 下線部⑥に関連して，生徒Yのグループは，地方交付税について調べ，交付税額の上位・下位それぞれ3都道府県の交付税額を，交付税額の計算方法とともにまとめてみた。後の文章中の空欄 ア ～ ウ に当てはまる語句の組合せとして最も適当なものを，後の①～④のうちから一つ選べ。 23

2021年度普通交付税額上位3都道府県の金額（単位：百万円）

1位	北海道	677,935
2位	大阪府	379,144
3位	兵庫県	371,130

2021年度普通交付税額下位3都道府県の金額（単位：百万円）

1位	東京都	0
2位	香川県	131,615
3位	滋賀県	142,521

（出所）　総務省Webページにより作成。

・地方交付税は国庫支出金（補助金）と同じく国から地方に配分される依存財源であるが，国庫支出金とは異なり地方交付税の使い道は ア 。

・交付税額は，基準財政需要額から基準財政収入額を引いた差額となる。

・「基準財政収入額」とは，法律で定められた方法にのっとって，各地方団体の財政力を合理的に算定した額である。

・「基準財政需要額」とは，法律で定められた方法にのっとって，各地方団体の財政需要を合理的に算定した額である。

・下位3都道府県のうち，東京都は「基準財政 イ 」ことが，香川県と滋賀県は「基準財政 ウ 」ことが交付税額が少なくなっている要因と考えられる。

---

① ア　限定されている　　イ　収入額が多い　　ウ　需要額が少ない

② ア　限定されている　　イ　需要額が少ない　　ウ　収入額が多い

③ ア　限定されていない　イ　収入額が多い　　ウ　需要額が少ない

④ ア　限定されていない　イ　需要額が少ない　ウ　収入額が多い

— 30 —

第1回　公共，政治・経済

問4　下線部ⓒに関連して，生徒Yらは行政の進め方について先生Tに質問してみた。次の**会話文**中の空欄　ア　～　ウ　に当てはまる語句の組合せとして最も適当なものを，後の①～④のうちから一つ選べ。　24

Y：国会は「国権の最高機関」だと憲法に明記されていることを学習しました。日常生活ではさまざまな取り決めがありますが，国全体に関わるものはすべて国会で話し合って決めているんでしょうか？

T：さすがに，それだと国会の仕事が多すぎてしまうよ。たとえば，国会は基本的な原則のみを法律で制定するだけで，行政府が法律の委任に基づいてその具体的な事項を制定するという　ア　が多いんだ。

Y：行政機関って，具体的には何を指しているのでしょうか？

T：行政府の長である内閣総理大臣の下に，国土交通省や農林水産省といった省庁などがあるよ。こうした行政機関は，公正な経済活動や国民の権利などを守るために，各種の許認可などの多数の権限を持っているんだよ。行政機関では，上級の公務員である官僚が職務を遂行しているよ。

Y：官僚の権限がそれほどまでに強まってしまうのは，　イ　という点で問題ではないでしょうか？

T：たしかにそれは問題といえるね。しかし，官僚制度には　ウ　という利点があるので，一概に官僚制度を批判することはできないと思うよ。

① ア　政府提案立法　　　　イ　国民主権がないがしろにされる
　 ウ　専門的知識の豊かな人が職務にあたる

② ア　政府提案立法　　　　イ　専門的知識の乏しい人が職務にあたる
　 ウ　国民主権を体現する

③ ア　委任立法　　　　　　イ　国民主権がないがしろにされる
　 ウ　専門的知識の豊かな人が職務にあたる

④ ア　委任立法　　　　　　イ　専門的知識の乏しい人が職務にあたる
　 ウ　国民主権を体現する

問5 下線部ⓓに関連して，現実の政治でも，同じ意見を持つ人が多様なグループを形成して自分たちの意見の実現をめざすことは多くみられる。

生徒**X**らは，各種の政治的グループについて次の**表**にまとめた。**表**中の空欄 ア ～ ウ に当てはまる語句の組合せとして最も適当なものを，後の①～⑥のうちから一つ選べ。 25

種　類	説　明
ア	一定の政策を掲げ，その実現のために選挙を通じて政権の獲得をめざす集団。
イ	ア 内で同じ利害や考え方を持つ議員が構成する小集団。中選挙区時代は特に強い影響力を持った。
ウ	国会において，共に活動する議員の院内団体。通常は同じ ア に所属する議員で構成されるが，小さな ア や無所属の議員らが一つの ウ を形成することもある。

① ア　派　閥　　イ　会　派　　ウ　政　党

② ア　派　閥　　イ　政　党　　ウ　会　派

③ ア　会　派　　イ　派　閥　　ウ　政　党

④ ア　会　派　　イ　政　党　　ウ　派　閥

⑤ ア　政　党　　イ　派　閥　　ウ　会　派

⑥ ア　政　党　　イ　会　派　　ウ　派　閥

— 32 —

第1回　公共，政治・経済

問6　下線部⑥に関連して，生徒Yのグループは，利益集団（圧力団体）について
まとめてみた。次の文章中の空欄　ア　には後のaかb，空欄　イ　には
cかdのいずれかの記述が当てはまる。その組合せとして最も適当なものを，
後の①～④のうちから一つ選べ。　26

> 　団体の利益の実現を目的に，政府や議会などに働きかけて政策決定に影
> 響を与える団体を，利益集団（圧力団体）という。選挙による国民の信任を
> 受けておらず，社会の中の少数意見を代表するに過ぎないにもかかわらず，
> 利益集団が政治に与える影響力が強すぎるという点が問題視されることも
> ある。しかし，　ア　点においては政党の機能を補完する存在であると
> も考えられる。
> 　日本においては，経営者団体や労働団体，業界団体など大小さまざまな
> 利益集団が組織されており，法律で認められた活動として，自らの団体の
> 利益を代弁している　イ　などの活動を行っている。

a　選挙区で選出される議員は，その地域の利益の代弁者としての性格が強い
　　のに対し，選挙区を越えて組織される各種団体からの働きかけを通じ，選挙
　　では拾いきれなかったさまざまな立場の国民の声を政治に反映させる

b　都市問題・環境問題など，ある地域特有の個別具体的な問題の解決のため
　　に，政府や地方自治体などに対して，地域の住民が抗議や交渉などを自発的・
　　組織的に行うことで，人々の政治的な連帯感を醸成する

c　政党への投票を，選挙期間中にその集団の構成員に呼びかける

d　政治家個人に対して，その団体の名義で政治献金を行う

① アー a　　イー c
② アー a　　イー d
③ アー b　　イー c
④ アー b　　イー d

第6問 生徒Xと生徒Yは，図書館で「政治・経済」の勉強を進める中，大学のテキストが参考になると思い，経済学の初学者向けのテキストを探した。次に示したのは，『経済政策入門』と題された書籍の目次である。これに関連して，後の問い（**問1〜6**）に答えよ。（配点　20）

目　次

はしがき ………………………………………………………………… i
第1章　経済政策の基礎理論 ……………………………………… 1
　　1　需要供給分析 ………………………………………………… 2
　　2　ミクロ経済学とマクロ経済学 …………………………………
　　3　効率的な資源配分と所得分配の公平性 ………………………
第2章　政府による市場介入 ……………………………………
　　1　競争市場 …………………………………………………………
　　2　規制政策と税・補助金政策 ……………………………………
　　3　(a)市場の失敗と(b)政府による産業政策 ……………………
　　コラム　(c)戦後日本経済の発展と通商産業省 …………………
第3章　経済安定化政策と財政・金融政策 ……………………
　　1　経済安定化政策の必要性 ………………………………………
　　2　(d)財政政策とその効果 ………………………………………
　　3　税制の効率性と公平性 …………………………………………
　　4　金融政策とその効果 ……………………………………………
　　5　護送船団方式と金融の自由化 …………………………………
　　コラム　MMT（現代金融理論）とリフレ政策 …………………
第4章　社会保障と経済政策 ……………………………………
　　1　社会保障制度の基礎理論 ………………………………………
　　2　医療保険と医療政策 ……………………………………………
　　3　年金保険と少子高齢化 …………………………………………
第5章　労働問題と経済政策 ……………………………………
　　1　労働経済学の基礎理論 …………………………………………
　　2　(e)日本的雇用慣行と労働の規制緩和 ………………………
　　コラム　外国人技能実習制度をめぐって ………………………
第6章　農業経済学 ………………………………………………
　　1　農業市場論 ………………………………………………………
　　2　農政学 ……………………………………………………………
　　3　(f)農業の規制緩和と農産物の市場開放 ……………………
参考文献 ………………………………………………………………
索　引 …………………………………………………………………

— 34 —

第1回　公共，政治・経済

問1　下線部ⓐに関連して，生徒Xは『経済政策入門』を開いて，市場の失敗についての説明を読んだところ，その例として情報の非対称性が挙げられていた。Xは，高校の「政治・経済」の授業で消費者問題について学んだ際，その背景に情報の非対称性があると教わったことを思い出し，改めて日本の消費者保護制度の変遷を調べ，次の**表**を作成した。**表**中の空欄　ア　～　エ　には，後の記述①～④のいずれかが当てはまる。**表**中の空欄　ウ　に当てはまる記述として最も適当なものを，後の①～④のうちから一つ選べ。　27

1968 年	消費者保護基本法の制定　〔内容：　ア　〕
1970 年	国民生活センターの設立
1976 年	訪問販売法の制定　〔内容：　イ　〕
⋮	⋮
1994 年	製造物責任法の制定　〔内容：　ウ　〕
2000 年	消費者契約法の制定　〔内容：　エ　〕
2009 年	消費者庁の発足
⋮	⋮

① 特定の商取引に関して，一定期間内であれば，消費者は無条件で契約を解除できるクーリングオフ制度を導入した。

② 製品の欠陥によって被害が生じた場合に，過失がなくても事業者に賠償責任を負わせる無過失責任制度を導入した。

③ 消費者の利益の擁護・増進に関して，国，地方自治体，事業者の果たすべき責務と施策の基本事項を定めた。

④ 事業者が不当な勧誘をした場合に，消費者は，いったん結んだ契約を取り消すことができることを定めた。

— 35 —

問2　下線部ⓑに関連して,「政治・経済」の授業で, 日本の産業政策が1990年代頃から変化してきたという説明を聞いた生徒Yは, もっと詳しく知りたいと思い, 授業後, 先生Tに質問したところ, 先生Tは次の**資料**を見せてくれた。先生TとYは**資料**を見ながら, 後の会話をしている。**資料**と**会話文**中の空欄　ア　・　イ　に当てはまる語句の組合せとして最も適当なものを, 後の①〜④のうちから一つ選べ。　28

資料

　産業競争力強化法
　第1条　この法律は, 我が国経済を再興すべく, 我が国の産業を中長期にわたる低迷の状態から脱却させ, 持続的発展の軌道に乗せるためには, 経済社会情勢の変化に対応して, 産業競争力を強化することが重要であることに鑑み, 産業競争力の強化に関し, 基本理念, 国及び事業者の責務を定めるとともに, 規制の特例措置の整備等及びこれを通じた規制改革を推進し, 併せて,　ア　の活性化を促進するための措置……及び中小企業の活力の再生を円滑化するための措置を講じ, もって国民生活の向上及び国民経済の健全な発展に寄与することを目的とする。

Y：産業競争力強化法という法律は, 初めて聞きました。

T：いわゆるアベノミクスの一環として2013年に制定された法律です。

Y：アベノミクスの柱は金融緩和, 財政出動,　イ　の三つでした。

T：よく覚えていますね。この法律は, そのうち　イ　に関わるものです。日本の生産能力を高めて, 中・長期的に日本経済を発展させることを狙いにしています。

Y：「　ア　」とは, どんなことをいうんですか。

T：代表的なものとして新規事業の開拓, 会社の合併・分割による事業再編などがあります。

Y：その次にある「中小企業の活力の再生」は, 以前習った, 中小企業基本法の基本理念にも通じると思います。

T：いい所に気が付きましたね。よく勉強していることがわかります。

— 36 —

第 1 回　公共，政治・経済

① ア　企業グループ内の系列取引　　イ　成長戦略

② ア　企業グループ内の系列取引　　イ　分配戦略

③ ア　産業活動における新陳代謝　　イ　成長戦略

④ ア　産業活動における新陳代謝　　イ　分配戦略

問3　生徒Xは「政治・経済」の教科書を読んで，下線部ⓒについて整理した。戦後の日本経済の歩みに関する記述として最も適当なものを，次の①～④のうちから一つ選べ。　29

① 1940年代の占領期に，戦前，日本の主要産業を支配していた財閥が解体された。

② 1960年代にアメリカから半導体の輸入が急増し，日米間で貿易摩擦が激化した。

③ 1970年代に発生した第1次石油危機によって，日本はデフレスパイラルに陥った。

④ 2000年代に始まったバブル経済は，円高が急速に進んだ影響により，崩壊した。

問4 下線部⓪に関連して，次の図は，「政治・経済」の授業で国家財政について生徒**Y**が学習した際，使用したもので，ある架空の国の 2000 年度と 2020 年度の予算を比べたものである。生徒**Y**は図の内容を読み取って，後の**メモ**にまとめた。**メモ**中の空欄 **ア** ・ **イ** に当てはまるものの組合せとして最も適当なものを，後の ①〜④ のうちから一つ選べ。 **30**

2000 年度

公債金 （30 億ドル）	国債費 （15 億ドル）
税　収 （70 億ドル）	政策的経費 （85 億ドル）
歳入	歳出

2020 年度

公債金 （40 億ドル）	国債費 （30 億ドル）
税　収 （80 億ドル）	政策的経費 （90 億ドル）
歳入	歳出

メモ

国の財政状況を見る指標

(1)国債依存度……歳入に占める公債金の割合

(2)プライマリーバランス……公債金を除く歳入額から，国債費を除く歳
　　（基礎的財政収支）　　　　出額を差し引いた収支

　　　　　　　　　　　　　　→値がプラスなら黒字，マイナスなら赤字

　この国の国債依存度は，2000年度には30%だったが，2020年度は **ア** 。一方，2000年度は **イ** だったプライマリーバランスは，2020年度に10億ドルの赤字となっており，財政健全化への取組みが求められている。

— 38 —

第1回　公共，政治・経済

① ア　約33%に上昇した　　イ　5億ドルの黒字

② ア　約33%に上昇した　　イ　15億ドルの赤字

③ ア　約17%に低下した　　イ　5億ドルの黒字

④ ア　約17%に低下した　　イ　15億ドルの赤字

問5　下線部⑥に関連して，次の**資料**は，「政治・経済」の授業で先生Tが使用し
たスライドの一部である。**資料**中の空欄　ア　・　イ　に当てはまる語句
の組合せとして最も適当なものを，後の①〜④のうちから一つ選べ。　31

資料

```
┌─────────────────────────────────────────────┐
│            ┌──────────────────────┐             │
│            │  日本型雇用と働き方改革  │             │
│            └──────────────────────┘             │
│                                                 │
│   ◇日本的雇用慣行                                 │
│     ┗▶ 終身雇用制，  ア  ，企業別組合            │
│                                                 │
│         功  雇用の安定・良好な労使関係……高度経済成長の一因 │
│                                                 │
│         罪  バブル崩壊後，マイナスにも……低い労働生産性    │
│                                                 │
│                                                 │
│   ◇働き方改革                                     │
│     ┗▶ 2018年に法律整備                          │
│                                                 │
│       ・労働規制の 強化 ……残業時間の上限規制       │
│                                                 │
│       ・労働規制の 緩和 …… │  イ  │ の導入       │
│                                                 │
└─────────────────────────────────────────────┘
```

① ア　裁量労働制　　　　イ　ペイオフ制度

② ア　裁量労働制　　　　イ　高度プロフェッショナル制度

③ ア　年功序列型賃金　　イ　ペイオフ制度

④ ア　年功序列型賃金　　イ　高度プロフェッショナル制度

問6 下線部⑤に関連して，生徒Xは，日本の農業政策をめぐる論点について，次のメモにまとめた。メモ中の空欄 ア ～ ウ に当てはまる語句の組合せとして正しいものを，後の①～⑧のうちから一つ選べ。 32

メモ

農産物の市場開放は，鋭く意見が対立するテーマである。

たとえば肉類の自給率はかつて90%を超えていたが，1991年の牛肉の輸入自由化以降は大きく低下し，現在は50%程度になっている。自給率の低下については， ア の観点から好ましくないという考え方があり，1999年制定の イ でも，食料の安定供給の確保がうたわれている。しかし他方では，消費者は食料を安価に手に入れられるようになったということだから，むしろ市場開放を一層進めるべきだという意見もある。

同様に，2018年に ウ が発効したことで，ワインの輸入が増加することが見込まれているが，このことについても，国内のブドウ農家に打撃を与えると懸念する声がある一方，安いワインを買えるようになってワイン愛好家が増えれば国産ワインの消費も拡大し，国内農家にもプラスになるという見方もある。

① ア ミニマムアクセス　　イ 農業基本法　　　　　　ウ TPP11
② ア ミニマムアクセス　　イ 農業基本法　　　　　　ウ WTO
③ ア ミニマムアクセス　　イ 食料・農業・農村基本法　ウ TPP11
④ ア ミニマムアクセス　　イ 食料・農業・農村基本法　ウ WTO
⑤ ア 食料安全保障　　　　イ 農業基本法　　　　　　ウ TPP11
⑥ ア 食料安全保障　　　　イ 農業基本法　　　　　　ウ WTO
⑦ ア 食料安全保障　　　　イ 食料・農業・農村基本法　ウ TPP11
⑧ ア 食料安全保障　　　　イ 食料・農業・農村基本法　ウ WTO

第 2 回

(60分)

実 戦 問 題

● 標 準 所 要 時 間 ●

第1問	8分	第4問	11分
第2問	7分	第5問	11分
第3問	11分	第6問	12分

公共，政治・経済

（解答番号 1 ～ 34 ）

第1問 生徒Xは，「公共」の最初の授業で担当の先生Tから「記録カードを作る」という話を聞き，自分で各単元ごとに学んだこと，わからなかったこと，もっと考えてみたいことを記録カードとしてまとめていた。今回先生Tから各自がさらに深めたいテーマを探し，レポートを書く課題が出されたので，これまでのカードを改めて振り返ることにした。次の問い(問1～4)に答えよ。(配点 13)

問1 生徒Xは，まず思想の授業から，特に日本の伝統思想について振り返ることにした。次の文章は，古代日本の伝統思想についてXがまとめた記録カードである。記録カード中の空欄 ア と イ に当てはまる語句の組合せとして最も適当なものを，後の①～⑥のうちから一つ選べ。 1

> 古代日本には，すべての自然物には霊が宿るという ア の思想があった。神々は「八百万の神」と呼ばれたように様々な場所に存在すると考えられていた。人々は，私心のない純真な心である清明心を尊んだ。清明心は，日本の民族宗教である イ で重んじられた。日本の伝統社会では，一年の決まったときに イ に基づき祭りを実施した。これは年中行事と呼ばれ正月もその一つである。また，人生の転機になるときには<u>イニシエーション</u>が行われた。

① ア アニミズム　　イ ポピュリズム
② ア アニミズム　　イ 神　道
③ ア ポピュリズム　イ アニミズム
④ ア ポピュリズム　イ 神　道
⑤ ア 神　道　　　　イ アニミズム
⑥ ア 神　道　　　　イ ポピュリズム

問2 問1の記録カード中にある下線部に関して，イニシエーションの具体例についての記述として**適当でないもの**を次の①〜④のうちから一つ選べ。 2

① その年に成人年齢を迎える青年（新成人）を祝う。毎年1月第2月曜日を「成人の日」とし，地方自治体の主催により式典が催される。

② 全国的には8月15日を中日とし，8月13日から16日にかけての4日間に，故人の霊を生前過ごした場所（自宅が多い）にお迎えする。再び戻っていくあの世での冥福を祈る機会となっている。

③ 子どもが三歳，五歳，七歳になった年の11月15日に氏神様に参拝する。これまでの子どもの成長に感謝し，今後の健やかな成長を願う。

④ 60歳を迎える方の長寿を祝う。70歳の「古希（こき）」と同じく，発祥は中国である。

問3 生徒Xは,次に日本の文化や風土について振り返ることにした。次の文章は,世界遺産についてXがまとめた記録カードである。

> 世界遺産には3つの区分がある。
> 1．文化遺産：人類が生み出した建造物や遺跡,また自然環境に順応しながら人類がつくり上げた文化的景観など。
> 2．自然遺産：地球の歴史や動植物の進化を伝える自然環境や景観など。
> 3．複合遺産：文化遺産と自然遺産,両方の価値を有しているもの。
>
> また誰が見ても同じように素晴らしいと感じる価値である「顕著な普遍的価値」を有していることを証明するものとして「10項目の登録基準」が定められている。世界遺産に登録されるには,最低でもこの基準の一つ以上にあてはまることが条件となる。

次の写真Aの富士山は,上記3つの区分の中のどの区分に当てはまるか。また写真B・Cが示す日本の世界遺産の中で,その登録区分が富士山と同じ区分であるものの組合せはどれか。正しいものを**選択肢群ア・イ**から一つずつ選び,その組合せとして最も適当なものを,後の①〜⑨のうちから一つ選べ。
 3

写真A　富士山

写真B　知床　　　　写真C　百舌鳥・古市古墳群

富士山：**選択肢群ア**

 a 文化遺産 **b** 自然遺産 **c** 複合遺産

B・C：選択肢群イ

 d BとC **e** Bのみ **f** Cのみ

① アーa イーd

② アーa イーe

③ アーa イーf

④ アーb イーd

⑤ アーb イーe

⑥ アーb イーf

⑦ アーc イーd

⑧ アーc イーe

⑨ アーc イーf

問4 生徒Xは，最後に情報化社会における権利の保障について振り返ることにした。次の記録カード中にある下線部に関して，産業財産権の一つである「特許権」について説明した記述として最も適当なものを，後の①〜④のうちから一つ選べ。 4

> インターネットの普及やデジタル技術の発達により，知的財産権の侵害が問題となっている。人間の知的活動によって生み出されたアイデアや創作物などには，財産的な価値を持つものがあり，そうしたものを総称して「知的財産」と呼ぶ。知的財産の中には，法律で規定された権利や法律上保護される利益に係る権利として保護されるものがあり，それらの権利は「知的財産権」と呼ばれている。知的財産権は，大きく分けると産業財産権と著作物に対する著作権がある。

① 物品の形状，構造または組合せに係る，産業上利用できる新規な考案を独占的に利用する権利である。

② 物のデザインを独占的に所有できる権利である。物品の形，模様，色彩，またはこれらの組合せで定義される。

③ 自社の商品と他社の商品とを区別するための文字，図形，記号，色彩などの結合体を独占的に使用できる権利である。

④ 産業上利用することができる新規の発明を独占的・排他的に利用できる権利である。

第2回　公共，政治・経済

第2問　生徒Xは，大学が高校生にも講義の受講を認めるプログラムに参加し，講義が終わってから疑問や興味をもった点について自分で調べ，講義内容と併せてわかりやすくまとめるよう指導を受けた。そこでXは講義終了後に，指導のとおりノートをまとめることにした。これに関する次の問い（**問1～4**）に答えよ。
（配点　12）

問1　生徒Xはまず講義のテーマとなっている戦後の国際経済の歩みについて整理することにした。次の戦後の国際経済についての記述ア～オを年代順に並べたものとして最も適当なものを，後の①～⑥のうちから一つ選べ。 5

　　ア　ジュネーブを本部とする世界貿易機関（WTO）が発足し，従来よりも紛争処理機能が強化された。

　　イ　アメリカのニクソン大統領が金・ドル交換の停止を宣言した後，スミソニアン協定が結ばれ固定相場制が復活した。

　　ウ　大手証券会社リーマン・ブラザーズの破綻をきっかけとして世界金融危機が発生し，これに対応するためにG20金融サミットが開催された。

　　エ　GATTのウルグアイ・ラウンドによってサービス貿易や知的財産権の保護についてのルールが確立し，農産物貿易についても「例外なき関税化」が合意された。

　　オ　貿易収支の悪化や多国籍企業の進出，またベトナム戦争関連の歳出増大によってアメリカの財政赤字が拡大し，ブレトン・ウッズ体制に動揺が生じた。

　　①　ウ → ア → イ → オ → エ
　　②　ウ → イ → オ → エ → ア
　　③　エ → ア → イ → オ → ウ
　　④　エ → ウ → イ → オ → ア
　　⑤　オ → イ → エ → ア → ウ
　　⑥　オ → エ → ア → イ → ウ

— 7 —

問2　生徒Xは，戦後の国際経済の歩みについての講義を聞く中で，特に労働者の権利の歴史に興味を持った。そしてそのことについて調べる中で，日本の労働法制は現在に至るまでにさまざまな改正が重ねられていることを知り，1987年に改正された労働基準法によって認められた新しい働き方についての資料を入手し，次の**メモ**にまとめた。

メモ

＜労働時間法制の主な改正内容＞

【1987年改正】

（１）　法定労働時間の短縮（週40時間労働制を本則に規定）

（２）　変形労働時間制の導入（フレックスタイム制，１か月単位・３か月単位の変形労働時間制等の導入）

（３）　事業場外及び裁量労働についての労働時間の算定に関する規定の整備

＜新しい働き方の具体的内容のまとめ＞

A　フレックスタイム制：出社時間と退社時間を労働者が任意に決めることが可能に

B　変形労働時間制：一定期間の平均労働時間が週40時間以内なら１日８時間以上の労働も可能に

C　裁量労働制：あらかじめ労働の成果に基づく報酬を定め，実働時間は労働者に委ねることが可能に

（出所）　＜労働時間法制の主な改正内容＞については厚生労働省労働基準局「労働時間法制の主な改正経緯について」により作成。

次の**事例**は，メモ中の働き方**A〜C**のどれに当てはまるか。最も適当なものを後の①〜④のうちから一つ選べ。　6

事例

> 　労働者である**Y**さんと**Z**さんは，所要時間として8時間が想定される，ある同じ作業を指示された。**Y**さんはこの作業を6時間で終了したので，8時間が経過するのを待つことなく業務を終了して帰宅した。一方**Z**さんはこの作業に10時間かけてしまったが，8時間を超過した分の残業代は支払われなかった。

①　**A**　　②　**B**　　③　**C**　　④　いずれにも当てはまらない

問3 次に生徒Xは，労働者を雇用する企業について調べることにした。そこで中小企業庁の資料を読んだところ，日本の企業の多くは「中小企業」であることを知り，そのことについて後のノートにまとめた。次の図を参考に，ノート中の空欄　ア　～　ウ　に当てはまる数字の組合せとして最も適当なものを，後の①～⑧のうちから一つ選べ。　7　

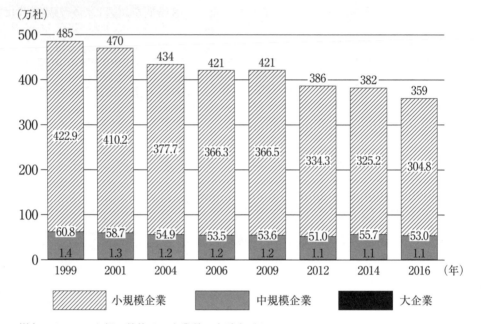

図　企業規模別企業数の推移

（注）グラフの上部の数値は，企業数の合計を示している。
（出所）中小企業庁「2020年版　中小企業白書」により作成。

第2回　公共，政治・経済

ノート

> 　日本において「大企業」の数は全体の約　ア　%に過ぎず，企業のほとんどが「中小企業」である。中小企業基本法に基づく中小企業の定義は業種によって異なり，例えば製造業の場合は資本金　イ　億円以下，従業員数300人以下の企業を指し，卸売業の場合は資本金1億円以下，従業員数100人以下の企業を指す。中小企業は事業所数や従業者数に対して出荷額の割合が低く，企業全体の出荷額における中小企業の割合は約　ウ　割にとどまっている。この原因の一つとしては，資本装備率の低さが挙げられ，中小企業における低賃金の要因ともなっている。

① ア 0.3　イ 3　ウ 3
② ア 0.3　イ 3　ウ 5
③ ア 0.3　イ 5　ウ 3
④ ア 0.3　イ 5　ウ 5
⑤ ア 1.8　イ 3　ウ 3
⑥ ア 1.8　イ 3　ウ 5
⑦ ア 1.8　イ 5　ウ 3
⑧ ア 1.8　イ 5　ウ 5

— 11 —

問4 一連の講義や調査を通して，世界の経済や労働に関する諸問題についての理解を深めた生徒Xは，最後にこれらのまとめとして，日本と世界における労働と性別の関係について調べた。次の**グラフ**は，世界各国における就業者および管理的職業従事者に占める女性の割合を示したものである。この**グラフ**から読み取れることについての記述として最も適当なものを，後の①～④のうちから一つ選べ。 8

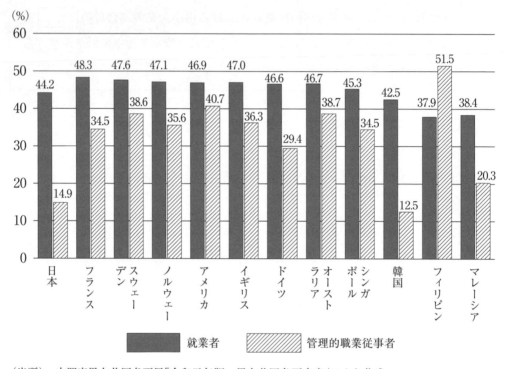

(出所) 内閣府男女共同参画局「令和元年版 男女共同参画白書」により作成。

① **グラフ**に掲載された国のうち，就業者に占める女性の割合が50％を超えている国はない。

② **グラフ**に掲載された国のうち，管理的職業従事者に占める女性の割合が50％を超えている国はない。

③ 日本は**グラフ**に掲載された国の中でも，特に就業者に占める女性の割合が高い傾向にある。

④ 日本は**グラフ**に掲載された国の中でも，特に管理的職業従事者に占める女性の割合が高い傾向にある。

第2回　公共，政治・経済

第3問　次の文章を読み，後の問い（**問1〜6**）に答えよ。（配点　19）

　　ⓐ衆議院の解散に伴うⓑ総選挙が行われることになり，有権者となった生徒**X**と生徒**Y**は，現代の日本における社会的な課題や，その解決のための政策について調べてみることにした。

　　新型コロナウイルス感染症の脅威や，権威主義国家の台頭によるⓒ民主主義の危機，ますます深刻になる気候変動問題など，日本を取り巻く世界情勢は大きく変化している。国内においても，輸入資源価格高騰による海外への所得流出や，人口減少と少子高齢化，潜在成長率の停滞や災害の頻発化など，さまざまな社会課題を抱えている。

　　生徒たちはWebページを調べて，日本の抱える課題やその解決を図る政策のうち，特に関心をもったテーマを次のメモにまとめた。

課題や政策	・物価高によるⓓ消費者への影響 ・農林水産物の輸出促進 ・ⓔ観光産業の高付加価値化 ・外国人材の受け入れと共生 ・国際化に伴うⓕ司法制度改革の必要性

　　生徒たちは社会課題の解決に向けて，政府による政策だけでなく，自分たちには何ができるかについても調べてみることにした。

— 13 —

問1 下線部③に関連して，生徒**X**は，日本国憲法下で行われた衆議院の解散について調べ，次の**表**を作成した。**表**中の空欄 ア ～ エ には，後の記述①～④のいずれかが当てはまる。**表**中の イ に当てはまる記述として最も適当なものを，後の①～④のうちから一つ選べ。 9

解散年月日	内閣	解散の内容
1963年10月23日	池田勇人内閣	ア
1983年11月28日	中曽根康弘内閣	イ
1993年 6 月18日	宮沢喜一内閣	ウ
2005年 8 月 8 日	小泉純一郎内閣	エ

① 抜本的な政治改革を実現できなかったため，野党だけでなく与党からも反発が起こり，不信任案が可決されて解散に追い込まれた。

② 郵政民営化法案が参議院で否決されたことを受け，郵政民営化について国民の信を問うために解散が行われた。

③ 政権が推し進めた所得倍増をめざす政策による経済成長を背景に，東京オリンピックへ向けて国内政治の安定を図るために解散が行われた。

④ ロッキード事件の第一審で田中角栄元首相が有罪判決を受けた直後に解散が行われ，解散後の総選挙では自民党が過半数割れとなった。

— 14 —

第2回　公共，政治・経済

問2　下線部⑥に関連して，生徒**Y**は，「政治・経済」の授業で国政選挙の区割りについて，主張の異なる**ア班**と**イ班**に分かれて討論を行った。次の**ア班**と**イ班**の主張を読み，後の(1)・(2)の問いに答えよ。

> **ア班**：人口比を重視し，「1票の格差」を限りなく小さくすることを最優先する。
> **イ班**：人口比に関わらず，各地域から一定の議員を選出することを保証する。

(1)　まず，あなたがどちらの班に入るかを選び，**ア班**に入る場合は①，**イ班**に入る場合は②をマークせよ。　10

　　なお，(1)で①・②のいずれを選んでも，(2)の問いについては，それぞれに対応する適当な選択肢がある。

(2)　(1)であなたが選んだ班の主張の根拠となる意見として適当なものを，次の①〜④のうちから二つ選べ。ただし，解答の順序は問わない。　11 ・ 12

　　① 日本国憲法は，法の下の平等を規定している。
　　② 特定の地域を代表する意見が国政に反映されなくなる。
　　③ 選挙区どうしの面積の差が極端に開いてしまう場合がある。
　　④ 国会議員は特定の地域の意見に拘束されるべきではない。

— 15 —

問3　下線部ⓒに関連して，生徒Xは図書館で，民主主義の基本原理に関する書籍を調べてみた。すると，ある本の中に，「法の支配」について次のような記述があることを発見した。この記述から読み取れる内容として最も適当なものを，後の①～④のうちから一つ選べ。　13

　　法の支配においては，国家権力の恣意的支配を排除するということが生命なのである。なぜ，権力の恣意的支配を排除しなければならないか？それは，権力にたいして個人の人権や自由を保障するために，である。

　　（中略）

　　法の支配は，権力者の意思のうえに法をおく。国家はいかなる場合にいかなる手続きで国民を逮捕することができるか，ということについての客観的基準が法律にきめられている。もはや国民は，理由なく，また法律にきめられた手続きによらずして，逮捕されないはずである。この客観的基準の定立によって，国民は権力者にたいして，はじめて自由と権利を主張することができるようになった。

（出所）　渡辺洋三『法というものの考え方』(岩波書店)により作成。

① 国家権力による強制力の裏づけはないが，人間の内面的な意思を規律する規範の重要性を説いている。

② 為政者の意思が法であることを否定し，為政者を法によって拘束する重要性を説いている。

③ 行政は法律に基づいて行われなければならないとして，法律の内容よりも形式的な制定手続きの重要性を説いている。

④ 時代や社会を超えて普遍的に通用する理性の法ではなく，人間が定め特定の時代や社会でのみ通用する法の重要性を説いている。

第2回　公共，政治・経済

問4　下線部⑥に関連して，生徒Yは，消費者問題について調べ，次の文章にまとめた。文章中の空欄　ア　～　ウ　に当てはまる語句の組合せとして最も適当なものを，後の①～⑧のうちから一つ選べ。　14

> 　　ア　の原則の一つに，契約内容は当事者の自由な意思によって決められるという「契約自由の原則」がある。しかし，企業と消費者の間には商品に関する情報量に格差があり，対等な契約が結ばれない場合が少なくない。また，消費者の所得水準が高く，商品が大量に生産される社会ほど，　イ　によって消費者の自由な意思決定が妨げられるという問題が生じている。　イ　とは，消費者の購買意欲までもが企業の広告や宣伝に影響され，操作されてしまうことをいう。
> 　　そのため，消費者の利益が損なわれないよう，消費者行政を　ウ　する目的で，2009年に消費者庁が設置された。消費者庁は，悪質商法の予防，被害者の救済などを主な業務として行っている。

① ア　社会法　イ　資産効果　ウ　一元化

② ア　社会法　イ　資産効果　ウ　各省庁へ細分化

③ ア　社会法　イ　依存効果　ウ　一元化

④ ア　社会法　イ　依存効果　ウ　各省庁へ細分化

⑤ ア　私　法　イ　資産効果　ウ　一元化

⑥ ア　私　法　イ　資産効果　ウ　各省庁へ細分化

⑦ ア　私　法　イ　依存効果　ウ　一元化

⑧ ア　私　法　イ　依存効果　ウ　各省庁へ細分化

— 17 —

問5　下線部ⓔに関連して，生徒Ｘは，観光庁のWebページで「観光圏の整備」に
ついての政策を知り，「観光圏の整備による観光旅客の来訪及び滞在の促進に
関する法律」（以下，「観光圏整備法」という）の内容を調べた。次の**資料**は，そ
の法律の条文を抜粋したものである。Ｘは生徒Ｙと**資料**をみながら，後の会話
をしている。**会話文**中の空欄　ア　～　ウ　に当てはまる語句の組合せとし
て最も適当なものを，後の①～⑧のうちから一つ選べ。　15

資料

【観光圏整備実施計画の認定】

第八条　観光圏整備事業を実施しようとする者は，共同して，国土交通大
　　　　臣に対し，観光圏整備実施計画が観光圏の整備による観光旅客の来
　　　　訪及び滞在の促進を適切かつ確実に図るために適当なものである旨
　　　　の認定を申請することができる。

　　2　前項の規定による認定の申請は，関係する市町村又は都道府県を
　　　　経由して行わなければならない。この場合において，関係する市町
　　　　村又は都道府県は，当該観光圏整備実施計画を検討し，意見を付し
　　　　て，国土交通大臣に送付するものとする。

　　　　（略）

【道路運送法の特例】

第十四条　観光圏整備事業を実施しようとする者であって……一般乗合旅
　　　　　客自動車運送事業を経営するものが……運行回数の増加その他の
　　　　　国土交通省令で定めるものに関する事項が記載された観光圏整備
　　　　　実施計画について，……認定観光圏整備実施計画に従って当該事
　　　　　業を実施するに当たり，……認可を受けなければならないとき
　　　　　……は，これらの規定にかかわらず，遅滞なく，その旨を国土交
　　　　　通大臣に届け出ることをもって足りる。

（注）「一般乗合旅客自動車運送事業」とは，路線バスや乗合タクシーなどの事業を指す。

― 18 ―

第2回　公共，政治・経済

X：観光圏整備法によると，観光圏整備事業者は共同して観光圏整備実施計画を作成して，　ア　の認定が受けられるように申請できるんだ。

Y：その整備実施計画が認定されると，どんなメリットがある？

X：例えば，バス事業者が路線バスの運行回数を増加させようとした場合，本来は　イ　が必要なんだ。でも，観光圏整備実施計画が認定された場合は，届出さえ行えば　イ　は必要なくなる。

Y：なるほど。特例を作って　ウ　を行うことによって，地域の観光事業を活発にしようとしているわけだね。

① ア　国土交通大臣　　イ　認　可　　　ウ　規制緩和

② ア　国土交通大臣　　イ　認　可　　　ウ　規制強化

③ ア　国土交通大臣　　イ　省令の制定　ウ　規制緩和

④ ア　国土交通大臣　　イ　省令の制定　ウ　規制強化

⑤ ア　地方自治体　　　イ　認　可　　　ウ　規制緩和

⑥ ア　地方自治体　　　イ　認　可　　　ウ　規制強化

⑦ ア　地方自治体　　　イ　省令の制定　ウ　規制緩和

⑧ ア　地方自治体　　　イ　省令の制定　ウ　規制強化

問6　下線部⨍に関連して，生徒Xと生徒Yは，司法制度改革について次のような
　　会話をしている。**会話文**中の空欄　ア　・　イ　に当てはまる語句の組合せ
　　として最も適当なものを，後の①〜④のうちから一つ選べ。　16

X：2005年に，知的財産高等裁判所が設置されたね。日本の知的財産権訴訟は
　　時間がかかりすぎると，欧米から批判を受けたことがその背景にあるらし
　　い。グローバル化に伴って，外国企業相手の訴訟も増えてきたということ
　　だね。

Y：なるほど。知的財産権に限らず，日本の裁判は時間がかかりすぎるといわ
　　れてきたよね。だから2000年代の司法制度改革では，刑事裁判に　ア
　　を導入したり，裁判外紛争解決手続きを拡充したりして，裁判の迅速化を
　　図るための制度が整えられたんだ。

X：日本は他の先進国に比べ，法曹人口が少なく，裁判が市民の法感覚から離
　　れているという指摘もあったね。

Y：それで裁判員制度が始まったんだね。

X：職業裁判官は過去の判例に基づいて判決を下すけど，裁判員は被告人の陳
　　述や証人の証言を市民生活の経験を踏まえて考えることができるものね。

Y：ただ同じ「国民の司法参加」といっても，日本の場合は市民が量刑に　イ
　　点が，アメリカやイギリスの制度とは異なるんだよね。

① ア　公判前整理手続き　　イ　参加できる
② ア　公判前整理手続き　　イ　参加できない
③ ア　被害者参加制度　　　イ　参加できる
④ ア　被害者参加制度　　　イ　参加できない

— 20 —

第2回　公共，政治・経済

第4問　生徒たちは，次の白板にまとめた「政治・経済」の授業の内容をもとに，投資の意義やリスクについて考察や分析を行った。これに関連して，後の問い（**問1～6**）に答えよ。（配点　18）

---

1. 【(a)家計にとっての投資の意義】
   - 中長期的な目線で増やすためのお金
     預貯金に比べ流動性が低いが，中長期的には高い利益を得られる可能性
   - 社会貢献
     企業の発展や(b)経済の成長を支える
2. 【投資のリスク】
   - 株価変動リスク
     国内外の景気や経済の動向，政治や経済の情勢，株式を発行する
     (c)企業の業績
   - 為替変動リスク
     (d)為替相場の変動による，外貨建て円換算による金融商品価値の変動可能性
   - 金利変動リスク
     (e)金利の変動による，債券の市場価格変動の可能性
3. 【社会貢献型投資】
   (f)ESG投資　～環境・社会・ガバナンスの視点で企業価値を測る～

— 21 —

問1 下線部ⓐに関連して,生徒Xは次の図1と図2を用いて,勤労者世帯と65歳以上の高齢者無職世帯の家計収支を比較してみた。図1と図2から読み取れる内容として最も適当なものを,後の①〜④のうちから一つ選べ。　17

図1 二人以上の世帯のうち勤労者世帯の家計収支(2021年)

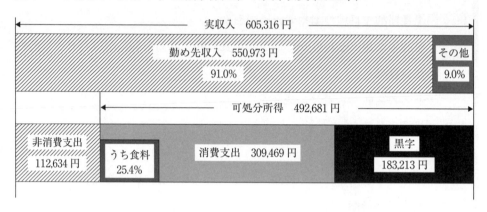

図2 65歳以上の夫婦のみの無職世帯(高齢者無職世帯)の家計収支(2021年)

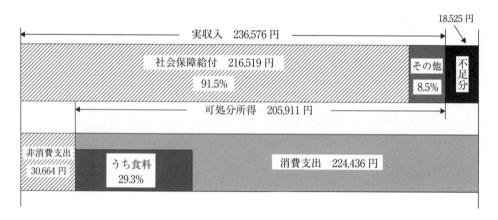

(注)　図1中の「勤め先収入」,図2中の「社会保障給付」,および図1・2中の「その他」の割合(％)は,実収入に占める割合である。図1・2中の「うち食料」の割合(％)は,消費支出に占める割合である。図2中の「不足分」とは,「実収入」から「消費支出」及び「非消費支出」を差し引いた額である。
(出所)　総務省統計局「家計調査年報」により作成。

第2回　公共，政治・経済

① 可処分所得に占める消費支出の割合は，勤労者世帯の方が高齢者無職世帯
よりも大きくなっている。

② 総支出に占める税金や社会保険料などの非消費支出の割合は，勤労者世帯
の方が高齢者無職世帯よりも大きくなっている。

③ エンゲル係数は，勤労者世帯の方が高齢者無職世帯よりも高くなっている。

④ 家計収支における黒字の割合は，勤労者世帯の方が高齢者無職世帯よりも
小さくなっている。

問2 下線部⑥に関連して，生徒たちは，次の**表**を用いて，日本の国民所得について学習することになった。**表**中の空欄 ウ 〜 オ に当てはまる語句と数字の組合せとして最も適当なものを，後の①〜⑧のうちから一つ選べ。 18

日本の国民所得（2018年）　　　　　　　　　　　　　　　　　（単位：兆円）

生産国民所得	ア		283
	イ		94
	ウ		5
	海外からの純所得		20

分配国民所得	雇用者報酬		284
	財産所得		27
	企業所得		91

支出国民所得	エ	民間消費	304
		政府消費	108
		国内総資本	133
		経常海外余剰	21
	〈控除〉固定資本減耗		124
	〈控除〉間接税－補助金		オ

（出所）　内閣府の資料により作成。

① ウ　第1次産業　　エ　国民純支出　　オ　170

② ウ　第1次産業　　エ　国民純支出　　オ　40

③ ウ　第1次産業　　エ　国民総支出　　オ　170

④ ウ　第1次産業　　エ　国民総支出　　オ　40

⑤ ウ　第2次産業　　エ　国民純支出　　オ　170

⑥ ウ　第2次産業　　エ　国民純支出　　オ　40

⑦ ウ　第2次産業　　エ　国民総支出　　オ　170

⑧ ウ　第2次産業　　エ　国民総支出　　オ　40

— 24 —

第2回 公共，政治・経済

問3 下線部ⓒに関して，生徒**X**と生徒**Y**は，ある企業のバランスシートをみて，企業の業績と株価について話し合った。次の**会話文**中の空欄 ア ～ ウ に当てはまる語句の組合せとして最も適当なものを，後の①～⑧のうちから一つ選べ。 19

X：バランスシート(貸借対照表)は，特定時点に企業が保有する資産と資金の調達方法を一覧で表したもので，表の左側の「資産」，右側の「負債」と「純資産」の3つから構成される。

Y：そうか。バランスシートは，企業の ア の状況を表す数値というわけだね。

X：そう。左側の「資産」には現金・預金のほか，土地・建物などの不動産の額が記載される。一方，右側の「負債」には銀行借入れなどの負債が記載され，「純資産」には企業の設立時に準備した資金や， イ を発行して得た資金などが記載される。

Y：じゃあ，企業が銀行借入れを増やした場合は，自己資本比率は ウ ことになるね。

① ア フロー イ 社 債 ウ 低下する
② ア フロー イ 社 債 ウ 上昇する
③ ア フロー イ 株 式 ウ 低下する
④ ア フロー イ 株 式 ウ 上昇する
⑤ ア ストック イ 社 債 ウ 低下する
⑥ ア ストック イ 社 債 ウ 上昇する
⑦ ア ストック イ 株 式 ウ 低下する
⑧ ア ストック イ 株 式 ウ 上昇する

問4 下線部⑩に関連して，生徒**Y**は，外国為替相場の変動が貿易収支に与える影響について調べ，次のノートにまとめた。ノート中の空欄 ア ～ ウ に当てはまる語句の組合せとして正しいものを，後の①～⑥のうちから一つ選べ。 20

ノート

外国為替相場が変動した場合，その影響が現れるまでタイムラグがあり，短期的には予想される方向とは逆の現象が起こることがある。例えば ア が進行した場合，日本製品の国際競争力が低下するので，日本の貿易収支の黒字は縮小するはずである。しかし1985年の イ の後には，急激な ア が進行しても，しばらくは黒字の拡大が止まらず，その後になって黒字が縮小し始めた。このような現象は，そのグラフの形状から ウ と呼ばれている。

① ア 円 高　　イ プラザ合意　　ウ Jカーブ効果
② ア 円 高　　イ ルーブル合意　ウ V字回復
③ ア 円 高　　イ プラザ合意　　ウ V字回復
④ ア 円 安　　イ ルーブル合意　ウ Jカーブ効果
⑤ ア 円 安　　イ プラザ合意　　ウ Jカーブ効果
⑥ ア 円 安　　イ ルーブル合意　ウ V字回復

問5 下線部ⓔに関連して，生徒**X**と生徒**Y**は，日本銀行の金融政策について話し合った。次の**会話文**中の空欄　**ア**　～　**ウ**　に当てはまる語句の組合せとして最も適当なものを，後の①～⑥のうちから一つ選べ。　21

X：日本銀行は金融政策決定会合を開いて，金融政策の方針を決定するそうだよ。不況時には　**ア**　を行うと習ったけど，今もそれを続けているのかな。

Y：続けているそうだよ。でも1990年代以降は「非伝統的金融政策」と呼ばれる緩和政策を行っていて，政策金利が　**イ**　に変更されるなど，それまでの伝統的な金融政策とはだいぶ様子が違ってきたみたい。

X：「非伝統的金融政策」ってどういう政策なのかな。

Y：例えば，日本銀行は1999年から　**イ**　を実質０パーセントに誘導するゼロ金利政策に踏み出したそうだよ。それでも長引くデフレ不況を克服できなかったので，2013年からは２年間で２％の消費者物価の上昇をめざす　**ウ**　を導入したって聞いたよ。

X：　**ウ**　というのは，　**ア**　によって豊富な資金を市場に供給するんだよね。長期国債だけでなく，株式の値動きに連動する上場投資信託（ETF）などの保有額を拡大させる点に特色があるって習ったな。

Y：なんだか，むずかしいな。そういえば，日本銀行のETF保有額が膨らんで，国内最大の大株主になったんだよね。金融政策については，そのような話題と結び付けて学習することが大切なようだね。

① ア　買いオペレーション　　イ　コールレート　　ウ　量的・質的緩和
② ア　買いオペレーション　　イ　公定歩合　　　　ウ　量的・質的緩和
③ ア　買いオペレーション　　イ　コールレート　　ウ　支払準備率操作
④ ア　売りオペレーション　　イ　公定歩合　　　　ウ　量的・質的緩和
⑤ ア　売りオペレーション　　イ　コールレート　　ウ　支払準備率操作
⑥ ア　売りオペレーション　　イ　公定歩合　　　　ウ　支払準備率操作

問6 下線部ⓕに関連して,生徒たちはESG投資について調べ,「E」はEnvironment（環境）,「S」はSocial（社会）,「G」はGovernance（企業統治）を指していることを知った。そしてESG投資について授業で発表するため,次の**資料**を作成してみた。**資料**中の**ア〜ウ**の中で,ESG投資の投資先にふさわしい企業の組合せとして最も適当なものを,後の①〜⑦のうちから一つ選べ。22

資料

ESG投資の例

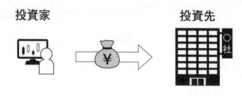

ア　コストは高いが,再生可能エネルギーを積極的に利用している**A**社
イ　人件費の安い国に部品を発注することで,利潤の最大化を図っている**B**社
ウ　女性を役員に登用し,女性が役員に占める割合を引き上げる努力をしている**C**社

① ア
② イ
③ ウ
④ アとイ
⑤ アとウ
⑥ イとウ
⑦ アとイとウ

第2回　公共，政治・経済

第5問　次に示したのは，生徒たちが最近読んだある日の新聞の1面である。これに関連して，後の問い（**問1〜6**）に答えよ。（配点　18）

駿台新聞

@ **防衛関係費，増額**

ⓑ 有事をにらみ，予算過去最大

省エネルギー技術供給へ
CO_2削減の日本式システム輸出

○○氏がノーベル平和賞候補

ⓒ 人権擁護や民主化運動にも活躍
〜ⓓ 自国の政治体制にも異を唱える姿勢評価

今日のコラム「ⓔ ODAの現状と課題」

開発協力卒業国のⓕ 経済発展と格差の是正

— 29 —

問1 傍線部ⓐに関連して，生徒Xは，日本や各国の防衛関係費について調べ，次の図や表にまとめた。これらの**図表**から読み取れる内容として最も適当なものを，後の①～④のうちから一つ選べ。 23

図　日本の防衛関係費の推移

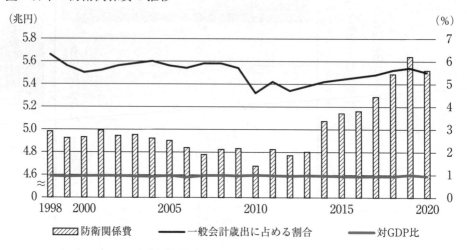

(出所) 財務省・防衛省資料により作成。

表　各国の防衛関係費と対GDP比(2018年)

	防衛関係費(億ドル)	対GDP比(％)
アメリカ	6,433	3.14
中国	1,682	1.25
インド	579	2.15
ロシア	453	2.88

(出所) 『世界国勢図会』により作成。

① 日本の防衛関係費が最も少ない年は，一般会計歳出に占める防衛関係費の割合が最も高くなっている。

② 2018年のデータをみると，一般会計歳出に占める防衛関係費の割合は，アメリカ，中国，インド，ロシアの中では中国が最も高い。

③ インドとロシアを比べると，2018年の防衛関係費の総額はインドの方が多いが，対GDP比はインドの方が低い。

④ 日本の防衛関係費は2000年から2020年にかけて，対GDP比で1％を超えることはなく，増額もしていない。

問2　傍線部⑥に関連して，生徒たちは，冷戦終結後に各国で起こった紛争について発表することになった。生徒Yは，中東での紛争について調べ，その一部を次の**年表**にまとめた。**年表**中の空欄　ア　〜　ウ　に当てはまる語句の組合せとして正しいものを，後の①〜⑧のうちから一つ選べ。　24

2001	アメリカで同時多発テロ
	テロの実行犯をかくまっているとして，米英軍などが　ア　を攻撃
2003	イラク戦争が始まる
	イ　の武力制裁を認める新たな決議がないまま，米英軍がイラクを攻撃
2011	シリアで内戦
	ウ　の影響を受けた反政府運動を，政府軍が弾圧
	難民が急増し，ヨーロッパへも流入

①　ア　アフガニスタン　　イ　国連総会　　　　　ウ　デタント（緊張緩和）

②　ア　アフガニスタン　　イ　国連総会　　　　　ウ　アラブの春

③　ア　アフガニスタン　　イ　安全保障理事会　　ウ　デタント（緊張緩和）

④　ア　アフガニスタン　　イ　安全保障理事会　　ウ　アラブの春

⑤　ア　リビア　　　　　　イ　国連総会　　　　　ウ　デタント（緊張緩和）

⑥　ア　リビア　　　　　　イ　国連総会　　　　　ウ　アラブの春

⑦　ア　リビア　　　　　　イ　安全保障理事会　　ウ　デタント（緊張緩和）

⑧　ア　リビア　　　　　　イ　安全保障理事会　　ウ　アラブの春

問3 傍線部ⓒに関連して，生徒Ｘは，人権を擁護する様々な活動に関心を持ち，その具体例を調べ，次のメモにまとめた。メモ中のア～ウの活動が擁護しようとしている人権を，「国家からの自由」と「国家による自由」に分類したとき，「国家による自由」に当たるものはどれか。当てはまるものをすべて選び，その組合せとして最も適当なものを，後の①～⑦のうちから一つ選べ。 25

メモ

ア 政府の政策を批判したことによって，不当に逮捕された人々の釈放を求めるため，デモ行進をしたり啓発活動を行ったりする。 **イ** 家庭の経済状況により教育格差が拡大する現状を問題とし，公教育への財政支出の拡大を求める運動を行う。 **ウ** 裁判所がデモ行進の実施を事前に差し止める判決を下したことに対し，異議申し立ての運動を行う。

① ア
② イ
③ ウ
④ アとイ
⑤ アとウ
⑥ イとウ
⑦ アとイとウ

問4 傍線部⓪に関連して，生徒**X**と生徒**Y**は，各国の政治体制について調べた。各国の政治体制に関する次の記述**ア～ウ**のうち，正しいものはどれか。当てはまる記述をすべて選び，その組合せとして最も適当なものを，後の**①**～**⑦**のうちから一つ選べ。 26

ア イギリスでは，近年になって多党化が進み，2010年代には保守党，労働党のいずれも議席の過半数を獲得できないシャドー・キャビネットの状態に陥った。

イ アメリカでは，大統領と連邦議会がそれぞれ強い独立性を持つため，連邦議会は大統領に対し弾劾を行う権限を持たない。

ウ ドイツでは，大統領が首相の任命や議会の解散を行うが，象徴的な存在にすぎず，実質的な権限は首相や内閣にある。

① ア
② イ
③ ウ
④ アとイ
⑤ アとウ
⑥ イとウ
⑦ アとイとウ

— 33 —

問5 傍線部ⓔに関連して，生徒Xと Yは，授業後にODA（政府開発援助）の受取
国について，次の2つの表にまとめて議論した。表と会話文中の空欄 ア ～
ウ に当てはまる国名の組合せとして最も適当なものを，後の①～⑥のう
ちから一つ選べ。 27

各国のODAの受取額(単位：百万ドル)(2017年)

国名	受取額
シリア	10,361
ア	4,118
アフガニスタン	3,804
イ	3,740
ナイジェリア	3,359
トルコ	3,142
ウ	3,094

(出所) 『世界国勢図会』により作成。

日本の二国間ODA供与相手国上位5か国(単位：百万ドル)(2021年暫定値)

順位	国	支出総額
1	ウ	3,382.30
2	イ	2,034.88
3	フィリピン	1,154.03
4	インドネシア	1,005.02
5	カンボジア	461.37

(出所) 外務省資料により作成。

— 34 —

第2回　公共，政治・経済

X：ODAの受取額が多い国は，国内紛争で治安が安定していない国が多いね。

Y：　ウ　が多いのは意外だな。2017年というと，　ウ　のGDPはすでに世界で6位まで上がっていたのに，どうしてODA受取額が多いんだろう？

X：たしかにGDP総額は多いけど，1人当たりGDPをみてみると，日本の19分の1ほどだったからだよ。

Y：そうか。それで，日本もODAを供与しているわけか。日本の二国間ODA供与相手国の上位には，アジアの国々が並ぶね。

X：日本のODAは，今でもアジア向けが最も多いけど，近年はアフリカや中東向けのODAも増えてきているんだって。

Y：　イ　は，マイクロクレジットの先駆とされるグラミン銀行がある国だね。貧困層への支援には，さまざまなやり方があるってことがわかるな。

① ア　インド　　　　　イ　エチオピア　　　　ウ　バングラデシュ

② ア　インド　　　　　イ　バングラデシュ　　ウ　エチオピア

③ ア　エチオピア　　　イ　インド　　　　　　ウ　バングラデシュ

④ ア　エチオピア　　　イ　バングラデシュ　　ウ　インド

⑤ ア　バングラデシュ　イ　インド　　　　　　ウ　エチオピア

⑥ ア　バングラデシュ　イ　エチオピア　　　　ウ　インド

問6 傍線部⑨に関連して,生徒たちは,中国の経済発展に興味を持った。そこで,中国の経済成長を表す指標について調べ,その要点を次のメモにまとめた。また,経済成長率,外貨準備高,ジニ係数,それぞれの指標の推移を表す図を作成してみた。後の図ア～カのうち,それぞれの指標を表す図の組合せとして最も適当なものを,後の①～⑧のうちから一つ選べ。 28

○中国は,2001年にWTO(世界貿易機関)に加盟し,2000年代は高い経済成長を続けた。リーマン・ショック後も,欧米諸国が低成長にとどまる中,中国経済は拡大を続け,2010年には米国に次ぐ世界第2位の経済規模に成長した。経常収支についても黒字を計上し,資本収支も流入超を続けた。しかし,改革開放政策が始まった1978年頃と比較すると,所得格差は拡大している。

経済成長率

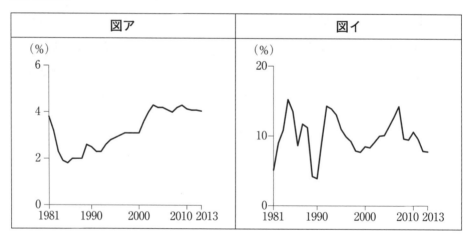

外貨準備高

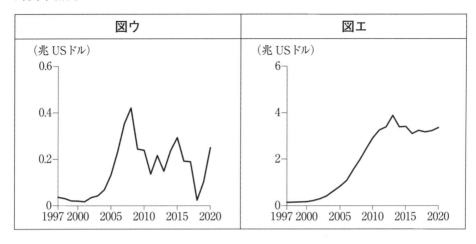

ジニ係数

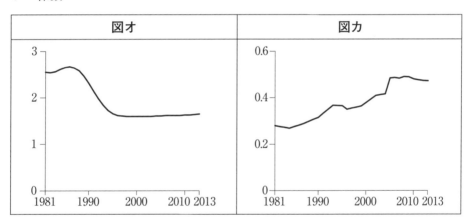

（出所）IMF，World Bank などの資料により作成。

	経済成長率	外貨準備高	ジニ係数
①	図ア	図ウ	図オ
②	図ア	図ウ	図カ
③	図ア	図エ	図オ
④	図ア	図エ	図カ
⑤	図イ	図ウ	図オ
⑥	図イ	図ウ	図カ
⑦	図イ	図エ	図オ
⑧	図イ	図エ	図カ

第6問 生徒たちは,「政治・経済」の授業のなかで,「財政赤字が引き起こす諸問題」というテーマで探究学習を行うことにした。次の**図**は,生徒がそれぞれ設定した課題と調査について,計画の一部を掲載したものである。これに関して,後の問い(**問1～6**)に答えよ。(配点 20)

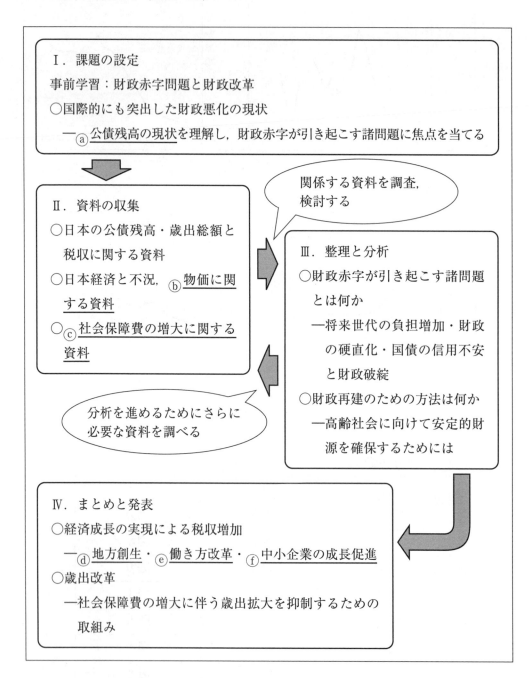

問1 下線部ⓐに関連して、生徒Xと生徒Yは、次の**資料a**と**資料b**について議論している。**資料a**と**資料b**のうち、一つは「一般会計の歳出総額と税収」、もう一つは「公債残高と利払い費」の推移を示したグラフである。後の**会話文**中の空欄　ア　～　エ　に当てはまる語句の組合せとして最も適当なものを、後の①～⑥のうちから一つ選べ。29

資料a

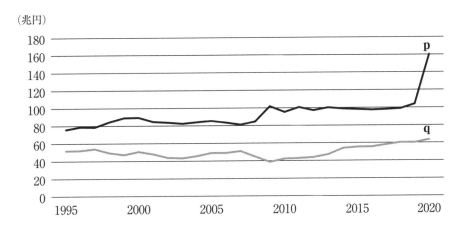

資料b

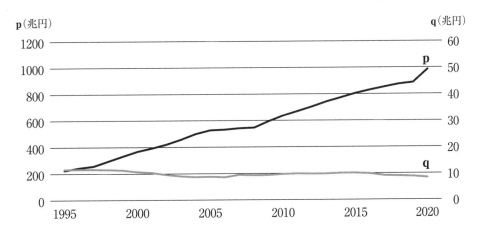

(出所) 財務省資料により作成。

X：公債残高が増え続けていることが，**資料** ア からうかがえるね。それに対して，利払い費は増加し続けているわけではないんだね。なぜだろう？

Y：公債残高が増えているにもかかわらず，利払い費が抑えられてきたのは，1980年代の後半から イ し出した影響じゃないかな。

X：そうか。1980年代から ウ が始まったことが関係しているんだね。

Y：**資料** エ からは，リーマンショックの際に税収が減って，歳出が増えていることがわかるね。また，新型コロナウイルス対策で歳出が大幅に拡大したこともわかる。

① アー a　　イー税収が増加　　　ウー金利の自由化　　　　エー b

② アー a　　イー金利が低下　　　ウー金利の自由化　　　　エー b

③ アー a　　イー税収が増加　　　ウー戦後最長の景気拡大　エー b

④ アー b　　イー金利が低下　　　ウー金利の自由化　　　　エー a

⑤ アー b　　イー税収が増加　　　ウー戦後最長の景気拡大　エー a

⑥ アー b　　イー金利が低下　　　ウー戦後最長の景気拡大　エー a

問2 下線部⑥に関連して，生徒**X**と生徒**Y**は物価の変動について調べた。次の**A**〜**D**は，1960年代から90年代の日本国内の物価に関する記述である。これらの記述を古い順に並べたとき，**3番目**にくるものとして正しいものを，後の①〜④のうちから一つ選べ。 30

A 先進5か国がドル売りの協調介入を行い，円高が進行したため，輸入価格が下落して消費者物価は安定したが，輸出価格の上昇により円高不況に陥った。

B 原油の輸入価格の高騰により「狂乱物価」と称されるほど物価が急騰し，不況と物価上昇（インフレ）が同時進行するスタグフレーションに見舞われた。

C 長期のデフレ不況下で消費者物価が下落したため，物価の下落が不況を悪化させ，それがさらに物価を下落させていく悪循環が懸念されるようになった。

D 長期間にわたり総需要が総供給を上回る経済成長が持続したため，消費者物価が緩やかに上昇していくクリーピングインフレーションが進行した。

① **A**

② **B**

③ **C**

④ **D**

問3 下線部ⓒに関連して、生徒Xと生徒Yは、各国の社会保障制度について調べ、資料集の中に「主要国の社会保障の財源構成」を示した次の図をみつけた。図中のA～Cに当てはまる国名の組合せとして最も適当なものを、後の①～⑥のうちから一つ選べ。 31

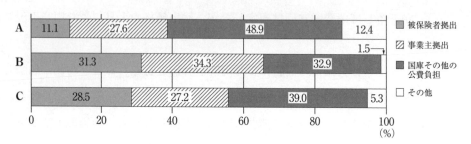

図 社会保障の財源構成(2018年度)（単位：％）

（注） 四捨五入のため、各項目の合計の数値は100％にならない場合がある。
（出所） 国立社会保障・人口問題研究所Webページ「社会保障財源表（EU基準）」により作成。

① A ドイツ　　B イギリス　　C 日本
② A ドイツ　　B 日本　　　　C イギリス
③ A 日本　　　B イギリス　　C ドイツ
④ A 日本　　　B ドイツ　　　C イギリス
⑤ A イギリス　B 日本　　　　C ドイツ
⑥ A イギリス　B ドイツ　　　C 日本

第2回　公共，政治・経済

問4　下線部ⓓに関連して，次の文章は，生徒Xと生徒Yが「地方創生のための地方公共団体の政策」について発表するため，A市とB市の事例をまとめた原稿の一部である。文章中の空欄　ア　には後のaかb，空欄　イ　にはcかdのいずれかの政策が当てはまる。　ア　・　イ　に当てはまる政策の組合せとして最も適当なものを，後の①〜④のうちから一つ選べ。　32

　　一つ目は，A市の事例です。A市では，人口減少と高齢化，過疎化が進み，高齢者は買い物や病院に出かけるのも困難な状況にありました。そこで，A市は郊外に分散した住宅，商店街やスーパーなどの商業施設，病院や市役所などの公共施設を駅近くに集め，都市機能を集約することで，住民が，歩いてこれらの施設を利用できるようにしました。これは　ア　政策の一例です。

　　二つ目は，B市の事例です。B市の中学校では，生徒間の学力格差が大きな問題となっていました。特に個人差が大きくなりがちな英語や数学の授業について，従来の学習方法に加えて新たな取組みを始めました。国から指定を受け，外国人やIT企業の社員，理数系技術者など，教員免許は持たないが熱意のある民間人材を講師として採用するという取組みです。この事例は　イ　政策の一例です。

a　コンパクトシティをめざす

b　PFI(プライヴェート・ファイナンス・イニシアティブ)を実現する

c　パブリックコメントを採用する

d　国家戦略特区における規制緩和

①　アーa　　イーc

②　アーa　　イーd

③　アーb　　イーc

④　アーb　　イーd

— 43 —

問5　下線部ⓔに関連して，生徒Xと生徒Yは，日本の労働問題について発表するために，その要旨を次のメモにまとめた。メモ中の空欄　ア　～　ウ　に当てはまる語句の組合せとして最も適当なものを，後の①～⑥のうちから一つ選び，記号で答えよ。　33

メモ

○日本では　ア　の低下が続いている。　ア　とは，企業が生産した付加価値のうち労働者が賃金・俸給など雇用者俸給として受け取る比率をいう。企業は生産拠点を途上国に移転することで廉価な労働力を調達し，それが国内においても労働者の賃金低下をもたらしている。

○1990年代以降はアルバイト，パートタイム，派遣などの非正規雇用が増加した。非正規雇用者は正規雇用者よりも賃金が格段に安く，正社員並みのフルタイムで働いても最低生活水準を維持できる収入を得ることが困難な　イ　と呼ばれる人々が増えている。

○　ウ　が労働条件の最低基準を定めているにもかかわらず，過酷な労働やストレスが原因とみられる過労死，賃金の支払われないサービス残業の拡大などが社会問題となっている。そのため2018年には働き方改革関連法が成立し，残業時間の規制が強化され，働きすぎを防ぐための新たなルールが設けられた。

① ア　労働生産性　　イ　ワークシェアリング　　ウ　労働基準法

② ア　労働生産性　　イ　ワーキングプア　　ウ　労働基準法

③ ア　労働生産性　　イ　ワークシェアリング　　ウ　労働関係調整法

④ ア　労働分配率　　イ　ワーキングプア　　ウ　労働基準法

⑤ ア　労働分配率　　イ　ワークシェアリング　　ウ　労働関係調整法

⑥ ア　労働分配率　　イ　ワーキングプア　　ウ　労働関係調整法

第2回　公共，政治・経済

問6　下線部⑤に関連して，生徒**X**と生徒**Y**は，中小企業の成長を促進するには，どのような政策が有効かについて発表することにした。次の**会話文**は，発表の内容を二人で相談している時のものである。**会話文**中の下線部⑦～⑦のうち，後の**資料1～3**のみから読み取ることができる内容はどれか。当てはまるものをすべて選び，その組合せとして最も適当なものを，後の①～⑦のうちから一つ選べ。 34

X：バブル崩壊後，中小企業は苦しい立場に立たされたようだね。親会社の経営不振から経営危機に陥ったり，倒産したりする中小企業も少なくなかった。⑦**資料1**をみると，1991年はすべての四半期において，「景気が悪い」と答えた企業の方が，「良い」と答えた企業よりも多かったことがわかる。

Y：中小企業は大企業に比べて，資金調達が大変だよね。バブル崩壊後に金融機関が貸し渋りに走ったときも，そのしわ寄せに最も苦しんだのは中小企業だった。また，⑥**資料2**からは，リーマン・ショック後も，金融機関が中小企業への新規融資を控えたことが読み取れる。

X：優れた技術を持っているベンチャー企業でも，資金調達ができなければ，その技術を活かせないということになるね。たしかに⑦**資料3**をみると，G7のうち日本は，ベンチャーキャピタル投資の対GDP比がイタリアに次いで2番目に低いことがわかる。

資料1　中小企業業況判断指数（DI）

年	期	全体	製造業	非製造業
1991	1～3月期	1.4	2.6	0.9
	4～6月期	5.1	4.5	5.5
	7～9月期	− 0.2	− 2.9	1.1
	10～12月期	− 6.8	− 10.5	− 5.2

（注）　業況判断指数とは，調査対象企業の景況感（「良い」，「さほど良くない」，「悪い」）を集計し，「良い」と答えた企業の割合から「悪い」と答えた企業の割合を引いて算出される。
（出所）　中小企業機構Webページの資料により作成。

— 45 —

資料2 中小企業向け貸出残高の推移

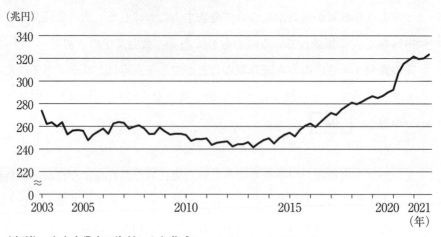

(出所) 中小企業庁の資料により作成。

資料3 ベンチャーキャピタル投資の国際比較（対GDP比）

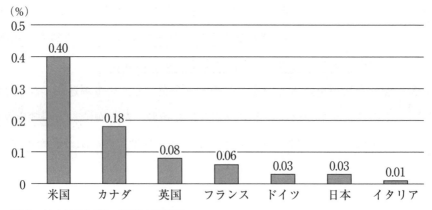

(注) 日本は2016年，他国は2017年。
(出所) 内閣官房資料により作成。

① ㋐
② ㋑
③ ㋒
④ ㋐と㋑
⑤ ㋐と㋒
⑥ ㋑と㋒
⑦ ㋐と㋑と㋒

第 3 回
(60 分)

実 戦 問 題

● 標 準 所 要 時 間 ●

第 1 問	8 分	第 4 問	11 分
第 2 問	7 分	第 5 問	11 分
第 3 問	11 分	第 6 問	12 分

公共，政治・経済

（解答番号 1 ～ 32 ）

第1問 生徒Xは，「公共」の授業を通して，社会の問題や人間のあり方について様々な見方があることを学び，多面的に理解したいと思っている。次の問い（**問1**～**4**）に答えよ。（配点　13）

問1 生徒Xは学校に行く途中でたまたまクラスメイトの生徒Yと会い，会話をした。次の**会話文**中の空欄 ア には後の記述 **a・b**， イ には後の記述 **c・d** のいずれかが当てはまる。 ア ・ イ に当てはまる記述の組合せとして最も適当なものを，後の **①**～**④** のうちから一つ選べ。 1

> **X**：聞いてよ。さっき途中の駅で，スマートフォンを操作しながら歩いている人とぶつかっちゃったよ。しかも，向こうが悪いはずなのに，こっちを睨んできたんだよ。
>
> **Y**：それは災難だったね。なぜそういう自己中心的な人がいるんだろう？
>
> **X**：それでいろいろ考えてみたのだけれども，ふと「公共」の授業で先生が紹介していた「社会的ジレンマ」を思い出したんだ。
>
> **Y**：ああ，なるほど。各自が自分の利益だけを追求して行動したら社会全体で不都合が生じ，結局は自分にとっても好ましくない結果が生じてしまうということだよね。 ア なども「社会的ジレンマ」だよね。
>
> **X**：そうそう。それで「社会的ジレンマ」の解決法だけど，たしか先生は，啓発活動などを通して各人の心理に訴えかける方法と，個人の行動を変容させるための社会的な仕組みを構築する方法を紹介していたよね。
>
> **Y**：社会的な仕組みというと，たとえば路上喫煙に対して罰金を課すようなことかな。
>
> **X**：そうだね。有害な行為に罰を与える手法だけでなく，逆に社会的に有益な行為が私的利益になる仕組みをつくるという手法もある。たとえば イ とかね。

— 2 —

第3回 公共，政治・経済

アに当てはまる記述

a 定額で通信制限のない契約をしているスマートフォンで時間を浪費してしまうこと

b 発車間際の電車に駆け込み乗車をする人がいることで電車が遅延してしまうこと

イに当てはまる記述

c 空き缶の処理費用を価格に上乗せし，回収に協力した人には返金すること

d 自治体がゴミの処分に要する費用を家庭向けに広報し，ゴミの削減を促すこと

① ア— a 　イ— c
② ア— a 　イ— d
③ ア— b 　イ— c
④ ア— b 　イ— d

問2 生徒 **X** は，現代の社会で起こる問題の多くは個人的なものではなく構造的な
ものかもしれないと思い，「公共」の教科書を改めて読み直してみた。現代の社
会において生じうる問題やその解決策に関わる概念を表す次の記述 **a**・**b** と，
それらに対応する後の語句 **ア～ウ** の組合せとして最も適当なものを，後の① ～
⑥ のうちから一つ選べ。 2

a ある組織の内部の小集団が独自の権利や利益を追求して排他的に行動する
ため，組織全体の利益が十分に実現しなくなってしまうこと。
b 様々な人種や民族が固有の価値を持つという前提の下，互いの違いを認め
合いつつ共存・共生を図るべきだとする考え方。

ア マルチカルチュラリズム
イ セクショナリズム
ウ エスノセントリズム

① a ― ア   b ― イ
② a ― ア   b ― ウ
③ a ― イ   b ― ア
④ a ― イ   b ― ウ
⑤ a ― ウ   b ― ア
⑥ a ― ウ   b ― イ

問3 生徒Xは，様々な社会問題に触れるなかで，古今東西の思想家たちが社会についてどのように考えていたのかということに関心を持ち，調べてみることにした。古今東西の思想家たちの社会についての見方の記述として最も適当なものを，次の①～④のうちから一つ選べ。 3

① アリストテレスは，人間はポリス的動物であるとして，ポリスにおける正義が実現するためには，真理を認識する哲学者が統治しなければならないと説いた。

② カントは，人々が相互に相手の人格を尊重し合い，最大多数の最大幸福が実現する社会を「目的の王国」と呼び，これを理想とした。

③ 日蓮は，極楽浄土への往生を説く教えなどを批判し，南無妙法蓮華経の題目を唱えることを通して，この世に仏国土を実現することを主張した。

④ 福沢諭吉は，人間を孤立した存在とみなす西洋哲学の伝統を批判し，人間は個人的であると同時に社会的でもある間柄的存在であると論じた。

問4 生徒Xは，様々な思想の背景には価値観の違いがあることに気付き，キリスト教徒のクラスメイトに信仰について話を聞いてみることにした。ユダヤ教，キリスト教，イスラームについて述べた次の記述ア〜ウの正誤の組合せとして最も適当なものを，後の①〜⑧のうちから一つ選べ。 4

ア ユダヤ教では，唯一神によって与えられた律法を厳守する者は，誰でも救われると説かれている。

イ キリスト教では，誰もが罪人であるとして，罪深い人間に注がれる神の愛に応え，すべての人を愛するべきことが説かれている。

ウ イスラームでは，世界を創造した全知全能の唯一神アッラーの像を祀っているメッカへの巡礼が，信者のつとめとして重視されている。

① ア―正　　イ―正　　ウ―正

② ア―正　　イ―正　　ウ―誤

③ ア―正　　イ―誤　　ウ―正

④ ア―正　　イ―誤　　ウ―誤

⑤ ア―誤　　イ―正　　ウ―正

⑥ ア―誤　　イ―正　　ウ―誤

⑦ ア―誤　　イ―誤　　ウ―正

⑧ ア―誤　　イ―誤　　ウ―誤

― 6 ―

第3回　公共，政治・経済

第2問　生徒Wと生徒Xは，留学生との交流会に参加した。これに関して次の問い(問1～4)に答えよ。(配点　12)

問1　生徒Wは，アメリカからの留学生Yと，日本とアメリカの政治制度の違いについて話し合った。次の**会話文**中の空欄　**A**　・　**B**　に当てはまるものの組合せとして最も適当なものを，後の①～④のうちから一つ選べ。　**5**

W：アメリカでは4年ごとに，大統領選挙が行われるね。やっぱり国内は盛り上がるの？

Y：そうだね。ただ近年は，共和党支持者と民主党支持者の分断が叫ばれていて，選挙結果を巡ってピリピリしていた人は周りにもいたよ。

W：でも，有権者が直接国のリーダーを選べる制度はいいと思うな。日本は，国会で内閣総理大臣を決めるから。

Y：厳密にいうと，大統領選挙は間接選挙となっているんだ。ほとんどの州では，有権者が投票して　**A**　んだよ。

W：そうだったね。「公共」の授業で勉強したよ。アメリカは，大統領と議員は兼職できないんだよね。日本では内閣総理大臣は必ず国会議員でなければならないから，そうやって考えるとずいぶん違うよね。

Y：そうだね。アメリカでは，統治機関の権限が明確に分けられているから，日本よりも厳格な権力分立といえるかもね。法律の制定の仕方も，日本とアメリカではだいぶ違うと思うよ。

W：日本は内閣に法案提出権があるけど，アメリカの大統領にはないんだよね。

Y：そのかわり，大統領には　**B**　が認められているんだよ。

　A　に当てはまる記述

ア　一票でも多くの票を獲得した政党がその州の大統領選挙人をすべて獲得する

イ　得票数に応じて大統領選挙で投票する大統領選挙人が候補者に配分される

　B　に当てはまる語句

ウ　法案拒否権　　　　　　　　エ　議会解散権

① A―ア　　B―ウ　　　　　② A―ア　　B―エ

③ A―イ　　B―ウ　　　　　④ A―イ　　B―エ

問2　生徒Wと留学生Yは，日本の法律はどのように制定されるのかに興味を持った。そこでWは，まず法律案が誰の手によって作成されているのかを調べることにした。そのなかで，内閣法制局のホームページで過去の法律案の提出件数と成立件数が掲載されているものをみつけた。次の**表**は，第198回から第203回までの常会と臨時会における議員立法の提出件数と成立件数，内閣提出法案の提出件数と成立件数を示したものである。**表**中の空欄　ア　～　エ　に当てはまる語句の組合せとして最も適当なものを，後の①～④のうちから一つ選べ。　6

区分／国会会期	ウ		エ	
	提出件数	成立件数	提出件数	成立件数
第198回　ア	57件	54件	70件	14件
第199回　イ	0件	0件	0件	0件
第200回　イ	15件	14件	26件	8件
第201回　ア	59件	55件	57件	8件
第202回　イ	0件	0件	0件	0件
第203回　イ	7件	7件	32件	5件

（出所）　内閣法制局ホームページにより作成。

① ア　常　会　　イ　臨時会　　　ウ　議員立法　　　エ　内閣提出法案
② ア　常　会　　イ　臨時会　　　ウ　内閣提出法案　エ　議員立法
③ ア　臨時会　　イ　常　会　　　ウ　議員立法　　　エ　内閣提出法案
④ ア　臨時会　　イ　常　会　　　ウ　内閣提出法案　エ　議員立法

第3回　公共，政治・経済

問3　生徒Xと留学生Zが国民の政治参加について話し合った際，XはZから，憲法によって保障されている直接民主制的制度について質問された。日本国憲法に定められている直接民主制的制度を次のA～Cからすべて選び，その組合せとして最も適当なものを，後の①～⑧のうちから一つ選べ。　7

A　地方特別法の住民投票
B　地方公共団体の議会の解散の是非を問う住民投票
C　憲法改正の是非を問う国民投票

①　AとBとC
②　AとB　　　③　AとC　　④　BとC
⑤　A　　　　　⑥　B　　　⑦　C
⑧　日本国憲法に定められているものはない

—9—

問4 生徒Ｘと留学生Ｚは，先日みたテレビの内容について話し合った。次の**会話文**中の空欄 ア 〜 ウ に当てはまる語句の組合せとして最も適当なものを，後の①〜⑧のうちから一つ選べ。 8

Ｘ：先日，テレビをみていて不思議に思ったんだけど，アメリカ人は「Where are you from ?」と聞かれると，「from USA」じゃなくて「from 州」で答える人が多いんですね。

Ｚ：アメリカ人にとって，州は日本の都道府県とだいぶ違う意味があると思います。それぞれの州には，州独自の憲法がありますし，州法もあります。そういったことから，アメリカ人には，州は「国」だという意識を持っている人が多いからかもしれません。

Ｘ：州には強い自治権があるんだね。日本でも地方分権を進めようという動きがみられます。たとえば， ア により，地方公共団体の事務は自治事務と法定受託事務に区分されました。

Ｚ：それによって，日本の地方公共団体は自治権が強化されたんですか。

Ｘ：国と地方の関係が対等になったといわれています。ただ，日本の多くの地方公共団体は，財源を国に依存している割合も高いのが現状なんです。たとえば，地方公共団体の財源格差を是正するために使途が自由な財源として， イ が支給されています。

Ｚ：なるほど。過疎化が進行している地方公共団体では自主的に財源を確保するのが難しいこともあるでしょうね。

Ｘ：その対策の一つとして，複数の市町村を合併することで，地方の財源を確保しようとする動きがありました。他にも，地方公共団体や民間事業者が自発的に立案し，地域の特性を活かすために，規制を緩和するなどの措置をとった ウ が各地に作られました。

Ｚ：面白いですね。今度，日本の地方公共団体の取組みについて調べてみますね。

— 10 —

① ア 地方分権一括法　　イ 国庫支出金　　ウ 構造改革特区

② ア 地方分権一括法　　イ 国庫支出金　　ウ 国家戦略特区

③ ア 地方分権一括法　　イ 地方交付税　　ウ 構造改革特区

④ ア 地方分権一括法　　イ 地方交付税　　ウ 国家戦略特区

⑤ ア 地方分権推進法　　イ 国庫支出金　　ウ 構造改革特区

⑥ ア 地方分権推進法　　イ 国庫支出金　　ウ 国家戦略特区

⑦ ア 地方分権推進法　　イ 地方交付税　　ウ 構造改革特区

⑧ ア 地方分権推進法　　イ 地方交付税　　ウ 国家戦略特区

第3問 人権NGOが主催するオンラインセミナーに参加した生徒**X**，生徒**Y**，生徒**Z**は，人権保障について関心を深めた。これに関して，次の問い（**A・B**）に答えよ。（配点 18）

A 生徒**X**と生徒**Y**は，人権保障に対する世界の取組みについて調べてみた。これに関して，次の問い（**問1・2**）に答えよ。

問1 生徒**X**と生徒**Y**は，国際人権規約について話し合った。次の**会話文**中の空欄 ア には後の語句**a**か**b**， イ ・ ウ には後の記述**c**〜**f**のいずれかが当てはまる。その組合せとして最も適当なものを，後の**①**〜**⑧**のうちから一つ選べ。 9

X：日本は国際人権規約を批准しているけれど，一部の規定には留保を付けているんだね。

Y：そう。A規約（社会権規約）の一部については，拘束されないようにしている。

X：どうしてだろう？

Y：留保を付けているものの一つに ア がある。日本の法令はこの権利を認めていないから，留保を付ける必要があったんだ。

X：なるほどね。それから死刑廃止条約と呼ばれる，B規約（自由権規約）の第2選択議定書も，日本は批准していない。これはなぜだろう？

Y：世論の影響が大きいと思う。死刑についての数年前の世論調査では，「廃止すべきだ」が10％だったのに対し，「やむを得ない」と答えた人の割合は80％に上ったそうだよ。君は死刑についてどう思う？

X： イ から，廃止した方がいいと思うな。

Y：私は存置論者だ。死刑を廃止すると， ウ と思うんだ。

X：意見が分かれたところで，各国の状況を調べてみようか？

Y：うん，そうしよう。

— 12 —

第3回　公共，政治・経済

a　公務員のストライキ権

b　非正規雇用者の団結権

c　凶悪な犯罪の被害者や，遺族の気持ちが収まらなくなる

d　裁判に誤りがあったら，取り返しのつかないことになる

e　凶悪な犯罪を行った人は，また同じような罪を犯す恐れがある

f　凶悪な犯罪を行った人でも，更生の可能性がある

① アー a　　イー c　　ウー f

② アー a　　イー d　　ウー e

③ アー a　　イー e　　ウー c

④ アー a　　イー f　　ウー d

⑤ アー b　　イー c　　ウー e

⑥ アー b　　イー d　　ウー f

⑦ アー b　　イー e　　ウー d

⑧ アー b　　イー f　　ウー c

問2 生徒Yは，オンラインセミナーで配布された次の図を見ながら，ジェンダーの平等について考えてみた。図は，世界経済フォーラムが2021年3月に発表したジェンダーギャップ指数について，総合スコアが156か国中，第1位のアイスランドと，第120位の日本を比較したものである。ジェンダーギャップ指数とは各国の男女間の格差を測る指数で，「経済」「政治」「教育」「健康」の4分野のデータから作成され，0が完全不平等，1が完全平等を示している。

Yは図の内容を読み取り，自分の考えとともに後のメモにまとめた。メモ中の記述a～cのうち，正しいものをすべて選び，その組合せとして最も適当なものを，後の①～⑦のうちから一つ選べ。 10

図

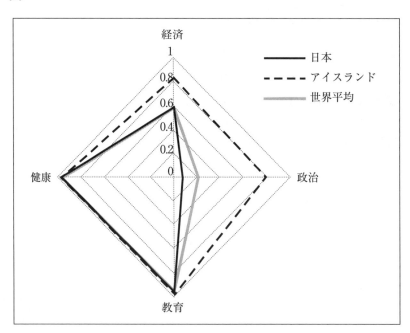

（出所）　世界経済フォーラム「Global Gender Gap Report」により作成。

― 14 ―

第3回 公共，政治・経済

メモ

> a 日本で男女間格差が最も大きい分野は「政治」である。被選挙権は男女
> 平等であるにもかかわらず女性の国会議員が少ないこと，女性の閣僚も
> 少ないことなどが要因であると考えられる。
>
> b 「教育」の分野に着目すると，アイスランドの男女間格差は他の分野よ
> り大きいが，日本の格差は「健康」と並んで小さい。日本国憲法が能力に
> 応じて等しく教育を受ける権利を明文で保障していることが，影響して
> いるのではないだろうか。
>
> c 日本は「経済」の分野でアイスランドより男女間格差が大きい。男女雇
> 用機会均等法を改正して，募集・採用，配置・昇進などに関する男女差
> 別を禁止する必要があると思う。事業主の努力義務にしておくだけで
> は，改善は難しい。

① a   ② b   ③ c
④ aとb   ⑤ aとc   ⑥ bとc
⑦ aとbとc

B 生徒Zは，日本における人権保障について理解を深めたいと思った。これに関
して，次の問い（問3～6）に答えよ。

問3 生徒Zは，人権を保障するうえで裁判所の果たす役割が大きいと考え，裁判
所について調べてみた。日本の裁判制度や裁判官についての記述として最も適
当なものを，次の①～④のうちから一つ選べ。 11

① 行政事件の裁判は，特別裁判所である行政裁判所で行われる。
② 刑事事件の審理を非公開の法廷で行うことは，認められていない。
③ 下級裁判所の裁判官は，内閣によって任命される。
④ 最高裁判所長官は，国民審査による場合のほかは，罷免されることがない。

— 15 —

問4 生徒Zは，「法の下の平等」について詳しく知りたいと思い，法科大学院に通う姉に話したところ，姉は次の**資料**を見せてくれた。**資料**は，刑法第200条の尊属殺重罰規定を違憲とした最高裁判所の判決文の一部である。Zはこの**資料**を読んだ後，姉と後の会話を交わした。**会話文**中の空欄 ア には後の**a**か**b**， イ には**c**か**d**のいずれかの記述が当てはまる。その組合せとして最も適当なものを，後の①～④のうちから一つ選べ。なお，判決文にはルビを付すとともに，表記を改めた箇所がある。 12

資料

> 刑法200条の立法目的は，尊属を卑属（ひぞく）またはその配偶者が殺害する（略）所為を通常の殺人の場合より厳重に処罰し，もって特に強くこれを禁圧しようとするにある。尊属に対する尊重報恩は，社会生活上の基本的道義というべく，このような自然的情愛ないし普遍的倫理の維持は，刑法上の保護に値する。被害者が尊属であることを犯情のひとつとして，法律上，刑の加重要件とする規定を設けても，かかる差別的取扱いをもって直ちに合理的な根拠を欠くものと断ずることはできず，したがってまた，憲法14条1項に違反するということもできない。
>
> しかしながら，刑罰加重の程度が極端であって，立法目的達成の手段として甚（はなは）だしく均衡を失し，これを正当化しうべき根拠を見出しえないときは，その差別は著しく不合理なものといわなければならず，かかる規定は憲法14条1項に違反して無効であるとしなければならない。
>
> 刑法200条の法定刑は死刑および無期懲役刑のみであり，普通殺人罪に関する同法199条の法定刑が，死刑，無期懲役刑のほか3年以上の有期懲役刑となっているのと比較して，あまりにも厳しいものというべく，立法目的をもってしては，十分納得すべき説明がつきかねるところである。刑法200条は，その立法目的達成のため必要な限度をはるかに超え，普通殺に関する刑法199条の法定刑に比し著しく不合理な差別的取扱いをするものと認められ，憲法14条1項に違反して無効であるとしなければならない。

（注） 文章中の「卑属」とは子・孫など後の世代にある血族，「法定刑」とは刑法などの刑罰法令で規定されている刑をいう。

（出所） 最高裁判所刑事判例集27巻3号により作成。

— 16 —

Z：この判決はどういう経緯で出されたの？

姉：　ア　。

Z：そういうことか。で，刑法第200条はこの判決の後，どうなったの？

姉：国会で刑法が改正され，第200条はそっくり削除されたよ。

Z：でも削除までしなくても，第200条の法定刑に有期懲役を追加するだけで
　　もよかったんじゃない？

姉：この判決の考え方からすると，　イ　わね。

Z：判決文を読んだのは初めてだよ。勉強になった。ありがとう。

a　実際に尊属殺人事件が発生し，容疑者が起訴されたからだよ

b　刑法第200条に疑問を抱いた国会議員が，違憲無効であることの確認を求
　　めて提訴したからだよ

c　そう言える

d　そうは言えない

① 　ア－a　　イ－c

② 　ア－a　　イ－d

③ 　ア－b　　イ－c

④ 　ア－b　　イ－d

— 17 —

問5　生徒Zは，姉との会話をきっかけに，最高裁判所の違憲判決について調べて
みた。すると，最高裁判所が下した違憲判決の中には，次の**憲法の条文**に反す
るとしたものがあることがわかった。最高裁判所がこの条文に反するとした条
項があった法律名として正しいものを，後の①〜④のうちから一つ選べ。　13

憲法の条文

> 第22条①　何人も，公共の福祉に反しない限り，居住，移転及び職業選択
> 　　　　　の自由を有する。

① 国籍法

② 郵便法

③ 民法

④ 薬事法

問6　生徒Zは，新しい人権についても調べてみた。新しい人権についての記述と
して最も適当なものを，次の①〜④のうちから一つ選べ。　14

① 自己情報コントロール権としてのプライバシーの権利を具体化するため，
国民保護法が制定された。

② 知る権利を具体化した情報公開法により，国籍を問わず，だれでも国の行
政機関に対し，保有する文書の開示を請求できる。

③ 最高裁判所は日本国憲法第29条の財産権を根拠に，環境権を新しい人権と
して認めた。

④ インターネット上に公開された個人情報の削除を要求する「忘れられる権
利」を，最高裁判所は法的な権利として認めた。

— 18 —

第3回　公共，政治・経済

第4問　生徒Xは，自宅の居間で新聞を読んでいる。その姿を見た母との次の会話文を読んで，後の問い（**問1～6**）に答えよ。（配点　18）

母：あら珍しい。新聞なんて。

X：学校の課題だよ。先生が「新聞の経済面を読んで関心のあるテーマを選び，それを掘り下げてレポートを作成せよ」って。今どきスマホで足りるのに，なんでわざわざ紙媒体なんだろう？

母：スマホは便利だけど，紙媒体は自分が関心のあるもの以外の情報も目に入ってくるでしょ？　先生はそれを考えられたんじゃないかしら。たとえば，いま読んでいる⒜経常収支の記事の下にある小さな記事，ふだん読む？

X：うーん，確かに読まないかも……。なになに，アメリカでは長引くインフレを警戒？　日本では物価を上げようとしたのに，⒝アメリカはどうしてインフレを警戒するんだろう？

母：⒞物価が上がるのは，商品がつくられる以上に買いたい人たちがいる場合なんかよね。ということは，ふつうインフレが起こるのは景気がいい時，それとも悪い時？

X：いい時だよね。でも，それならなおのこと，アメリカが警戒する意味がわからないな。⒟経済学者に聞いてみたいよ。

母：人に聞くんじゃなくて，自分で調べてみたらどうかしら。

X：そうだね。それにしても，どうして外国の経済政策や経済動向が日本の新聞に載っているんだろう。私たちの生活に関係あるのかな。

母：あるからでしょうね。リーマン・ショックで⒠日本企業の業績が悪化したって習わなかった？　⒡貿易や投資を通じて，各国の経済は密接に結びついているのよ。

X：そうだった。聞いたことがあるのに，ぼんやりとしか思い出せなくて。教材を取ってくる！

母：まあ，先生はいい課題を出してくださったわねえ。

― 19 ―

問1 下線部ⓐに関連して，生徒Ｘは，取ってきた教材で日本の国際収支の状況を調べ，気になった数値だけをメモした。次の**メモ**から読み取れる内容についての記述として最も適当なものを，後の①～④のうちから一つ選べ。 15

メモ

日本の国際収支（単位 億円）		
	（2018年）	（2019年）
貿易・サービス収支	1,052	−9,318
貿易収支	11,265	1,503
サービス収支	−10,213	−10,821
第1次所得収支	214,026	215,749
第2次所得収支	−20,031	−13,700
資本移転等収支	−2,105	−4,131
金融収支	201,361	248,843
直接投資	149,093	238,810
証券投資	100,528	93,666
外貨準備	26,628	28,039

（出所）『日本国勢図会』により作成。

① 2019年の経常収支は，赤字である。

② 2018年の雇用者報酬，投資収益などが計上される収支は黒字である。

③ 2019年の輸出額は，2018年より減少している。

④ 2018年の金融負債の増加額は，金融資産の増加額を上回っている。

— 20 —

第3回　公共，政治・経済

問2　下線部ⓑに関連して，生徒**X**はその理由を考えてみた。アメリカにおけるインフレがもたらす影響についての記述として最も適当なものを，次の①〜④のうちから一つ選べ。　16

① 債務の実質的な負担が重くなるため，アメリカ企業は資金を借り入れにくくなり，設備投資が減退する。

② 預貯金が実質的に目減りするため，預貯金を引き出して生活しているアメリカの高齢者らの生活が脅かされる。

③ ドルの為替相場が下落するため，輸出の減少を通じて，アメリカの貿易収支の赤字が拡大する。

④ ドルの為替相場が上昇するため，アメリカ企業による海外への直接投資が抑制される。

問3 下線部ⓒに関連して、生徒Xは、需要と供給について学んだことを思い出した。次の図は、ある商品の完全競争市場における需要曲線Dと供給曲線Sを示したものである。この図についての**説明文**中の空欄 ア ・ イ に当てはまるものの組合せとして最も適当なものを、後の①～⑥のうちから一つ選べ。 17

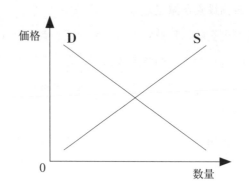

説明文

> ア 場合には、 イ は右に移動し、価格は上昇する。

ア に当てはまる記述

a この商品を生産する技術が向上した
b この商品を消費する消費者の所得が増加した
c この商品の原材料費が値上がりした

イ に当てはまる語句

d 需要曲線
e 供給曲線

① アーa　イーd
② アーa　イーe
③ アーb　イーd
④ アーb　イーe
⑤ アーc　イーd
⑥ アーc　イーe

第3回　公共，政治・経済

問4　下線部ⓓに関連して，次の文章は，生徒Xが取ってきた教材に掲載されている，ある経済学者の著書の抜粋である。この経済学者が唱えた政府の役割についての記述として最も適当なものを，後の①～④のうちから一つ選べ。　18

> どの社会でも年間の総収入はつねに，労働による年間の総生産物の交換価値に正確に一致する。というより，この交換価値とまったく同じものである。このため，各人が自分の資本をできるかぎり国内の労働を支えるために使い，しかも労働を生産物の価値がもっとも高くなるものに振り向けようと努力するのだから，各人はかならず，社会の年間の収入ができるかぎり多くなるように努力することになる。もっとも，各人が社会全体の利益のために努力しようと考えているわけではないし，自分の努力がどれほど社会のためになっているかを知っているわけでもない。…（中略）…生産物の価値がもっとも高くなるように労働を振り向けるのは，自分の利益を増やすことを意図しているからにすぎない。だがそれによって，その他の多くの場合と同じように，見えざる手に導かれて，自分がまったく意図していなかった目的を達成する動きを促進することになる。

① 政府は金融・財政政策によって有効需要を調整し，景気の安定を図るべきである。

② 政府は経済成長に見合う貨幣供給を行うことにより，物価の安定を図るべきである。

③ 政府は保護貿易政策を行い，国内の幼稚産業を保護・育成すべきである。

④ 政府は国防，司法，公共事業といった必要最小限の活動だけを行うべきである。

－ 23 －

問5 下線部ⓔに関連して，生徒Xは企業のポイントを次の**ノート**にまとめた。**ノート**中の空欄 ア ～ ウ に当てはまる語句の組合せとして最も適当なものを，後の①～⑧のうちから一つ選べ。 19

ノート

　　今日の日本で最も一般的な企業形態は，株式会社である。株式会社の出資者である株主は ア の出資者と同様，有限責任である。株式会社の利潤は，配当として株主に分配される。株式会社の最高議決機関は イ であり，ここで経営の基本的方針が決定される。その活動の目的は利潤の最大化にあるが，今日では，芸術・文化を支援する ウ に取り組むなど，企業の社会的責任(CSR)を積極的に果たそうとする企業も増えている。

① ア　合名会社　　イ　株主総会　　ウ　コンプライアンス
② ア　合名会社　　イ　株主総会　　ウ　メセナ
③ ア　合名会社　　イ　取締役会　　ウ　コンプライアンス
④ ア　合名会社　　イ　取締役会　　ウ　メセナ
⑤ ア　合同会社　　イ　株主総会　　ウ　コンプライアンス
⑥ ア　合同会社　　イ　株主総会　　ウ　メセナ
⑦ ア　合同会社　　イ　取締役会　　ウ　コンプライアンス
⑧ ア　合同会社　　イ　取締役会　　ウ　メセナ

— 24 —

第3回　公共，政治・経済

問6　下線部⑤に関連して，戦後の国際社会では多国間，地域内あるいは二国間で，貿易や投資を自由化する取組みが進められてきた。生徒**X**はこれに関係する動きを，次の**ア～エ**のカードに書き出してみた。**ア～エ**のカードに記載されている出来事を古いものから順に並べたとき，**3番目**にくるものとして正しいものを，後の**①**～**④**のうちから一つ選べ。　20

ア

アジア太平洋地域の11か国による環太平洋経済連携協定(TPP)が発効した。

イ

マラケシュ協定に基づいて，世界貿易機関(WTO)が発足した。

ウ

イギリスの欧州連合(EU)離脱に伴い，日本とイギリスは経済連携協定(EPA)を締結した。

エ

単一欧州議定書に基づいて，欧州で市場統合が完成した。

① ア　　**②** イ　　**③** ウ　　**④** エ

— 25 —

第5問 「政治・経済」の授業で，戦後の日本経済について，グループごとに自由に時期を選び研究するという課題が出された。これに関して，次の問い(A・B)に答えよ。(配点 19)

A 生徒Xらのグループは，高度経済成長期について研究することにした。これに関して，次の問い(問1〜3)に答えよ。

問1 生徒Xらのグループは，高度経済成長期の実質経済成長率と景気の状況を手分けして調べ，次の図を作製した。図の折れ線グラフは各年の実質経済成長率の推移，網かけ部分は景気拡張期を示している。この図について述べた後の生徒たちの発言a〜dのうち正しいものを，後の①〜④のうちから一つ選べ。 21

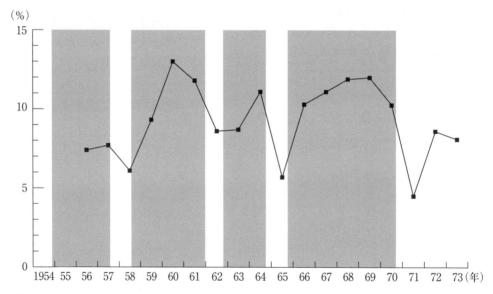

(注) 1955年以前の実質経済成長率は，各データ間の水準が相違し推計できないことなどにより，掲載していない。
(出所) 内閣府Webページにより作成。

第3回　公共，政治・経済

a

　　最長の景気拡張期に，「三種の神器」と呼ばれた耐久消費財が日本の家庭に急速に普及し始めた。

b

　　国民所得倍増計画が策定されたのは，図に示された実質経済成長率が最も高かった年が含まれる景気拡張期のことだ。

c

　　最短の景気拡張期に刊行された経済白書は，日本経済の置かれた状況について，「もはや戦後ではない」と記した。

d

　　日本の国民総生産(GNP)がアメリカに次いで資本主義国で第2位になったのは，景気の拡張が終わった年の実質経済成長率が最も低かった景気拡張期のことだ。

① a
② b
③ c
④ d

— 27 —

問2 生徒**X**らのグループは，日本が高度経済成長期にIMF（国際通貨基金）加盟国として，為替の自由化を進めたことを学んだ。次の文章は，日本とIMFの関わりについて述べたものである。文章中の空欄 ア ・ イ に当てはまる語句の組合せとして最も適当なものを，後の①〜⑥のうちから一つ選べ。 22

　第二次世界大戦後，IMF加盟国は自国通貨とドルとの交換比率を固定することが義務づけられた。日本は1952年にIMFに加盟したが，円の対ドル相場は1949年の ア において決められた単一為替相場に従って1ドル＝360円となった。しかし1970年代になると， イ によって1ドル＝308円に切り上げられた。

---

① ア　ドッジ・ライン　　イ　ブレトンウッズ協定

② ア　ドッジ・ライン　　イ　キングストン合意

③ ア　ドッジ・ライン　　イ　スミソニアン協定

④ ア　東京ラウンド　　　イ　ブレトンウッズ協定

⑤ ア　東京ラウンド　　　イ　キングストン合意

⑥ ア　東京ラウンド　　　イ　スミソニアン協定

第3回　公共，政治・経済

問3　高度経済成長期には，深刻な消費者問題が発生するようになった。このこと
を知った生徒Xは消費者問題について調べ，その内容を次のメモにまとめて，
先生Tに記述の間違いをチェックしてもらった。先生Tは，メモに下線を引い
て誤りを指摘した。先生Tが下線を引いた箇所として最も適当なものを，メモ
中の下線部①〜④のうちから一つ選べ。　23

メモ

　　消費者問題は，「大量生産・大量消費社会」が到来する中で発生するよう
になった。その原因の多くは，利潤追求のみを考える企業の姿勢にあるが，
消費者の安易な姿勢にも問題がないとはいえない。たとえば，①企業の宣
伝・広告に引きずられ，消費欲求をかき立てられて商品を購入してしまう
ことは，依存効果と呼ばれる。

　　アメリカでは消費者問題の多発を受け，消費者主権の回復が課題になっ
た。1960年代には消費者運動が高まり，②ケネディ大統領によって，安全
である権利，知らされる権利，選択できる権利，意見を反映される権利と
いう「消費者の四つの権利」が提唱された。

　　日本でも1960年代頃から消費者団体の活動が活発になった。また消費者
保護立法の整備も進み，消費者保護基本法，訪問販売法，製造物責任法(PL
法)，消費者契約法などが制定された。③製造物責任法では，一定期間内
であれば，無条件で契約を解除できるクーリングオフ制度が導入された。
消費者行政の体制も整えられ，2009年には国の行政機関として消費者庁が
発足した。また④地方自治体には，商品に関する苦情処理や商品テストな
どを行う消費生活センターが設置されている。

— 29 —

B 生徒Yらのグループは，バブル崩壊後の日本経済について研究することにした。これに関して，次の問い（**問4〜6**）に答えよ。

問4 生徒Yはバブル崩壊後，非正規雇用が増加したことを学び，非正規雇用者について次のようにノートにまとめてみた。ノート中の空欄 ア には後の**a**か**b**， イ には**c**か**d**のいずれかの記述が当てはまる。その組合せとして最も適当なものを，後の①〜④のうちから一つ選べ。 24

ノート

> 1990年代になると，バブル崩壊後の景気低迷の中で，企業の間では人件費を圧縮するため正規雇用を減らし，非正規雇用を増やす動きが広まった。 ア ことも，非正規雇用の増加に拍車をかけた。その後も非正規雇用は増加を続け，今では全雇用者数の4割近くを占めるまでになった。
>
> 非正規雇用者は正規雇用者に比べ，職場における身分が不安定であるため，生活が安定しにくい。加えて賃金水準が低いことから，フルタイムで働いても生活に困窮する「ワーキングプア」と呼ばれる人たちも増加した。
>
> 2018年に成立した働き方改革関連法では，「同一労働同一賃金」の実現に向けて，同じ内容の仕事をする正規雇用者と非正規雇用者との間に不合理な待遇差を設けることが禁止された。企業にとっては イ 恐れがあるため経営努力が必要になるが，非正規雇用者の待遇改善が期待される。

a パートタイム労働法が改正され，パートタイム労働者の法定労働時間が延長された

b 労働者派遣法が改正され，労働者を派遣することのできる業務が拡大された

c 労働需要が増加し，人手を確保しにくくなる

d 人件費が増加し，利潤を確保しにくくなる

① アーa　イーc　　② アーa　イーd

③ アーb　イーc　　④ アーb　イーd

第3回　公共，政治・経済

（下 書 き 用 紙）

公共，政治・経済の試験問題は次に続く。

問5 バブルが崩壊した後，1990年代末から日本銀行は異例の金融政策を実施する
ようになった。「政治・経済」の授業で配布された次の**資料**では，1990年代末以
降に実施された非伝統的な金融政策が年表にまとめられている。

資料

1999年2月　ゼロ金利政策を導入	
	2000年8月　ゼロ金利政策を解除
2001年3月　量的緩和政策を導入	
	2006年3月　量的緩和政策を解除
2013年4月　量的・質的金融緩和を 　　　　　導入	
2016年1月　マイナス金利政策を導入	
	2024年3月　マイナス金利政策を解除

　　生徒**Y**は，この**資料**を参考にして復習した際，日本銀行が行う公開市場操作
には売りオペレーション（売りオペ）と，買いオペレーション（買いオペ）がある
ことを知った。また，1990年代末以降の金融政策には，コールレートに目標を
置くものと，通貨量そのものに目標を置くものがあることを学んだ。そこで次
の**表**を作成した上，**資料**にある金融政策のうちから**表**の**a～d**に分類できるも
のがないかを考え，後の**メモ**にまとめてみた。**メモ**中の空欄　ア　・　イ
に当てはまる分類の組合せとして最も適当なものを，後の①～⑧のうちから
一つ選べ。　25

表

	コールレートに目標を置く	通貨量に目標を置く
売りオペを通じて 目標達成を目指す	a	b
買いオペを通じて 目標達成を目指す	c	d

— 32 —

第3回　公共，政治・経済

メモ

日本銀行が1999年2月に初めて導入したゼロ金利政策は**表**の　ア
に，また2013年4月から行った量的・質的金融緩和は**表**の　イ　に分類
される。

① アーa　　イーb
② アーa　　イーc
③ アーb　　イーa
④ アーb　　イーd
⑤ アーc　　イーa
⑥ アーc　　イーd
⑦ アーd　　イーb
⑧ アーd　　イーc

— 33 —

問6 生徒Yらのグループは，バブル崩壊後，中小企業の倒産が相次いだことを知り，中小企業問題に関心を持った。中小企業について述べた次の文章中の空欄 ｜ ア ｜・｜ イ ｜ に当てはまる語句の組合せとして最も適当なものを，後の ① ～ ④ のうちから一つ選べ。 26

　企業はその規模によって，大企業と中小企業に分類される。日本の全企業に占める中小企業の割合は，企業数で99％以上，従業員数では約 ｜ ア ｜ である。このように中小企業は日本経済において非常に大きな比重を占めている。

　大企業と中小企業の間には，資本装備率，賃金水準などで格差があり，経済の二重構造と呼ばれてきた。たとえば，資本装備率は，企業規模が大きいほど ｜ イ ｜ 傾向がある。しかし，独自の技術を活かし，消費者ニーズを的確にとらえて，急成長する中小企業も少なくない。このような中小企業に対して，資金調達の場を提供する新興株式市場が設けられている。

---

① ア　70%　　イ　高い

② ア　70%　　イ　低い

③ ア　90%　　イ　高い

④ ア　90%　　イ　低い

— 34 —

第3回　公共，政治・経済

（下 書 き 用 紙）

公共，政治・経済の試験問題は次に続く。

— 35 —

第6問 次に示したのは，生徒**X**が最近読んだ新聞の見出しの一部である（記事本文は省略）。これに関して，後の問い（**問1～6**）に答えよ。なお，新聞は架空のものである。（配点　20）

1　第×○×○×号　　　　　　駿　台　新　聞　　　　20xx 年（令和▲年）○月●日 月曜日 日刊 18 版

共通党圧勝 300 議席超

駿台新聞

20xx（令和▲）年
○月●日
月曜日

駿台新聞
株式会社

きょうの天気

憲法改正発議へ前進　a
衆院選 センター党80議席に後退

投票率60％上回る

衆院で再可決の公算　b
参院否決の法案

来週にも特別国会　c
新年度予算成立急ぐ
政府・与党

コラム
自衛隊の誕生と役割の変化

— 36 —

第3回　公共，政治・経済

問1　生徒Ｘは新聞を読みながら，「政治・経済」の授業で国会の仕組みを学んだことを思い出した。新聞の見出しの傍線部 **a**〜**c** は，衆参各議院（**b** は衆議院）で議案を議決すれば実現する。その議決のために，それぞれ必要な条件は次の**ア**〜**ウ**のどれか。その組合せとして最も適当なものを，後の①〜⑥のうちから一つ選べ。 27

ア　出席議員の３分の２以上の賛成

イ　出席議員の過半数の賛成

ウ　総議員の３分の２以上の賛成

① 　a ―ア　　b ―イ　　c ―ウ

② 　a ―ア　　b ―ウ　　c ―イ

③ 　a ―イ　　b ―ア　　c ―ウ

④ 　a ―イ　　b ―ウ　　c ―ア

⑤ 　a ―ウ　　b ―ア　　c ―イ

⑥ 　a ―ウ　　b ―イ　　c ―ア

問2 衆議院の選挙制度である小選挙区比例代表並立制は，小選挙区制と比例代表制を組み合わせたものである。生徒**X**は小選挙区制と比例代表制のそれぞれの特徴を，次の2枚の**カード**にまとめてみた。**カード**中の空欄 ア ・ ウ に当てはまる語句と， イ ・ エ に当てはまる記述の組合せとして最も適当なものを，後の①～④のうちから一つ選べ。 28

カード

【 ア の特徴】

・少数政党も議席を確保しやすく，多党制を導きやすい。

・ イ

【 ウ の特徴】

・大政党が議席を獲得しやすく，二大政党制を招きやすい。

・ エ

イ ・ エ に当てはまる記述

a 国民の多様な意思を議会に反映させやすい。

b 単独政権が形成され，政権は安定しやすい。

① アー小選挙区制　　イ―a　　　ウ―比例代表制　　エ―b

② アー小選挙区制　　イ―b　　　ウ―比例代表制　　エ―a

③ アー比例代表制　　イ―a　　　ウ―小選挙区制　　エ―b

④ アー比例代表制　　イ―b　　　ウ―小選挙区制　　エ―a

第3回　公共，政治・経済

問3　生徒**X**は，新聞を読んで日本の政党政治史に興味を持ち，戦後政治史の節目
となった1955, 1993, 2009, 2012年の出来事について，要点をノートにまとめ
てみた。ノート中の文章 **a ～ d** のうち内容が**誤っているもの**を，後の**①**～**④**
のうちから一つ選べ。 29

ノート

〈1955年〉

a　1955年に成立して以降の自民党と社会党の対立図式は，55年体制と呼
ばれた。しかし，その実態は自民党の一党優位体制であり，30年以上に
わたり政権交代が起こらなかった。また，両党の議席差が大きかったこ
とから，「1と2分の1政党制」とも呼ばれた。

〈1993年〉

b　1993年の総選挙の結果，非自民の細川連立政権が誕生した。しかし，
連立与党の足並みの乱れなどから細川政権は短命に終わり，自民党は翌
年，新進党，共産党と連立することで政権に復帰した。

〈2009年〉

c　2009年の総選挙では民主党が大勝し，民主党を中心とする連立政権が
発足した。しかし，参議院で野党が多数を占める「ねじれ国会」の下で，
民主党は政権運営に苦慮し，2012年の総選挙で政権を明け渡した。

〈2012年〉

d　2012年の総選挙の結果，自民党と公明党の連立による第2次安倍晋三
政権が成立した。安倍が初めて首相を務めた第1次安倍政権は短命だっ
たが，この第2次政権は7年以上に及ぶ長期政権となった。

---

① a　　　**②** b　　　**③** c　　　**④** d

問4 生徒Xは，新聞のコラム欄に次のような文章を見つけ，切り取っておいた。

コラム
自衛隊の誕生と役割の変化

日本国憲法第9条は戦争の放棄、戦力の不保持、交戦権の否認を明記した。その後、朝鮮戦争が勃発すると、警察予備隊が設けられ、1954年には自衛隊が法に基づいて自衛隊が発足した。自衛隊は「我が国を防衛すること」を主たる任務とするが、国際情勢の変化に伴い、1990年代以降、海外へ派遣されるようになった。

この文章に興味を引かれていたXは後日，クラスメイトの生徒Yを誘って図書館に行き，自衛隊について調べた。次の発言 a ～ d は，調べた成果を互いに教え合った際のものである。発言中の空欄　ア　～　エ　に当てはまる語句の組合せとして最も適当なものを，後の①～⑧のうちから一つ選べ。30

a 自衛隊の合憲性が争われた裁判として ア がある。第一審判決で自衛隊は違憲とされたけど，控訴審判決では イ に基づいて，高度の政治性があることを理由に，自衛隊の合憲・違憲の問題は司法審査の対象にならないとされたんだ。また，最高裁も憲法判断を示さなかった。

b 自衛隊の海外派遣は，1992年にPKO協力法(国連平和維持活動協力法)が成立してから，頻繁に行われるようになった。この法律に基づいて自衛隊が初めて派遣された国はカンボジアで，その後，モザンビークや東ティモールなど多くの国に派遣されてきた。

c PKO協力法とは別の法律に基づく派遣も行われている。たとえば， ウ への派遣だ。 ウ 戦争で主要な戦闘が終わった後，自衛隊員のべ5000人以上が2年半にわたって，医療，給水，公共施設の復旧・整備など復興支援にあたった。

d 2015年には安全保障関連法の一環として武力攻撃事態法や自衛隊法が改正され，日本の存立が脅かされ，国民の生命，自由および幸福追求の権利が根底から覆される明白な危険がある場合には，一定の条件の下で エ が行使できるようになった。自衛隊の海外派遣の恒久法となる国際平和支援法も制定された。

① ア　長沼ナイキ基地訴訟　　イ　統治行為論
　ウ　イラク　　　　　　　　エ　集団的自衛権

② ア　長沼ナイキ基地訴訟　　イ　統治行為論
　ウ　南スーダン　　　　　　エ　個別的自衛権

③ ア　長沼ナイキ基地訴訟　　イ　事情判決の法理
　ウ　イラク　　　　　　　　エ　個別的自衛権

④ ア　長沼ナイキ基地訴訟　　イ　事情判決の法理
　ウ　南スーダン　　　　　　エ　集団的自衛権

⑤ ア　砂川事件　　　　　　　イ　統治行為論
　ウ　イラク　　　　　　　　エ　個別的自衛権

⑥ ア　砂川事件　　　　　　　イ　統治行為論
　ウ　南スーダン　　　　　　エ　集団的自衛権

⑦ ア　砂川事件　　　　　　　イ　事情判決の法理
　ウ　イラク　　　　　　　　エ　集団的自衛権

⑧ ア　砂川事件　　　　　　　イ　事情判決の法理
　ウ　南スーダン　　　　　　エ　個別的自衛権

第3回　公共，政治・経済

問5　生徒Yは，自衛隊について調べたことをきっかけに，国際平和の問題に関心を持つようになり，図書館でカントの著書『永遠平和のために』を読んでみた。次の資料1～3は，いずれも同書からの抜粋である。これらの資料に述べられている内容についての記述として正しいものを，後の①～④のうちから一つ選べ。なお，引用箇所にあったラテン語表記は省略してある。　31

資料1

　　一緒に生活する人間の間の平和状態は，なんら自然状態ではない。自然状態は，むしろ戦争状態である。言いかえれば，それはたとえ敵対行為がつねに生じている状態ではないにしても，敵対行為によってたえず脅かされている状態である。それゆえ，平和状態は，創設されなければならない。なぜなら，敵対行為がなされていないということは，まだ平和状態の保障ではないし，また隣りあっているひとの一方が他方に平和状態の保障を求めたのに，他方から保障が与えられない場合は(略)，かれはこの他方の隣人を敵として扱うことができるからである。

資料2

　　国家としてまとまっている民族は，個々の人間と同じように判断されてよい。つまり諸民族は，その自然状態においては(略)，隣りあっているだけですでに互いに害しあっているのであり，そこで各民族は自分たちの安全のために，それぞれの権利が保障される場として，市民的体制と類似した体制に一緒に入ることを他に対しても要求でき，また要求すべきなのである。これは国際連合と言えるが，しかしそれは当然諸民族合一国家ではないであろう。そのような国家には，むしろ矛盾があることになろう。なぜなら，どの国家も上位の者(立法する者)の下位の者(服従する者，すなわち民族)に対する関係を含むが，もし多くの民族が一つの国家に吸収されると，ただ一つの民族しか形成しないことになって，これは前提に矛盾するからである(略)。

— 43 —

資料3

> 　平和連合とでも名づけることができる特殊な連合が存在しなければならないが，これは平和条約とは別で，両者の区別は，後者がたんに一つの戦争の終結をめざすのに対して，前者はすべての戦争が永遠に終結するのをめざすことにある，と言えよう。この連合が求めるのは，なんらかの国家権力を手に入れることではなくて，もっぱらある国家そのもののための自由と，それと連合したほかの諸国家の自由とを維持し，保障することであって，しかも諸国家はそれだからといって，（自然状態にある人間のように）公法や公法の下での強制に服従する必要はないのである。——連合制度は次第にすべての国家の上に拡がり，そうして永遠平和へと導くことになろう(略)。

(出所)　カント『永遠平和のために』(宇都宮芳明訳，岩波文庫)により作成。

① 　人間の本性は悪である。そのため，隣人はすべて敵としてみなさなければならない。隣人すべてを倒すことによって，真の平和が実現されるのである。

② 　平和状態を創設するためには，各国は相互に侵略し合わないことを約束する平和条約を結ぶことが必要である。この条約にすべての国家が参加することにより，永続的な平和が実現される。

③ 　他の国家と，それぞれの自由を保障する連合をつくることが重要である。この相互に自由を保障した連合にすべての国家が加盟することで，恒久の平和が実現されるのである。

④ 　国家は隣り合うだけで戦争状態に陥っている。だからこそ，すべての国家を超えた世界国家をつくることが必要である。そうすれば隣人間の問題が解決され，永遠平和を実現させることができる。

第3回　公共，政治・経済

問6　生徒Yが読んだカントの著書は，国際連盟や国際連合の設立に影響を与えたとされる。国際連盟と国際連合に関する次の記述アとイについて，その正誤の組合せとして最も適当なものを，後の①〜④のうちから一つ選べ。 32

ア　表決方法として，国際連盟の総会は多数決制をとったのに対し，国際連合の総会は全会一致制を採用している。

イ　侵略国に対して，国際連盟は軍事制裁を行うことができなかったのに対し，国際連合は経済制裁を行うことができない。

① アー正　イー正
② アー正　イー誤
③ アー誤　イー正
④ アー誤　イー誤

第 4 回

（60 分）

実 戦 問 題

●標 準 所 要 時 間●

第1問	8分	第4問	11分
第2問	7分	第5問	11分
第3問	11分	第6問	12分

公共，政治・経済

$\left(\text{解答番号}\boxed{1}\sim\boxed{33}\right)$

第1問 次の文章を読み，後の問い（**問1～4**）に答えよ。（配点 13）

大学生Xは，大学で学んでいることについて，「協調し合う世界にするために」というタイトルで，卒業した高校で講演を行った。

I　高校時代に体験したこと

> 高校で生徒会に所属していた私は，2年生の8月，市の代表として長崎の平和祈念式典に参加しました。この体験を通して，私は戦争と原子爆弾の恐ろしさを痛感しました。同時に，ⓐ核兵器をはじめとする軍備の縮小が思うように進まず，世界各地で地域紛争が今なお発生している現実を強く憂うようになり，戦禍に巻き込まれた人たちの苦しみをどうにかしたいと考えるようになりました。

問1 下線部ⓐについて，国際社会における軍縮をめぐる動向についての記述として最も適当なものを，次の①～④のうちから一つ選べ。 $\boxed{1}$

① アメリカのオバマ大統領は，アメリカが「核なき世界」をつくることに道義的責任があるとして，国連で採択された核兵器禁止条約を批准した。

② アメリカのトランプ大統領は，政治的・経済的対立の深刻化を背景に，冷戦期に中国との間で結んだINF（中距離核戦力）全廃条約の破棄を宣言した。

③ 冷戦終結後には，爆発を伴う一切の核実験を禁止する包括的核実験禁止条約が採択され，アメリカやロシアなどの核保有国も批准した。

④ 対人地雷全面禁止条約やクラスター爆弾禁止条約の採択に向けた動きでは，国際的なNGO（非政府組織）が主導的な役割を果たした。

第4回　公共，政治・経済

Ⅱ　進学先を決定するまで

> しかしながら，親元から離れることさえできない⑥若者の自分が，そうした苦しむ人々のためにできることは限られていました。また，自立したら紛争地帯に行って戦地の人々を助けたいと両親に話したとき，両親からとても不安そうな目を向けられました。戦禍に苦しむ人々を直接救いたいが，親を悲しませたくはないという葛藤に長い間思い悩みました。そんな自分でもできることをみつけたいというのが，今の大学の国際政治学部を志望した理由です。

問2　下線部⑥に関連して，青年期の特質について心理学者が次のように論じた。文章中の空欄 ア ・ イ に当てはまる人物名の組合せとして最も適当なものを，後の①〜④のうちから一つ選べ。 2

> ア は，精神分析の手法で「自己同一性」の理論を展開し，青年が一人前の大人になるまでの不安定期をモラトリアムと呼んだ。この言葉は，本来経済用語で，「支払い猶予」を指す。また， イ は，青年を子どもと大人に挟まれた中間的存在としてマージナル・マンと呼んだ。

① ア　エリクソン　　イ　ダン・カイリー
② ア　エリクソン　　イ　レヴィン
③ ア　マズロー　　　イ　ダン・カイリー
④ ア　マズロー　　　イ　レヴィン

— 3 —

Ⅲ　大学で得た学び

　　国際政治学部では，国家の軍事力に対する考え方の変遷について学びました。
　国家が競って軍事力を強大化したことが，二度の世界大戦の一因となり，自国
　に不利益をもたらすことがあると知りました。各国は{c}国際連合に象徴される
　ような{d}国際協調主義を採用し，軍縮に転換することが自国にとっても利益に
　なると気づいたというのです。それでも世界の各地で紛争がなくならないのは，
　損得勘定で片づけられない宗教の問題のほかに，世界大戦以前に形成された構
　造的な経済格差の問題が大きいのではないかと考えられるようになりました。

問3　下線部{c}について，大学生Xは高校生の頃，国際連合の安全保障理事会がど
　　のような意思決定方法を採用しているか調べたことがあるという話をした。そ
　　の際，決議案に対して全会一致の賛成が得られない場合に着目し，常任理事国
　　と理事国全体の賛否に基づいて次の表のケースA～Dを考えたという。このう
　　ち，安全保障理事会における実質事項の決議が可決・成立するケースの組合せ
　　として最も適当なものを，後の①～⑨のうちから一つ選べ。　　3

	常任理事国	理事国全体
A	5か国がすべて賛成	14か国が賛成
B	5か国がすべて賛成	8か国が賛成
C	5か国中，1か国が反対	14か国が賛成
D	5か国中，1か国が反対	8か国が賛成

① AとBとCとD　　② AとBとC　　③ AとB　　④ AとC

⑤ A　　　　　　　⑥ B　　　　　　⑦ C　　　　⑧ D

⑨ 可決・成立するケースはない

— 4 —

第4回　公共，政治・経済

問4　下線部⓪について，大学生Xから国際協調主義という考え方を学んだ生徒たちは，「平和的に国際紛争を解決することが困難であり，国際平和を実現するためには実力の行使が不可避である」という問題状況を想定し，解決のための方法を考えてみた。次に示す**問題状況に向き合う姿勢A・B**のうち，国際連合を中心に国際紛争を解決すべきという考え方に整合的なものと，この**問題状況に向き合う姿勢の具体例ア〜エ**のうち正しいものとを選び，その組合せとして最も適当なものを，後の①〜⑧のうちから一つ選べ。　 4

問題状況に向き合う姿勢

A　各国は国際紛争を武力によって解決することを慎まなければならず，武力行使は，あくまで平和的な国際機関による正当な手続きに則った意思決定に基づくことを基本とすべきである。

B　価値観を共有する国々との緊密な連携によって自国の平和と独立を保つことが重要であり，必要な場合には，自国が攻撃されていなくても，自国と関係の深い国のために武力ないし実力を行使することが認められるべきである。

問題状況に向き合う姿勢の具体例

ア　集団安全保障を実現するため，国連憲章は当初から国連軍の創設を予定していたが，正式に組織されたことはない。

イ　集団安全保障を実現するため，国連憲章は当初から国連軍の創設を予定していたが，正式に組織されたのは冷戦終結後であった。

ウ　集団的自衛権について国連憲章では言及されておらず，日本ではその行使を可能とする法律が存在する。

エ　集団的自衛権について国連憲章では言及されておらず，日本ではその行使を可能とする法律は存在しない。

① A―ア　　② A―イ　　③ A―ウ　　④ A―エ
⑤ B―ア　　⑥ B―イ　　⑦ B―ウ　　⑧ B―エ

―5―

第2問　生徒Xは、間もなく産前産後休暇（産休）に入る「公共」の先生Tと放課後に話をした。次の問い（問1〜4）に答えよ。（配点　12）

問1　先生Tは、「生まれてくる子どもの顔を見るのが楽しみだわ。4,5年前までは子どもを産みたいとも結婚したいとも思っていなかったけれど、大切な人と出会えて、その人と一緒に自分たちの子を育てられることが、今では心から幸せと思える」と話した。次の資料1・2は、結婚に関する意識調査の結果である。この資料1・2から読み取れることとして適当でないものを、後の①〜④のうちから一つ選べ。　5

資料1　世界各国の婚外子の割合

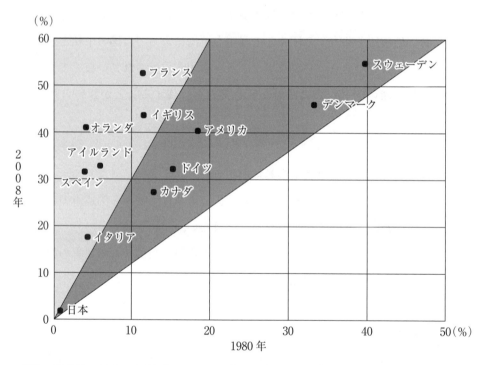

（注）　1980年のドイツは1991年のデータである。また、2008年のイギリス・アイルランドは2006年、カナダ・イタリアは2007年のデータである。
（出所）　平成25年版「厚生労働白書」により作成。

資料２ 婚姻に対する考え方の国際比較

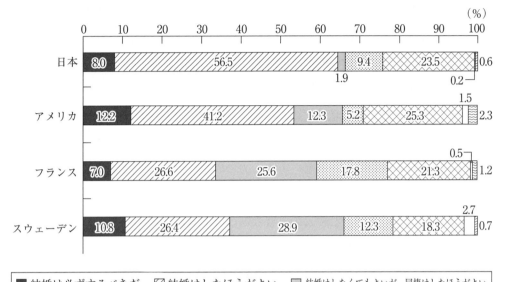

- ■ 結婚は必ずするべきだ
- ▨ 結婚はしたほうがよい
- ▧ 結婚はしなくてもよいが，同棲はしたほうがよい
- ▨ 結婚・同棲はしなくてもよいが，恋人はいた方がよい
- ▨ 結婚・同棲・恋人はいずれも，必ずしも必要ではない
- □ その他
- ▨ わからない

(注) 1．調査対象者：20〜49歳までの男女，各国約1,000人。
　　 2．調査時期：2010年10〜12月。
(出所) 平成25年版「厚生労働白書」により作成。

① アメリカは「結婚は必ずするべきだ」「結婚はしたほうがよい」とする人の割合がフランス，スウェーデンよりも高いが，婚外子の割合は欧米諸国の中では低いとはいえず，その原因はこれらの資料だけでは読み取れない。

② 日本は婚外子の割合が非常に低く，「結婚は必ずするべきだ」「結婚はしたほうがよい」とする人の割合が欧米諸国よりも高いことから，法律婚よりも事実婚を重視していると考えられる。

③ フランス，スウェーデンは，「結婚はしなくてもよいが，同棲はしたほうがよい」とする人の割合が他の国よりも高く，これは両国ともに婚外子の割合が高いことと関係していると考えられる。

④ フランスの婚外子の割合は，1980年時点ではアメリカよりも低かったが，2008年には３倍以上に増加しており，スウェーデンと同様に事実婚の多い国になったと考えられる。

問2 先生Tの話を受けて生徒Xは,「おめでとうございます。でも部活の先輩から聞いたんですけど,結婚を決断する前にだいぶ悩んでいたそうですね。どうしてですか？」と尋ねた。先生Tは,「姓が変わるのに抵抗があったのよ。実務上の問題として,姓が変わると仕事に支障が生じたり,今まで近隣の学校の先生方や地域の方々との間に築いてきた社会的信用が断絶したりする可能性があったからね。結局私は夫の姓に変えたけど,できるなら夫婦別姓にしたかったとは今でも思っているわ。」と答えた。これを聞いたXは,夫婦は夫又は妻のどちらかの氏(姓)を選択し,もう一方の姓を改めなければならないという民法の規定を思い出した。そこで,先生Tが話したこと以外に,夫婦別姓制度の導入に賛成する論拠としてどのようなものがあるかを調べてみることにした。次の論拠ア～オのうち,賛成の論拠となりうるものをすべて選んだとき,その組合せとして最も適当なものを,後の①～⑥のうちから一つ選べ。 6

ア　ライフスタイルについての自己決定権を重視すべきである。

イ　姓というのは,家族制度や婚姻制度などの社会秩序を維持する制度の一つである。

ウ　姓は家族という社会最小単位の名称であり,夫婦をつなぎ止める意識の絆でもある。

エ　結婚という私的事項の公表を望まない人の情報をいやおうなしに開示することになる。

オ　現実には多くの夫婦が夫の姓を選択している実態があり,男女平等に反する。

① アとイ　　　　　　② アとイとウとオ
③ アとエとオ　　　　④ イとエとオ
⑤ ウとエ　　　　　　⑥ エとオ

—8—

第4回　公共，政治・経済

問3　先生Tは続けて，「私だけでなく，夫も育児休暇やフレックスタイム制を有効に活用して，一緒に子育てを進めるといってくれているから，育児に関してはそれほど不安はないわ」と話した。始業・終業時間を個人ごとに調整できるフレックスタイム制の拡充は，2018年に成立した働き方改革関連法により改正された労働基準法の規定の一つである。この働き方改革関連法で新たに規定された，もしくは改正された内容として正しいものを次の記述ア～オからすべて選んだとき，その組合せとして最も適当なものを，後の①～⑥のうちから一つ選べ。　7

ア　年10日以上有給休暇を付与されている労働者に対して，年5日については使用者が時季を指定して取得させることが義務化された。

イ　使用者は，労働者の国籍，信条，社会的身分を理由として賃金や労働時間その他の労働条件について差別的取扱いをしてはならないことになった。

ウ　使用者は，労働者が女性であることを理由として，賃金について男性と差別的取扱いをしてはならないことになった。

エ　時間外労働（残業）について，原則的に，上限を月45時間，年360時間以内とし，違反した場合には罰則も設けられた。

オ　事業主は，女性労働者が婚姻し，妊娠，出産したことを退職理由として予定する定めをしてはならないとした。

①　アとイ
②　アとエ
③　イとウ
④　イとオ
⑤　ウとエ
⑥　ウとオ

— 9 —

問4 その後先生Tは,「どちらかというと,私は子どもが自立したあとのことのほうが心配かな。公的年金だけでは老後の生活には足りない可能性もあるから,個人型確定拠出年金(iDeCo)への加入なども考えなくちゃね」と話した。年金保険の財源を調達する方式としては,次の二つの方式がある。

積立方式…高齢世代の年金給付を,その世代が現役時代に積み立てた財源で賄う仕組み

賦課方式…高齢世代の年金給付を,その時点の現役世代が負担した財源で賄う仕組み

次のア～エのうち,「賦課方式」の特徴の説明として正しいものをすべて選んだとき,その組合せとして最も適当なものを,後の①～⑦のうちから一つ選べ。 8

ア　インフレによる価値の目減りや運用環境の悪化などの影響を受けやすい。

イ　現役世代と年金受給世代の比率が変わると,保険料負担の増加や年金給付額の低下につながりやすい。

ウ　金利変動の影響を受けやすく,人口構成の影響は受けにくい。

エ　社会的扶養という考え方を基本としている。

① ア

② イ

③ アとイ

④ イとウ

⑤ イとエ

⑥ アとイとウ

⑦ イとウとエ

第4回　公共，政治・経済

（下 書 き 用 紙）

公共，政治・経済の試験問題は次に続く。

第3問 生徒Xと生徒Yが通う学校で，大学教員による出張講義が行われた。「現代日本の政治システムにはどのような課題があるか」を扱ったものであり，XとYが「政治・経済」の授業で学習した内容も多く含まれていた。これに関連して，後の問い（**問1〜6**）に答えよ。（配点 18）

問1 出張講義は，日本の国会が二院制をとっている目的を考え直すことから始まった。次の図は，予算において衆議院と参議院の議決が異なった場合に国会の議決がどのように成立するかをまとめたものである。図中の空欄 ア には後の語句 **a** か **b**， イ には後の記述 **c〜e** のいずれかが当てはまる。 ア ・ イ に当てはまるものの組合せとして最も適当なものを，後の ①〜⑥ のうちから一つ選べ。 9

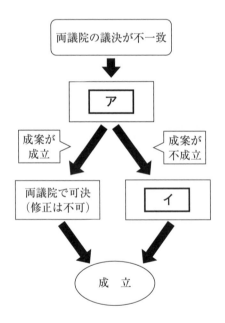

第4回　公共，政治・経済

　　ア　に当てはまる語句

a　両院協議会

b　参議院の緊急集会

　　イ　に当てはまる記述

c　衆議院の本会議で総議員の3分の2以上の賛成で再可決する

d　衆議院の本会議で出席議員の3分の2以上の賛成で再可決する

e　衆議院の議決を国会の議決とする

① アー a　　イー c

② アー a　　イー d

③ アー a　　イー e

④ アー b　　イー c

⑤ アー b　　イー d

⑥ アー b　　イー e

— 13 —

問2 生徒**X**は，出張講義を聴きながら，「政治・経済」の授業で学習した議会の解散について，試験対策のために次のノートにまとめたことを思い出した。ノート中の空欄 ア ～ ウ に当てはまる語句の組合せとして最も適当なものを，後の①～⑧のうちから一つ選べ。 10

ノート

●**議会の解散について**

(意味)議会の解散は，議院内閣制の下では，議会の内閣不信任決議案への内閣の対抗手段となる。また，立法部と行政部とが対立したとき，主権者である国民の判断に委ねるという，直接民主制的な役割も期待できる。

●**解散をめぐる憲法解釈**

(1)**69条解散**(衆議院の内閣不信任決議可決への対抗手段)

【第69条】(内閣不信任決議の効果)
内閣は，衆議院で不信任の決議案を可決し，又は信任の決議案を否決したときは， ア 以内に衆議院が解散されない限り，総辞職をしなければならない。

(2)**7条解散**(民意を問うために，内閣は自由に解散権を行使できる)

【第7条】(天皇の国事行為)
天皇は，内閣の助言と承認により，国民のために，左の国事に関する行為を行ふ。
　三　衆議院を解散すること。

●**日本国憲法下での解散**

日本国憲法下では合計25回の衆議院の解散が行われている（2024年3月現在）。そのうち イ 解散の数の方が圧倒的に多い。

— 14 —

第4回　公共，政治・経済

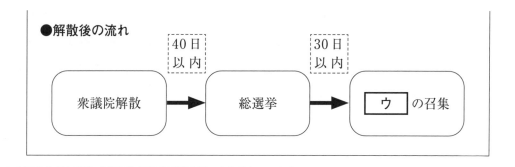

① ア　10日　　イ　69条　　ウ　臨時会
② ア　10日　　イ　69条　　ウ　特別会
③ ア　10日　　イ　7条　　ウ　臨時会
④ ア　10日　　イ　7条　　ウ　特別会
⑤ ア　30日　　イ　69条　　ウ　臨時会
⑥ ア　30日　　イ　69条　　ウ　特別会
⑦ ア　30日　　イ　7条　　ウ　臨時会
⑧ ア　30日　　イ　7条　　ウ　特別会

問3 出張講義の話題は国政から地方自治に移行し，講師は生徒たちに向かって，住民による政治参加の事例としてどのようなものがあるかを尋ねた。次の生徒A〜Cの発言は，それに対する回答である。3人の発言中の下線部㋐〜㋒のうち，正しいものはどれか。当てはまるものをすべて選び，その組合せとして最も適当なものを，後の①〜⑦のうちから一つ選べ。 11

A：私の住んでいる市では産業廃棄物処理施設の設置計画が進められていて，近く，条例に基づいて，設置の是非を問う住民投票が行われます。㋐条例に基づく住民投票については，地方自治法によって投票結果に法的拘束力が与えられているから，反対多数になれば，市長は設置申請を不許可にしなければならなくなります。

B：私の姉が住んでいる市では，市長の汚職疑惑が報じられています。刑事上はもう時効を迎えていますが，市民の反発は日増しに強まっているそうです。このような場合，㋑市民は必要数の署名を集めて市議会に提出することで，市長の解職を請求することができます。

C：私たちの県では来月，知事選挙が行われます。㋒知事選挙の選挙権は18歳になれば与えられるから，高校3年生は誕生日によって，投票できる人と投票できない人に分かれることになります。私は投票日時点で17歳ですが，立候補者の演説は是非聞きに行きたいです。

① ㋐   ② ㋑   ③ ㋒

④ ㋐と㋑   ⑤ ㋐と㋒   ⑥ ㋑と㋒

⑦ ㋐と㋑と㋒

— 16 —

第4回　公共，政治・経済

（下 書 き 用 紙）

公共，政治・経済の試験問題は次に続く。

問4 次の板書は，出張講義の中で「三割自治」について講師が書いたものであり，後の文章は，そこで講師が行った説明の一部である。文章中の空欄 ア ～ エ に当てはまる語句の組合せとして最も適当なものを，後の①～⑧のうちから一つ選べ。 12

【三割自治】

（ⅰ）地方税の収入は，地方自治体の収入全体の３割程度

⇒財源の多くを国に依存している

（ⅱ）地方自治体の固有事務は，業務全体の３割程度

⇒国から委任された事務が多くを占めている

日本国憲法が定める地方自治の理念が十分に実現していないとして，戦後長らく，「三割自治」の問題が指摘されてきました。三割自治には，板書に示した通り，二つの意味があります。

（ⅰ）への対策として，小泉内閣は2004年度から「三位一体の改革」を進めました。その具体的内容は，国税から地方税への税源移譲，国庫補助負担金の削減， ア である イ の見直しです。

また（ⅱ）への対策として地方分権一括法が2000年４月に施行され，これにより，地方自治を形骸化させているとされていた機関委任事務は廃止されました。現在の地方自治体の事務は，飲食店営業の許可，都市計画の決定などの ウ 事務と，国政選挙，生活保護の決定などの エ 事務との二つに区分されています。

このような対策が行われて，今日では「三割自治」という言葉は聞かれなくなりましたが，地方自治にはまだまだたくさんの課題があります。それらの課題を解決するための条件の一つとして，住民がより一層積極的に政治参加を行うことが大事なのは間違いないでしょうね。

— 18 —

第4回　公共，政治・経済

① ア　一般財源　イ　地方交付税　ウ　自　治　エ　法定受託
② ア　一般財源　イ　地方交付税　ウ　法定受託　エ　自　治
③ ア　一般財源　イ　地方債　ウ　自　治　エ　法定受託
④ ア　一般財源　イ　地方債　ウ　法定受託　エ　自　治
⑤ ア　特定財源　イ　地方交付税　ウ　自　治　エ　法定受託
⑥ ア　特定財源　イ　地方交付税　ウ　法定受託　エ　自　治
⑦ ア　特定財源　イ　地方債　ウ　自　治　エ　法定受託
⑧ ア　特定財源　イ　地方債　ウ　法定受託　エ　自　治

問5　出張講義では，現代日本が抱える政治課題の解消策として，2000年代の行政改革が例として説明された。2000年代の行政改革に関する次の記述ア・イの正誤の組合せとして正しいものを，後の①〜④のうちから一つ選べ。　13

ア　「聖域なき構造改革」というスローガンの下，国立大学の法人化，日本道路公団と日本電信電話公社の民営化が行われた。

イ　行政のスリム化などを目的として，1府22省庁への中央省庁再編，独立行政法人制度の創設が行われた。

① ア―正　イ―正
② ア―正　イ―誤
③ ア―誤　イ―正
④ ア―誤　イ―誤

— 19 —

問6　出張講義の受講を終えた生徒Ｙは，帰宅後に父と次のような会話をした。**会話文**中の空欄　ア　には後の記述 **a** か **b**，　イ　には図２の **c** か **d**，　ウ・エ　にはそれぞれ後の語句 **e** か **f**，**g** か **h** のいずれかが当てはまる。　ア・ウ・エ　に当てはまるものの組合せとして最も適当なものを，後の①〜⑧のうちから一つ選べ。　14

Ｙ：今日，学校で日本の政治に関する出張講義があって，こんな資料をもらった。**図１**は衆議院議員選挙における自民党の議席占有率の推移だって。結構，変化するもんだね。

父：どれどれ？　うん，確かにそうだ。前の選挙に比べて，一番大きく低下した選挙では何があったか，勉強した？

Ｙ：　ア　のがこの選挙でしょ？

父：その通り。

Ｙ：**図２**で衆議院議員選挙の投票率の推移を示した　イ　をみると，この時の選挙は前後の選挙に比べ，投票率が　ウ　ことがわかる。投票率は選挙結果に影響するのかもしれないね。

父：だけど，投票率は長期的に低下してきているな。

Ｙ：出張講義の講師も同じことをおっしゃっていた。ヨーロッパでは70％以上を維持している国が多いんだって。80％を超える国もあるらしい。

父：投票率を上げるためには，どんなことが考えられる？

Ｙ：今は認められていない　エ　をできるようにするのはどうだろう？

父：いいアイデアだ。でも，それが実現しなくても，投票には行くようにしてほしい。

Ｙ：もちろんだよ。選挙は民主主義の基盤だからね。

— 20 —

第４回　公共，政治・経済

図１　自民党の議席占有率（衆議院）の推移

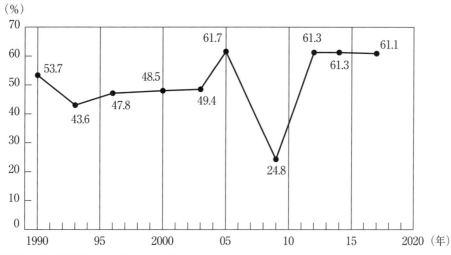

（出所）　衆議院Webページにより作成。

図２　国政選挙の投票率の推移

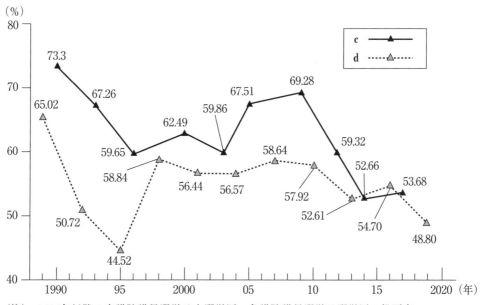

（注）　1996年以降の衆議院議員選挙は小選挙区，参議院議員選挙は選挙区の投票率。
（出所）　総務省Webページにより作成。

ア に当てはまる記述

a 自民党が結党以来，初めて野党に転落した

b 民主党を中心とする鳩山連立政権が発足した

ウ に当てはまる語句

e 高かった

f 低かった

エ に当てはまる語句

g インターネットによる投票

h 投票日前の投票

① ア— a　　ウ— e　　エ— g

② ア— a　　ウ— e　　エ— h

③ ア— a　　ウ— f　　エ— g

④ ア— a　　ウ— f　　エ— h

⑤ ア— b　　ウ— e　　エ— g

⑥ ア— b　　ウ— e　　エ— h

⑦ ア— b　　ウ— f　　エ— g

⑧ ア— b　　ウ— f　　エ— h

第4回　公共，政治・経済

第4問　次に示したのは，ある架空の大学における公開講座一覧の一部である。これに関連して，後の問い(問1〜6)に答えよ。(配点　18)

講座 No.	講座名	学習内容	日時
01	環境問題の今昔 〜SDGs時代の 基礎教養〜	SDGs(持続可能な開発目標)の中でも複数の目標に分けてその課題が設定されている環境問題。(a)CO_2の削減はもちろんのこと，プラスチックゴミの削減や生態系の保護，クリーンで安定的な(b)エネルギーの確保など，やるべきことがたくさんあります。普段の私たちの行動，何が地球にとってプラスで，何がマイナスなのか？　(c)かつて日本で発生した公害問題も振り返りながら，皆さんと考えたいと思います。	10月3日 18:00〜 19:30
02	雇用者の立場から見た労働問題	「ブラック企業」が流行語になった2013年から，労働に関する法律を守らない企業に対する世間の視線ははっきりと厳しくなりました。人口減少社会において(d)労働力を確保するためにも，雇用環境の改善はあらゆる企業の課題となったのです。しかし，コロナ禍や急激な(e)円安によって業績の悪化した企業にとっては，人件費を増やしたくないというのも偽らざる本音。板挟みの雇用者のために，必要な施策とは何なのでしょうか。	10月19日 10:40〜 12:10
03	日本の社会保障の現状と課題	毎月の給与から差し引かれる社会保険料や，日々の買い物で納める消費税。家計の負担になっているのは確かですが，その負担によって助けられている人がいるのもまた事実です。この講座では，日本の社会保障のしくみと課題について，(f)外国との比較も交えながら解説します。	10月24日 16:20〜 17:50

— 23 —

問1 下線部ⓐに関連して，次の図1・2は，2019年のCO₂排出量上位5か国の，世界に占める排出割合と各国一人当たりの排出量，国としての排出量の推移についてまとめたものである。後の①〜④は，この5か国のいずれかについての説明文である。各国の状況と図1・2から読みとれる内容を説明したものとして最も適当なものを，後の①〜④のうちから一つ選べ。15

図1 世界各国の国別CO₂排出量

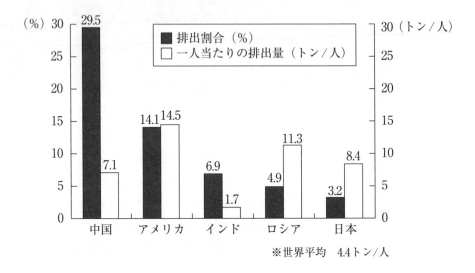

※世界平均 4.4トン／人

図2 世界各国のCO₂排出量の推移

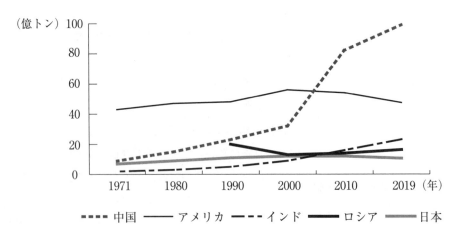

（出所）いずれもEDMC/エネルギー・経済統計要覧および全国地球温暖化防止活動推進センターWebページにより作成。

第4回　公共，政治・経済

① 一人当たりの排出量が多く，安定した経済成長が続くこの国では，パリ協定の離脱により，統計に示された国の中では最もCO_2の排出量が増えている。

② 2011年の原子力発電所の事故により，化石燃料の使用が大きく増えたこの国では，CO_2の排出量が事故前より増えている。

③ 世界第2位のGDP大国となった反面で環境問題が深刻化したこの国では，強力なエネルギー転換政策により，CO_2の排出量が減少傾向にある。

④ 急速な経済成長を遂げる一方，2023年に人口が世界第1位になったこの国ではCO_2の排出量が増加傾向にあるが，一人当たりの排出量は世界平均より低い。

問2　下線部ⓑに関連して，日本が実施している環境・エネルギー政策についての記述のうち最も適当なものを，次の①〜④のうちから一つ選べ。　16

① 再生可能エネルギーとして太陽光，風力，原子力，バイオマスによる発電や水素を使った燃料電池や蓄電池の研究を進めている。

② 2030年には森林吸収や排出権取引を利用してのCO_2排出量を実質ゼロにすることを目標にしている。

③ 情報技術を使って電力の需要と供給を自動的に調整する次世代の送電網であるスマートグリッドの研究を進めている。

④ 企業や家庭で再生可能エネルギーにより発電された電力の買い取り制度が役割を終えたので，廃止されることになった。

— 25 —

問3 下線部ⓒに関連して，次に示したのは，高度経済成長期の日本における公害をめぐる状況を説明した3枚のスライドである。スライド**ア**～**ウ**のうち，日本における公害問題についての記述として正しいものはどれか。当てはまるものをすべて選び，その組合せとして最も適当なものを，後の①～⑦のうちから一つ選べ。 17

ア 公害対策基本法の制定や環境庁の設置などの取組みはあったが，その後も国民所得倍増計画が発表されるなど，経済成長を優先する基本路線は変わらず，そうした政策が公害問題を深刻化させる背景となった。

イ イタイイタイ病など四大公害訴訟では，いずれも原告の住民が勝訴し，損害賠償請求の訴えが認められたが，原告の主張していた環境権については，最高裁判所は認めなかった。

ウ 公害健康被害補償法では，経済協力開発機構（OECD）の勧告に基づき汚染者負担の原則が取り入れられ，被害者救済の費用は，汚染原因企業がその寄与度に応じて負担することとされた。

① ア   ② イ   ③ ウ
④ アとイ   ⑤ アとウ   ⑥ イとウ
⑦ アとイとウ

問4　下線部ⓓに関連して，2022年4月時点での労働力について示した次の図から**労働力率**と**完全失業率**を計算した値として最も適当な組合せを，後の①～④のうちから一つ選べ。ただし，計算に当たって季節調整は行わないものとする。 18

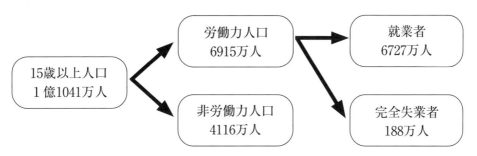

（出所）　総務省「労働力調査（基本集計）」により作成。

① 労働力率　37%　　完全失業率　1.7%
② 労働力率　37%　　完全失業率　2.7%
③ 労働力率　63%　　完全失業率　1.7%
④ 労働力率　63%　　完全失業率　2.7%

問5　下線部ⓔについて，円安によってもたらされる可能性がある経済活動への影響についての記述として最も適当なものを，次の①～④のうちから一つ選べ。 19

① 原油の輸入価格が安くなるので，ガソリンの値段が下がる。
② 日本への旅行費用が安くなるので，海外から日本を訪れる観光客が増える。
③ 海外投資が有利になるので，日本企業の海外進出が増える。
④ 日本からの輸出が不利になるので，海外への自動車の輸出台数が減る。

問6 下線部ⓕについて，次の図は，日本，アメリカ，イギリス，フランス，ドイツ，イタリアの6か国における，国民負担率と社会保障支出の対国内総生産(GDP)比を比較したものである。図中のア〜エは，日本，アメリカ，フランス，ドイツのいずれかを示している。大学の公開講座で配られたレジュメには，この図についての説明文が後に示す通りに書かれていた。説明文が図の内容を正しく反映しているとすると，図中のア〜エのうち，日本に当てはまるのはどれか。正しいものを，後の①〜④のうちから一つ選べ。 20

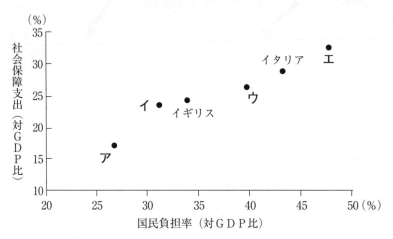

(注) 統計年度は2015年。
(出所) 財務省Webページにより作成。

説明文

> 社会保障制度を通じた国民の受益の水準が高い国は国民の負担も重く，受益の水準が低い国は負担も軽いという関係にあることがわかります。例えばイタリアは，社会保障支出の対GDP比は20％台後半と高めですが，国民負担率も40％を超えています。「高福祉・高負担」の国といえるでしょう。そうした中で，日本は他の5か国と比較すると，受益の水準に比べて，国民の負担は軽いという特徴があります。このことが日本の財政赤字につながっているとも考えられます。日本の財政の現状を考えたとき，受益と負担のバランスについて，わたしたちもよく考え，議論することが必要ではないでしょうか。

① ア　　② イ　　③ ウ　　④ エ

第4回　公共，政治・経済

第5問　ある学校の「政治・経済」の授業では，「民主政治と日本国憲法」をテーマにした探究活動が行われている。まず，生徒たちは，グループに分かれて調べるべき事項を検討した。次の**メモ**は，各グループから出された事項を大きく3つの分野に分けてまとめたものである。これに関連して，後の問い（**問1～6**）に答えよ。
（配点　19）

Ⅰ　民主政治の成立と発展

　○民主政治の形態……時代と国による差異

　○民主政治の発展と人権思想の変容

　　　　　　　　……「国家からの自由」から「国家による自由」へ

　　　　　　　　　　　ex. ⓐ財産権

　○ⓑ現代の政治体制……議院内閣制，大統領制，その他

Ⅱ　日本国憲法における基本的人権の保障

　○平等権……法の下の平等，両性の本質的平等

　○自由権……ⓒ精神の自由，ⓓ人身の自由，経済活動の自由

　○社会権……生存権，教育を受ける権利，勤労権

　○基本的人権を実現するための権利……参政権，請願権

　　　　※憲法に明記されていない内容については，ⓔ最高裁判所の判例からその解釈を読み取る

Ⅲ　日本国憲法における平和主義

　○ⓕ憲法第9条……戦争放棄，戦力の不保持，交戦権の否認

　○日本における防衛・安全保障政策の変化

　　　　　……自衛隊の海外派兵の容認，自衛権をめぐる憲法解釈の変更

問1 下線部ⓐについて，生徒**X**たちのグループは，民主政治が発展し，人権思想が広がる中で，財産権の性格が変化したことを学び，その内容を次の**メモ**にまとめた。**メモ**中の空欄　**ア**　・　**イ**　に当てはまる文として最も適当なものを，後の①〜④のうちからそれぞれ一つ選べ。

　　ア　に当てはまる文→　**21**

　　イ　に当てはまる文→　**22**

　　18世紀後半のフランス人権宣言に「　**ア**　」と規定されているように，財産権は当初，絶対的に保障されるものであると考えられていた。しかし，資本主義経済の発展に伴い，経済的格差や貧困の問題が深刻になってくると，財産権は社会的な拘束を負う権利であると考えられるようになった。20世紀前半のワイマール憲法が「　**イ**　」と定めたのはこの考え方に基づくものであり，「財産権の絶対性」は否定されることになった。

---

① すべての人間は生まれながらにして平等であり，その創造主によって，生命，自由，および幸福の追求を含む不可侵の権利を与えられている

② 所有権は，神聖で不可侵の権利である

③ 所有権は義務を伴う。その行使は，同時に公共の福祉に役立つべきである

④ 財産権の内容は，公共の福祉に適合するように，法律でこれを定める

— 30 —

第4回　公共，政治・経済

問2　下線部ⓑについて，生徒Xたちのグループは現代の世界の政治体制にも興味を引かれ，イギリス，アメリカ，中国の3か国について，政治制度の特徴を次のカードにまとめてみた。しかし，後で読み返したところ，各カードには，誤った記述が一文ずつあることに気づいた。カード中のa～hの記述のうち，誤っているものはどれか。その組合せとして最も適当なものを，後の①～⑨のうちから一つ選べ。　23

イギリスの政治制度

a　首相は，原則として議会下院の多数党の党首が国王によって任命される。

b　議会上院と下院はいずれも国民の直接選挙によって議員が選出されるが，下院が上院に対して優越している。

c　最高裁判所が設置されているが，違憲立法審査権は有していない。

アメリカの政治制度

d　大統領は国民の間接選挙によって選出され，任期は4年である。

e　大統領には条約締結権，連邦議会の解散権，連邦議会が可決した法律案の拒否権がある。

f　連邦議会には大統領に対する不信任決議権はないが，大統領弾劾権がある。

中国の政治制度

g　立法府である全国人民代表大会，行政府である国務院，司法府である最高人民法院が相互に権力を抑制し合う関係に立っている。

h　国家主席は憲法上，儀礼的な存在にすぎないが，現在は共産党の最高指導者が就いているため，事実上は強大な権力を持っている。

---

①　aとdとg　　②　aとdとh　　③　aとeとg

④　bとeとg　　⑤　bとeとh　　⑥　bとfとh

⑦　cとfとg　　⑧　cとfとh　　⑨　cとdとg

— 31 —

問3 下線部ⓒについて，生徒**Y**は，日本国憲法における「精神の自由」の根本となる「思想・良心の自由」について調べ，その内容を次のノートにまとめた。ノート中の下線部㋐～㋒のうち，正しいものはどれか。当てはまるものをすべて選び，その組合せとして最も適当なものを，後の①～⑦のうちから一つ選べ。 24

ノート

□日本国憲法第19条の条文

「思想及び良心の自由は，これを侵してはならない。」

□大日本帝国憲法における内心の自由

㋐大日本帝国憲法には内心の自由についての条文が存在せず，実際に特定の思想・信条を弾圧する法律も制定されてしまった

□内心の自由の意味

・強制の禁止：特定の思想を持つように国家権力が強要することは禁止される

・不利益取り扱いの禁止：ある思想を持っていること，または持っていないことを理由に，国家権力が不利益を課すことは禁止される

・沈黙の自由：どのような思想を抱いているかを明らかにするよう国家権力が強要することは禁止される→㋑江戸時代にキリスト者を弾圧するために行われた「絵踏み」のようなことを国家権力が行うことは，憲法上許されない

□「思想・良心の自由」への制約

㋒日本国憲法の基本的人権は公共の福祉の範囲内で保障されており，民主主義そのものを否定するような思想については，「思想・良心の自由」による保障を受けない

---

① ㋐   ② ㋑   ③ ㋒

④ ㋐と㋑   ⑤ ㋐と㋒   ⑥ ㋑と㋒   ⑦ ㋐と㋑と㋒

第4回　公共，政治・経済

問4　下線部ⓓについて，生徒Yたちのグループは，「人身の自由」について調べる中で，冤罪の問題を知った。そこで，冤罪を防ぐためにはどんな方法があるかを考え，グループ内で提案しあうことにした。冤罪を防ぐ方法の提案として**適当でないもの**を，次の①〜④のうちから一つ選べ。　25

① 現在は被告人だけに限られている国選弁護人の対象を，起訴前の被疑者にも広げる。

② 警察署の留置場を拘置所の代わりとして使う代用刑事施設(代用監獄)制度を廃止する。

③ 警察と検察の取り調べに弁護人を立ち会わせる権利を，被疑者に認める。

④ 現在は一部の事件に限られている，警察と検察による取り調べの過程を録音・録画する制度を，すべての事件に広げる。

— 33 —

問5　下線部ⓔに関連して，生徒**Y**は，生存権を規定した日本国憲法第25条第１項について，次のような最高裁判所の判例があることを知った。

> 憲法25条１項は，（中略）すべての国民が健康で文化的な最低限度の生活を営み得るように国政を運営すべきことを国の責務として宣言したにとどまり，直接個々の国民に対して具体的権利を賦与したものではない（中略）。具体的権利としては，憲法の規定の趣旨を実現するために制定された生活保護法によつて，はじめて与えられているというべきである。（中略）もとより，厚生大臣の定める保護基準は，法８条２項所定の事項を遵守したものであることを要し，結局には憲法の定める健康で文化的な最低限度の生活を維持するにたりるものでなければならない。しかし，健康で文化的な最低限度の生活なるものは，抽象的な相対的概念であり，その具体的内容は，（中略）多数の不確定的要素を綜合考量してはじめて決定できるものである。したがつて，何が健康で文化的な最低限度の生活であるかの認定判断は，いちおう，厚生大臣の合目的的な裁量に委されており，その判断は，当不当の問題として政府の責任が問われることはあつても，直ちに違法の問題を生ずることはない。

（出所）　最高裁判所民事判例集21巻５号により作成。

Yは，この判決がどのような論理によって導かれたか，またこの判決に賛同できるかについて，グループで話し合いたいと思った。この最高裁判所判決の論理の論拠となりうるものを，次の記述**ア**～**ウ**からすべて選び，その組合せとして最も適当なものを，後の①～⑦のうちから一つ選べ。 **26**

ア 憲法の条文は，国家に対して単に政治的な方向性を示す訓示的な規定ではなく，憲法第25条の規定も，具体的請求を行う法的権利を保障したものである。

イ 生存権を具体的に実現するためには一定の予算が必要であり，また予算をどのように配分するかは国の財政政策の問題であるから，個々の国民に対してつねに一定の給付を保障することはできない。

ウ 最低限度の生活とは，極めて抽象的・相対的概念であって，その具体的内容は，その時々における文化の発達の程度，経済的・社会的条件，一般的な国民生活の状況との相関関係において判断されるべきものである。

① ア   ② イ   ③ ウ

④ アとイ   ⑤ アとウ   ⑥ イとウ

⑦ アとイとウ

問6　下線部⑤について，生徒Zたちのグループは，戦争放棄などを定めた日本国憲法第9条にはさまざまな解釈があり，自衛隊についての考え方も分かれていることを知った。そこで，それらの見解を四つに分類して，次の**表**にまとめた。**表**中の**ア～エ**の見解のうち，日本政府の見解に当てはまるものはどれか。正しいものを，後の①～④のうちから一つ選べ。　27

日本国憲法第9条についての見解

見解	ア	イ	ウ	エ
第9条第1項の解釈	自衛権の行使まで放棄している	自衛権の行使は放棄していない		
第9条第2項の解釈	一切の戦力の保持を禁止している			自衛権の行使のための戦力の保持は禁止していない
自衛隊と戦力の関係	自衛隊は戦力にあたる		自衛隊は戦力にあたらない	
自衛隊の合憲性	違憲		合憲	

第9条①　日本国民は，正義と秩序を基調とする国際平和を誠実に希求し，国権の発動たる戦争と，武力による威嚇又は武力の行使は，国際紛争を解決する手段としては，永久にこれを放棄する。
　　②　前項の目的を達するため，陸海空軍その他の戦力は，これを保持しない。国の交戦権は，これを認めない。

①　ア　　②　イ　　③　ウ　　④　エ

第4回　公共，政治・経済

第6問　生徒X，生徒Yおよび生徒Zは，「政治・経済」の授業でグループ発表をすることになり，その準備をしている。次の会話は，生徒たちが放課後に教室で行ったものの一部である。これに関連して，後の問い(問1〜6)に答えよ。(配点　20)

X：今日の授業で「家計，企業，政府それぞれの役割」というテーマが決まったね。私は企業の担当になったから，まずは(a)現在の日本の会社制度とか，多国籍企業の影響，あと(b)企業の社会的責任とかのあたりを整理してまとめようかなと思っている。家計と政府はそれぞれどっちが担当するんだっけ？

Y：私が政府の担当だよ。国の(c)予算や財政はもちろんのこと，厳密には日本銀行の役割にはなるけど，(d)金融政策についても昔と今を比較しながらまとめていこうと思っているよ。

Z：えっ，もうみんなそんなに調べたいことが固まっているの？　私は家計の担当だけど，家計の消費行動に深く関わる(e)需要と供給の関係はすぐに整理できそうってこと以外，まだ何も考えついてないな……。

X：Yと同じように，昔と今を比較してみると論点が見えてくるんじゃない？　たとえば(f)高度経済成長のときと現代とでは，消費行動の傾向もずいぶん違うはずだよ。

Z：なるほどね。そうしたら，ちょうど私のおばあちゃんが家に遊びにきているから，当時の話を聞いてみるよ。ありがとう！

— 37 —

問1　下線部ⓐについて，生徒**X**は，会社制度について調べていくうち，2006年に会社法が施行される前と後では，設立できる会社の種類や条件などが大きく異なることに気が付いた。現在の日本の会社制度に関する記述として最も適当なものを，次の①～④のうちから一つ選べ。　28

①　株式会社における株主の責任は無限責任であるので，会社が倒産したときには，会社の債務について出資額を超えて責任を負う。

②　株式会社の最高意思決定機関は株主総会であるが，株主は，一人につき一票の議決権を持つ。

③　有限会社は，株式会社と比較すると手続きが簡単で低費用で設立が可能なため，IT関連などの分野で新規設立が増えてきている。

④　合同会社は，会社法で新たに設けられた会社形態であり，所有者と経営者が一致しているという特徴を持つ。

問2　下線部⑥について，生徒**X**は，現代の企業が負う社会的責任にまつわる用語と，それらの用語に関わる企業の具体的な行動例について，次の**表**にまとめた。**表**中の空欄　ア　～　エ　には，後の**A**～**D**の記述のいずれかが当てはまる。　ア　～　エ　に当てはまる記述の組合せとして最も適当なものを，後の①～⑧のうちから一つ選べ。　29

用語	企業の具体的な行動例
コンプライアンス	ア
メセナ	イ
フィランソロピー	ウ
コーポレート・ガバナンス	エ

A　新人芸術家を支援するためコンクールを主催し，入賞者に活動資金を提供した。

B　取締役会のメンバーのうち，社外取締役の割合を高めた。

C　残業時間の上限を月30時間以内とすることにした。

D　台風により住居を失った人たちに対し，見舞金として1000万円を寄付した。

① ア－A　　イ－B　　ウ－C　　エ－D

② ア－A　　イ－D　　ウ－B　　エ－C

③ ア－B　　イ－A　　ウ－C　　エ－D

④ ア－B　　イ－C　　ウ－D　　エ－A

⑤ ア－C　　イ－A　　ウ－D　　エ－B

⑥ ア－C　　イ－D　　ウ－A　　エ－B

⑦ ア－D　　イ－B　　ウ－A　　エ－C

⑧ ア－D　　イ－C　　ウ－B　　エ－A

問3 下線部ⓒに関連して，生徒Yは国家予算について調べていくうち，財政投融資がかつては「第二の予算」とも呼ばれていたことを知った。現在の財政投融資の説明として最も適当なものを，次の①～④のうちから一つ選べ。 30

① 累進課税制度や社会保障制度などあらかじめ社会の中に組み込まれている制度が自動的に働いて，景気の安定を促す仕組みのこと。

② 不況の際には公共投資を増やし，減税を行うことによって消費を促し，景気回復を図る仕組みのこと。

③ 政府が，私企業が採算面から供給しない社会資本や公共サービスを提供する仕組みのこと。

④ 債券発行などにより調達した資金を財源として，公益性の高いプロジェクトの実施を可能にするための資金の融資，出資の仕組みのこと。

第4回 公共, 政治・経済

問4 下線部⑥について, 生徒Yは昔と今の金融政策の違いについて調べ, 次の文章にまとめた。文章中の空欄 ア ～ ウ に当てはまる語句の組合せとして最も適当なものを, 後の①～⑧のうちから一つ選べ。 31

> 日本銀行が ア に資金を貸し出す際の基準金利を, 公定歩合といった。1980年代までの規制金利時代には, 市中金利が公定歩合に連動しており, 公定歩合が変更されると市中金利も変更されるため, 日本銀行の金融調整に利用されてきた。しかし, イ で, 公定歩合と市中金利が直接的に連動しなくなったため, 政策金利としての役割を終えた。現在は, 日本銀行が公債などを売買することで市中の資金量を調節する公開市場操作が, 日本における金融政策の中心となっている。アベノミクスの下では, 日本銀行が公債を積極的に買うことなどにより消費者物価を上昇させようとしていた。消費者物価指数の計測対象には, トイレットペーパーやノートパソコンなどといった商品のほか, ウ などもある。

① ア 政　府　　イ 金融引締め政策　　ウ 株　価
② ア 政　府　　イ 金融引締め政策　　ウ 映画館の入場料
③ ア 政　府　　イ 金利の自由化　　　ウ 株　価
④ ア 政　府　　イ 金利の自由化　　　ウ 映画館の入場料
⑤ ア 金融機関　イ 金融引締め政策　　ウ 株　価
⑥ ア 金融機関　イ 金融引締め政策　　ウ 映画館の入場料
⑦ ア 金融機関　イ 金利の自由化　　　ウ 株　価
⑧ ア 金融機関　イ 金利の自由化　　　ウ 映画館の入場料

問5 下線部ⓔに関連して，生徒Zは家計の消費行動を理解するため，自身が愛用しているメーカーの鉛筆を例にして，市場経済の下での価格メカニズムを理解し直すこととした。次のグラフは，Zが使用している鉛筆が価格Pのとき，需要量と供給量がQで均衡することを示す需給曲線である。後の**a〜e**のうち，需要曲線のみが右上にシフトする原因となるものはどれか。当てはまるものをすべて選び，その組合せとして最も適当なものを，後の**①〜⑥**のうちから一つ選べ。 32

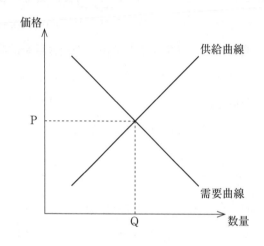

a 所得税減税が行われた。

b 鉛筆の原料となる木材の価格が低下した。

c この鉛筆を使うと合格できるという噂が広がり，人気がでた。

d 鉛筆の代わりになるシャープペンシルの値段が高騰した。

e 工場に新技術が導入され，鉛筆の生産量が倍増した。

① **a**と**b**

② **a**と**c**

③ **a**と**c**と**d**

④ **b**と**c**と**d**

⑤ **b**と**d**と**e**

⑥ **c**と**d**と**e**

第4回　公共，政治・経済

問6　下線部⑥について，生徒Ｚは祖母に学生時代の暮らしや社会状況を聞き，それをもとに，日本に高度経済成長をもたらした要因について，生徒Ｘと話し合った。**会話文**中の空欄　　ア　　には後の**a**か**b**，空欄　　イ　　には**c**か**d**のいずれかの記述が当てはまる。　ア　・　イ　に当てはまる記述の組合せとして最も適当なものを，後の①〜④のうちから一つ選べ。　33

Ｚ：おばあちゃんに聞いたら，学生時代の暮らしには今と比べると不便なこともすごく多かったけれど，それでも東京オリンピックを控える中，みんな希望に満ち溢れていたような気がしたんだって。当時の家計の多くは　　ア　　ことが，高度経済成長をもたらした要因の一つだったそうだよ。

Ｘ：そうなんだ。私も高度経済成長期の企業活動について少し調べてみたんだけど，当時は　　イ　　ことが，産業の発展を支えていたんだって。

Ｚ：やっぱり，何かと将来への不安がつきまとう現在とは，家計も企業もずいぶん状況が違うね。もちろん一概に「昔はよかった」とはいえないけど，現代日本の課題を解決するヒントは，もしかしたら当時の暮らしの中にもあるのかもしれない。

Ｘ：そのヒントを自分たちでみつけて，授業で発表できたら素敵だね。

　ア　に当てはまる記述

a　勤勉で良質な労働力を企業に供給できた

b　高価な商品をよく購入しており，貯蓄率がとても低かった

　イ　に当てはまる記述

c　アメリカなどから技術が導入され，技術革新が進展した

d　国内で安価な石炭や鉄鉱石が豊富に産出されていた

① アー**a**　イー**c**　　② アー**a**　イー**d**

③ アー**b**　イー**c**　　④ アー**b**　イー**d**

－ 43 －

第 5 回

（60分）

実 戦 問 題

● 標 準 所 要 時 間 ●

第1問	8分	第4問	11分
第2問	7分	第5問	11分
第3問	11分	第6問	12分

第5回　実戦問題

公共，政治・経済

（解答番号 $\boxed{1}$ ～ $\boxed{33}$ ）

第1問 7歳の妹と5歳の弟をもつ生徒Xは，11月に七五三のお祝いで神社にお参りをした。次の問い（**問1～4**）に答えよ。（配点 13）

問1 生徒Xは，妹と弟の成長をうれしく思うとともに，自分自身も青年期という大人への成長の過程にあることを改めて実感した。青年期に関する次の文章中の空欄 $\boxed{ア}$・$\boxed{イ}$ に当てはまる語句の組合せとして最も適当なものを，後の①～④のうちから一つ選べ。 $\boxed{1}$

> 　青年期は，子どもから大人へ移行する時期である。フランスの思想家ルソーは，青年期を精神の自立の時期であることから「 $\boxed{ア}$ 」という言葉で表した。現在の日本のように産業化の進んだ社会では，青年期は $\boxed{イ}$ 傾向にある。また，価値観やライフスタイルの多様化に伴って，大人と子どもの境界は曖昧になりつつあるとされる。

① ア 小さな大人　イ 短くなる
② ア 小さな大人　イ 長くなる
③ ア 第二の誕生　イ 短くなる
④ ア 第二の誕生　イ 長くなる

— 2 —

問2 七五三は，神社で行う行事であり，日本古来の宗教である神道に根ざしている。日本人と宗教に関する記述として**誤っているもの**を，次の①～④のうちから一つ選べ。 2

① 古代の日本では，一神教とは異なり，神を絶対視せず，自然界における現象を，八百万神（やおよろずのかみ）と総称されるさまざまな霊的存在で説明しようとしていた。

② 復古神道を唱えた国学者である平田篤胤の思想は，日本を神の子孫である天皇が治める優れた国と位置づけ，幕末の尊王攘夷運動の精神的支柱となった。

③ 内村鑑三は，キリスト教の立場から，日本の伝統的な武士道は理想的な生き方を示すものであると主張し，イエスと日本国の二つにその生涯をささげた。

④ 日本各地に伝わる民間信仰の調査・研究を行った和辻哲郎は，共同体で暮らす名もなき人々である常民の生き方に注目し，民俗学を創始した。

― 3 ―

問3 生徒Xの家族は老人ホームで暮らす祖母と一緒にお参りすることになった。タクシーで神社に行くことにしたが，祖母は自分でタクシーを呼ぶという。祖母がスマートフォンを持っていることにXは驚いた。携帯電話の普及状況に興味を持ったXは，音声通信サービスの加入契約数の推移について，次のグラフをみつけた。グラフから読み取れる内容についての後の記述ア・イの正誤の組合せとして最も適当なものを，後の①〜④のうちから一つ選べ。 3

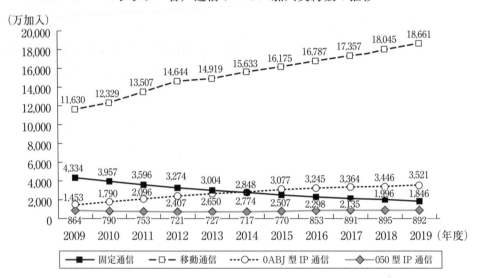

(注) IP通信とは，インターネットで利用されるIP（Internet Protocol）を用いた音声電話サービスである。このうち，0ABJ型IP通信は加入電話と同じ0から始まる10桁の電話番号を用い，050型IP通信は050で始まる11桁の電話番号を用いる。050型IP通信は加入電話や0ABJ型IP通信に比べて，緊急通報（110，119等）を利用できない等の制限がある代わりに，料金が安価であることが多い。
(出所) 総務省「令和2年版 情報通信白書」により作成。

ア 移動通信の契約数が増加している一方，固定通信の契約数が減少しているため，音声通信サービスの全体の加入契約数の合計は，減少傾向にある。

イ 移動通信の契約数が増加した結果，2019年度末においては国内人口1人当たり1件以上の契約をしている。

① アー正 イー正 ② アー正 イー誤
③ アー誤 イー正 ④ アー誤 イー誤

問4　神社へのお参りが終わった後，生徒Xたちは家族で食事をすることになった。レストランでの食事は，オーストラリア産の牛肉を使用した肉料理がメインディッシュであった。Xは，日々の食事には日本産だけでなく外国産の食品が多く使われていることを実感し，各国の食料事情について調べてみた。すると，食料自給率にはカロリーベースと生産額ベースの2種類があり，輸入の飼料で育った牛・豚・鶏などの肉類はカロリーベースでは国産に算入されないということがわかった。

次の図と表中の空欄　ア　～　エ　に当てはまる語句の組合せとして最も適当なものを，後の①～④のうちから一つ選べ。　4

図　日本と諸外国の食料自給率

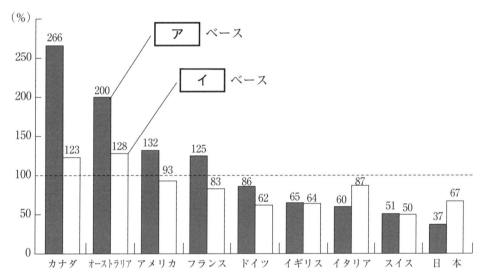

（注）　日本は2020年度，それ以外の国は2018年の数値。スイス（カロリーベース）およびイギリス（生産額ベース）については，各政府の公表値を掲載。また，畜産物および加工品については，輸入飼料および輸入原料を考慮して計算。
（出所）　農林水産省Webページにより作成。

表　諸外国の品目別自給率(2018年)（試算）

(単位：%)

	年	**ウ**	いも類	豆　類	**エ**	果実類	肉　類
アメリカ	2018	128	101	191	86	67	114
カナダ	2018	197	154	337	59	25	136
ドイツ	2018	101	134	11	42	37	122
フランス	2018	176	130	77	72	65	103
イタリア	2018	63	54	43	149	109	74
イギリス	2018	82	87	45	43	13	77
スイス	2018	45	94	36	52	42	88
オーストラリア	2018	239	91	274	92	102	164
日本	2018	28	73	7	78	38	51
	2019	28	73	7	79	38	52
	2020	28	73	8	80	38	53

(出所)　農林水産省Webページにより作成。

① 　ア　カロリー　　イ　生産額　　　ウ　穀　類　　エ　野菜類

② 　ア　カロリー　　イ　生産額　　　ウ　野菜類　　エ　穀　類

③ 　ア　生産額　　　イ　カロリー　　ウ　穀　類　　エ　野菜類

④ 　ア　生産額　　　イ　カロリー　　ウ　野菜類　　エ　穀　類

第5回　公共，政治・経済

第2問 同じクラスの生徒Xと生徒Yは，次の授業のために教室を移動する際に話をした。次の**会話文**を読み，後の問い（**問1～4**）に答えなさい。（配点　12）

X：さっきの授業で先生がいっていたけど，2022年から成人とみなされる年齢が18歳になったよね。

Y：私たち，もうなっているじゃない。帰ったら成人式の準備しなきゃ。

X：気が早いね。住んでいる場所によって式に参加できる年齢は違うみたいだよ。それと驚いたのが，成人年齢が下がってすぐ，いろいろな責任も自分で取らなければいけないことになるという点だよね。

Y：あっ，そうそう。18歳だから責任を取らなきゃいけないのはなんか嫌だね。18歳になったから，「あなたは大人です」って国が勝手に決めて，社会的に責任を負えっていわれるのは，なんか，モヤモヤするな。

X：本当にそう。私たちがこの間の(a)市長選挙に投票できたのも，そうした流れの一環かな。

Y：あぁ，そうかもね。Xは投票に行った？

X：うん，一応。でも，(b)政治に参加出来るといっても，誰に投票したらいいのか全然わからなかったというのが本当のところ。

Y：私もそうだった。立候補している人って，みんな正しいことをいっている気がして，こんがらがっちゃった。

X：そうそう。結局，自分が関心を持っている少子高齢化対策と税金の使い道についてほかの候補者よりは共感できた人に投票したけど，なんかすっきりはしなかった。

Y：私は(c)循環型社会の形成について一所懸命に取り組んでいくっていっていた人に投票したけど，すっきりしなかったのは私も一緒だな。選挙公報が家にあったので読んでみたけど，似たり寄ったりだったし。

X：市長選挙だったからかもしれないけれど，(d)テレビやラジオといったマスメディアでもほとんど取り上げられなかったしね。

Y：せめて，候補者同士がどう違うのか，説明してくれたら少しはましなのかもしれないけれど。とはいえ，大人になるんだからどうしたらいいか，どうするべきか，自分たちで考えなければいけないんだよね。

—7—

問1 下線部ⓐに関連して，生徒**X**は，1990年代以降に起こった出来事として，日本の国政選挙制度の変更について調べてみた。このことについて**X**がまとめた次のノート中の空欄 **A** ～ **D** に当てはまる語句の組合せとして最も適当なものを，後の①～⑧のうちから一つ選べ。 **5**

ノート

> 衆議院議員総選挙は，以前は中選挙区制が採用されていたが，現在は小選挙区制と全国を **A** 行われる比例代表選挙の並立制で行われる。有権者は，小選挙区と比例代表選挙それぞれで1票ずつ投票する。参議院議員通常選挙は，1980年代までは地方区と全国区という二つの選挙制度で行われていたが，現在は原則として都道府県ごとに行われる選挙区選挙と全国を **B** 行われる比例代表選挙とを組み合わせて実施されている。参議院議員の選挙でも有権者は，それぞれの選挙制度で1票ずつ投票する権利がある。
>
> 比例代表選挙について共通する点としては，各政党の得票数を1から順に整数で割っていく **C** を用いて各政党の当選者数を決める仕組みを採用している点があげられる。他方，異なる点としては，衆議院では小選挙区と比例区の両方に立候補する **D** 立候補が可能であるが，参議院では選挙区と比例区両方に立候補はできない点，衆議院では投票用紙に政党・政治団体名しか書くことができないが，参議院では政党・政治団体名でも政党・政治団体の出した名簿に名前が載っている候補者個人名でも投票用紙に書くことが可能である点があげられる。この参議院通常選挙の方式を非拘束名簿式といい，政党・政治団体名と候補者個人名の票数を足して，政党・政治団体の得票として扱い，計算に用いることになっている。

— 8 —

第5回　公共，政治・経済

① **A** 1区として 　　 **B** 11ブロックに分けて
　 C アダムズ方式 　　 **D** 連　立

② **A** 1区として 　　 **B** 11ブロックに分けて
　 C アダムズ方式 　　 **D** 重　複

③ **A** 1区として 　　 **B** 11ブロックに分けて
　 C ドント方式 　　 **D** 連　立

④ **A** 1区として 　　 **B** 11ブロックに分けて
　 C ドント方式 　　 **D** 重　複

⑤ **A** 11ブロックに分けて 　　 **B** 1区として
　 C アダムズ方式 　　 **D** 連　立

⑥ **A** 11ブロックに分けて 　　 **B** 1区として
　 C アダムズ方式 　　 **D** 重　複

⑦ **A** 11ブロックに分けて 　　 **B** 1区として
　 C ドント方式 　　 **D** 連　立

⑧ **A** 11ブロックに分けて 　　 **B** 1区として
　 C ドント方式 　　 **D** 重　複

問2　下線部ⓑに関連して，市民の政治参加に関する記述として最も適当なものを，次の①〜④のうちから一つ選べ。　6

①　圧力団体は，政府や議会などに働きかけ，自らの利益を実現しようとする集団であり，政権の獲得をめざしている。

②　地域における重要政策について住民の意見を確かめるため，独自に条例を制定して，投票の結果に法的拘束力のある住民投票を行っている地方公共団体がある。

③　NPO（民間非営利団体）のなかには特定の政策領域について専門知識を持っているものがあるが，政策の立案に参加することは禁止されている。

④　行政機関が政令や省令などを制定する際に，事前に案を示し，広く国民から意見や情報を募集するパブリックコメント（意見公募手続）が法律に規定されている。

問3 下線部ⓒに関連して，生徒Yは，自身が住んでいる自治体がリユースやリサイクルを推進し，循環型社会としての成熟度合いを高めようとしていることを知った。日本で取り組まれているリユースやリサイクルの事例として**適当でない**ものを，次の①〜④のうちから一つ選べ。 7

① 服のリユース活動を行う企業は，学校の卒業生からもう使わない制服や体操服などを無償で引き取り，それを安く売ることで家計の経済的負担を軽減する仕組みを考えた。

② 本のリサイクルを行う古書店は，希少な本はもとより，ベストセラーになった本も多く，定価より高く売ることができる。

③ 食品のリサイクルとして，廃棄される農産物を魚介類の養殖の餌などに用いるという取組みは，農家が以前はお金をかけて廃棄していた分の負担を減らすことができるうえ，漁業従事者の収入の安定性にも貢献しうる。

④ リユースの例として，スーパーなどで購入したレジ袋を何度も買い物に使うようにすれば，長期的視点から考えてゴミの削減につながる。

問4 下線部⓪に関連して，マスメディアに関する記述として最も適当なものを，次の①〜④のうちから一つ選べ。 8

① マスメディアが報道する事柄から，情報を受け取る人が作り出すイメージのことをバーチャルリアリティという。

② リップマンは『世論』の中で，大衆はマスメディアが報道する内容について熟慮せずに判断することによって，ステレオタイプの反応をするようになるとした。

③ ダニエル・ベルは『第三の波』の中で情報の重要性を指摘し，マスメディアが発達することで大衆の政治的関心は高まることになると述べた。

④ メディア・リテラシーはマスメディアが報道する内容を深く吟味することを意味するが，日本のマスメディアは情報操作をすることがないために必要ではない。

第5回　公共，政治・経済

第3問　生徒Xと生徒Yは，「政治・経済」の授業で，「政府は経済に積極的に介入すべきか」をテーマに発表することになった。話し合った結果，「政府の経済介入は積極的に行われるべきである」との立場と，「最小限にとどめるべきである」との立場の2つに分かれて発表することにした。次のノートは，発表の概要と担当を書き留めたものである。これをもとに，後の問い（**問1～6**）に答えよ。（配点　19）

発表テーマ：政府は経済に積極的に介入すべきか

イントロダクション（二人で担当）

・日本政府の現状を把握するため，財政支出について調べる

・財政支出のうち，社会保障関係費について調べる

Aパート：政府の経済介入は積極的に行われるべきである
**　　　　　との立場（Xが担当）**

・経済的自由権について調べる

・景気を安定させるための政策について調べる

・環境問題に対応するための経済政策について調べる

Bパート：政府の経済介入は最小限にとどめるべきである
**　　　　　との立場（Yが担当）**

・「小さな政府」がめざされた1980年代の政策について調べる

・政府による介入の弊害として世論操作について調べる

・地方財政の自律性を高めようとした改革について調べる

— 13 —

問1 イントロダクションとして，生徒Xと生徒Yは日本政府の現状を把握するため，財政支出や収入について調べることにした。そこで，財務省のホームページからデータを取得し，次のグラフを作成した。グラフ中のA〜Dは，歳出総額，建設国債発行額，特例国債発行額，税収額のいずれかの推移を示したものである。A〜Dに当てはまる項目の組合せとして最も適当なものを，後の①〜④のうちから一つ選べ。 9

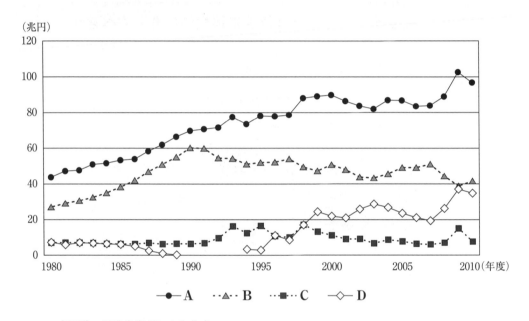

（出所）財務省資料により作成。

① A 税収額　　　　B 歳出総額
　 C 建設国債発行額　D 特例国債発行額
② A 税収額　　　　B 歳出総額
　 C 特例国債発行額　D 建設国債発行額
③ A 歳出総額　　　B 税収額
　 C 建設国債発行額　D 特例国債発行額
④ A 歳出総額　　　B 税収額
　 C 特例国債発行額　D 建設国債発行額

第5回　公共，政治・経済

問2　生徒Xと生徒Yは，財政支出のうち，最も支出額の割合が高い社会保障関係費について詳しく調べることにした。次の表は，日本の社会保障関係費の推移を示したものである。表から読み取れる内容として最も適当なものを，後の①～④のうちから一つ選べ。 10

（単位：億円・％）

区分／年	1990	95	2000	05	区分／年	2010	15
社会保障関係費	116,154 (100.0)	139,244 (100.0)	167,666 (100.0)	203,808 (100.0)	社会保障関係費	272,686 (100.0)	315,297 (100.0)
生活保護費	11,087 (9.5)	10,532 (7.6)	12,306 (7.3)	19,230 (9.4)	年金医療介護保険給付費	203,363 (74.6)	231,107 (73.3)
社会福祉費	24,056 (20.7)	34,728 (24.9)	36,580 (21.8)	16,443 (8.1)	生活保護費	22,388 (8.2)	29,042 (9.2)
社会保険費	71,953 (61.9)	84,700 (60.8)	109,551 (65.3)	158,638 (77.8)	社会福祉費	39,305 (14.4)	48,591 (15.4)
保健衛生対策費	5,587 (4.8)	6,348 (4.6)	5,434 (3.2)	4,832 (2.4)	保健衛生対策費	4,262 (1.6)	4,876 (1.5)
失業対策費	3,471 (3.0)	2,936 (2.1)	3,795 (2.3)	4,664 (2.3)	雇用労災対策費	3,367 (1.2)	1,681 (0.5)
一般歳出	353,731 (3.8)	421,417 (3.1)	480,914 (2.6)	472,829 (△0.7)	一般歳出	534,542 (3.3)	573,555 (1.6)

(注)　2009年度において社会保障関係費の区分見直しを行っている。
　　　（　　）内は構成比。ただし，一般歳出欄は対前年伸び率。△は減。
　　　四捨五入のため，内訳の合計が予算総額に合わない場合がある。
(出所)　「令和3年版　厚生労働白書」により作成。

① 社会保障関係費に占める保健衛生対策費の割合は，1995～2010年にかけて縮小しているが，保健衛生対策費の総額は増加する傾向にある。

② 社会保障関係費に占める社会福祉費の割合は，2005～2015年にかけて拡大しているが，社会福祉費の総額は減少する傾向にある。

③ 一般歳出に占める社会保障関係費の割合は，1990～2015年にかけて拡大しているが，社会保障関係費の総額は減少する傾向にある。

④ 社会保障関係費に占める生活保護費の割合は，1995年以降，増減を繰り返しているが，生活保護費の総額は増加し続けている。

問3 生徒**X**は，**A**パートを担当することになり，政府の経済介入は積極的に行われるべきであるとの立場から，経済的自由権について調べ，次の**レポート**にまとめてみた。**レポート**中の空欄 ア ～ ウ に当てはまる語句の組合せとして正しいものを，後の①～⑧のうちから一つ選べ。 11

レポート

近代以後の自由主義国家では，国家は私人の経済活動にできるだけ介入しないことが理想とされてきた。しかし，資本主義経済の発展とともに貧困，失業，労働条件の悪化などが深刻化したため，社会的弱者を保護したり，社会的不平等を是正したりすることを目的として，国家が経済活動に規制を加えることが容認されるようになった。

日本国憲法の保障する ア についても「公共の福祉に反しない限り」（第22条第1項）という制限があり，実際に イ の理念に基づいて，人間的な生存を確保するため， ウ など，営業の自由に対する制限が行われている。

① ア　アクセス権　　　イ　夜警国家　　ウ　出版物の事前審査
② ア　アクセス権　　　イ　夜警国家　　ウ　公害防止立法
③ ア　アクセス権　　　イ　福祉国家　　ウ　出版物の事前審査
④ ア　アクセス権　　　イ　福祉国家　　ウ　公害防止立法
⑤ ア　職業選択の自由　イ　夜警国家　　ウ　出版物の事前審査
⑥ ア　職業選択の自由　イ　夜警国家　　ウ　公害防止立法
⑦ ア　職業選択の自由　イ　福祉国家　　ウ　出版物の事前審査
⑧ ア　職業選択の自由　イ　福祉国家　　ウ　公害防止立法

第5回　公共，政治・経済

（下 書 き 用 紙）

公共，政治・経済の試験問題は次に続く。

問4　生徒Xは，政府の経済介入は積極的に行われるべきであるとの立場から，景気を安定させるための政策について調べてみることにした。政府が行う景気安定政策についての記述として最も適当なものを，次の①～④のうちから一つ選べ。　12

① 不況時に減税を行ったり，公共投資を拡大したりする政策は，プライマリーバランスの黒字化にも寄与することになる。

② 消費税率を上げる政策を採用すると，低所得者の負担が重くなるため，垂直的公平を損なうことになる。

③ 公共投資のための国債発行によって，民間投資が抑制されるキャピタルフライトと呼ばれる現象が起こることがある。

④ 財政政策には，日銀による金融政策を適切に組み合わせるフィスカルポリシーの観点も重要である。

問5　生徒Xは，環境問題に対する政府の経済政策についても調べ，生徒Yと次のような会話をした。**会話文**を読んで，後の(1)・(2)の問いに答えよ。

X：市場メカニズムは資源の適正配分を実現する点では優れた仕組みだけど，公害や環境汚染の問題を考えると，この仕組みでは解決できない問題が発生してしまう。売り手と買い手以外の第三者に不利益をもたらす外部不経済が発生してしまうんだ。

Y：だから政府が積極的に市場に介入し，外部不経済の内部化を図る必要があるってことは授業でも習ったね。具体的には，政府はどのような介入をするべきだろうか。

X：私は<u>ア 環境汚染物質を排出する企業に新たな税を課すことによって，企業に汚染物質の除去費用を負担させる</u>べきだと思う。そうすれば，企業も汚染物質を減らすよう努力するんじゃないかな。

Y：なるほど。ただ，その企業に経済的余裕がない場合，生産自体をやめてしまう危険はないかな？　その商品が生産されなくなると困る人もたくさんいるだろうから，私は<u>イ 環境負荷の低い製品を売る企業に補助金を出す</u>ことで企業の努力を促す方がいいと思う。

— 18 —

(1) まず，環境問題に対して政府が行うべき市場介入として，あなたがより優れていると考える方法を，**会話文**中の下線部**ア・イ**のうちから一つ選び，アを選択する場合には①，イを選択する場合には②のいずれかをマークせよ。 13

なお，(1)で①，②のいずれを選んでも，(2)の問いについては，それぞれに対応する適当な選択肢がある。

(2) 次の**グラフ**は完全競争市場を前提とし，ある商品の需要曲線をD，供給曲線をSで示したものである。政府がこの商品について，あなたが(1)で選択した方法で市場介入した場合，**グラフ**中のどちらの曲線がどのようにシフトすることになるか。最も適当なものを，後の①～④のうちから一つ選べ。 14

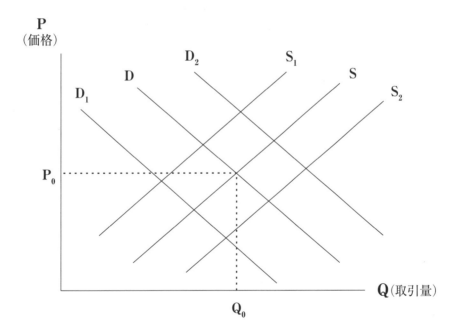

① S曲線がS₁曲線へシフトする。
② S曲線がS₂曲線へシフトする。
③ D曲線がD₁曲線へシフトする。
④ D曲線がD₂曲線へシフトする。

問6　地方財政の現状について調べることにした生徒Yは，発表内容について生徒Xに相談している。次の**会話文**中の下線部⑦〜⑨のうち，後の**資料1〜3**から読み取ることができるものはどれか。その組合せとして最も適当なものを，後の①〜⑥のうちから一つ選べ。 15

Y：近年，国から地方に税源を移譲するなどの三位一体改革により，地方財政の自律性を高めようとしているよね。発表で詳しく説明したいな。

X：ただ，三位一体改革では，国からの補助金を減らされてもいるよね。財政的に苦しくなってしまう自治体も出てくるんじゃないかな？　例えば，2007年に財政再建団体に指定された夕張市はどうだろう？　⑦**資料1**をみると，バブル経済の崩壊以降，夕張市の税収は少なくなる一方で，地方交付税の割合は増加しているから，依存財源の割合がかなり高くなっているといえそうだね。

Y：大都市と地方の税収格差を是正するため，2008年度からふるさと納税が導入された。⑦**資料2**は，このふるさと納税制度を設けたことによって，実際に地方自治体間の財政格差が改善傾向にあることを示しているね。

X：「平成の大合併」も，行政を効率化し，人件費などの歳出を削減することによって地方公共団体の財政状況を改善しようとするものだったよ。⑨**資料3**をみると，市町村減少率が低く，市町村合併が進まなかった地域ほど，財政状況が厳しいことがわかるね。

資料1　夕張市の歳入（2022年度）

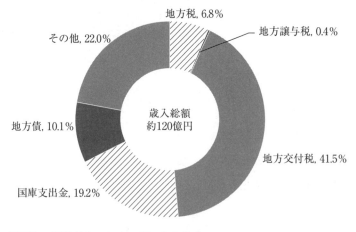

（出所）　夕張市ホームページにより作成。

資料２ ふるさと納税による寄付受入額と税収流出額の差(2015年度)

自治体名	黒字額	自治体名	赤字額
宮崎県都城市	＋42億758万円	神奈川県横浜市	－28億799万円
静岡県焼津市	＋37億9,258万円	愛知県名古屋市	－17億8,701万円
山形県天童市	＋32億1,877万円	東京都世田谷区	－16億2,856万円

(出所) 各自治体資料により作成。

資料３ 平成の大合併による都道府県別の市町村減少率(1999～2010年)

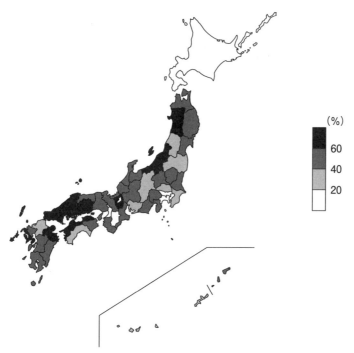

(出所) 総務省資料により作成。

① ㋐　② ㋑　③ ㋒　④ ㋐と㋑　⑤ ㋐と㋒　⑥ ㋑と㋒

第4問 国際法と日本国憲法について理解を深めたいと考えた生徒**W**，生徒**X**，生徒**Y**，生徒**Z**は，ある大学の国際学部のオープンキャンパスで，法律や政治に関する複数の講義にそれぞれ参加した。これに関して，次の問い（**A・B**）に答えよ。（配点　18）

A　生徒**W**と生徒**X**は，国際政治や国際法に関する講義に参加した。これに関して，次の問い（**問1〜3**）に答えよ。

問1　生徒**W**は，「国際社会における人道的介入をめぐる議論」という講義に参加した。次の**資料1**と**資料2**は講義内で配布されたものである。**資料1**の理解をもとに，**資料2**中の空欄に語句を当てはめた場合，　**ア**　〜　**ウ**　に当てはまる語句の組合せとして最も適当なものを，後の①〜⑧のうちから一つ選べ。なお，資料には，中略したり表記を改めたりした箇所がある。　**16**

資料1

　　ウェストファリア体制により主権平等と内政不干渉の原則が確立すると，戦争の正当性を判断することが極めて困難となり，無差別戦争観が支配的となったため，戦争開始理由による合法・非合法の議論は影をひそめた。しかし，19世紀には，シリアにおけるキリスト教徒の迫害に際してのフランス等の介入を始め，キリスト教徒の保護を目的とする介入事例が多くみられるようになったことから，19世紀末には人道的理由に基づく他国への介入を正当化する議論が有力となった。これは，介入事例の積み重ねという実行の面のみならず，文明国家の形成やリベラリズムの理念によって，人道という価値がヨーロッパ諸国に共有されるようになったことも一因と考えられている。

— 22 —

第5回　公共，政治・経済

資料2

第二次大戦の惨禍を経験し，国際社会は ア を厳格化した。国連憲章によって武力行使が明文で合法とされるのは，自衛権の行使又は「国際の平和と安全への脅威」に対する イ の決定による措置の2つのみである。さらに，国連憲章では，第2条第7項で ウ を掲げているため，他国の国内における人権侵害等のケースに武力によって強制的に介入することは許容されないと解釈するのが一般的である。また，国連加盟国のほとんどは，人道的介入が一般的に国連憲章に合致するとはしてこなかった。

（出所）　外務省調査月報(2012/No.3)により作成。

① ア　武力行使の違法化　　イ　安全保障理事会　　ウ　内政不干渉の原則

② ア　武力行使の違法化　　イ　安全保障理事会　　ウ　主権平等の原則

③ ア　武力行使の違法化　　イ　総　会　　ウ　内政不干渉の原則

④ ア　武力行使の違法化　　イ　総　会　　ウ　主権平等の原則

⑤ ア　人道的介入の正当化　イ　安全保障理事会　　ウ　内政不干渉の原則

⑥ ア　人道的介入の正当化　イ　安全保障理事会　　ウ　主権平等の原則

⑦ ア　人道的介入の正当化　イ　総　会　　ウ　内政不干渉の原則

⑧ ア　人道的介入の正当化　イ　総　会　　ウ　主権平等の原則

問2 生徒Xは将来，弁護士として国際社会で活躍したいと考えており，「各国の憲法」という講義に参加した。講義後，Xはいくつかの国の憲法を比較し，それらを二つの観点から次の**表**に分類してみた。**表**中の**a〜c**には，後の憲法**ア〜ウ**のいずれかが当てはまる。その組合せとして最も適当なものを，後の①〜⑥のうちから一つ選べ。 17

	硬性憲法	軟性憲法
欽定憲法	a	
民定憲法	b	c

ア　ニュージーランドで1986年に制定された憲法典法

イ　日本で1946年に制定された日本国憲法

ウ　日本で1889年に制定された大日本帝国憲法

① a－ア　　b－イ　　c－ウ

② a－ア　　b－ウ　　c－イ

③ a－イ　　b－ア　　c－ウ

④ a－イ　　b－ウ　　c－ア

⑤ a－ウ　　b－ア　　c－イ

⑥ a－ウ　　b－イ　　c－ア

— 24 —

第5回　公共，政治・経済

問3　人権問題に関心を持つ生徒**X**は，「人権保障と国際条約」という講義にも参加した。講義後，**X**は図書館でこのテーマに関連する書籍などを参照して，日本の加入する条約と今後の課題について次の**メモ**にまとめた。**メモ**中の空欄 ア ～ ウ に当てはまる語句の組合せとして最も適当なものを，後の ① ～ ⑧ のうちから一つ選べ。 18

メモ

　　日本は，1995年に ア に加入したが，第4条（a）（b）については，日本国憲法が保障する イ その他の権利の保障に抵触しない程度において義務を履行するという留保が付された。日本政府はその理由として，第4条（a）（b）の義務の履行が言論の自由を萎縮させること，刑罰対象となる行為が明確でないため ウ に反することを挙げている。明治憲法下で，政府による弾圧があった歴史的経緯を踏まえ， イ を規制することに慎重な態度をとっているのである。

　　これに対し， ア により国際連合に設立された委員会は，人権条約上の義務として，刑事罰規定のないヘイトスピーチ対策法の強化を日本政府に勧告している。川崎市は2019年，国に先んじてヘイトスピーチに刑事罰を科す全国初の条例を成立させた。

① ア　ジェノサイド条約　　イ　生存権　　　ウ　遡及処罰の禁止
② ア　ジェノサイド条約　　イ　生存権　　　ウ　罪刑法定主義
③ ア　ジェノサイド条約　　イ　表現の自由　ウ　遡及処罰の禁止
④ ア　ジェノサイド条約　　イ　表現の自由　ウ　罪刑法定主義
⑤ ア　人種差別撤廃条約　　イ　生存権　　　ウ　遡及処罰の禁止
⑥ ア　人種差別撤廃条約　　イ　生存権　　　ウ　罪刑法定主義
⑦ ア　人種差別撤廃条約　　イ　表現の自由　ウ　遡及処罰の禁止
⑧ ア　人種差別撤廃条約　　イ　表現の自由　ウ　罪刑法定主義

B 生徒Yと生徒Zは，国際学部での講義を聴き，さらに日本の法律や政治についても，深く調べてみることにした。これに関して，次の問い（**問4〜6**）に答えよ。

問4 生徒Yは，日本国憲法に興味を持ち，その成立過程について次の記述 **a 〜 c** にまとめてみた。これらの記述のうち正しいものをすべて選び，その組合せとして最も適当なものを，後の①〜⑦のうちから一つ選べ。 19

a GHQ（連合国軍総司令部）は日本政府に対して，ポツダム宣言の内容に沿った大日本帝国憲法の改正を指示した。これを受けて，日本政府は松本烝治を委員長とする憲法審査会を設置し，憲法改正草案（松本案）を作成した。

b 松本案は「国体護持」を基本としたもので，大日本帝国憲法と大差のないものだったため，GHQによって拒否された。そして，マッカーサー3原則に則してGHQが作成した憲法草案が，日本政府に渡された。

c 日本政府は，このGHQ草案（マッカーサー草案）をもとに改めて憲法改正案を作成し直し，これは帝国議会で一部修正の上，可決された。日本国憲法が施行された後，初めて女性に普通選挙権を認めた衆議院議員総選挙が実施された。

① a   ② b   ③ c
④ aとb   ⑤ aとc   ⑥ bとc   ⑦ aとbとc

第5回　公共，政治・経済

問5　生徒Ｚは，法律に興味を持ち，裁判の判例について詳しく調べてみた。次の**資料１〜３**は，Ｚが集めた最高裁判所の判例の一部である。**資料１〜３**に関する後の記述 a 〜 c から正しいものをすべて選び，その組合せとして最も適当なものを，後の①〜⑦のうちから一つ選べ。なお，資料には一部中略したり，表現を改めたりした箇所がある。　20

資料１

> 　本件選挙は憲法に違反する議員定数配分規定に基づいて行われた点において違法である旨を判示するにとどめ，選挙自体はこれを無効としないこととするのが，相当であり，そしてまた，このような場合においては，選挙を無効とする旨の判決を求める請求を棄却するとともに，当該選挙が違法である旨を主文で宣言するのが，相当である。

（出所）　最高裁判所民事判例集30巻３号により作成。

資料２

> 　私人間の関係においても，相互の社会的力関係の相違から，一方が他方に優越し，事実上後者が前者の意志に服従せざるを得ない場合があり，（中略）このような場合に限り憲法の基本権保障規定の適用ないしは類推適用を認めるべきであるとする見解もまた，採用することはできない。（中略）私的支配関係においては，（中略）立法措置によつてその是正を図ることが可能であるし，また，場合によつては，私的自治に対する一般的制限規定である民法１条,90条や不法行為に関する諸規定等の適切な運用によつて，（中略）その間の適切な調整を図る方途も存するのである。

（出所）　最高裁判所民事判例集27巻11号により作成。

— 27 —

資料3

> 何が健康で文化的な最低限度の生活であるかの認定判断は，いちおう，法の定める範囲内において，厚生大臣の合目的的かつ専門技術的な裁量に委ねられているとみるべきであつて，その判断の誤りは，当不当の問題として，政府の政治責任の問題が生ずることはあつても，直ちに違憲・違法の問題が生ずることのないのが通例である。

（出所）　最高裁判所民事判例集21巻5号により作成。

a　資料1の考え方に基づくと，衆議院議員総選挙の「1票の格差」が憲法第14条の法の下の平等に違反するとして，裁判所が違憲判決を出す場合でも，選挙自体は無効にしなくてよいと考えることができる。

b　資料2の考え方に基づくと，会社に採用された原告が学生運動歴について入社試験の際に虚偽の申告をしたという理由で本採用を拒否された事件については，憲法上の人権規定を直接適用できると考えることができる。

c　資料3の考え方に基づくと，生存権を定める憲法第25条第1項は，個々の国民に対して裁判で救済が受けられる具体的権利を保障したものではなく，国の政治的・道義的な義務を定めたものにすぎないと考えることができる。

① a
② b
③ c
④ aとb
⑤ aとc
⑥ bとc
⑦ aとbとc

第5回　公共，政治・経済

問6　生徒Zは，判例をさらに調べるうちに，人事院制度と行政権についての判例をみつけた。次の**資料1・2**は，1952年の福井地方裁判所の判決の要旨と，憲法学者によるその解説である。**資料1・2**中の空欄　ア　・　ウ　・　エ　に当てはまる語句の組合せとして最も適当なものを，後の①～⑧のうちから一つ選べ。　21

資料1　福井地方裁判所の判決（要旨）

> ・日本国憲法六五条に「行政権は，内閣に属する」と定められているが，国家目的を果たすために必要であれば，憲法の根本原則に違反しない限りにおいて，内閣以外の機関に行政権を法律で与えることは例外的に認められると解される。
>
> ・公務員はすべて　ア　でなければならない。内閣から独立した国家機関として公務員行政を担当させる人事院制度は，議院内閣制の下で，特定の政党の影響を受けて国家公務員が　イ　となることを避けるために必要であるから，憲法六五条に反しない。
>
> ・また，憲法七三条四号に内閣の職務権限として「官吏に関する事務」が挙げられているが，これは官吏を任命する権限をいう。その他の官吏に関する事務を人事院が掌握し，これについて内閣が　ウ　ことがないものとしても，憲法六六条三項には反しない。

— 29 —

資料2　憲法学者の解説

　　独立 エ には，内閣の指揮監督権が及ばないため，行政の統括者と
しての内閣の地位（憲法六五条），行政権に関する内閣の責任（六六条三項）
に反するのではないか。公務員の身分保障を組織的に担保する人事院は，
とりわけ激しい違憲論の批判にさらされてきた。本判決は，…憲法六五条
がすべての行政権を内閣に属させるように規定していないという文理上の
理由をまず挙げ，さらに国家行政の複雑性をも挙げて，独立 エ が例
外的に認められる場合もあるとしている。そして人事院については，公務
員の ア 性（一五条二項），議院内閣制から，内閣から独立した人事行
政機関が必要であることを根拠づけている。

（出所）　宍戸常寿『新・判例ハンドブック【憲法】第2版』（日本評論社）により作成。

① ア　全国民の代表　　ウ　国会に対し連帯責任を負う　　エ　特別委員会
② ア　全国民の代表　　ウ　国会に対し連帯責任を負う　　エ　行政委員会
③ ア　全国民の代表　　ウ　行政を監察する権限を持つ　　エ　特別委員会
④ ア　全国民の代表　　ウ　行政を監察する権限を持つ　　エ　行政委員会
⑤ ア　全体の奉仕者　　ウ　国会に対し連帯責任を負う　　エ　特別委員会
⑥ ア　全体の奉仕者　　ウ　国会に対し連帯責任を負う　　エ　行政委員会
⑦ ア　全体の奉仕者　　ウ　行政を監察する権限を持つ　　エ　特別委員会
⑧ ア　全体の奉仕者　　ウ　行政を監察する権限を持つ　　エ　行政委員会

第5回 公共，政治・経済

第5問 次の文章（A～C）を読み，後の問い（問1～6）に答えよ。（配点 18）

A 生徒Xと生徒Yの高校で，進路志望調査が行われた。その日，二人は将来どのような仕事に就きたいかについて，次のような会話をしながら帰った。

X：私は将来，医療や福祉の仕事に就きたいな。

Y：そうなんだ。でも，忙しそう。私は仕事だけじゃなくて，余暇の時間も大事にした働き方がしたいな。

X：ワークライフバランスだね。たしかに，新型コロナウィルスの感染拡大をきっかけに，働き方も大きく変わったよね。私のお父さんは，テレワークが増えて通勤時間が減った分，楽になったって喜んでいる。

Y：それはよかった。でもテレワークって，時間の管理を自分でしなきゃいけないんでしょ？　私はサボっちゃいそうだな。

X：在宅勤務中は，きちんと働いているかどうかを管理することが難しいから，仕事の成果や仕事量が可視化できない業務には向かないと思う。医療や福祉は，利用者と接する仕事が多いから，テレワーク導入は難しそう。接客・販売業とか，銀行や市役所の窓口業務なども，やはりテレワーク化は難しいといわれているみたい。

Y：私は銀行とか保険など，金融関係の仕事に就きたいんだけど，銀行業も新型コロナウィルスの感染拡大の影響を受けたのかな？

問1 生徒 **X** は，テレワーク導入の課題となる時間管理の仕組みについて調べ，その実態について次の**レポート**にまとめた。**レポート**中の空欄　ア　・　イ　に当てはまる語句の組合せとして最も適当なものを，後の①〜④のうちから一つ選べ。　22

レポート

　　日本企業の多くは，時間管理型の労務制度を取り入れているが，出社を前提としないテレワークでは，社員が実際にどれだけ働いたのかを企業側が把握しにくいという課題がある。近年は，労働時間の管理を労働者本人に委ねる　ア　なども採用されているが，この制度を適用できる業種・業務は限られていることから，広く採用することはできないのが実態である。

　　日本では長時間労働が問題となっており，過労死やサービス残業の原因になっているだけでなく，　イ　が他の先進国と比較して低い要因にもなっていると考えられる。そのため，テレワークの拡大を図るとともに，労働時間によってではなく，仕事の成果に応じて報酬を支払う労務制度の普及がめざされている。

① ア　裁量労働制　　　イ　労働生産性

② ア　裁量労働制　　　イ　ワークシェアリング

③ ア　変形労働時間制　イ　労働生産性

④ ア　変形労働時間制　イ　ワークシェアリング

問2 生徒Yは、将来就職したいと考えている銀行業について調べ、新型コロナウィルスの感染拡大当初に書かれた次の新聞記事のコラムをみつけた。コラム中の空欄 ア ・ イ に当てはまる語句と記号の組合せとして最も適当なものを、後の①〜⑥のうちから一つ選べ。 23

> 少子高齢化による産業や地方の衰退などに加え、新型コロナウィルスの感染拡大が、銀行経営を圧迫する大きな要因になっている。感染拡大に伴う融資先の倒産に、銀行は備えなければならない。今後、増加が懸念される ア のための費用が膨らみ、銀行の利益を押し下げることが予想される。
>
> また、貸出金利の低下も、銀行経営を圧迫する要因となっている。貸出金利の低下には、金融政策のあり方が大きく影響している。後の図は、アメリカ、中国、日本の政策金利の推移を表したものである。このうち、日本の政策金利の推移を示すグラフは イ である。

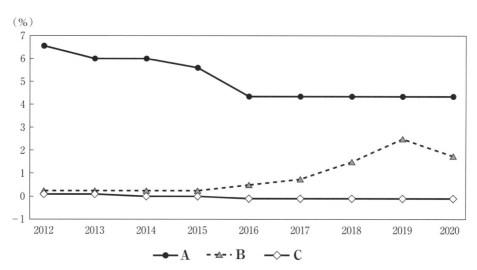

(注) 各年1月時点。
(出所) 日本銀行などの資料により作成。

① アー不良債権処理　イーA
② アー不良債権処理　イーB
③ アー不良債権処理　イーC
④ アー貸出債権拡大　イーA
⑤ アー貸出債権拡大　イーB
⑥ アー貸出債権拡大　イーC

B　生徒Xは生徒Yと会話をした日の夜，父親と新型コロナウィルスの流行がもたらした影響について，会話をした。次は，その会話の一部である。

X：今日，Yさんと日本社会でテレワーク化が進んだっていう話をしたんだけど，新型コロナウィルスの感染拡大が社会のあり方を大きく変えたってことだよね。

父：そうだね。いろいろなことが変わった。まずは(a)GDPが大幅に減少して，2020年度の実質経済成長率はマイナス4.5%と，戦後最大のマイナスを記録した。

X：外食や宿泊などの消費が落ち込んだからかな。それに，訪日外国人観光客が減少して，インバウンド需要が回復するまでに時間がかかったっていうニュースをみたよ。

父：国境を越えた移動が難しくなったから，グローバル経済が根本から揺らぐことになった。世界各地で感染が広がり，工場を稼働させることが難しくなり，自動車などの生産も滞って，サプライチェーンも寸断された。

X：そういえば，テレビで半導体不足のニュースをみたよ。

父：需要と供給のバランスが崩れる事態は，原油市場でも起こった。原油の需要が冷え込み，ニューヨーク市場では原油先物価格が一時はなんとマイナスになったんだ。

X：持続可能な(b)低炭素社会の実現という面からも，今後は原油の需要が減っていくと考えられるな。

— 34 —

第5回　公共，政治・経済

問3　下線部ⓐに関連して，生徒Xは自分で購入したリンゴジャムの生産・販売過程について調べてみた。すると，ある農園がリンゴを生産してジャム・メーカーに売り，ジャム・メーカーがそれをジャムに加工して販売会社に売り，販売会社がジャムをXに販売したことがわかった。次の数値例をもとにして，減価償却費をゼロとした場合，このリンゴジャムの生産・販売過程で生産された付加価値の合計として正しいものを，後の①〜⑥のうちから一つ選べ。　24

	収　入		支　出		損　益	
農園	リンゴ売上	80	肥料代 賃金	20 30	利潤	30
ジャム・ メーカー	ジャム売上	150	リンゴ仕入代 容器代 賃金	75 15 30	利潤	30
販売会社	ジャム売上	200	ジャム仕入代 運送会社への支払 賃金	120 20 30	利潤	30

① 90

② 180

③ 215

④ 250

⑤ 340

⑥ 430

— 35 —

問4 下線部⑥に関連して，生徒**X**は，温室効果ガスの削減に関する国際的な取組みと，各国の再生可能エネルギーの供給割合について調べ，その成果を次の**資料**にまとめた。**資料**中の空欄 ア ～ エ には，日本，アメリカ，中国，ロシアのいずれかの国名が当てはまる。**資料**中の空欄 カ ～ ク に当てはまる一次エネルギーの名称の組合せとして正しいものを，後の① ～ ⑥のうちから一つ選べ。 25

＜京都議定書＞

- ア が離脱し発効が危ぶまれたが，2004年に ウ が批准したことで2005年に発効。
- 排出削減目標（1990年比）

目標値	主な国
－ 7 ％	ア
－ 6 ％	イ ，カナダ，ポーランド
0 ％	ウ ，ニュージーランド，ウクライナ

＜パリ協定＞

- 2016年に発効したが，2017年に ア が離脱。（2021年復帰）
- 削減目標

	目標
ア	2025年までに－26 ～ －28％（2005年比）
イ	2030年度までに－26％（2013年度比）
ウ	2030年までに－25 ～ －30％（1990年比）
エ	2030年までにGDP当たり－33 ～ －35％（2005年比）

— 36 —

第5回　公共，政治・経済

＜各国の一次エネルギーの構成割合（％）＞（2016年）

	石油	カ	キ	ク	水力	地熱・再生可能エネルギーなど
ア	36.3	10.1	15.8	30.1	1.1	6.5
イ	41.5	1.1	27.3	23.9	1.6	5.0
ウ	23.7	7.0	15.5	50.7	2.2	0.9
エ	18.4	1.9	64.8	5.8	3.4	5.8

（出所）『世界国勢図会』により作成。

① カ　天然ガス　　キ　原子力　　　ク　石　炭

② カ　天然ガス　　キ　石　炭　　　ク　原子力

③ カ　原子力　　　キ　石　炭　　　ク　天然ガス

④ カ　原子力　　　キ　天然ガス　　ク　石　炭

⑤ カ　石　炭　　　キ　原子力　　　ク　天然ガス

⑥ カ　石　炭　　　キ　天然ガス　　ク　原子力

C 経済に興味を引かれた生徒Yは，新聞に目を通すようになった。次の資料は，Yが特に興味を持った国際経済に関する新聞記事のスクラップの一部である。

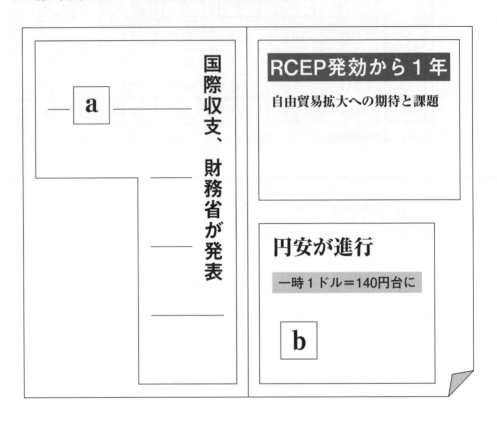

問5 記事aに関連して，次の表は，2010～19年の日本の国際収支の一部である。後の会話文は，生徒Yがこの表を生徒Xに見せ，調べたことを教えている際のものである。表中の空欄 A ・ C ・ D に当てはまる語句の組合せとして最も適当なものを，後の①～⑥のうちから一つ選べ。 26

第5回　公共，政治・経済

（単位：億円）

	金融収支		経常収支		
	A	**B**	**C**	**D**	第2次所得収支
2010	62,511	127,014	136,173	95,160	− 10,917
2011	93,101	− 135,245	146,210	− 3.302	− 11,096
2012	93,591	24,435	139,914	− 42,719	− 11,445
2013	142,459	− 265,652	176,978	− 87,734	− 9,892
2014	125,877	− 48,330	194,148	− 104,653	− 19,945
2015	161,319	160,294	213,032	− 8,862	− 19,669
2016	148,587	296,496	191,478	55,176	− 21,456
2017	174,118	− 56,513	206,843	49,113	− 21,271
2018	149,093	100,528	214,026	11,265	− 20,031
2019	238,591	93,666	215,531	1,503	− 13,700

（出所）　財務省資料により作成。

X：これまで，日本は貿易大国というイメージがあったけれど，この**表**をみると，今はそうでもないんだね。

Y：うん。東日本大震災や円高の影響で輸出が減る一方，国内の原子力発電所の停止に伴い，火力発電燃料の液化天然ガスや原油の輸入が急増した。

X：それで，貿易収支が大幅に悪化したわけか。でも，アベノミクスのあとは，円安が進んだってニュースでみた覚えがある。それでも，貿易収支は改善されなかったの？

Y：そうなんだ。当初は，この時期の円安によって，貿易収支の改善が期待されたんだ。でも，そうはならなかった。1980年代以降，自動車などの製造業が海外に移転していったため，それまでのように円安が輸出の増加にはつながらなかったといわれている。今の日本の経常収支を支えているのは，むしろ第1次所得収支の方なんだ。

① **A** 貿易収支　　**C** 直接投資　　　　**D** 第1次所得収支

② **A** 貿易収支　　**C** 第1次所得収支　**D** 直接投資

③ **A** 直接投資　　**C** 貿易収支　　　　**D** 第1次所得収支

④ **A** 直接投資　　**C** 第1次所得収支　**D** 貿易収支

⑤ **A** 第1次所得収支　**C** 貿易収支　　**D** 直接投資

⑥ **A** 第1次所得収支　**C** 直接投資　　**D** 貿易収支

問6 記事bに関連して，生徒Yは，なぜ円安になったのか興味を持ち，外国為替相場の変動要因について調べ，次の図にまとめた。図中の空欄 a ～ c には，日本かアメリカのいずれかの国名が当てはまる。**日本**が当てはまるものの組合せとして最も適当なものを，後の①～⑦のうちから一つ選べ。 27

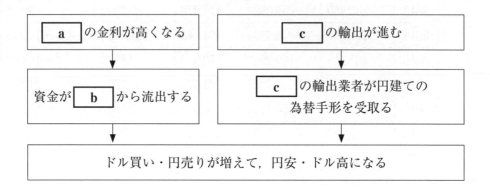

① a ② b ③ c
④ aとb ⑤ aとc ⑥ bとc ⑦ aとbとc

第5回　公共，政治・経済

第6問　生徒たちは，政治・経済の授業のなかで，「国が抱える課題解決のために私たちができること」というテーマで探究学習を行うことにした。次の**図**は，生徒それぞれが設定した課題と調査について，計画の一部を掲載したものである。これに関して，後の問い（**問1～6**）に答えよ。（配点　20）

【探究学習の流れ】

　始めに，自らの問題意識を提示したうえで，国が抱える課題を設定する（Ⅰ）。次に，設定した課題を解決するための情報を収集・分析する（Ⅱ）。最後に，課題解決のための施策をまとめ，発表を行う（Ⅲ）。

生徒W

Ⅰ　マスメディアの発達により，私事が公開されるケースが増大したこと，情報技術の進展により，公権力や(a)民間企業による個人情報の収集や管理が増大したこと。

Ⅱ　(b)プライバシーの権利侵害に関して，実際の事例を調査・分析する。

Ⅲ　プライバシーの権利を確立するための制度をまとめる。

生徒Ⅹ

Ⅰ　アメリカと中国の通商問題やイギリスのEU離脱が，日本経済だけでなく，(c)日本の安全保障にも与えうる影響。

Ⅱ　日本の安全保障政策の現状と戦後の歴史的推移について調査する。

Ⅲ　日本の安全保障政策に関わる近年の法改正と，憲法9条に関する論議をまとめる。

— 41 —

生徒Y

I 高齢化の進展や都市への人口集中により，地方の人口が減少し，過疎化が深刻化していること。その結果，地域社会が衰退し，地域間格差が進んでいること。

II 地方公共団体の財政構造や人口の流出状況など，地域社会衰退の現状について調査・分析する。

III 地方公共団体の(d)都市計画や地域活性化の取組み事例をまとめる。

生徒Z

I 国際的に脱炭素化の機運が高まるなか，日本政府が発表した「2050年までに(e)温室効果ガスの排出を実質ゼロにする」という目標を達成することができるか。

II (f)カーボンニュートラル実現に向けた政策の現状について調査・分析する。

III 政府による税制改革や規制改革，民間投資を促す環境整備についてまとめる。

問1　下線部ⓐに関連して，生徒Wの発表を聞いた生徒Xは，これに関連する消費者問題についての新聞記事をみつけ，生徒Wと話し合った。次の**会話文**中の空欄　ア　～　ウ　には，後の記述 **a** ～ **c** のいずれかが当てはまる。その組合せとして最も適当なものを，後の①～⑥のうちから一つ選べ。　28

X：今はネット通販などの電子商取引が普及しているから，悪質商法の被害が増えているっていう記事を読んだよ。企業が不正に入手した個人情報を悪用するケースも多いらしい。

W：私法においては，　ア　ので，契約当事者はその契約内容に拘束される。だから，一方が契約を守らない場合は，他方が裁判所に提訴して契約を守らせたり，損害賠償を請求したりすることができる。

— 42 —

X：確かに，当事者の双方が対等な契約だったら，契約を守らせることは必要
　　だと思う。でも，対等な契約ではない場合もある。例えば，　イ　から，
　　弱い立場にある者は一方的に不利な売買契約を結ばされる恐れもある。そ
　　のような場合は，弱い立場にある者が不利益を被らないように，法律や制
　　度を整備しておく必要があるね。

W：確かにそうだね。クーリング・オフ制度は，そうした制度の一つだと思う。

X：そういえば，2022年4月から改正民法が施行されて，高校生でも18歳にな
　　れば，一人で契約が結べるようになった。改正前の「消費者被害の状況」を
　　調べてみたら，被害件数は十代よりも，二十代前半の若者の方が多いんだ。

W：改正前の民法では，20歳未満の未成年者が契約を結ぶ場合は　ウ　から，
　　むしろ十代の被害の方が少なかったんだと思う。

a　売り手である企業と，買い手である消費者の間には，商品に関する知識に
　ついて大きな格差がある

b　親権者などの法定代理人の同意が必要で，その同意がない契約は取り消す
　ことができた

c　契約は双方の自由な意思に基づいて結ぶことができるという契約自由の原
　則がある

① アー a　　イー b　　ウー c
② アー a　　イー c　　ウー b
③ アー b　　イー a　　ウー c
④ アー b　　イー c　　ウー a
⑤ アー c　　イー a　　ウー b
⑥ アー c　　イー b　　ウー a

問2 下線部ⓑに関連して，生徒Wは，プライバシー侵害の具体例について調査するため，その準備として調べた事柄を次の**メモ**にまとめて，先生Tに記述の内容をチェックしてもらった。先生Tは**メモ**に下線を引いて，**誤り**を指摘した。先生Tが下線を引いた箇所として最も適当なものを，**メモ**中の下線部①～④から一つ選べ。 29

メモ

　情報化の進展により，私たちの生活が便利になる一方で，個人情報が本人の同意なく利用されたり，流出したりする事例が多発している。プライバシー侵害の一例として，マスメディアによる過剰な取材や報道が挙げられる。

　①マスメディアには，不当な干渉を受けることなく自由に取材し，取材内容を受け手に伝えることができる報道の自由がある。報道の自由は，国民の知る権利の確保に不可欠な基盤となっている。しかし，取材活動が行き過ぎると，個人のプライバシーなどの人権侵害につながる恐れがある。インターネットによるプライバシーの侵害も深刻である。誹謗中傷などの書き込みがあったり，本人の許可なく写真や個人情報が掲載されたりするケースもある。これは，②本人の承諾なしに，自分の写真などの情報をむやみに撮影・公表されない権利であるパブリシティ権の侵害に当たる。

　また，国家によるプライバシー侵害の恐れも指摘されている。例えば，③犯罪捜査のために，電話や電子メールの傍受を認める通信傍受法は，憲法の保障する通信の秘密を侵害するとして疑問視する声が少なくない。

　個人情報の不正利用に対する規制強化が望まれるが，その一方で，企業の保有するデータを有効活用することも期待されてきた。そのため，2015年に④個人情報保護法が改正され，特定の個人を識別できないようにした匿名加工情報については，本人の同意なしでも活用が認められるようになった。

第5回　公共，政治・経済

問3　下線部©に関して，生徒Xは日本の安全保障政策について調べ，2010年代以降に制定・改正された法律の名称とその内容を整理し，次のカードに書き出してみた。カードの記述①～④のうち誤っているものを一つ選べ。　30

① PKO協力法

　国連職員や民間人を，武器を使用して救助する，駆け付け警護が認められるようになった。

② 国際平和支援法

　戦闘が行われている地域以外で，戦争中の他国軍を後方支援できるようになった。

③ 重要影響事態法

　日本の平和に重大な影響を与える事態には，世界中で他国軍を後方支援できるようになった。

④ 武力攻撃事態法

　日本が直接攻撃を受けている存立危機事態において，個別的自衛権を行使できるようになった。

— 45 —

問4 下線部⓪に関連して，生徒Ｙは都市計画制度について詳しく知りたいと考え，国土交通省のWebページで「都市計画区域」の分類を調べ，次の**資料**にまとめた。そのうえで，後の甲・乙・丙の3つの土地のモデルケースを作成し，それらを分類した。**資料**中の空欄　ア　・　イ　に当てはまる語句と分類の図の組合せとして正しいものを，後の①〜⑥のうちから一つ選べ。　31

●都市計画区域は，線引区域と非線引区域からなる。

　→非線引区域は，線引区域の市街化区域に比べ，　ア　。

●線引区域は，市街化区域と市街化調整区域からなる。

　○市街化区域の特徴

　　・住居，商業，工業地域などの用途地域を定めなければならず，用途地域によって建築物に制限がある。

　　・すでに市街地を形成している区域とおおむね10年以内に優先的かつ計画的に市街化を図るべき区域をいい，自治体による道路，公園，下水道など都市施設の整備も重点的に行われる。

　　・1,000m^{2}以上の開発行為には，都道府県知事の許可が必要である。

　○市街化調整区域の特徴

　　・当面の間は市街化を抑制し，自然環境を保全する区域で，農業施設などを除いて，新たに宅地造成などの開発を行うことは制限される。

　　・開発行為は規模にかかわらず，都道府県知事の許可が必要である。

●非線引区域は，市街化区域にも市街化調整区域にも指定されない区域。小都市においては，自然環境と住環境が混在していて，明確な線引きが困難であるから，非線引区域が認められる。非線引区域では，3,000m^{2}以上の開発行為については，都道府県知事の許可が必要となる。

　➡これらの区分に従った場合，次の3つの土地のモデルケースの正しい分類は　イ　である。

― 46 ―

第5回　公共，政治・経済

＜モデルケース＞

土地甲	市街地の周辺にある土地で，1,500m²の商業施設の建設を予定しており，開発許可を申請済みである。3年後には完成予定。
土地乙	周辺は農地であり，この土地に800m²の果樹園の造成を予定しており，都道府県知事に許可を申請している。
土地丙	地方都市にあり，この土地に2,000m²の工場を建設予定であるが，開発許可は申請しない。5年以内には開発に着手する予定である。

　ア　に当てはまる語句

a　規制が厳しい　　　**b**　規制が緩い

　イ　に当てはまる分類図

図1

線引区域		非線引区域
市街化区域	市街化調整区域	
土地甲	土地乙	土地丙

図2

線引区域		非線引区域
市街化区域	市街化調整区域	
土地乙	土地丙	土地甲

図3

線引区域		非線引区域
市街化区域	市街化調整区域	
土地丙	土地甲	土地乙

① アーa　イー図1　　② アーa　イー図2

③ アーa　イー図3　　④ アーb　イー図1

⑤ アーb　イー図2　　⑥ アーb　イー図3

— 47 —

問5　下線部ⓔに関連して，次の会話は，生徒Zの発表を聞いた生徒Yが質問をしたときのものである。**会話文**中の空欄　ア　に当てはまる語句として最も適当なものを，後の①～④のうちから一つ選べ。　32

Y：日本の　ア　は，総量でも，国民一人当たりの量でも，世界一だって聞きました。それだけ，私たちの食生活のあり方が，環境に負荷を与えているということですね。カーボンニュートラル実現のためにも，これは解決しなければいけない課題だと思いますが，どのような対策がありますか？

Z：日本は，小麦やとうもろこしの大半を遠方のアメリカから輸入しているから，　ア　が大きくなってしまうと思います。そこで，私たちにできることの一つとして，少しずつでも地産地消を進めるのはどうでしょう。地産地消を進めることは，環境保護だけでなく，食料自給率の向上にもつながるのではないかと思います。

① カーボンオフセット
② スマートグリッド
③ フードマイレージ
④ スローフード

— 48 —

第5回　公共，政治・経済

問6　下線部①に関連し，生徒Zは，カーボンニュートラルの実現に向けて何ができるかを考えた。そのなかで「カーボンクレジット」という考え方に着目し，その考え方と意義について次のノート1にまとめた。また，クレジット市場について簡単なシミュレーション表を作成し，そこから読み取れることを後のノート2にまとめた。空欄　ア　に当てはまる語句と，空欄　イ　に当てはまる記述a，bの組合せとして最も適当なものを，後の①〜④のうちから一つ選べ。　33

ノート1

＜カーボンクレジットとは＞

・省エネルギー設備の導入や再生エネルギーの活用などの取組みによるCO_2などの温室効果ガスの排出削減量を，国が「クレジット」として認証する制度。

・国にクレジット認証された炭素削減量を取引できる市場を創設する。

・企業が自主的に参加し，目標・計画を策定して，市場を通じて炭素削減量を取引する。

・削減目標を達成できた企業は，クレジット認証された超過分を，市場で他の企業に売却できる。削減目標に達しない企業は，不足分を他企業から購入できる。

＜メリット＞

・市場での取引を通じて，削減費用を安くできた企業から，省エネ技術・設備の導入や再生エネルギーの活用などが進んで，温室効果ガスの削減が促進される。

・削減目標を達成した企業は，超過分の売却益が期待でき，売却益を削減費用の回収や，さらなる省エネ投資費用として活用できるため，市場への　ア　の流入が促進され，カーボンクレジット市場の拡大が加速される。

・削減目標に達しない企業も，不足分の購入を通じて，他企業の省エネ活動や再生エネルギーの活用を後押しできるため，「環境貢献企業」として企業評価の向上につながる。

（出所）　経済産業省資料により作成。

— 49 —

ノート2

<カーボンクレジット市場のシミュレーション>

	目標排出量(トン)	実際の排出量(トン)	トン当たり削減費用
A社	800	600	2,000円
B社	1,000	800	2,500円
C社	1,000	1,200	3,000円

※取引のルール

・取引参加企業はA社～C社の3社のみとする。

・取引参加企業は自らの利潤が最大となるようにクレジットを売買するものとする。

　ノート1の考え方,ノート2の表から読み取れる事柄についての記述として,正しいものは イ と考えられる。

a　A社とB社では,A社の方がトン当たり削減費用が少ないので,A社がいっそう削減を進める

b　C社は,カーボンクレジット市場での価格がトン当たり3,000円よりも高い場合には,クレジットを他社から購入する

① ア―公的資金　　イ―a

② ア―公的資金　　イ―b

③ ア―民間資金　　イ―a

④ ア―民間資金　　イ―b

試作問題

2022年度大学入試センター公表

令和７年度（2025年度）大学入学共通テスト
試作問題

公共，政治・経済

（100点　60分）

公共，政治・経済

（解答番号 1 ～ 34 ）

第1問 次の生徒Xと生徒Yの多様性と共通性に関する会話文を読み，後の問い（問1〜4）に答えよ。なお，設問の都合上，XとYの各発言には番号を振っている。

（配点　13）

X1： 2021年に開催されたオリンピック・パラリンピックは@「多様性」がテーマの一つだったね。「違いを認め合おう」とメッセージを発信していた。人種や民族，文化，性別，宗教，地域，障害の有無等の違いを認め合おうということだね。

Y1： 様々な「違い」が強調されるんだけど，それぞれが「同じ」尊厳ある人間だという共通性については，あまり強調しない。

X2： でも，ⓑ人間はそれぞれの地域に固有の文化や伝統の中に生まれ落ち，その文化や伝統を糧にして育つ。だから人も社会も文化も違っていて多様なんだよね。

Y2： 一方で，人間が生まれながらにもつとされる自然権や基本的人権といった権利が，多様な人間の共通性の基盤ともなっている。自然法を起点にしてⓒ各種の法を捉えるという思想もある。

X3： その思想に近いものは，ほかにもあるのかな。

Y3： 例えば，行為の善さは行為の結果にあるのではなく，多様な人々に共通している人格を尊重しようとする意志の自由にあるという思想が挙げられる。この思想を唱える哲学者は，すべての人には地表を共同で所有する権利があるのだから，どんな人にも外国を「訪問する権利」があると言っている。

— 2 —

問1 多様性と共通性に関する生徒Xと生徒Yの会話文について，次のア～エの考えの
うち，Y3 の発言にある「この思想を唱える哲学者」の考えとして最も適当なもの
を，後の①～④のうちから一つ選べ。 1

ア 人間は自分で自分のあり方を選択していく自由な存在であると同時に，自分の
選択の結果に対して責任を負う存在でもある。個人の選択は社会全体のあり方に
も影響を与えるので，社会への参加，すなわち「アンガジュマン」を通して個人
は社会に対して責任を負う，という考え

イ 人間はこの世界では不完全で有限だが，この世界に生まれる以前，魂は，完全
で永遠な「イデア」の世界にあったので，この世界においても，魂は，イデアへ
の憧れをもっている。その憧れが哲学の精神であり，統治者がこの精神をもつこ
とによって，理想的ですぐれた国家が実現できる，という考え

ウ 人間は各々個別の共同体で育ち，共同体内で認められることで自己を形成する。
それゆえ，個人にとっての善と共同体にとっての善とは切り離すことができず，
各共同体内で共有される「共通善（公共善）」とのつながりによって，個人の幸福
で充実した生は実現する，という考え

エ 人間は自己を目的として生きており，どんな相手をも手段としてのみ利用して
はならない。この道徳法則に従うことを義務として自らを律する人々が形成する
社会を普遍的な理念とするべきであり，「永遠平和」を実現するためには，この理
念を国際社会にも拡大すべき，という考え

① ア ② イ ③ ウ ④ エ

問2 下線部@に関して，ある鉄道会社で就業体験活動をした生徒**X**は，その資料室で見ることができた 1970 年代の写真と現在の様子を比べ，多様性の尊重として，**ア～エ**に示す改善・工夫が行われてきたことに気付いた。それらは，法令の施行や改定とも関連があると思われた。

後の法令**A～C**のうち，**B**と**C**の目的・趣旨に基づく改善・工夫を**ア～エ**のうちからそれぞれ選び，その組合せとして最も適当なものを，後の**①～⑥**のうちから一つ選べ。 2

気付いた改善・工夫

ア 昔の写真ではお守りや御札がオフィスや運転席に置かれているが，現在では置かれていない。
イ 昔の写真では車掌や運転士は男性で，女性はオフィスで働いているが，現在では多くの業務に女性も男性も従事している。
ウ 昔の写真では改札口の間が狭く，ホームをつなぐ高架には階段しかないが，現在では幅が広い改札口もあり，エレベーターなども設置されている。
エ 昔の写真では駅や車内の案内は漢字やひらがな，ローマ字つづりでの表示であるが，現在では多言語表示がなされている。

A 消費者基本法

B 障害者差別解消法

C 男女雇用機会均等法

① B－ア　C－ウ

② B－ア　C－エ

③ B－イ　C－エ

④ B－ウ　C－ア

⑤ B－ウ　C－イ

⑥ B－エ　C－イ

試作問題　公共，政治・経済

（下 書 き 用 紙）

公共，政治・経済の問題は次に続く。

問3　下線部⑤に関して，生徒Xと生徒Yの学校では課外活動で地元の自治体に協力し，桃の節句，菖蒲の節句に合わせてSDGsに関するイベントを企画することになった。次の**イベント企画案**は，市役所のエントランスホールなどの施設を利用して，一回につき二つの目標を取り上げるものである。

　　イベント企画案中の　ア　・　イ　に当てはまる目標の組合せとして最も適当なものを，後の①〜④のうちから一つ選べ。　3

イベント企画案

目　標	月	イベント概要
ア と 5 ジェンダー平等を実現しよう	2 〜 3	性にかかわらず，すべての人が様々な分野を通じて，社会全体の創造性などに寄与できるようにする取組みや，国際労働機関(ILO)と国連女性機関(UN WOMEN)の取組みを紹介する。科学における女性と女児の国際デー(2月11日)，国際女性デー(3月8日)の月にあたり，雛人形の工作の準備をし，あらかじめ用意した飾り段の上に，各自で製作した様々な人形を自由に置いてもらう。
イ と 6 安全な水とトイレを世界中に	4 〜 5	妊娠中の人に特に重要な職場や家庭での分煙，また，多機能トイレの設置数の増加を呼びかける。若年層を喫煙の害から守る世界保健機関(WHO)の取組みを紹介する展示を行う。世界保健デー(4月7日)，世界禁煙デー(5月31日)の月にあたり，菖蒲の束をその場で作ってもらう。希望者には持ち帰り，湯船に入れてもらうなどする。

— 6 —

問4　下線部ⓒに関して，生徒Xと生徒Yは日本における民法の変遷について調べてまとめた。このうち，現行の民法の内容に関する記述として正しいものを次のア～ウからすべて選んだとき，その組合せとして最も適当なものを，後の①～⑧のうちから一つ選べ。　4

ア　現行の民法では，成年年齢に達するということには，親権に服さなくなるという意味がある。

イ　現行の民法では，当事者の一方が未成年である場合に，未成年が単独で相手方とした契約は，原則として後になって取り消すことができることが定められている。

ウ　現行の民法では，当事者の一方が公序良俗に反する内容の契約を申し出た場合に，相手方がそれに合意する限りにおいて，その契約は有効となり，後になって取り消すことができないことが定められている。

① アとイとウ　　② アとイ　　③ アとウ　　④ イとウ
⑤ ア　　　　　　⑥ イ　　　　⑦ ウ　　　　⑧ 正しいものはない

第 2 問 「公共」の授業で 1 年間のまとめとして，生徒 X は同じ関心をもつ生徒た
ちとグループをつくり，「人口減少が続く中でどのような社会をつくればよいか」と
いう課題を設定し，探究活動を行った。これに関して，後の問い(問 1～4)に答えよ。
(配点 12)

問 1 生徒 X たちは，人口減少の要因やその対策を考察するための資料を収集・分析す
る中で，人口減少の主要因は少子化だと考え，出産・子育て支援策について検討した。
次の**生徒 X たちのメモ**中の ▢A▢ ・ ▢B▢ に当てはまるものの組合せとして最
も適当なものを，後の①～⑥のうちから一つ選べ。 ▢5▢

生徒 X たちのメモ

> 　出産や子育ては，社会状況の変化などにより，保護者となる世代に個人的な
> 負担が重くのしかかってきた。
> 　日本においては，1972 年に児童手当法が施行され，保護者に対し，児童手当が
> 支給されている。児童手当法はその後の改定の過程で，出生順位の規定が撤廃さ
> れ，支給対象年齢が拡大され，現在は子どもの年齢や出生順位によって金額に重み
> がつけられている。ただし，児童手当の支給には保護者の所得制限がある。一般
> 的に給与などは，各人の能力や功績に比例して決められる，すなわちアリストテ
> レスが言う ▢A▢ 的正義に基づいていることが少なくない。一方，児童手当の
> 所得制限では，収入が高ければ逆に支給が抑えられている。
> 　児童手当などの日本の出産・子育て支援策としての社会給付は，社会が子育て
> に責任をもち，子育てを支えるという考え方を反映していると考えられる。アリ
> ストテレスは，法を守り，共同体の善を実現する ▢B▢ 的正義を提唱している。
> 　これからの日本では，どのような出産・子育て支援策が考えられるだろうか。

① A－配分　　B－調整　　② A－配分　　B－全体

③ A－全体　　B－配分　　④ A－全体　　B－調整

⑤ A－調整　　B－全体　　⑥ A－調整　　B－配分

— 8 —

問2 生徒Xたちは、日本とヨーロッパのOECD加盟国について、次の図1・図2を示しながら「日本は出産・子育て支援策として、保育サービスなどの『現物給付』の充実を図る必要がある。」という提案を行うことにし、事前に他のグループに説明したところ、後のア〜エのような意見が他の生徒からあった。

ア〜エのうち図1・図2を正しく読み取った上での意見の組合せとして最も適当なものを、後の①〜⑥のうちから一つ選べ。 6

図1 「現金給付」対GDP比と合計特殊出生率

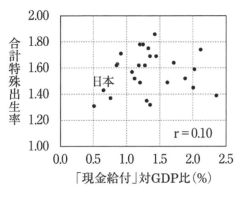

図2 「現物給付」対GDP比と合計特殊出生率

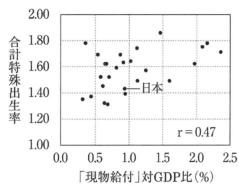

（注）「現金給付」対GDP比及び「現物給付」対GDP比とは、家族関係政府支出「現金給付」及び「現物給付」の支出額のGDPに対する比率を表す。rは相関係数を示す。
（出所）図1・図2とも OECD.Stat ("OECD" Webページ) の2017年の統計により作成。

ア 日本よりも合計特殊出生率が低いすべての国は、「現金給付」対GDP比が日本より低いため、「現金給付」より「現物給付」の充実に重点を置く提案に賛同する。

イ 「現金給付」対GDP比と合計特殊出生率には強い相関があるため、「現物給付」より「現金給付」の充実に重点を置くべきである。

ウ 「現物給付」対GDP比が日本より低くても合計特殊出生率が1.60を超える国々があるため、「現物給付」の充実を提案する前に諸外国の状況を調査してはどうか。

エ 「現物給付」対GDP比と合計特殊出生率との因果関係は示されていないため、「現物給付」の充実を提案するためには別の資料も準備した方がよい。

① アとイ　　② アとウ　　③ アとエ
④ イとウ　　⑤ イとエ　　⑥ ウとエ

問3　生徒Xたちは，高齢化の進行と，少子化による人口減少が進むと，社会保障の面で問題が生じるのではないかと考えた。このことを中間発表で説明したところ，「今後の日本には，どのような社会保障のあり方が望ましいと考えますか。諸外国の給付規模などとの比較を踏まえて，教えてください。」という質問が他の生徒からあった。

これに対し，生徒Xたちは準備していた次の図3を踏まえ，回答した。図3は，1980年から2015年における5年ごとの日本，ドイツ，イギリス，アメリカの高齢化率と社会支出の対GDP比が表されており，生徒Xたちの回答中の　A　～　D　は，日本，ドイツ，イギリス，アメリカのいずれかである。

生徒Xたちの回答中の　A　・　D　に当てはまる国名及び　E　に当てはまる文の組合せとして最も適当なものを，後の①～⑧のうちから一つ選べ。　7

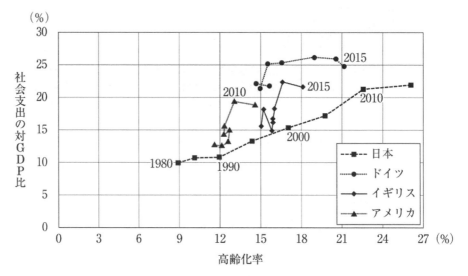

図3　高齢化率と社会保障の給付規模の国際比較

(注)　横軸の高齢化率は，その国の全人口に占める65歳以上人口の割合を示している。縦軸の「社会支出」とは，人々の厚生水準が極端に低下した場合にそれを補うために個人や世帯に対して財政支援や給付をする公的供給のことを表している。
(出所)　厚生労働省「令和2年版厚生労働白書」により作成。

試作問題　公共，政治・経済

生徒Xたちの回答

　　A　は，1980 年から 2015 年にかけて，図3 中の他のいずれの国よりも急速に高齢化が進行したと言える。そのため，社会保障の給付規模は，高齢化率が高くなるに従って，社会支出の対 GDP 比も大きくなっている。

　　B　は，高齢化率も社会支出の対 GDP 比も相対的に低い水準にある。こうした傾向は，市場経済を重視する立場から，労働移動や自助努力を促す政策を展開してきたことと関連していると考えられる。

　　C　では，1995 年から 2010 年にかけて社会支出の対 GDP 比はほぼ横ばいであった。また，　C　は市場経済を重視していると考えられるが，1980 年においてすでに他国と比べて高水準の社会支出対 GDP 比を実現していた。

　　C　に次いで 1980 年に高齢化率が高かった　D　では，1990 年から 2010 年にかけて社会支出の対 GDP 比が大きく引き上げられた。この現象は，1990 年代にそれまでの政策からの転換を遂げたことと関連していると考えられる。

　このようにして，図3 に基づいて考えると，　E　が，今後の日本における社会保障のあり方を構想するための重要な要因になるだろう。

	A	D	E
①	日本	アメリカ	一定期間における高齢化率の伸びに対する社会支出の対 GDP 比の割合を大きくするか否か
②	日本	アメリカ	市場経済と社会保障の双方を重視する政策を推進し，高齢化率を大幅に抑制し続けるか否か
③	日本	イギリス	一定期間における高齢化率の伸びに対する社会支出の対 GDP 比の割合を大きくするか否か
④	日本	イギリス	市場経済と社会保障の双方を重視する政策を推進し，高齢化率を大幅に抑制し続けるか否か
⑤	ドイツ	アメリカ	一定期間における高齢化率の伸びに対する社会支出の対 GDP 比の割合を大きくするか否か
⑥	ドイツ	アメリカ	市場経済と社会保障の双方を重視する政策を推進し，高齢化率を大幅に抑制し続けるか否か
⑦	ドイツ	イギリス	一定期間における高齢化率の伸びに対する社会支出の対 GDP 比の割合を大きくするか否か
⑧	ドイツ	イギリス	市場経済と社会保障の双方を重視する政策を推進し，高齢化率を大幅に抑制し続けるか否か

問4　生徒Xたちは，最終発表に向け，人口減少及び高齢化が進行する自らの地域にお
いて，高齢者がよりよい生活を送るためにはどのような施策が考えられるかという
ことについて話し合った。次の会話文中の　A　～　C　に当てはまる文の組
合せとして最も適当なものを，後の①～⑧のうちから一つ選べ。　8

　　X：人口減少，高齢化が進行している私たちの住む地域の中で，どのような施策
　　　　が考えられるだろうか。

　　Y：私たちの住む地域は高齢者世帯が多いことから，行政主体での，希望するす
　　　　べての高齢者世帯への家事援助や配食サービスの実施を提案してはどうだろ
　　　　う。

　　X：公正を重視した提案だね。新たな社会保障の施策を考える時に大切な考え方
　　　　だ。では，効率の面からはどうかな。

　　Z：効率の面からみると，　A　。

　　Y：そうだね。Zさんの発言に加えると，　B　ということも考えられるから効
　　　　率的だし，地元にもメリットがあるね。

　　W：でも，効率が安易に追求されすぎて，利用者の生活の質(QOL)が損なわれる
　　　　ことになってはいけない。提供されるサービスの質を確保し，すべての利用
　　　　者が適切にサービスを受けられるという公正さの確保も大切なことだ。だか
　　　　ら　C　とよいのではないかな。

　　X：施策を考えるには，様々な視点や立場から検討することが大切だね。

— 12 —

試作問題　公共，政治・経済

A に入る文

ア　このようなサービスは，新たに行政が始めるよりも，入札を実施して，ノウハウをもつ民間企業に委ね，サービスの提供に関わる費用を行政が負担して提供する方がよいのではないかな

イ　このようなサービスは，各自治体が住民の求めるすべてのサービスに対応できるようにするために，ニーズの有無に関わらず大きな組織を複数作って提供する方がよいのではないかな

B に入る文

ウ　行政に幾つもの新しい組織が作られることで，その運営に関わる費用が多少増えても，多くの組織が作られることによる新たな雇用の創出が期待できる

エ　企業は業務を請け負い，また利潤を得るために無駄な経費を抑えるだろうし，また，その地域で新たな雇用の創出が期待できる

C に入る文

オ　行政には，すべての企業がその規模や過去の実績に関わらず入札に参加できる機会の公正を確保する役割を担ってもらう

カ　行政には，企業から高齢者世帯へのサービスの提供後に，その内容を点検することによって公正さを確保する役割を担ってもらう

① A－ア　B－ウ　C－オ　　② A－ア　B－ウ　C－カ
③ A－ア　B－エ　C－オ　　④ A－ア　B－エ　C－カ
⑤ A－イ　B－ウ　C－オ　　⑥ A－イ　B－ウ　C－カ
⑦ A－イ　B－エ　C－オ　　⑧ A－イ　B－エ　C－カ

第 3 問 生徒Xと生徒Yが,「政治・経済」の授業において「不当な格差のない,平等な社会」というテーマについて話し合っている。次の**会話文 1**および後の**会話文 2・3**を読み,後の問い(**問 1～6**)に答えよ。(配点 18)

会話文 1

X：男女の平等については,女子差別撤廃条約が重要だね。この条約を批准した日本は男女差別撤廃に向けて,これまで⒜さまざまな法律を制定したり,改正したりしてきたようだよ。

Y：男女の平等をはじめとして,国際社会ではそれ以外にも人々の権利を保障するための多くの人権条約が採択されているようだね。ただ,これらの条約の中には,まだ⒝日本が批准していない条約もあるみたいだ。

問 1 下線部⒜について,生徒Xは,男女の平等に関する日本の法律を調べてみた。それぞれの法律に関する記述として正しいものを,次の①～④のうちから一つ選べ。ただし,各法律の内容は現行法によるものとする。 9

① 労働基準法は,男女同一賃金の原則を明文で定め,賃金面における女性への差別を禁止している。

② 育児・介護休業法は,女性労働者のみならず男性労働者に対しても,育児休業の取得を義務づけている。

③ 民法は,女性の婚姻開始年齢を引き下げる改正を経て,男女とも 18 歳にならなければ婚姻できないことを規定している。

④ 男女雇用機会均等法は,事業主は,募集,採用,配置,昇進など,職場における男女差別の解消に努めなければならないことを定めている。

問 2 下線部⒝について,生徒Yは,人権条約と現在の日本の批准状況について調べ,次の**表 1**を作成した。**表 1**中の空欄 ア ～ ウ に当てはまる語句の組合せとして最も適当なものを,後の①～④のうちから一つ選べ。 10

— 14 —

試作問題　公共，政治・経済

表1

採択年	条約の名称	日本の批准
1953 年	婦人の参政権に関する条約	あ り
1965 年	ア	あ り
1966 年	経済的，社会的および文化的権利に関する国際規約 （社会権規約）	ウ
1979 年	女子に対するあらゆる形態の差別の撤廃に関する条約 （女子差別撤廃条約）	あ り
1989 年	イ	な し
1990 年	すべての移民労働者及びその家族構成員の権利の保護 に関する国際条約（移民労働者条約）	な し

（注）　日本の批准において，一部留保付きで批准したものもある。

① ア　子ども（児童）の権利条約

　　イ　アパルトヘイト犯罪の禁止及び処罰に関する国際条約

　　ウ　な　し

② ア　死刑の廃止を目指す，市民的及び政治的権利に関する国際規約の第二
　　　　選択議定書（死刑廃止条約）

　　イ　子ども（児童）の権利条約

　　ウ　な　し

③ ア　あらゆる形態の人種差別の撤廃に関する国際条約（人種差別撤廃条約）

　　イ　死刑の廃止を目指す，市民的及び政治的権利に関する国際規約の第二
　　　　選択議定書（死刑廃止条約）

　　ウ　あ　り

④ ア　障害者の権利に関する条約

　　イ　あらゆる形態の人種差別の撤廃に関する国際条約（人種差別撤廃条約）

　　ウ　あ　り

— 15 —

会話文2

X：平等ということでいえば，投票価値の平等も重要だよね。日本国内では，国政
　選挙における©一票の格差が，しばしばニュースで話題になっているね。

Y：国際社会に目を向けると，主権平等の原則があるにもかかわらず，国際機関の
　中には，一部の大国にのみ⒟拒否権が認められている場合もあるようだ。これ
　も問題かもしれないね。

問3　下線部©について，生徒Xは，1980年以降の衆議院議員総選挙における最大
　　格差を調べ，その結果をまとめた次の表2を作成した。表2で示されている
　　内容に関する記述として最も適当なものを，後の①～④のうちから一つ選べ。
　　　11

表2

総選挙の実施年	1980 年	1983 年	1986 年	1990 年	1993 年	1996 年
一票の格差	3.94	4.40	2.92	3.18	2.82	2.31
総選挙の実施年	2000 年	2005 年	2009 年	2012 年	2014 年	2017 年
一票の格差	2.47	2.17	2.30	2.43	2.13	1.98

（出所）　裁判所 Web ページにより作成。

①　中選挙区制の下で実施された総選挙では，いずれも一票の格差が 4.00 を
　超えることはなかった。

②　小選挙区比例代表並立制の導入以降の総選挙では，いずれも一票の格差は
　2.50 を下回っている。

③　2000 年以降の総選挙に関して，最高裁判所が一票の格差を違憲状態と判断
　したことはなかった。

④　1980 年の総選挙に比べて 2017 年の総選挙は投票率が高かったため，一票
　の格差も小さくなっている。

試作問題　公共，政治・経済

問4　下線部ⓓについて，生徒Yは，東西冷戦の対立構図の下，国際連合（国連）の安全保障理事会が，常任理事国の拒否権の頻繁な発動により十分な役割を果たせなかったことに関心をもった。そこでYは，常任理事国が拒否権を行使した回数を調べて次の**表3**を作成し，その背景にあるできごとについて推察した。**表3**から推察できる内容の記述として最も適当なものを，後の①〜④のうちから一つ選べ。 12

表3

期　　間	アメリカ	イギリス	ソ　連（ロシア）	中　国	フランス
1946〜1960 年	0	2	96	1	4
1961〜1975 年	12	11	18	2	2
1976〜1990 年	57	19	6	0	12
1991〜2005 年	12	0	3	2	0
2006〜2020 年	6	0	24	13	0

（注）　1946 年から 1971 年まで中国の代表権は中華民国（台湾）がもっていた。また，1991 年のソ連の解体後，ソ連の地位はロシアが継承した。
（出所）　United Nations Web ページにより作成。

① 1946〜1960 年の期間では，常任理事国のうちソ連が最も多く拒否権を行使しているが，その中には朝鮮戦争に関連する決議が含まれる。

② 1961〜1975 年の期間では，常任理事国のうちイギリスが最も多く拒否権を行使しているが，その中にはベトナム戦争に関連する決議が含まれる。

③ 1976〜1990 年の期間では，常任理事国のうちアメリカが最も多く拒否権を行使しているが，その中にはキューバ危機に関連する決議が含まれる。

④ 2006〜2020 年の期間では，常任理事国のうちロシアが最も多く拒否権を行使しているが，その中には湾岸戦争に関連する決議が含まれる。

— 17 —

会話文3

X：日本国憲法では「法の下の平等」が規定されていて，この規定を根拠とした
ⓔ最高裁判所の違憲判決も出されているね。

Y：国際社会では，1994年に国連開発計画が「人間の安全保障」という理念を打ち
出しているね。この理念は，一国の国防というよりも，世界中の人々がそれぞ
れの暮らしの中で直面する問題に焦点を当てている点で，日本国憲法の前文の
中の，「　ア　」という部分にみられる考え方に近いともいえるよね。

問5　下線部ⓔの仕組みに関心をもった生徒Xは，裁判所法を調べ，最高裁判所の
違憲審査権の行使に関する部分について次のメモを作成した。なお，メモには，
表記を改めた箇所やふりがなを振った箇所がある。メモから読み取れる，最高裁
判所における裁判に関する記述として最も適当なものを，後の①〜④のうちから
一つ選べ。　13

メモ

> 第9条第1項　最高裁判所は，大法廷又は小法廷で審理及び裁判をする。
> 第10条　事件を大法廷又は小法廷のいずれで取り扱うかについては，最高
> 裁判所の定めるところによる。但し，左の場合においては，小法廷で
> は裁判をすることができない。
> 　一　当事者の主張に基いて，法律，命令，規則又は処分が憲法に適合
> 　するかしないかを判断するとき。（意見が前に大法廷でした，その
> 　法律，命令，規則又は処分が憲法に適合するとの裁判と同じである
> 　ときを除く。）
> 　二　前号の場合を除いて，法律，命令，規則又は処分が憲法に適合し
> 　ないと認めるとき。
> 　三　憲法その他の法令の解釈適用について，意見が前に最高裁判所の
> 　した裁判に反するとき。

① 法律が憲法に適合しないとの裁判は，最高裁判所の定めるところに反しない限り，小法廷において行うことができる。

② 法律が憲法に適合しないとの裁判は，それが当事者の主張に基くか否かにかかわらず，小法廷において行うことはできない。

③ 法律が憲法に適合するとの裁判は，その意見が前に大法廷で行った裁判と異なるときであっても，小法廷において行うことができる。

④ 法律が憲法に適合するとの裁判は，その意見が前に大法廷で行った裁判と同一である場合には，大法廷において行うことはできない。

問 6 　生徒Yは，あらためて日本国憲法の前文を読み返してみた。次の**資料**は，日本国憲法の前文の一部である。なお，一部現代仮名遣いに改めた箇所やふりがなを振った箇所がある。**会話文3**中の空欄　ア　に当てはまる記述として最も適当なものを，**資料**中の下線部①～④のうちから一つ選べ。　14

資料

「日本国民は，恒久の平和を念願し，人間相互の関係を支配する崇高（すうこう）な理想を深く自覚するのであって，①平和を愛する諸国民の公正と信義に信頼して，われらの安全と生存を保持しようと決意した。われらは，平和を維持し，専制と隷従（れいじゅう），圧迫と偏狭（へんきょう）を地上から永遠に除去しようと努めている国際社会において，名誉ある地位を占めたいと思う。われらは，②全世界の国民が，ひとしく恐怖と欠乏から免かれ，平和のうちに生存する権利を有することを確認する。

　われらは，③いづれの国家も，自国のことのみに専念して他国を無視してはならないのであって，政治道徳の法則は，普遍的なものであり，この法則に従うことは，④自国の主権を維持し，他国と対等関係に立たうとする各国の責務であると信ずる。」

— 19 —

第4問 生徒X，生徒Y，生徒Zが，「政治・経済」の授業で学習した内容を踏まえて，日本の雇用慣行について話し合っている。次の**会話文1**および後の**会話文2**を読み，後の問い(**問1～6**)に答えよ。(配点　18)

会話文1

X：終身雇用などの雇用慣行を理解することは，⒜日本経済の今後の動向を考える上で欠かせないよね。

Y：⒝実際にいくつかのデータベースを用いて，日本と他国の雇用慣行に関するデータを比較してみたよ。

X：データをみるとそれぞれの国の特徴がわかって興味深いのだけど，その一方で比較対象によっては大きな違いがみられないね。一体どうしてだろう。

Z：欧米の一部産業では日本と同じ慣行が維持されているから，そこまでの差にならないんじゃないかな。そもそも日本は，労働に限らず⒞年金などの社会保障分野でも他国を参考にしてきたともいわれているよ。

問1　下線部⒜について，生徒Xは，第二次世界大戦後の日本経済の歩みを調べ，次の**ア～ウ**のグラフを作成した。これらは，それぞれ1970年代，1990年代，2010年代のいずれかの消費者物価指数の変化率(対前年比)と完全失業率との推移を示したものである。グラフの横軸は「年」を表し，10年間について1年ごとの目盛り間隔となっている。このとき，これらを年代の古いものから順に並べたものとして正しいものを，後の**①～⑥**のうちから一つ選べ。　15

― 20 ―

試作問題　公共，政治・経済

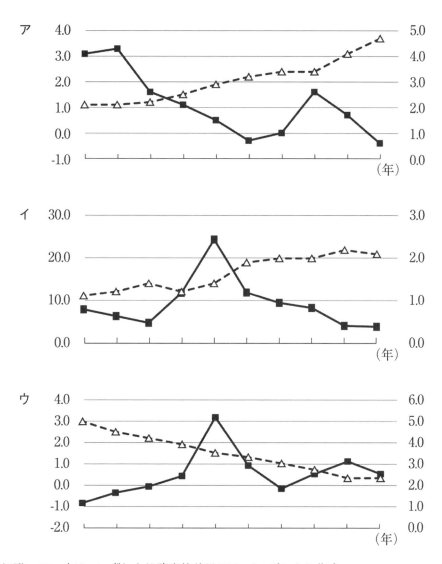

(出所)　ア〜ウは，いずれも総務省統計局 Web ページにより作成。

① ア→イ→ウ　② ア→ウ→イ　③ イ→ア→ウ
④ イ→ウ→ア　⑤ ウ→ア→イ　⑥ ウ→イ→ア

問2　下線部ⓑについて，生徒Yは，日本，イギリス，スウェーデン，ドイツの
4か国の雇用慣行を比較して考えてみた。次の**表**は，これら4か国の雇用慣行
を数値で表したものであり，**表**中のA～Dは，それぞれ，これら4か国のいず
れかを示している。なお，**表**中の(**ア**)は勤続年数1～5年の賃金を100とした
ときに賃金が勤続年数に応じてどのぐらい変化するかを，(**イ**)は年齢階層別の平
均勤続年数を，(**ウ**)は数値が大きくなるほど賃金交渉を主導する主体が企業別
組合から産業別組合へ移ることを意味する「賃金交渉の集権度」を，それぞれ
表している。**表**と後の**説明文1～3**とを参考にして，A～Dが示す国の組合せと
して最も適当なものを，後の①～⑧のうちから一つ選べ。　16

		A	B	C	D
(**ア**)賃金水準	勤続年数 10～14年	140.1	127.9	118.0	110.9
	勤続年数 15～19年	148.8	142.8	126.8	111.8
	勤続年数 20～29年	159.6	170.0	132.2	106.8
(**イ**)勤続年数	年齢階層 25～54歳	9.4	11.5	7.6	7.1
	年齢階層 55～64歳	19.2	19.6	13.8	17.1
(**ウ**)賃金交渉の集権度		3	1	1	3

（注）　賃金水準と賃金交渉の集権度の単位は指数である。日本の賃金水準のみ勤続年
　　　数1年以上5年未満の賃金を100とする指数である。また，すべてのデータは，
　　　2014年から2019年にかけてのいずれかの年のものである。
（出所）　独立行政法人労働政策研究・研修機構『データブック国際労働比較2019』，
　　　OECD/AIAS ICTWSS Database により作成。

— 22 —

試作問題　公共，政治・経済

説明文1　同一労働同一賃金が浸透しているとされるスウェーデンでは，他国に比べて，賃金水準が勤続年数とは独立に決まっている。

説明文2　労働市場の流動性が高いことなどを背景に，イギリスの平均勤続年数はどの年齢階層においても日本より短くなっている。

説明文3　ドイツおよびスウェーデンは，賃金交渉の集権度の面で，日本とは異なっている。

① A ドイツ　　　B 日本　　　　C イギリス　　D スウェーデン
② A 日本　　　　B イギリス　　C スウェーデン D ドイツ
③ A イギリス　　B スウェーデン C ドイツ　　　D 日本
④ A スウェーデン B ドイツ　　　C 日本　　　　D イギリス
⑤ A イギリス　　B 日本　　　　C ドイツ　　　D スウェーデン
⑥ A 日本　　　　B ドイツ　　　C スウェーデン D イギリス
⑦ A ドイツ　　　B スウェーデン C イギリス　　D 日本
⑧ A スウェーデン B イギリス　　C 日本　　　　D ドイツ

問3　生徒Zは，下線部ⓒについて調べてみた。年金の仕組みに関する記述として最も適当なものを，次の①～④のうちから一つ選べ。　17

① 現在の日本の年金制度の下では，税収が基礎年金の原資の中で最も大きな割合を占めている。

② 年金給付に要する原資をその時々の現役世代が賄う方式は，賦課方式と呼ばれる。

③ デフレーションが生じたときに年金給付額が実質的に減少するという問題が積立方式の下では存在する。

④ 現在の日本の厚生年金制度の下では，すべての受給者に対して同額の給付がなされている。

— 23 —

会話文2

Y：日本の雇用慣行についてはわかったけど，そもそも景気が悪くなってしまうと，失業などの問題も出てくるよね。

X：ⓓ資本主義経済においては，不況のしわ寄せが企業だけでなく労働者にもいってしまうんだ。

Y：現在の日本にはⓔさまざまな働き方をしている人々がいるので，政府のきめ細やかな政策がいっそう重要になってくるね。

Z：さらに，外国人労働者の増加やAI（人工知能）などのⓕ新技術の導入もまた，従来型の雇用慣行とは別のメカニズムで，賃金や雇用に影響を与えそうだ。こうした動向も踏まえて新しい働き方をみんなで模索していく必要があるよね。

問4　下線部ⓓに関連して，生徒Xは，さまざまな経済学説について調べ，そのうちの二つの考え方を現代的な論点と対応させる次の**メモ1・2**を作成した。それぞれの**メモ**中の空欄 ア ・ イ に当てはまる人名の組合せとして正しいものを，後の①〜④のうちから一つ選べ。 18

メモ1　 ア は，物価の安定を重視し，政策当局は通貨量を一定の率で供給すべきと主張したが，リーマン・ショック以降の日本の金融政策は，どのように実施されているのだろう。

メモ2　 イ は，自由貿易がもたらす国際分業によって関係国全体での生産量が増えると論じたが，資本や労働力も自由に国境を越える時代の国際分業には，どのようなメリット・デメリットがあるのだろう。

① ア　ガルブレイス　イ　マルサス
② ア　ガルブレイス　イ　リカード
③ ア　フリードマン　イ　マルサス
④ ア　フリードマン　イ　リカード

試作問題　公共，政治・経済

問5　生徒Yは，下線部ⓔについて調べてみた。現在の雇用に関する記述として**誤っているもの**を，次の①～④のうちから一つ選べ。　19

①　日本では，労働者派遣法により，同一の人物が同じ職場で派遣労働者として勤務できる期間は，原則として最長3年に制限されている。

②　フルタイムで働いているにもかかわらず，生活の維持が困難になるような所得水準にある労働者も，ワーキングプアと呼ばれる。

③　日本では，グローバルな企業間競争が激化する中で，すべての雇用に占める非正規雇用者の割合は，現在も30％を超えている。

④　ある一定の仕事量に対して，一人当たりの労働時間を減らすことで雇用人数を増やすことは，ワーク・ライフ・バランスと呼ばれる。

— 25 —

問6 下線部①について，生徒X，生徒Y，生徒Zは，需要と供給によって価格と取引量が決まるという財市場のメカニズムを労働市場にも適用し，技術進歩が均衡賃金に与える効果を考え，次の図と，図を説明した後のメモとを作成した。メモ中の空欄 ア ～ ウ に当てはまる語句と記号の組合せとして正しいものを，後の①～④のうちから一つ選べ。 20

図

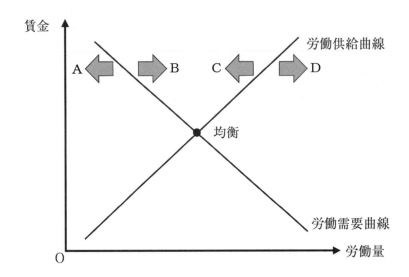

メモ

　労働を節約できるような新しい技術が企業に導入されると，他の条件が等しい限りにおいて， ア が イ の方向に移動する。その結果，均衡賃金は ウ する。

① ア　労働需要曲線　　イ　A　　ウ　低下
② ア　労働需要曲線　　イ　B　　ウ　上昇
③ ア　労働供給曲線　　イ　C　　ウ　上昇
④ ア　労働供給曲線　　イ　D　　ウ　低下

試作問題　公共，政治・経済

第5問　「政治・経済」の授業で，「現代社会で起きている変化と，それが私たちの生活にもたらす影響」をテーマに，クラス内でいくつかのグループに分かれて探究する学習が行われた。これに関して，後の問い(**問1〜6**)に答えよ。(配点　19)

問1　探究する学習を始めるにあたり，先生Tが「日本経済は歴史のなかでさまざまな変化を経験してきており，現在も変わり続けています。こうした現代につながる歴史を知った上で，現代社会を理解することが大切です。」と述べた。日本経済の変化に関する記述として最も適当なものを，次の①〜④のうちから一つ選べ。　| 21 |

①　1980年代には貿易摩擦の激化を背景として，日本が外需主導型経済へ転換することが求められた。

②　2000年代に入ると，小泉純一郎内閣の下で構造改革が進められたが，これはいわゆる大きな政府を志向するものであった。

③　近年進行してきた，モノそれ自体よりも知識や情報の重要性が高まっていく変化のことを，産業の空洞化という。

④　企業の組織再編の加速を目的に設立が解禁された，株式の所有を通じて他の企業を支配することを主たる業務とする会社のことを，持株会社という。

— 27 —

問2 生徒**W**が,「近年では情報技術がどんどん発達しているし,それが日本経済を大きく変化させていそうだよね。」と発言すると,先生**T**は,「そのとおりですね。しかし経済の中にはさまざまな産業があり,情報化の影響の表れ方は産業によってかなり差があると思いますよ。データを調べてみてはどうですか。」とアドバイスした。それを受けて**W**,生徒**X**,生徒**Y**,生徒**Z**の4人のグループは,近年における産業ごとの変化を示すデータを集め,それをもとに考察と議論を行った。

次の**表1・2**は,日本の農林水産業,製造業,サービス業のそれぞれについて,1994年と2019年の実質付加価値と就業者数のデータをまとめたものである。**表1・2**の内容を踏まえて,後の**会話文**中の空欄 | ア | に当てはまる記述として最も適当なものを,後の①～④のうちから一つ選べ。 | 22 |

表1 産業別実質付加価値

	1994年(億円)	2019年(億円)	1994年から2019年にかけての変化率(%)
農林水産業	76,358	48,833	-36.0
製造業	846,691	1,179,232	39.3
サービス業	2,983,294	3,720,865	24.7

表2 産業別就業者数

	1994年(万人)	2019年(万人)	1994年から2019年にかけての変化率(%)
農林水産業	486	260	-46.5
製造業	1,411	1,081	-23.4
サービス業	3,904	4,841	24.0

(出所) **表1**,**表2**ともに,内閣府経済社会総合研究所『2019年度国民経済計算(2015年基準・2008SNA)』(内閣府経済社会総合研究所Webページ)により作成。

— 28 —

試作問題　公共，政治・経済

T：産業構造の変化を捉える上では，それぞれの産業でどれぐらいの生産が行われているかという実質付加価値の面と，それぞれの産業でどれぐらいの人が働いているかという就業者数の面の，双方をみることが重要です。**表1**と**表2**から，どのようなことが読み取れますか？

W：1994年から2019年にかけては情報化が大きく進んだと思いますが，情報通信業を含むサービス業は，実質付加価値でみても，就業者数でみても，この25年間で増加していますね。情報化の進展とともに，サービス業の比重がますます高まっていることが読み取れます。

T：そうですね。また情報技術は，生産にも影響を与えた可能性があります。実質付加価値を就業者数で割ると，「その産業で一人の人がどれぐらいの付加価値を生産しているか」を示す一人当たり労働生産性という指標が得られます。この25年間における各産業の一人当たり労働生産性の変化について，どのようなことがわかりますか？

X：**表1**と**表2**を見比べると，　ア　ということがいえるのではないでしょうか。

T：そのとおりです。つまり日本において情報技術が一人当たり労働生産性にどのような影響を与えたかは，産業ごとにかなり違っていた可能性がありますね。こうした違いがなぜ引き起こされるのかについても，考えてみると良いですよ。

① 農林水産業と製造業はともに就業者数の1994年から2019年にかけての変化率がマイナスであるが，一人当たり労働生産性の1994年から2019年にかけての変化率を比べると，農林水産業の方が製造業よりも大きな率で上昇している

② 製造業とサービス業はともに1994年から2019年にかけて実質付加価値が増加しているが，一人当たり労働生産性の1994年から2019年にかけての変化率を比べると，製造業の方がサービス業よりも大きな率で上昇している

③ 1994年から2019年にかけて一人当たり労働生産性はすべての産業において上昇しているが，最も大きな率で上昇しているのはサービス業である

④ 1994年から2019年にかけて一人当たり労働生産性はすべての産業において低下しているが，最も大きな率で低下しているのは農林水産業である

— 29 —

問3 情報技術について議論していく中で，日本において各種のインターネット端末を利用している人の割合を年齢階層別にまとめた次の**資料**をみつけた生徒Yは，生徒W，生徒X，生徒Zと発表に向けたグループ学習の進め方を話し合った。後の**会話文**中の空欄　ア　に当てはまる記述として最も適当なものを，後の①〜④のうちから一つ選べ。　23

資料 年齢階層別インターネット端末の利用状況（個人）

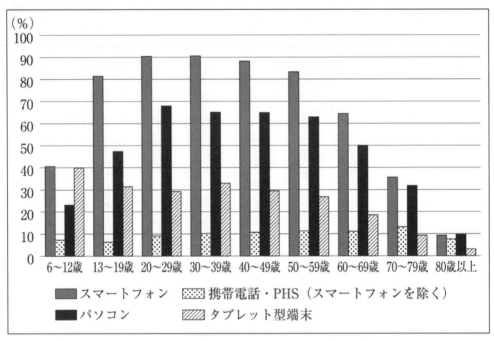

（注） 複数回答であり，主な利用機器のみ記載している。また，「PHS」は，「Personal Handy-phone System」の略称であり，移動通信サービスの一つである。
（出所） 総務省『令和2年通信利用動向調査の結果』（総務省情報通信統計データベース）により作成。

Y：情報通信機器の利用実態は，若い人と高齢の人など，世代によってけっこう違いがあるかもしれないと思うんだけど，実際はどうなのかな。

Z：この**資料**をみると，たとえば， ア ，といったことが読み取れるね。

X：なるほど。興味深い結果だね。この**資料**からは他にもいろいろと面白い特徴が読み取れそうだから，その背景にある理由を考えてみたいな。

W：そうだね。「インターネットに関わる問題」について，みんなで分担して，もっと調べてみようよ。

① スマートフォンを利用している人の割合をみると，「6～12歳」では半数に満たないものの，それ以外のすべての年齢階層においては半数を超えている

② パソコンを利用している人の割合をみると，「13～19歳」における割合は，60歳以上のすべての年齢階層における割合よりも高い

③ すべての年齢階層において，「携帯電話・PHS（スマートフォンを除く）」よりも「スマートフォン」の方が利用している人の割合が高い

④ すべての年齢階層において，「タブレット型端末」よりも「パソコン」の方が利用している人の割合が高い

— 31 —

問4　インターネットに関わる問題について調べたことをきっかけに，生徒W，生徒X，生徒Y，生徒Zは，さらに議論を重ねていった。インターネットをめぐる日本の今日の状況について述べた次の**ア～エ**の記述のうち，内容が**誤っているもの**が二つある。その組合せとして最も適当なものを，後の**①**～**⑥**のうちから一つ選べ。　24

ア　インターネットにつながる自由は，著作権や商標権などとともに，知的財産権の一種として保障されている。

イ　インターネット接続事業者に対して，インターネット上の表現によって権利を侵害された者が，発信者情報の開示を請求することについて定める法律が制定されている。

ウ　インターネットやその他の高度情報通信ネットワークを通じた情報の活用などを所掌する組織として，デジタル庁が発足した。

エ　インターネットを用いた通信販売は，一定の期間であれば無条件で契約の申込みを撤回したり契約を解除したりできるという，消費者保護を目的とした制度の対象となる。

① アとイ
② アとウ
③ アとエ
④ イとウ
⑤ イとエ
⑥ ウとエ

問5　生徒K，生徒L，生徒Mのグループでは，インターネットをめぐる今日の問題として，インターネット上に誹謗中傷やフェイクニュースなどの違法・有害情報が氾濫しているという状況についての対策を議論している。次の**会話文**中の空欄　ア　～　ウ　には，それぞれ後のa～cの記述のいずれかが当てはまる。当てはまる記述の組合せとして最も適当なものを，後の**①**～**⑥**のうちから一つ選べ。25

— 32 —

K：SNS などのオンライン・サービスを提供する事業者が，表現の内容をモニタリングして，他人の権利を侵害する違法な情報や，法的には違法とはいえないけど有害な情報を削除したり，投稿者のアカウントを停止したりすることを，コンテンツ・モデレーションというらしいね。

L：違法・有害情報対策を，事業者の自主的なコンテンツ・モデレーションの取組みに任せておく方法はどうかな？

M： ア ｜。

K：せめて違法な情報に対しては，コンテンツ・モデレーションを適切に行う義務を事業者に負わせる，というような法律を作るという方法はどうだろう？

L： イ ｜。

M：そういう問題があるとしたら，その他に，どのような方法があり得るかな？

K： ウ ｜。

L：情報を受け取る私たちのリテラシーを高めることも，同時に追求していくべきだね。

a　違反に対して罰則があったら，事業者は罰を回避するために，本来であれば規制対象とはならないような内容の表現も過剰に削除してしまう可能性があると思うよ

b　利用者が安心・信頼してサービスを利用できるように，事業者にコンテンツ・モデレーションの基準と運用を明確にさせるような法的な仕組みがあるといいと思うよ

c　事業者の考えや好みによって，違法・有害情報が放置されてしまったり，逆に問題があるとまではいえない内容の表現が削除されてしまったりする可能性があると思うよ

① アーa　　イーb　　ウーc　　② アーa　　イーc　　ウーb

③ アーb　　イーa　　ウーc　　④ アーb　　イーc　　ウーa

⑤ アーc　　イーa　　ウーb　　⑥ アーc　　イーb　　ウーa

問6 探究する学習のまとめの発表会で，「インターネット時代の世論」というテーマで調査を行った生徒Nたちのグループが，次の**発表原稿**に基づいて報告を行った。この報告に対して，報告を聴いていた生徒たちから，報告の内容を確認する後の**ア～ウ**の発言があった。**ア～ウ**のうち，Nたちのグループの報告の内容に合致する発言として正しいものはどれか。当てはまるものをすべて選び，その組合せとして最も適当なものを，後の①～⑦のうちから一つ選べ。 26

発表原稿

　　これまで，テレビ，ラジオ，雑誌，新聞などのマス・メディアが，国民が政治を判断するために必要な情報を伝えるなど，世論形成に大きな役割を果たしてきましたが，今日ではインターネットが果たす役割が大きくなっています。

　　しかし，インターネットや SNS の特性から，世論の分断化を招く恐れがあるなどの弊害も指摘されています。たとえば，SNS 等を利用する際，自分と似た興味関心をもつユーザーをフォローする結果，意見を SNS で発信すると自分と似た意見が返ってくるという経験をしたことがあるでしょう。それにより，特定の意見が増幅されて強化されていくとされます。こうした状況は，閉じた小部屋で音が反響する物理現象にたとえて「エコーチェンバー」といいますが，それが世論形成に影響を与えるといわれています。

　　また，インターネットでは，アルゴリズムがインターネット利用者個人の検索履歴やクリック履歴を分析・学習し，個々のユーザーがみたい情報を優先的に表示していきます。その結果，自分の考え方や価値観に近い情報だけに包まれた情報環境に置かれることになります。この状況を指して，「フィルターバブル」といわれることがあります。

　　人間は，自分に都合の良い情報にばかり目を向けてしまい，都合の悪い情報は無意識のうちに無視したり，または，意識的に避けてしまったりという心理的な傾向をもつといわれます。かつては自分の好みや考え方に合わない情報にもマス・メディアを通じて触れる機会がありましたが，インターネットなどの特性からその機会が失われつつあるのです。

— 34 —

試作問題　公共，政治・経済

これらのことを自覚しながら，情報を批判的に吟味し読み解くメディア・リテラシーを身に付けることが，ますます重要な時代といえるでしょう。

ア　限定的な情報に接し，考えの同じ人々と同調し合うことで，特定の意見や立場が強化されていく結果，世論がより極端な意見や立場に分断していってしまう可能性があるということですね。

イ　インターネット上の情報には真偽不明なものが少なくないから，たとえば，政治家についての虚偽情報が流布されることなどによって，有権者の理性的な判断が妨げられてしまうということですね。

ウ　テレビ，ラジオ，雑誌，新聞などのマス・メディアは，自分とは異なる価値観や，多様な情報に触れる機会を与えるという意味で，インターネットの時代でもその重要性が失われたわけではないということですね。

① ア
② イ
③ ウ
④ アとイ
⑤ アとウ
⑥ イとウ
⑦ アとイとウ

第6問 次の文章を読み，後の問い(問1〜6)に答えよ。(配点 20)

　生徒X，生徒Y，生徒Zは，「政治・経済」の授業において，「ヨーロッパにおける人の移動と，それが日本に問いかけていること」をテーマにして，先生Tの助言の下，研究発表と討論を行うことになった。

　まず先生Tが，ヨーロッパにおける人の移動に関連して，欧州連合(EU)加盟国の人口に関わる資料を配布した。次の**資料1**は，EU加盟国の市民権をもつがEU域内の他国に移り住んでいる20〜64歳の人口の，市民権をもつ国の居住人口に対する比率(2020年時点)の上位10か国を示し，**資料2**は，2014年と2020年とを比較したときのEU加盟国の居住人口増加率の上位5か国・下位5か国を示している。

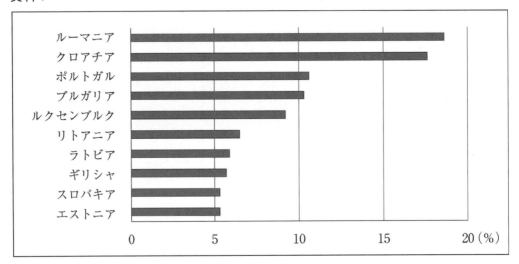

資料2

上位5か国	マルタ	ルクセンブルク	アイルランド	スウェーデン	キプロス
	15.7%	11.8%	6.6%	6.3%	4.4%
下位5か国	リトアニア	ラトビア	クロアチア	ブルガリア	ルーマニア
	-4.9%	-4.9%	-4.7%	-4.2%	-3.4%

(出所)　資料1，資料2ともに，EU統計局(Eurostat) Webページにより作成。

問1　生徒Xと生徒Yは，**資料1**と**資料2**の内容と自分たちが学習してきたこととを合わせて話し合っている。次の**会話文**中の空欄　ア　には，後の語句aかb，空欄　イ　には後の年cかd，空欄　ウ　には後の語句eかfのいずれかが当てはまる。当てはまるものの組合せとして最も適当なものを，後の①〜⑧のうちから一つ選べ。　27

X：**資料1**では，東ヨーロッパに加えてポルトガルなど南ヨーロッパでも，出身国以外のEU加盟国に移り住んでいる人口の比率が高い国があるね。

Y：南ヨーロッパといえば，リーマン・ショックの後，2009年からの　ア　の影響が大きかった地域だよね。

X：**資料2**をみると，　イ　以降に新たにEUに加盟した東ヨーロッパ諸国での人口の減少が目立っているね。これはなぜだろうか？

Y：東ヨーロッパ諸国では，1989年に相次いで民主化した後，1990年代に　ウ　へ移行する過程で深刻な不況に見舞われたんだよね。

X：人口の減少と出稼ぎ労働とが関連しているような気がするな。

ア　に当てはまる語句

　　a　金融ビッグバン　　　b　ユーロ危機

イ　に当てはまる年

　　c　2004年　　　　　　d　2013年

ウ　に当てはまる語句

　　e　計画経済　　　　　　f　市場経済

①　アーa　　イーc　　ウーe　　　②　アーb　　イーc　　ウーe

③　アーa　　イーd　　ウーe　　　④　アーb　　イーd　　ウーe

⑤　アーa　　イーc　　ウーf　　　⑥　アーb　　イーc　　ウーf

⑦　アーa　　イーd　　ウーf　　　⑧　アーb　　イーd　　ウーf

問2 生徒Zは，EU加盟国の法定最低賃金に関する**資料3**を新たにみつけ，**資料1，資料2**も踏まえて，EU域内における人の移動について推察した。このときの推察について述べた後の**ア～ウ**の記述のうち，**適当でないもの**はどれか。当てはまるものをすべて選び，その組合せとして最も適当なものを，後の①～⑦のうちから一つ選べ。 28

資料3 EU加盟国の法定最低月額賃金（単位：ユーロ）（2021年下半期平均）

上位5か国	ルクセンブルク	アイルランド	オランダ	ベルギー	ドイツ
	2,202	1,724	1,701	1,626	1,585
下位5か国	ブルガリア	ルーマニア	ハンガリー	ラトビア	クロアチア
	332	467	476	500	567

（出所） EU統計局Webページにより作成。

ア ラトビアは，EU域内の他国に移り住んでいる人口の比率は高いが，居住人口増加率と最低賃金はEU加盟国の中で下位にある。よって，EUに加盟したことでEU域内での人の移動が大幅に自由化され，EU域内の他国での就労などを目的とした移住がEU加盟後に増加したと推察できる。

イ ルクセンブルクは，EU域内の他国に移り住んでいる人口の比率と居住人口増加率が高く，最低賃金はEU加盟国の中で上位にある。よって，EU域内の他国からの移住が増加する一方で，EUの原加盟国であることから経済統合が深化してEU域内の他国への移住も増加したと推察できる。

ウ ブルガリアは，EU域内の他国に移り住んでいる人口の比率は高いが，居住人口増加率と最低賃金はEU加盟国の中で下位にある。よって，EU加盟によりEU域内での人の移動は大幅に自由化されたが，EU域内の他国での就労などを目的とした移住はEU加盟後に減少したと推察できる。

① ア   ② イ   ③ ウ
④ アとイ   ⑤ アとウ   ⑥ イとウ   ⑦ アとイとウ

問3 生徒**X**は，調べ学習を進める中で，イギリスではポーランドなど東ヨーロッパ諸国から移民労働者を多く受け入れていたことを知った。他方で，**X**は，先生**T**が以前の授業で，EU離脱の是非を問うたイギリス2016年国民投票で移民問題が関わっていたと，関連する世論調査データも使いつつ話していたことを思い出した。次の**資料4**は，その授業での配布資料である。**資料4**中の空欄 ア ・ イ に当てはまる記述として正しいものを，後の①～④のうちから，それぞれ一つ選べ。

ア に当てはまる記述　→　29

イ に当てはまる記述　→　30

資料4 イギリスのEU離脱の是非を問う国民投票の結果と世論調査にみる支持理由

投票率72%，残留に票が投じられた割合48%，離脱に票が投じられた割合52%		
残留支持理由	1位：	経済や雇用の面で離脱リスクが大きすぎる
	2位：	ア
	3位：	離脱すると孤立感が深まる
離脱支持理由	1位：	イ
	2位：	移民や国境の管理を自国に取り戻せる
	3位：	EUが決めた加盟国の拡大などに抗えない

（出所）　イギリス選挙委員会，アシュクロフト世論調査の各Webページにより作成。

① EU市場へのアクセスは現状維持が最善である

② イギリスのことはイギリスが決めるのが当然である

③ 欧州自由貿易連合（EFTA）に留まる必要がある

④ ユーロから離脱し通貨主権を取り戻せる

問4 ヨーロッパの難民問題を調べていた生徒Yは，シリア難民が，ギリシャ，オーストリア，ドイツをめざしたという先生Tの説明を思い出した。そこで，シリアを離れこれら3か国に到着し保護を求めた「庇護申請者」の合計の推移を調べ，次の**資料5**を作成した。後の**ア〜ウ**の記述のうち，**資料5**から推察できる内容として適当なものはどれか。当てはまるものをすべて選び，その組合せとして最も適当なものを，後の**①〜⑦**のうちから一つ選べ。 31

資料5 シリアを離れギリシャ，オーストリア，ドイツに庇護申請をした人数の推移

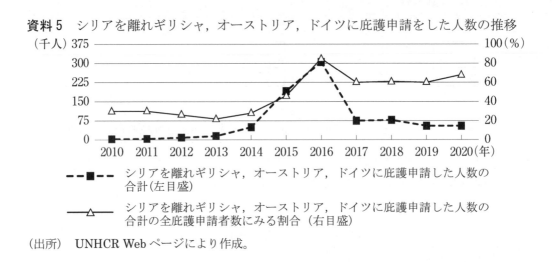

(出所) UNHCR Webページにより作成。

ア 2011年から2013年にかけて庇護申請者数はわずかに増加した一方，ギリシャ，オーストリア，ドイツ3か国の割合は減少している。これは，「アラブの春」によりシリアで政権交代が実現したことが背景にあると推察できる。

イ 2015年，2016年ともギリシャ，オーストリア，ドイツ3か国への庇護申請者数が前年に比べ急増している。これは，内戦の激化によって国内を脱出した人々が，自国より政治的に安定した国をめざしたからであると推察できる。

ウ 2017年にギリシャ，オーストリア，ドイツへの庇護申請者数は前年に比べ減少している。これは，パグウォッシュ会議でシリア難民対応への国際的合意がなされたことが一因であると推察できる。

① ア ② イ ③ ウ ④ アとイ
⑤ アとウ ⑥ イとウ ⑦ アとイとウ

試作問題　公共，政治・経済

（下 書 き 用 紙）

公共，政治・経済の問題は次に続く。

問5 生徒Xと生徒Yは，主な先進国の難民認定率と難民認定者数を示す次の**資料6**をみつけ，その内容について話し合っている。後の**会話文**中の空欄 ア には後の国名aかb，空欄 イ には後の語句cかd，空欄 ウ には後の記述eかfのいずれかが当てはまる。当てはまるものの組合せとして最も適当なものを，後の①〜⑧のうちから一つ選べ。 32

資料6 主な先進国の難民認定率(％)と難民認定者数(万人)(2020年)

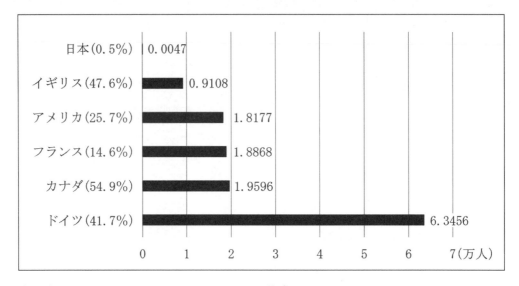

(出所) UNHCR Refugee Data Finder により作成。

X：難民の認定者数はドイツが一番多いけど，認定率は ア が一番高いね。

Y： ア は イ の政策をとっていたね。それが関係しているのかもしれないね。

X：日本は難民の認定者数が少なく，認定率も0.5％とかなり低いね。

Y：そういえば，難民条約では，ノン・ルフールマンの原則により，難民認定の申請を受けた国は ウ と定められている，と授業で学習したよね。

X：その原則の申請者への適用の仕方は各国の事情によるんだろうね。この後，日本の難民受入れ政策や申請者への処遇などを調べてみようか。

試作問題　公共，政治・経済

ア　に当てはまる国名

a　アメリカ

b　カナダ

イ　に当てはまる語句

c　ユニラテラリズム

d　マルチカルチュラリズム

ウ　に当てはまる記述

e　出身国での困窮を理由に入国した申請者を自国から送還してはならない

f　帰国後に迫害される恐れのある申請者を自国から送還してはならない

① ア―a　　イ―c　　ウ―e

② ア―b　　イ―c　　ウ―e

③ ア―a　　イ―d　　ウ―e

④ ア―b　　イ―d　　ウ―e

⑤ ア―a　　イ―c　　ウ―f

⑥ ア―b　　イ―c　　ウ―f

⑦ ア―a　　イ―d　　ウ―f

⑧ ア―b　　イ―d　　ウ―f

— 43 —

問6　これまでの学習の成果を踏まえて，生徒Zは，生徒X，生徒Yとともに，日本での移民・難民の期限を定めない受入れについて授業で討論した。この討論は異なる視点から3人が意見を出し合い，それぞれの意見を組み合わせて一つの政策的な含意をもつ提言を導くことがねらいであった。討論を通じて，まとめられたXたちによる次のア～ウの提言を読み，後の(1)，(2)の問いに答えよ。

ア　日本への移民・難民の受入れを考える前に，現状の根本的な問題解決として，そもそも日本は移民・難民の発生する地域の安定や開発に貢献すべきであるだろうし，そうした支援を行う国際機関への資金援助も今以上に積極的に行うべきだ。

イ　経済の活力が失われる日本の将来を考慮するならば，移民・難民の受入れとは考えなければならない選択肢の一つだけれども，移住してくる人たちに日本の社会や歴史，文化を深く理解してもらう教育制度に加えて，在留資格や国籍取得の要件を厳格にすべきだ。

ウ　多様な人材を日本に受け入れることで，雇用する会社はそれらの人材を事業や取引に活かせるだろうから，日本は移住者の雇用をどのように促進できて，その人たちといかに接点を作れるか，受入れ後の制度について既に移住している人たちと一緒に考えるべきだ。

(1)　まず3人の生徒が導いたア～ウの提言のうちから任意に一つ選び，アを選択する場合には①，イを選択する場合には②，ウを選択する場合には③のいずれかをマークせよ。なお，(1)で①～③のいずれを選んでも，(2)の問いについては，それぞれに対応する適当な選択肢がある。　33

(2)　(1)で選択した提言は，討論を踏まえ意見をまとめていく中で，2人の生徒の意見を調整して組み合わせたものである。どの2人の意見を組み合わせた提言だと考えられるか。次のa～cの意見のうちから適当なものを二つ選び，その組合せとして最も適当なものを，後の①～③のうちから一つ選べ。　34

― 44 ―

a　【生徒Xの意見】
　今の日本は移民なしに少子高齢化社会を支えられないだろうし，移民労働者によって日本経済も活性化すると思うな。難民についても，欧米諸国との受入れの国際比較に関する**資料6**にあったように，日本は他の国と比べて受入れ数が少ないんだし，積極的に受け入れることでもっと国際社会に貢献しても良いと思う。日本国憲法にもあるように，人権はすべての人に保障されているもので，誰かが困っているんだったら答えは受入れ以外ないと思う。

b　【生徒Yの意見】
　移住してくる人たちが日本で働き口をみつけ，家族を呼び寄せて，ある地域に移民が急に増えると，生活習慣や文化の違いでその地域の住民と摩擦が起こりそうだな。**資料4**のEU離脱支持理由にもあったけど，移民を手放しで受け入れた後では遅くて，受入れ前に対策を講じるのが一番大切だと思う。難民も多く発生しているアフガニスタンやシリアは言葉や宗教の面で日本と違うだろうから，暮らしにくいと思うよ。

c　【生徒Zの意見】
　資料2で人口減少が顕著だった東ヨーロッパの国をみて思ったんだけど，移民・難民として出ていかれたら，その国の将来を担う人材も減りそう。それに他国の就労先で低賃金・重労働の仕事を押し付けられるのも心配だ。私たちが互いの意見を尊重するのと同様に，いろんな言語や宗教の人たちの考え方や意思を尊重してあげたいな。ただ実際に多くの人が国境を越えて移動している中，国が移住を希望する人を制限したり妨げたりすることは避けるべきことだと思う。

'24
現社問題

2024年度

大学入学共通テスト

本試験

現代社会

（100点　60分）

現 代 社 会

(解答番号 1 ～ 31)

第1問 ある大学の授業では，「安全保障に関する政治と裁判」を全体テーマとして，それに関わる個別テーマを受講生が自分で選び，発表することになった。2回目の授業で，受講生はそれぞれ選んだテーマを記した紙を黒板に張り出した。次のテーマ一覧を読み，後の問い(問1～7)に答えよ。(配点 22)

テーマ一覧

【安全保障に関わる憲法と法律】

安全保障に ⓐ憲法はどう関わっているのか？ また，ⓑ安全保障に関わる日本の法律にはどのようなものがあるか？

【国際平和の構想と実現】

どのような ⓒ国際平和の構想が提示されてきたのか？ また，その実現に向けてどのように ⓓ政治に関わることが求められるか？

【安全保障政策の違憲審査】

国の安全保障政策に対して，ⓔ裁判所はどのような ⓕ違憲審査をすることができるのか？

【安全保障概念の多様化】

ⓖ軍事とは別の観点から，安全保障の語が使われるようになっているが，それはどのようなものか？

— 2 —

2024 本試 現代社会

問 1　下線部@に関して，大日本帝国憲法または日本国憲法についての記述として
　　正しいものを次の**A**～**C**からすべて選んだとき，その組合せとして最も適当な
　　ものを，後の①～⑧のうちから一つ選べ。□1□

　　A　大日本帝国憲法では，陸海軍の統帥権は天皇が有すると定められていた。
　　B　日本国憲法の規定によると，国務大臣全体の半数を超えなければ，文民で
　　　ない者が国務大臣に就任することができる。
　　C　現在の政府解釈によれば，日本国憲法9条は集団的自衛権の行使を全面的
　　　に禁じている。

　　①　**A**と**B**と**C**
　　②　**A**と**B**
　　③　**A**と**C**
　　④　**B**と**C**
　　⑤　**A**
　　⑥　**B**
　　⑦　**C**
　　⑧　正しいものはない

― 3 ―

問 2　下線部ⓑに関して，次の時系列は冷戦後の日米関係に関わる出来事を年代順に並べたものである。この時系列上に，日本の法律である「安全保障関連法」と「周辺事態法」を制定された年代順に並べると，次の ア ～ ウ のいずれかに入る。その組合せとして最も適当なものを，後の①～⑥のうちから一つ選べ。 2

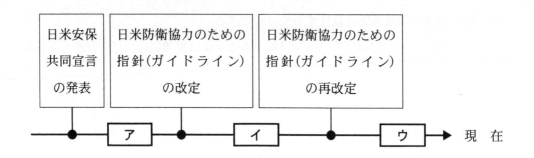

① 安全保障関連法 ― ア　　周辺事態法 ― イ
② 安全保障関連法 ― ア　　周辺事態法 ― ウ
③ 安全保障関連法 ― イ　　周辺事態法 ― ア
④ 安全保障関連法 ― イ　　周辺事態法 ― ウ
⑤ 安全保障関連法 ― ウ　　周辺事態法 ― ア
⑥ 安全保障関連法 ― ウ　　周辺事態法 ― イ

問 3 　下線部ⓒに関して，次の記述 **A・B** は，平和の実現に向けて打ち出された構想を説明したものである。これらの構想を打ち出した人物名の組合せとして最も適当なものを，後の**①**～**④**のうちから一つ選べ。　| 3 |

A　互いの人格を尊重し合う社会を「目的の国」と呼び，こうした社会の世界規模での実現を目標に，永久平和に向けた国際的な連合の構想を打ち出した。

B　「平和原則 14 か条」を提唱し，勢力均衡ではなく，集団安全保障に基づく国際平和機構の設立につながる構想を打ち出した。

①　**A**　ヘーゲル　　**B**　ウィルソン
②　**A**　ヘーゲル　　**B**　F.ローズベルト
③　**A**　カント　　　**B**　ウィルソン
④　**A**　カント　　　**B**　F.ローズベルト

問 4 下線部ⓓに関して，原則自由に行うことのできる一般的な政治運動としての表現活動とは異なり，選挙運動には特別の規制がある。次の**ポスター**はインターネット選挙運動に関するルールの一部がまとめられたものである。また，後の行動**A～C**は，7月13日公示，7月30日投票の参議院議員選挙において，有権者の立場で行ったインターネット選挙運動であるとする。**A～C**のうち，**ポスター**に掲げられたルールに適合しているものをすべて選んだとき，その組合せとして最も適当なものを，後の①～⑧のうちから一つ選べ。ただし，**ポスター**に掲げられたルール以外は考慮しないものとする。 $\boxed{4}$

ポスター

インターネットを利用した選挙運動が
できるようになりました

◆有権者は，インターネットを利用した選挙運動ができます。

　例：ホームページ，ブログ，SNS，動画共有サービス，動画中継サイト

◆ただし，有権者が電子メールを利用して選挙運動を行うことは，引き続き禁止されています。電子メールとは，次のいずれかに該当するものを指します。

　・メールアドレス（例：□□@□□.ne.jp）宛てに送信する方式のメッセージ

　・電話番号（例：090 ― xxxx ― xxxx）宛てに送信する方式のメッセージ

◆選挙運動は，公示日・告示日から投票日の前日までしか行うことができません。ただし，上記期間中にインターネットを利用して発信したものであれば，投票日に削除する必要はありません。

総務省「インターネット選挙運動の解禁に関する情報」（総務省 Web ページ）により作成。

A　7月16日に，自身が支持している政党が掲げている公約の優れている点を説明した文章を，大学の友人たちのメールアドレス宛てに一斉送信する。

B　7月25日・26日に，自身が支持している候補者の魅力的な人柄を紹介する動画を，動画配信アプリを利用してライブ配信する。

C　7月28日・29日・30日に，自身が支持している候補者や政党に投票するようお願いする文章を，SNS に投稿する。

① 　**A と B と C**

② 　**A と B**

③ 　**A と C**

④ 　**B と C**

⑤ 　**A**

⑥ 　**B**

⑦ 　**C**

⑧ 　**ポスター**に掲げられたルールに適合しているものはない

問5　下線部ⓔに関して，日本国憲法における裁判官についての記述として最も適当なものを，次の①～④のうちから一つ選べ。　5

① 　罷免の訴追を受けた裁判官を裁判する弾劾裁判所は，最高裁判所に設けられている。

② 　裁判官は，心身の故障のために職務を果たすことができないと国会で議決されたとき，罷免される。

③ 　最高裁判所の裁判官のうち，長官以外の裁判官を任命する権限は，最高裁判所の長官が有している。

④ 　すべての裁判官は独立してその職権を行うという，裁判官の独立が保障されている。

— 7 —

問 6　下線部⑥に関して，次の**判決文**は，日米安全保障条約の違憲審査について統治行為論を用いたとされる日本の最高裁判所の判決文の一部である。また，後の**図**は，**判決文**の趣旨と，そこで示された違憲審査のあり方に対して向けられた二つの立場からの批判をまとめたものである。図中の　ア　～　ウ　には後の記述**A ～ C**のいずれかが入る。その組合せとして最も適当なものを，後の①～⑥のうちから一つ選べ。　6

判決文

> 日米安全保障条約は，主権国としてのわが国の存立の基礎に極めて重大な関係をもつ高度の政治性を有するものというべきであって，その違憲か否かの法的判断は，純司法的機能をその使命とする裁判所の審査には，原則としてなじまない性質のものである。従って，一見極めて明白に違憲無効であると認められない限りは，裁判所の審査権の範囲外のものであって，それは第一次的には，この条約の締結権を有する内閣およびこれに対して承認権を有する国会の判断に従うべく，終局的には，主権を有する国民の政治的批判に委ねられるべきものである。

（注）　判決文の表現は一部変えている。
最高裁判所刑事判例集 13 巻 13 号。

— 8 —

図

A 高度の政治性を有する事項については，国会や内閣の判断に従うべきであるから，裁判所は，一見極めて明白に違憲無効であると認められる場合を除いて，違憲審査をすべきでない。

B 高度の政治性を有する事項については，国会や内閣の判断や国民の政治的批判に委ねるべきであるから，裁判所は，一見極めて明白に違憲無効と認められるかどうかの審査さえ行うべきでない。

C 高度の政治性を有する事項について，国会や内閣の判断に従うべきとするのは違憲審査制の趣旨に反するから，裁判所は，一見極めて明白に違憲無効であると認められなくても，違憲審査を回避すべきでない。

① アーA イーB ウーC　② アーA イーC ウーB
③ アーB イーA ウーC　④ アーB イーC ウーA
⑤ アーC イーA ウーB　⑥ アーC イーB ウーA

問7 下線部⑥に関して，次の**説明文**は「食料安全保障」について解説したものである。**説明文**中の ア ・ イ には後の記述A・Bのいずれかが， I ・ II には記述P・Qのいずれかが， III には記述R・Sのいずれかが入る。 イ ・ II ・ III に入るものの組合せとして最も適当なものを，後の①〜⑧のうちから一つ選べ。 7

説明文

　「食料安全保障」について，異なる視点から様々な対策が行われている。

　日本では，食料の多くを特定の国・地域からの輸入に頼っている。このため，そこからの輸入が途絶すると食料不足に陥るという現状への危惧から，「食料安全保障」の考え方に基づき， ア が主張される。その際，特定の国・地域への依存を回避することに重きをおくと， I 政策が考えられる。しかし，国外の広い範囲での凶作といった不測の事態が起きると， I 政策でも食料確保が不可能になるおそれから， II 政策を採ることが重視される。

　国連食糧農業機関は「食料安全保障」の考え方に基づき， イ を打ち出している。これには，特に開発途上国において飢餓の問題が深刻化しているという背景がある。この考えに従い，1996年の世界食糧サミットや2000年のミレニアム開発目標では，2015年までに地球規模で栄養不足人口（飢餓人口）を III という目標が立てられたが，その達成はできず，持続可能な開発目標(SDGs)に改変されたかたちで組み込まれている。

— 10 —

2024 本試 現代社会

ア ・ イ に入る記述

A　すべての人が安全で栄養のある食料を入手する権利を有すること

B　国外の状況に左右されることなく食料を確保すべきこと

Ⅰ ・ Ⅱ に入る記述

P　食料自給率を向上させる　　　**Q**　食料輸入先を分散させる

Ⅲ に入る記述

R　半減させる　　　　　　　　**S**　ゼロにする

① イ－A　　Ⅱ－P　　Ⅲ－R

② イ－A　　Ⅱ－P　　Ⅲ－S

③ イ－A　　Ⅱ－Q　　Ⅲ－R

④ イ－A　　Ⅱ－Q　　Ⅲ－S

⑤ イ－B　　Ⅱ－P　　Ⅲ－R

⑥ イ－B　　Ⅱ－P　　Ⅲ－S

⑦ イ－B　　Ⅱ－Q　　Ⅲ－R

⑧ イ－B　　Ⅱ－Q　　Ⅲ－S

第2問 高校生のイトウさんとヤマネさんは，働くことと生き方をテーマに，グループで調査研究を行うことにした。次の問い（**問1～6**）に答えよ。（配点　19）

問1 イトウさんとヤマネさんは先生に，働くことと生き方について社会人に直接，話を聞き，調査したいと伝えたところ，先生から高校の卒業生を紹介してもらえることになった。次の**会話文**の ア には後の語句**A・B**のいずれかが， イ には記述**C・D**のいずれかが， ウ には語句**E・F**のいずれかが入る。その組合せとして最も適当なものを，後の①～⑧のうちから一つ選べ。 8

会話文

先　生：今回のように，卒業生が働く職場を実際に訪ね，その場所で様々なことを体験，見聞きしながら，データとなる情報を収集し記録する調査方法は ア と呼ばれますね。この場合，現地でアンケートやインタビューを行うこともあります。卒業生にどんなことを尋ねたいですか。

イトウ：これからインタビュー用の質問項目を作る予定です。仕事に関してこれまでに行われた調査の項目を参考にしたり，グループでブレインストーミングを行ったりして作成するつもりです。

先　生：いいですね。ブレインストーミングでは， イ ことができますね。その後，目的に応じて質問項目を選び，卒業生にインタビューをしましょう。

ヤマネ：卒業生へのインタビューから得られた多くの情報は，どのように整理すれば良いのでしょうか。

先　生：方法はいくつかあります。例えば，個々の経験的事実から共通する事柄を取り出して，一般的な傾向を見出す方法として， ウ があります。このような考え方も念頭に，情報を整理してみてください。

— 12 —

2024 本試 現代社会

ア に入る語句

A ロールプレイ　　　　　　　　**B** フィールドワーク

イ に入る記述

C グループのメンバーで，お互いのアイデアを否定しないというルールで，自由にたくさんの意見を出し合う

D 自分の意見や立場とは関係なく，肯定側と否定側に分かれ，あるテーマについて討論し，勝ち負けを決める

ウ に入る語句

E 帰納法　　　　　　　　　　　**F** 演繹法

① アーA　イーC　ウーE　　② アーA　イーC　ウーF
③ アーA　イーD　ウーE　　④ アーA　イーD　ウーF
⑤ アーB　イーC　ウーE　　⑥ アーB　イーC　ウーF
⑦ アーB　イーD　ウーE　　⑧ アーB　イーD　ウーF

問 2 イトウさんとヤマネさんは，インタビューの前に働き方やそれに関する制度について関心をもち調べた。日本における就労に関連する記述として最も適当なものを，次の①～④のうちから一つ選べ。 9

① 雇用機会を確保するために，政府が設置している就労支援機関は，国民生活センターである。

② 高校生等が，職業意識を高めることなどを目的として，民間企業や公的機関等で一定期間，就業体験することを，インターンシップと言う。

③ 日本的雇用慣行の特徴の一つに，正規雇用の労働者に対する成果主義型の賃金体系がある。

④ 労働者派遣法は，制定当時と比べると，対象業務数を減らす方向で改正されてきている。

— 13 —

問 3　イトウさんとヤマネさんは，インタビューの質問項目を作成するために，内閣府が実施した「仕事選択時の重要な観点」に関する調査を参考にした。二人は，その調査結果のうち，「とても重要」という回答に着目し，年齢区分別に次の表のようにまとめた。表の内容を説明した記述として最も適当なものを，後の①～④のうちから一つ選べ。　10

表　仕事を選択する際の観点について「とても重要」と回答した者の割合（％）

	16～19 歳	20～24 歳	25～29 歳
安定していて長く続けられる	58.2	46.8	46.7
自分のやりたいことができる	54.2	42.0	33.5
収入が多い	52.6	43.7	43.2
自分が身に付けた知識や技術が活かせる	40.6	30.7	24.7
福利厚生が充実している	40.3	42.4	40.5
自宅から通える	38.8	41.4	51.0
自由な時間が多い	35.0	35.9	31.3
能力を高める機会がある	31.8	25.2	19.9
人の役に立つ	31.2	23.3	18.3
子育て，介護等との両立がしやすい	28.5	25.7	28.1

（注1）　調査の対象者は，16 歳から 29 歳までの男女で，就労している者としていない者が含まれている。

（注2）　それぞれの観点について，「とても重要」「まあ重要」「あまり重要でない」「まったく重要でない」のうちから一つだけ選ぶよう回答を求めている。

（注3）　この調査における「社会的評価の高い仕事である」「実力主義で偉くなれる」「特別に指示されずに，自分の責任で決められる」についての結果は省略している。

（注4）　各年齢区分の割合は，男女別で算出されたデータを基に再計算を行い，小数第 2 位を四捨五入した値である。

内閣府「子供・若者の現状と意識に関する調査」（平成 29 年度）（内閣府 Web ページ）の「仕事選択時の重要な観点」に関する調査結果により作成。

① 「安定していて長く続けられる」という観点は，すべての年齢区分で回答割合が最も高い。

② 「自分が身に付けた知識や技術が活かせる」と「能力を高める機会がある」という観点はともに，16～19歳の方が他の年齢区分よりも回答割合が高い。

③ 年齢区分が上がるごとに，「収入が多い」という観点では，回答割合は減少し，「自由な時間が多い」という観点では，回答割合は増加する。

④ 年齢区分が上がるごとに，「自宅から通える」と「子育て，介護等との両立がしやすい」という観点はともに，回答割合が増加する。

問 4　イトウさんとヤマネさんは，卒業生３名に働くことと生き方についてインタビューを行い，大学生の頃のアイデンティティに関するエピソードに興味をもった。アイデンティティは，次に示す**エリクソンの定義**によって説明される。後の**説明文**の　X　～　Z　には，後の卒業生の発言**ア～ウ**のいずれかの記号が入る。その組合せとして最も適当なものを，後の①～⑥のうちから一つ選べ。　11

エリクソンの定義

アイデンティティには，個人が自分の内部に斉一性と連続性を感じられることと，自分が感じた斉一性と連続性を他者が認めてくれることの，両方の自覚がある。アイデンティティの感覚は次のように説明される。

感　覚	内　容
斉一性	相手や場所によって，自分の態度，振る舞い，役割が異なっていても，その違いも含めて，一人の自分としてまとまっているという感覚。
連続性	自分の記憶を基に，過去の自分が現在の自分につながり，現在の自分が未来の自分につながっているという感覚。
自分が感じた斉一性と連続性を他者が認めてくれること	自分が自覚している斉一性と連続性の両方を，他者からも認めてもらえているという感覚。

説明文

卒業生の発言のうち，斉一性の感覚は表れているが，連続性の感覚が表れていないのは　X　の発言である。これに対し，連続性の感覚は表れているが，斉一性の感覚が表れていないのは　Y　の発言である。自分が自覚している斉一性と連続性の両方を他者が認めてくれることが表れているのは，　Z　の発言である。

— 16 —

2024 本試 現代社会

ア 大学に入学したばかりの頃は，人前で発表する授業で，緊張して言いたいことを話せず，緊張しない人に変わりたいと思っていました。大学を卒業する頃には，緊張しやすいのが私なのだと理解し，緊張しないことを目標にし続ける必要はないと気付きました。この自分の特徴を踏まえて，事前に発表の準備をすることで，自分が伝えたいことを話せるようになり，この方法をずっと続けていこうと思うようになりました。

イ 大学で就職活動を始めるときに，自己分析をしました。幼い頃から心配症ですが，そのおかげで一つ一つのことに堅実に取り組むことができるのが私で，就職後もこの特徴は強みになると思えました。また，相手や場面によって自分の振る舞いを変えられる柔軟性があるのも私だと思いました。この自己分析の内容について，親友から「私もその通りだと感じているよ」と言ってもらえました。

ウ 大学生の頃，授業のグループワークで同級生と一緒にいるときの私は，自分から積極的に意見を出すというよりは，他のメンバーの意見に従い，指示をもらってサポートする役割を担うことが多かったです。一方で，所属していたダンスサークルではリーダーを務め，自らアイデアを出してイベントを企画し，チームを引っ張りました。違う役割をしている自分に違和感がなく，学生生活は充実していました。

① X－ア　　Y－イ　　Z－ウ
② X－ア　　Y－ウ　　Z－イ
③ X－イ　　Y－ア　　Z－ウ
④ X－イ　　Y－ウ　　Z－ア
⑤ X－ウ　　Y－ア　　Z－イ
⑥ X－ウ　　Y－イ　　Z－ア

－ 17 －

問 5 インタビュー中には，卒業生が社会生活で経験する葛藤についても聞くことができた。葛藤が起こる状況を，接近したい欲求と回避したい欲求の組合せにより，いくつかの型に分けて考えた場合，「接近—回避」型に当てはまる事例を次の**ア～ウ**からすべて選んだとき，その組合せとして最も適当なものを，後の①～⑧のうちから一つ選べ。 12

ア 新入社員に早く仕事を覚えてもらうために，上司として多くのことを指導したいが，新入社員との関係を悪くしないために，細かいことを言い過ぎたくない。

イ 友人から平日に日帰り旅行に誘われたので，その日の休暇を申請したいが，親しい同僚から同じ日に行う仕事を手伝ってほしいと頼まれ，対応してあげたい。

ウ 上司から職場の昇進試験を受けるように言われ，新しく学ばなければならないことが多いので試験を受けたくないが，昇進しないことで，現在の業務を続けるということもしたくない。

① アとイとウ   ② アとイ   ③ アとウ

④ イとウ   ⑤ ア   ⑥ イ

⑦ ウ   ⑧ 「接近—回避」型に当てはまる事例はない

問 6 イトウさんとヤマネさんは，今回の調査研究を通して，自分たちは人との関わりのなかで生きていることを改めて確認した。社会における人との関わりについての思想に関する記述として最も適当なものを，次の①～④のうちから一つ選べ。 13

① 和辻哲郎は，人間は孤立した個人として存在するのではなく，人と人との関係において人間たり得る「間柄的存在」であると述べた。

② 賀茂真淵は，日常生活における「忠信」の徳に基づき，他人への思いやりや，人を欺かないことを説いた。

③ サルトルは，自分の考えや信念よりも，他人の意見を気にし，周囲に同調する「他人指向型」の人が現代では多く見られるようになったと述べた。

④ アドルノは，異なる意見の人々が，対話を通じ相互理解を目指す「対話的理性」により，公共性に根差した合意を形成することの重要性を説いた。

— 18 —

2024 本試 現代社会

第3問 次の**場面 I ～ III**を読み，後の問い(問1 ～ 7)に答えよ。(配点 21)

場面 I

　大学生のシロマさんは，家で高校生の弟と将来の夢について語り合った。弟が
ⓐ国会議員になって社会のために働きたいと言ったので，シロマさんは社会のた
めということなら一般のⓑ公務員も選択肢になることを教え，自分は地元の市役
所の職員を目指すと話した。それを聞いた弟は，ⓒ地方の政治・行政に関わる仕
事も面白そうだと考えた。

問1　下線部ⓐに関して，日本の国会議員やその選挙に関する記述として最も適当
なものを，次の①～④のうちから一つ選べ。　　14

　　① 参議院議員は，6年に1度の選挙ですべての議員が改選される。

　　② 参議院議員の比例代表選挙は，11のブロック単位で行われる。

　　③ 衆議院議員の任期は4年間であるが，衆議院が解散された場合，その任期
は終了する。

　　④ 選挙権年齢が引き下げられたことに合わせて，衆議院議員の被選挙権も満
18歳以上になっている。

— 19 —

問 2　下線部ⓑに関して，次のグラフは，日本・韓国・アメリカ・ドイツそれぞれの全雇用者に占める政府雇用者(公務員)の割合を比較したものである。グラフに関する後の説明文中の　ア　～　ウ　に入る語句の組合せとして最も適当なものを，後の①～⑧のうちから一つ選べ。　15

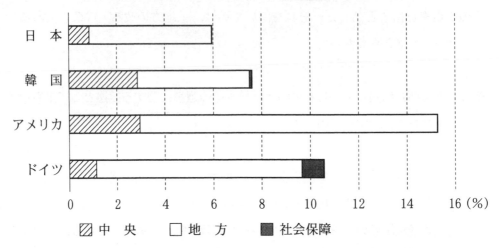

グラフ　全雇用者に占める政府雇用者(公務員)の割合(2015年)

☒ 中央　□ 地方　■ 社会保障

(注)　中央とは中央政府(連邦政府)に雇用される公務員を，地方とは地方自治体または州政府に雇用される公務員を，社会保障とは中央・地方いずれにも分類できない公務員を意味する。

OECD.Stat, Government at a Glance-2017 edition(OECD Web ページ)により作成。

2024 本試 現代社会

説明文

> 韓国とアメリカ・ドイツとを比較すると，連邦制を採るアメリカ・ドイツの方が，連邦制ではない韓国よりも，政府雇用者のなかで ア に分類される政府雇用者の割合が大きい。これは，連邦制を採る国の多くでは州政府が様々な行政上の権限を有しているためである。日本も韓国と同様に連邦制を採っていない国であるが，1990 年代以降の行政改革の結果，イ に分類される政府雇用者の割合が特に少ないのが特徴である。政府の規模を全雇用者に占める政府雇用者の割合で測るとすれば，この 4 か国のなかでは日本は政府の規模が相対的に ウ 国だと言えるだろう。

① ア 地　方　イ 地　方　ウ 大きな
② ア 地　方　イ 地　方　ウ 小さな
③ ア 地　方　イ 中　央　ウ 大きな
④ ア 地　方　イ 中　央　ウ 小さな
⑤ ア 中　央　イ 地　方　ウ 大きな
⑥ ア 中　央　イ 地　方　ウ 小さな
⑦ ア 中　央　イ 中　央　ウ 大きな
⑧ ア 中　央　イ 中　央　ウ 小さな

— 21 —

問 3　下線部ⓒに関して，日本の地方公共団体の議会，首長，有権者に関する制度の記述として最も適当なものを，次の①〜④のうちから一つ選べ。　16

①　地方議会は，首長に対して不信任決議をすることができない。

②　首長は，有権者がその解職を請求できる対象に含まれていない。

③　有権者は，地方議会議員と首長をそれぞれ別の選挙で選ぶ。

④　有権者は，事務の監査請求を首長に対して行う。

場面Ⅱ

シロマさんがテレビをつけると，法律の専門家が交通事故に関して次のような解説をしていた。事故を起こした人は⒟刑罰を受けたり損害賠償の義務を負ったりする可能性があり，損害賠償については裁判の判決で解決する場合と和解により解決する場合がある。この話に関心をもった弟は，裁判の判決による解決と和解による解決のどちらにするか，悩む人がいそうだね，と言った。シロマさんがその理由を聞いたところ，弟は，裁判の判決で解決しようとすると，多くの費用と時間がかかることに不安を感じる人もいるのではないか，と言った。これに対してシロマさんは，法的紛争の解決における費用の問題を考える方法の一つとして⒠法の経済分析という方法があること，この考えにおいては時間も費用に換算して分析していること，一方でこの分析にも限界があることを教えた。

問 4 下線部⒟に関して，日本の刑事司法制度に関する記述として最も適当なものを，次の①～④のうちから一つ選べ。 | 17 |

① 憲法によれば，ある行為について刑罰規定のない時点でその行為を行った場合も，法律により事後に刑罰規定を定めれば，その行為者に対して刑罰を科すことが認められる。

② 検察官に起訴された被告人は，制度上，無罪の証明をしない限り有罪の判決を受けることになっている。

③ 一定の事件について，犯罪被害者やその遺族は，刑事裁判に参加し，証人への尋問や被告人への質問を行うことが認められている。

④ 憲法によれば，日本の刑事裁判において被告人の無罪判決が確定しても，その者の有罪を示す証拠が新たに発見されれば，同一の犯罪について再び審理することが認められている。

問 5 下線部⑥に関して，ある損害賠償の事案について，裁判の判決で解決する場合と和解で解決する場合とに分けて，次の**条件**でそれぞれ予想される原告の利得額と被告の損失額を計算すると，その結果が後の**表1・2**となる。後の**説明文**中の ア には記述 **A・B** のいずれかが， イ には記述 **C・D** のいずれかが， ウ には数値 **P～R** のいずれかが入る。 ア ～ ウ に入るものの組合せとして最も適当なものを，後の ① ～ ⑨ のうちから一つ選べ。 18

条 件

- 受取額と支払額は同額とし，原告・被告のそれぞれにおいて解決にかかる費用はいずれの場合でも同額とする。
- 解決の方法については，原告側は予想利得額の多い方を，被告側は予想損失額の少ない方を選択しようとするものとする。

表1 裁判の判決で解決する場合

原告	原告の予想する自身の勝訴確率	受取額	費　用	原告の予想利得額
	0.6	200	X	$0.6 \times 200 - X$
被告	被告の予想する自身の敗訴確率	支払額	費　用	被告の予想損失額
	0.2	200	X	$0.2 \times 200 + X$

表2 和解で解決する場合

原告		受取額	費　用	原告の予想利得額
		100	Y	$100 - Y$
被告		支払額	費　用	被告の予想損失額
		100	Y	$100 + Y$

— 24 —

2024 本試 現代社会

説明文

> この案件で裁判の判決までにかかる費用 X は 100，和解にかかる費用 Y は 70 であるとする。原告側は和解で解決する場合の予想利得額が裁判の判決で解決する場合の予想利得額を　ア　一方，被告側は和解で解決する場合の予想損失額が裁判の判決で解決する場合の予想損失額を　イ　。原告と被告の両当事者によって和解による解決が選択されるためには，和解にかかる費用 Y が　ウ　未満まで下がることが条件となる。

　ア　に入る記述

A　下回るので和解を選択しない　　　B　上回るので和解を選択する

　イ　に入る記述

C　上回るので和解を選択しない　　　D　下回るので和解を選択する

　ウ　に入る数値

P　60　　　　　　　　Q　40　　　　　　　　R　20

① アー A　イー C　ウー P
② アー A　イー C　ウー Q
③ アー A　イー C　ウー R
④ アー A　イー D　ウー P
⑤ アー A　イー D　ウー Q
⑥ アー A　イー D　ウー R
⑦ アー B　イー C　ウー P
⑧ アー B　イー C　ウー Q
⑨ アー B　イー C　ウー R

場面Ⅲ

弟　：損害賠償と言えば，現代社会の授業で過去の公害事件について聞いたよ。裁判で企業側の損害賠償責任が認められるまでに，長い時間がかかったらしい。なぜそんなに大変なんだろう。

シロマ：民法上は　　ア　　が認められない限り損害賠償責任を問われない，という原則が採られているから，被害者が企業の　　ア　　を証明しない限り責任を認めることができないんだ。

弟　：そうした原則のために，被害者の救済が困難になることがあるんだね。

シロマ：そうだね。でも環境汚染の分野だと，大気汚染防止法などの特別の法律が被害者救済のために例外を定めている場合もあるよ。

弟　：そうなんだ。それでも，やはり裁判をするのは時間がかかりそうだね。

シロマ：裁判によらない救済制度を定めた法律もあるよ。例えば，　　イ　　では，環境汚染の原因となり得る物質を排出する事業者から金銭を徴収し，被害者に一定の金銭が給付される仕組みになっているんだ。この法律は，汚染者負担の原則に基づいていると言われているよ。

弟　：公害問題は，国や自治体の規制で防ぐべきだったように思うけど。

シロマ：その視点も大切だね。国や自治体が適切に権限を行使しているか，市民がチェックすることも大切なんだ。

弟　：それなら，市民が十分な(f)情報を収集できる仕組みも必要だね。

問6　上のシロマさんと弟の会話文中の　　ア　　・　　イ　　に入る語句の組合せとして最も適当なものを，次の①～④のうちから一つ選べ。　19

① ア　故　意　　イ　環境基本法
② ア　故　意　　イ　公害健康被害補償法
③ ア　過　失　　イ　環境基本法
④ ア　過　失　　イ　公害健康被害補償法

問 7 下線部⑥に関して，情報についての日本の法制度に関する記述として最も適当なものを，次の①～④のうちから一つ選べ。　20

① 情報公開制度により，行政機関は開示請求を受けたとき，いかなる場合も情報を開示しなければならない。

② 特定秘密保護法により，防衛・外交などの安全保障に関わる秘匿性の高い情報を漏えいする行為が禁止されているが，罰則は設けられていない。

③ 個人情報保護法により，自己の個人情報の開示や訂正などを一定の民間事業者に対して求めることが認められている。

④ 通信傍受法により，アクセス制限がされているコンピュータに対し，私人が他人のパスワードを無断使用してアクセスすることが禁止されている。

第4問 高校生のオダさんは，現代社会の授業で開発途上国の経済に関連したレポートを作成することになった。そこで，開発途上国のA国に商社の駐在員として以前赴任していた叔父を訪ねたところ，A国での開発戦略，累積債務問題，インフレーション(インフレ)と国際通貨基金(IMF)の支援について話を聞くことができた。次の**会話文Ⅰ～Ⅲ**を読んで，後の問い(**問1～7**)に答えよ。(配点　22)

会話文Ⅰ

叔　　父：A国は戦後の日本の成長と対照的なので君にも興味をもってもらえると思う。国際収支でみると，日本は民間の製造業の主導で高度経済成長を遂げて，輸出を拡大して経常収支の黒字を計上してきたよね。今では海外からの配当・利子の額が大きいので　ア　の黒字が経常収支の黒字を支えているけどね。一方A国政府は，財政赤字に加え慢性的な経常収支赤字と開発資金不足にも悩んでいて，外国政府からの援助を受けていた。

オ　　ダ：日本の(a)政府開発援助も受けているんだよね。民間ビジネスが拡大してA国に出張する人が増えて，現地の宿泊業も繁盛したと聞いたよ。叔父さんが出張でA国のホテルに泊まったとき，その宿泊代金の支払いは，国際収支では　イ　に含まれるよね？

叔　　父：そうだね。A国政府はそれらの援助でも不足する開発資金を外国の銀行から米ドルで大規模に借り入れて資源開発を行い，その輸出で経常収支を改善し成長を目指したんだ。

— 28 —

2024 本試 現代社会

問 1　上の**会話文 I** 中の ア・イに入る語句の組合せとして最も適当なものを，次の①〜④のうちから一つ選べ。21

①　ア　第一次所得収支　　イ　貿易収支

②　ア　第一次所得収支　　イ　サービス収支

③　ア　第二次所得収支　　イ　貿易収支

④　ア　第二次所得収支　　イ　サービス収支

問 2　下線部@に関して，日本の政府開発援助の記述として最も適当なものを，次の①〜④のうちから一つ選べ。22

①　被援助国への贈与に限定している。

②　援助額は，対 GNI 比率で 1 ％ を超えている。

③　対象は，医療，教育など生活関連分野の支援に限定している。

④　二国間援助に加え，国際機関への出資・拠出も行っている。

— 29 —

会話文Ⅱ

オ　ダ：Ａ国の開発計画は，借り入れた米ドルでどのように進んだのかな？

叔　父：先進国の⒝エネルギーの消費増加予測に注目して，天然ガス開発プロ
　　　　ジェクトを進めた。ところが各国でも資源開発が進んでエネルギー価格が
　　　　低迷して輸出額は伸びず，結局債務不履行に陥った。Ａ国だけでは解決で
　　　　きず，最終的に⒞国際機関，具体的にはIMFの支援を必要としたんだ
　　　　よ。

オ　ダ：開発途上国で資源開発に依存した⒟経済発展は難しいんだね。

問 3　下線部⒝に関して，エネルギーや資源についての記述として最も適当なもの
　　　　を，次の①〜④のうちから一つ選べ。　　23

　　① 情報通信技術を活用して，電力の需要と供給を効率的に管理・調整しよう
　　　とする試みを，クリーン開発メカニズムと言う。

　　② 主たるエネルギー資源が石炭から石油へ転換したことに伴い，産業や交
　　　通，生活様式が著しく変化したことを，オイル・ショックと言う。

　　③ 動植物に由来する有機物をもとにつくられる再生可能エネルギーのこと
　　　を，一次エネルギーと言う。

　　④ 石油などの枯渇性資源の確認可採埋蔵量を，その年の生産量で割った指標
　　　を，可採年数と言う。

問 4　下線部⒞に関連する記述として**適当でないもの**を，次の①〜④のうちから一
　　　　つ選べ。　　24

　　① 人間環境宣言で定められた目標を実現するために設立されたのは，国連環
　　　境計画(UNEP)である。

　　② 労働者の権利保護や労働条件・生活水準の改善に取り組んでいるのは，国
　　　際労働機関(ILO)である。

　　③ 南北格差の是正には援助より貿易を重視すべきとの理念の下で，開発途上
　　　国の貿易の促進に取り組んでいるのは，経済協力開発機構(OECD)である。

　　④ 難民の国際的保護や本国への自発的な帰還を主たる目的とするのは，国連
　　　難民高等弁務官事務所(UNHCR)である。

— 30 —

問 5　下線部ⓓに関連して，オダさんは，地球温暖化を防止するための条約が経済発展に及ぼす影響に関心をもち，条約について調べた。次の**条約の特徴**中の　ア　・　イ　には後の記述 **P**・**Q** のいずれかが，　ウ　には記述 **R**・**S** のいずれかが入る。　ア　・　ウ　に当てはまるものの組合せとして最も適当なものを，後の①～④のうちから一つ選べ。　25

条約の特徴

　　京都議定書は，先進国のみに排出削減義務を課していた。その理由として，先進国は，資金や技術などの面で地球温暖化問題の解決能力が高いことや，産業革命以来，温室効果ガスを大量に排出し，問題の発生に深く関わってきたことが挙げられる。また，　ア　ことも理由の一つである。

　　これに対し，パリ協定は，開発途上国も含めたすべての国に排出削減義務を課している。その理由として，現在では開発途上国の温室効果ガス排出量は世界全体の半分以上を占めていることや，　イ　ことが挙げられる。パリ協定は，開発途上国にも排出削減義務を課すことに加えて，　ウ　ことも義務づけている。

　ア　・　イ　に入る記述

P　開発途上国に対して排出削減を求めると，経済発展の妨げとなる

Q　開発途上国と言われてきた国のなかには，既に経済発展を遂げた国もある

　ウ　に入る記述

R　先進国が，開発途上国に対して，地球温暖化防止のための資金援助や技術提供を行う

S　先進国・開発途上国ともに温室効果ガスの排出枠を設定した上で，排出枠を上回った国は，排出枠を下回った国から，超過分を買い取る

① ア－P　ウ－R　　　　　　② ア－P　ウ－S

③ ア－Q　ウ－R　　　　　　④ ア－Q　ウ－S

会話文Ⅲ

オ　ダ：A 国のインフレの発生と収束までの経緯を詳しく教えて。

叔　父：開発関連の投資や雇用は増えたが，資材価格や賃金の上昇で物価高騰が始まり，また資金不足になった。そこで政府は中央銀行から自国通貨「ルント」を直接借り入れたので，ルントの流通量が急激に増えていった。一方で，政府には米ドル建てでの債務返済や利払いが加わった。そのとき，経常収支が赤字の A 国のルントと米ドルとの為替相場はどうなったと思う？

オ　ダ：米ドルに換え外国に支払う額がさらに増加するので，　X　になった？

叔　父：そのとおり。　X　が続いて，輸入食料品も激しく値上がりした。そこで政府は，中央銀行からの追加の借入れで国民に生活支援金を給付したのでインフレはいっそう加速した。当時発行されたこの紙幣を見てごらん。

オ　ダ：1 億ルントって書いてあるね。とても大きな額なので，お金持ち向け？

叔　父：いや，発行時の価値はたった 100 円程度だったんだ。1 日のうちに何度も値札が掛け替えられるほどの，月間 1 万％を超えるハイパー・インフレとも呼ばれる⒠激しいインフレが起きたためなんだよ。こうなると国民も企業もルントを無価値と思うようになったんだ。

オ　ダ：紙幣が紙くず同然になる，って本当なんだね。

叔　父：だから A 国は IMF からまとまった額の外貨の援助を受け，累積債務問題の解決とともに，信用される新通貨「新ルント」に切り替えた。日本では戦後の激しいインフレに対し緊縮財政で総需要を　Y　する政策を採ったよね。A 国政府も IMF と財政改革を約束して実行し，ようやく収束したんだ。

オ　ダ：ハイパー・インフレがこの援助で収束したのが信じられないな。

叔　父：それは中央銀行が信用ある外貨と新ルントの交換を保証したからだ。新ルントは，その担保として援助された外貨額以上の量を発行できない制約を課され，　Z　を採用した。なので　Z　が続くことが確実なものになり，インフレは収束して新ルントの価値が安定したんだ。累積債務やハイパー・インフレの解決はどの国の事例でも共通点があるので，今後も参考になると思うよ。

— 32 —

2024 本試 現代社会

問6 会話文Ⅲ中の X には次の語句ア・イのいずれかが，Y には語句
カ・キのいずれかが，Z には語句サ・シのいずれかが入る。X ～
Z に入る語句の組合せとして最も適当なものを，後の①～⑧のうちから
一つ選べ。26

X に入る語句
ア　ルント高・ドル安　　　　　　イ　ルント安・ドル高

Y に入る語句
カ　抑　制　　　　　　　　　　　キ　拡　大

Z に入る語句
サ　固定相場制　　　　　　　　　シ　変動相場制

① X－ア　Y－カ　Z－サ　　　② X－ア　Y－カ　Z－シ
③ X－ア　Y－キ　Z－サ　　　④ X－ア　Y－キ　Z－シ
⑤ X－イ　Y－カ　Z－サ　　　⑥ X－イ　Y－カ　Z－シ
⑦ X－イ　Y－キ　Z－サ　　　⑧ X－イ　Y－キ　Z－シ

問7 下線部ⓔに関連して，インフレがその国の通貨での収入，資産，負債にもた
らす影響として考えられるものを，次のア～ウからすべて選んだとき，その組
合せとして最も適当なものを，後の①～⑧のうちから一つ選べ。27

ア　年金受給額が一定ならば，収入を年金に頼っている者の生活水準が下が
る。
イ　金利が同じならば，預金者の預金の価値は実質的に増加する。
ウ　その国の政府が過去に発行した国債の返済負担は，実質的に軽くなる。

① アとイとウ　　② アとイ　　　③ アとウ　　　　④ イとウ
⑤ ア　　　　　　⑥ イ　　　　　⑦ ウ
⑧ 考えられるものはない

— 33 —

第5問 モリタさんとサワダさんが暮らしている地方都市のX市は，近年は人口が少しずつ減少し始めている。二人は，今後，地域社会の維持が難しくなることもあると考え，地域づくりに関心をもつようになり探究学習の課題とした。次の問い（問1～4）に答えよ。（配点 16）

問1 モリタさんとサワダさんはX市にある大学の先生を訪ね，地域づくりとはより良い生活環境を実現するための活動であることを学んだ。そして，地域づくりのきっかけとなる活動の一つとして住民運動があり，自治体の政策の内容に対して異議を表明するだけでなく，政策決定までの過程に対して異議を表明する場合もあり，共に地域づくりにとって重要であることを教えてもらった。

次の**ア**～**ウ**は，自治体の政策に対する住民運動であるが，政策決定までの過程に対する異議の表明が含まれる事例をすべて選んだとき，その組合せとして最も適当なものを，後の**①**～**⑧**のうちから一つ選べ。 28

ア 農地造成のために堤防の建設が計画されたが，実施された環境アセスメントの調査が不十分であり，その調査結果に基づいて計画を決定した進め方に問題があるとして，環境アセスメントのやり直しを首長に要求した。

イ 渋滞解消のために，自治体が道路建設の計画案を構想したが，騒音などによって良好な環境を享受する権利が脅かされると考えたため，住民の意見を聴取する公聴会に参加し，計画の撤回を首長に要求した。

ウ 治水対策のためのダム建設計画について，自治体が住民の意見を聴取する機会を十分に確保しなかったとして，計画の是非に関する住民の意思を問うために住民投票の実施を首長に要求した。

① アとイとウ　　**②** アとイ　　**③** アとウ　　**④** イとウ

⑤ ア　　　　　　**⑥** イ　　　　**⑦** ウ

⑧ 政策決定までの過程に対する異議の表明が含まれる事例はない

2024 本試 現代社会

問 2 次の**会話文**はモリタさんとサワダさんが，集めた資料について高校の先生と
相談している会話の一部である。**会話文**中の　A　には後の**ア・イ**の記述の
いずれかが，　B　には後の**ウ～オ**の記述のいずれかが入る。その組合せと
して最も適当なものを，後の①～⑥のうちから一つ選べ。　29

会話文

先　生：大学の先生を訪ねて，二人はどのような考えをもちましたか。

サワダ：地域づくりには住民の自発的な関わりが大事だと学びましたが，人口
　　　　が減っていくなかでは，住民以外の地域づくりの担い手が必要だと思
　　　　い**資料**1を見つけました。**資料**1を見ると，　A　ことが分かりま
　　　　す。

モリタ：近年，地域に住んでいる定住人口でもなく，一時的に観光客として訪
　　　　れるだけの交流人口でもなく，多様なかたちで地域との関わりをもつ
　　　　関係人口と呼ばれる人たちが注目されてきています。

先　生：それでは，**資料**2を提示しましょう。地域との関わりを継続する理由
　　　　について，　B　ことが分かりますね。

サワダ：関係人口と呼ばれる人たちが地域に関わり続ける理由は様々ですが，
　　　　日本全体で人口が減ってきているなかで，定住人口を奪い合うよりも
　　　　関係人口を増やすことで地域づくりを持続させていくことができると
　　　　思います。

— 35 —

資料1 自分が住む地域の地域づくりにどのような主体の参加が必要だと考えるか

(数値は％　複数回答) (2015 年)

	住民自身がもっと当事者意識を持って取り組むべき	地域づくりは行政が中心となって行うべき	地域の様々な主体の参加を促すべき	外部人材の参加を促すべき
全　体	58.1	32.7	22.0	18.1
大都市	65.7	30.3	25.5	16.1
中都市	57.6	33.7	22.7	16.3
小都市	53.0	33.0	17.9	21.4
町　村	53.4	33.9	20.1	23.0

(注)　大都市とは東京都区部と政令指定都市，中都市とは大都市以外の人口10万人以上の市，小都市とは人口10万人未満の市，町村とは町村部を指す。

内閣府「国土形成計画の推進に関する世論調査」(平成27年8月調査) (内閣府 Web ページ)により作成。

資料2 関係人口が地域との関わりを継続したいと考える理由

(数値は％　複数回答) (2020 年)

		地域との関わりを継続したいと考える理由							
		楽しい、リフレッシュできる	生きがいを感じる、自分らしさや成長などを実現できる	同行者や滞在先の人などが喜んでいる	いろいろな人との出会いやつながりがあり、共感を得ることができる	収入源となっている	地域の良い変化を感じられる	家族の事情や地域との関係性がある
地域と関わる主な目的に基づいた分類	直接寄与型	32.5	20.2	17.6	25.9	7.5	16.9	23.5
	就労型	22.4	16.5	9.7	22.2	27.5	12.9	12.4
	趣味・消費型	53.0	12.7	20.3	15.5	2.4	8.8	22.8
	参加・交流型	47.3	18.6	24.5	27.0	2.1	13.8	38.2
	地縁・血縁型	34.1	6.2	28.4	8.1	0.9	5.6	63.7

(注1)　「所属組織として取り組んでいる」「本業の仕事がはかどる」「その他」についての結果は省略している。

(注2)　「現地で就労する人」と「テレワークで就労する人」の数値を合算して「就労型」にしている。

(注3)　「直接寄与型」は産業の創出や地域づくりに直接つながる活動に寄与することを目的とする人，「就労型」はテレワークや副業などに従事することを目的とする人，「趣味・消費型」は趣味などの活動を実施することを目的とする人，「参加・交流型」はイベントや体験プログラムに参加することを目的とする人，「地縁・血縁型」は故郷や親戚など縁のある場所や人を訪れることを目的とする人を意味する。

国土交通省「地域との関わりについてのアンケート」(令和2年9月実施) (国土交通省 Web ページ)により作成。

2024 本試 現代社会

A に入る記述

ア 「小都市」「町村」では地域づくりの主体として「住民自身がもっと当事者意識を持って取り組むべき」と回答した人の割合が「全体」に比べて低く，「外部人材の参加を促すべき」と回答した人の割合は「全体」に比べて高い

イ 地域づくりの主体として「地域づくりは行政が中心となって行うべき」と回答した人の割合は「大都市」だけが「全体」に比べて低く，「地域の様々な主体の参加を促すべき」と回答した人の割合は「大都市」「中都市」の方が「小都市」「町村」に比べて低い

B に入る記述

ウ 「生きがいを感じる，自分らしさや成長などを実現できる」と回答した人の割合は「直接寄与型」が最も高く，「家族の事情や地域との関係性がある」と回答した人の割合は「地縁・血縁型」以外の型では 10 人に 1 人にも満たない

エ 「収入源となっている」と回答した人の割合は「就労型」が最も高く，「地域の良い変化を感じられる」と回答した人の割合は「趣味・消費型」が最も低い

オ 「楽しい，リフレッシュできる」と回答した人の割合はすべての型において 5 人に 1 人以上になっていて，「参加・交流型」においては「いろいろな人との出会いやつながりがあり，共感を得ることができる」「同行者や滞在先の人などが喜んでいる」と回答した人の割合も 5 人に 1 人以上である

① A ─ ア　　B ─ ウ

② A ─ ア　　B ─ エ

③ A ─ ア　　B ─ オ

④ A ─ イ　　B ─ ウ

⑤ A ─ イ　　B ─ エ

⑥ A ─ イ　　B ─ オ

問3 モリタさんとサワダさんは，関係人口と呼ばれる人たちが地域にもたらす効果を図書館で調べ，次の表にまとめた。表中の効果A～Cがすべて表れている事例を，後の具体的な事例ア～ウからすべて選んだとき，その組合せとして最も適当なものを，後の①～⑧のうちから一つ選べ。 30

表　関係人口が地域にもたらす効果

関係人口の効果	内　容
A　地域資源の再発見	関係人口との交流によって，地域住民が，自然や文化，人的資源等を地域の資源として再発見する。
B　専門的な能力の移転	専門的な知識やスキルをもつ関係人口の関与によって，様々な課題が解決できるようになる。
C　地域社会の運営体制の変化	関係人口と地域住民の交流をきっかけに，地域づくりを行う地域社会の運営のあり方が変化する。

ア　地域住民が，関係人口の人々と話をするなかで，古民家が商店街の活性化に活用できることに気付いた。そして別の関係人口の人々から，空き家になっている古民家の利活用事業の仕組みを教えてもらい，それまで連携が取れていなかった自治体や町内会，商店街が連携して役割分担をした。

イ　観光業の振興について検討するワークショップで，地域の家庭料理が地域外の人にとっては珍しいものだと，関係人口の人々が地域住民に伝えた。また別の関係人口の人々がその家庭料理の商品化のノウハウを地域に提供し，商店街や自治体も商品を宣伝するために協力するようになった。

ウ　長らく地域住民の誇りであった海岸林が劣化し始めていることに地域住民が気付いた。しかし，地域住民に海岸林の保全に関して詳しい人がいなかったため，関係人口の人々が保全に関する情報を住民に提供し，その結果，自治体や住民が共同で保全を行う仕組みをつくった。

— 38 —

① アとイとウ

② アとイ

③ アとウ

④ イとウ

⑤ ア

⑥ イ

⑦ ウ

⑧ 効果A～Cがすべて表れている事例はない

問 4 モリタさんとサワダさんが，これまで調べた内容を授業で発表したところ，クラスメイトから，「地域づくりに関係人口の関わりが大事なことは分かりましたが，地域づくりをどのように進めていくかも重要なポイントだと思います」という意見が寄せられた。この意見を受けて二人は議論し，次の**観点**で地域づくりを進めていくことが重要だと考えた。この**観点**に基づくと考えられる事例を後の**ア〜ウ**からすべて選んだとき，その組合せとして最も適当なものを，後の①〜⑧のうちから一つ選べ。 31

観 点

> 地域内外の多様な担い手が連携して，地域内の諸資源を活用しながら，地域社会がもつ独自の文化を振興すること。

ア 建築物の高さを制限する地域の申合せによって，歴史的な街の景観が長年にわたり守られてきたが，ある土地所有者が，地域外の大手不動産会社と契約をして，自らが所有する土地を売却した結果，高層マンションが建設され，その街の歴史的な景観が失われた。

イ ある地域で古くから行われてきたお祭りが開催されるにあたって，まちづくり組織が，地域内の空き店舗を権利者から無料で提供してもらい，空き店舗で展示や販売を行う人を地域内外から募った結果，にぎわいを失いつつあったお祭りが再び盛り上がった。

ウ 地域住民と地域外のNPOが，地域内だけで利用できる地域通貨の獲得や利用の仕方を考え，地域内外の人々が，里山保全などの地域活動に取り組むことで地域通貨を獲得できるようにし，伝統工芸品の制作など地域ならではの貴重な体験に利用できるようにした結果，この地域に愛着をもつ人々が増え，地域のもつ歴史や風土，自然を保存するための団体が複数生まれた。

— 40 —

① アとイとウ

② アとイ

③ アとウ

④ イとウ

⑤ ア

⑥ イ

⑦ ウ

⑧ 観点に基づくと考えられる事例はない

2024年度

大学入学共通テスト

本試験

政治・経済

（100点　60分）

'24
政経問題

政 治・経 済

$\left(\text{解答番号}\boxed{1}\sim\boxed{30}\right)$

第 1 問 生徒 X と生徒 Y は，J 県が主催する主に 18 歳対象の公開講座に参加した。次の資料は，その公開講座の内容を示したものである。これに関して，後の問い（問 1 ～ 8）に答えよ。（配点　26）

公開講座「ⓐ成人年齢の引下げと生活の変化」

1.「政治や司法にかかわる私」　○政治への参加（ⓑ選挙，ⓒ住民参加）
　　　　　　　　　　　　　　　○司法への参加（ⓓ裁判員，検察審査員）

2.「経済活動を営む私」　　　　○働き手としての生活（ⓔ職業選択，賃金）
　　　　　　　　　　　　　　　○消費者としての生活（契約主体，ⓕ家計）

3.「変化する社会の中の私」　　○セーフティネットとしてのⓖ社会保障
　　　　　　　　　　　　　　　○社会の課題の変化を反映するⓗ行政機構

問 1 生徒 X は，講座後，下線部ⓐにかかわる制度について調べた。現在の日本の制度に関する記述として**誤っているもの**を，次の①～④のうちから一つ選べ。
　　　　　　　　　　　　$\boxed{1}$

① 18 歳以上の者は，選挙運動期間中に特定の候補者への投票を電話をかけて依頼することができる。

② 憲法改正に関する国民投票で投票権を有する年齢は，18 歳以上である。

③ 刑事罰の適用の対象とならない年齢は，18 歳未満である。

④ 親権者などの法定代理人の同意なく 18 歳未満の者が単独で締結した契約は，原則として取り消すことができる。

— 2 —

2024 本試 政治・経済

問 2 下線部⑮に関心をもった生徒**X**は，選挙制度が選挙結果に与える影響についてモデルケースで考え，次の**メモ**を作成した。**メモ**中の空欄　**ア**　～　**ウ**　に当てはまる語句の組合せとして正しいものを，後の**①**～**⑧**のうちから一つ選べ。　**2**

　ある議会の定員は 10 人で，各選挙区の各有権者は候補者 1 人に投票し，各選挙区で得票数の多い順に候補者 2 人が当選者となる。この議会の選挙において，三つの政党 **A**～**C** が五つの選挙区 a～e で，それぞれ 1 人の候補者を立てた。次の**表**は，この選挙での各候補者の得票数を示したものである。**表**において，得票数の合計が最も少ない政党は，当選者数が最も　**ア**　。

　いま，選挙制度が変更されたとする。変更後は，議会の定員は 5 人で，議員は小選挙区制で選出される。各選挙区で政党は変更前と同じ候補者 1 人を立て，有権者は変更前と同じ候補者に投票する。このとき，死票の数は変更前より　**イ**　する。そして，得票数の合計が最も少ない政党は，当選者数が最も　**ウ**　。

　このように，選挙制度が選挙結果に与える影響を考える際には，得票数と獲得議席数との関係，死票の数など，複数の観点からの考慮が必要である。

選挙区	得票数			合計
	A党	B党	C党	
a	10	25	65	100
b	25	30	45	100
c	15	20	65	100
d	60	25	15	100
e	40	35	25	100
合計	150	135	215	500

---

① ア 多 い　イ 増 加　ウ 多 い
② ア 多 い　イ 増 加　ウ 少ない
③ ア 多 い　イ 減 少　ウ 多 い
④ ア 多 い　イ 減 少　ウ 少ない
⑤ ア 少ない　イ 増 加　ウ 多 い
⑥ ア 少ない　イ 増 加　ウ 少ない
⑦ ア 少ない　イ 減 少　ウ 多 い
⑧ ア 少ない　イ 減 少　ウ 少ない

— 3 —

問3　下線部ⓒに関連して，生徒Xと生徒Yは，講座の内容を振り返りながら，現在の日本の地方公共団体において住民が政治に参加する仕組みについて話し合っている。次の**会話文**中の空欄　ア　～　ウ　に当てはまる語句の組合せとして正しいものを，後の①～⑧のうちから一つ選べ。　3

X：政治へのかかわり方は，年齢などによって違ってくるんだね。政治に参加する仕組みといえば，すぐに思いつくのは選挙だけど，私たち住民は選挙の時にしか政治にかかわることはできないのかな。

Y：「政治・経済」の授業では，選挙とは別に住民の意見を地方公共団体へ届ける手段として，　ア　の手続が重要だと学習したよね。

X：そういえば，その手続の一つとして新たな条例の制定を求めることができたよね。

Y：そうだね。だけど，条例の制定を求める場合，その地方公共団体の有権者の　イ　以上の署名を集める必要があるよ。

X：条例制定の提案ほど意見がまとまっていなくても，もっと簡単に住民の意見を地方公共団体へ伝える方法はないのかな。たとえば，近所の公園を市が別の場所へ移転させると聞いたけど，その方針が一度決まってしまったら，「公園を残してほしい」という私の意見は，市に伝えられないのかな。

Y：憲法第16条には，　ウ　についての規定があって，地方公共団体の政策などに関しても平穏に希望や要望を述べることができるよ。この規定によると，年齢にかかわらず意見を地方公共団体へ届けられるね。

① ア　情報公開　　イ　3分の1　　ウ　請願権
② ア　情報公開　　イ　3分の1　　ウ　再　議
③ ア　情報公開　　イ　50分の1　　ウ　請願権
④ ア　情報公開　　イ　50分の1　　ウ　再　議
⑤ ア　直接請求　　イ　3分の1　　ウ　請願権
⑥ ア　直接請求　　イ　3分の1　　ウ　再　議
⑦ ア　直接請求　　イ　50分の1　　ウ　請願権
⑧ ア　直接請求　　イ　50分の1　　ウ　再　議

2024 本試 政治・経済

問 4　下線部ⓓに関心をもった生徒Xは，講座後に図書館で関連する書籍などを参照して，諸国の刑事裁判への市民参加の制度についてまとめ，次のメモを作成した。メモ中の空欄　ア　～　ウ　に当てはまるものの組合せとして正しいものを，後の①～⑧のうちから一つ選べ。　4

　　日本に裁判員制度を導入するにあたって，アメリカの陪審制度やドイツの参審制度など，諸外国の刑事裁判への市民参加の制度が参考にされた。アメリカやドイツの制度は地域ごとに異なることがあるものの，日本と比較するとおおむね次のようになる。

　　選任については，アメリカでは，陪審員は事件ごとに選ばれる。ドイツでは，参審員は一定年数の任期で選ばれる。日本では，裁判員は裁判員候補者名簿の中から　ア　選ばれる。

　　また，アメリカでは，有罪か無罪かの判断は，陪審員のみで行い，量刑の判断に陪審員は加わらない。ドイツでは，有罪か無罪かの判断は，参審員と裁判官が合議で行い，量刑の判断に参審員は加わる。日本では，有罪か無罪かの判断は，　イ　行い，量刑の判断に裁判員は　ウ　。

　　このように，日本の裁判員制度は，アメリカの陪審制度とドイツの参審制度のそれぞれと似たところも異なるところもあり，市民の司法参加の制度として独特なものとなっている。

---

① ア　事件ごとに　　　　イ　裁判員のみで　　　　　　　　ウ　加わる

② ア　事件ごとに　　　　イ　裁判員のみで　　　　　　　　ウ　加わらない

③ ア　事件ごとに　　　　イ　裁判員と裁判官が合議で　　　ウ　加わる

④ ア　事件ごとに　　　　イ　裁判員と裁判官が合議で　　　ウ　加わらない

⑤ ア　一定年数の任期で　イ　裁判員のみで　　　　　　　　ウ　加わる

⑥ ア　一定年数の任期で　イ　裁判員のみで　　　　　　　　ウ　加わらない

⑦ ア　一定年数の任期で　イ　裁判員と裁判官が合議で　　　ウ　加わる

⑧ ア　一定年数の任期で　イ　裁判員と裁判官が合議で　　　ウ　加わらない

— 5 —

問 5 生徒Xと生徒Yは，下線部ⓔに関心をもち，雇用や失業などの労働市場に関する情報を集めた。XとYは，次の**資料**1〜3をみながら話し合っている。後の**会話文**中の空欄 ア 〜 ウ に当てはまる語句の組合せとして最も適当なものを，後の①〜⑧のうちから一つ選べ。 5

資料1 有効求人倍率と完全失業率の関係

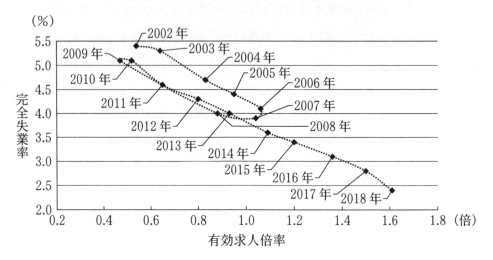

資料2 職業別有効求人倍率（倍）

	2014年	2015年	2016年	2017年	2018年
事務的職業	0.31	0.35	0.39	0.44	0.49
輸送・機械運転の職業	1.62	1.73	1.93	2.26	2.51

資料3 雇用形態別有効求人倍率

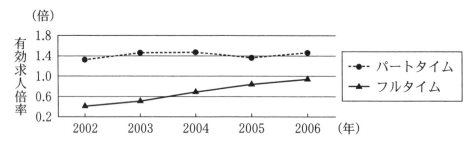

（出所）**資料**1〜3は，総務省，厚生労働省の各Webページにより作成。

X：講師の先生が、「2010年代後半は労働市場が売り手市場になっていて、就職がしやすくなっていた」と話していたのが気になって調べてみたよ。

Y：資料1をみると、たしかにそうなっていたことがわかるね。でも、2014年以降は求人数が求職者数を　ア　いるのに完全失業率がゼロにならなかったのは、何が原因なのかな。

X：資料2をみると、「事務的職業」は労働力の需要量が　イ　いて、「輸送・機械運転の職業」は労働力の供給量が　イ　いるから、職種によるミスマッチが起こっているといえるね。

Y：なるほど。資料3をみるとどういうことがわかるのかな。

X：資料3は、2002年から2006年の間の完全失業率が高くなった原因がわかるものだよ。資料1の2002年から2006年の間は、2010年から2014年の間と比べると、有効求人倍率が同じ程度で推移しているのに完全失業率が上回っているから、何が原因か調べてみたんだ。『労働経済白書』では、資料3が掲載されていて、　ウ　の労働力の需要量が　イ　いることが就職を難しくしていると分析されていたんだ。つまり、雇用形態別の労働力の需給関係の違いも、失業者数の増減を左右する原因になる可能性があるということだね。

① ア　上回って　　イ　過剰になって　　ウ　フルタイム
② ア　上回って　　イ　過剰になって　　ウ　パートタイム
③ ア　上回って　　イ　不足して　　　　ウ　フルタイム
④ ア　上回って　　イ　不足して　　　　ウ　パートタイム
⑤ ア　下回って　　イ　過剰になって　　ウ　フルタイム
⑥ ア　下回って　　イ　過剰になって　　ウ　パートタイム
⑦ ア　下回って　　イ　不足して　　　　ウ　フルタイム
⑧ ア　下回って　　イ　不足して　　　　ウ　パートタイム

問 6 下線部⑦に関心をもった生徒Yは、講座で配布された次の**資料**を見返し、分析した結果を後の**ノート**にまとめた。**ノート**中の空欄 ア には**資料**中の**例a**か**例b**のいずれかが当てはまる。**ノート**中の空欄 ア ・ イ に当てはまるものの組合せとして最も適当なものを、後の①〜④のうちから一つ選べ。 6

資料 単身勤労世帯3例における1年間の家計収支の平均月額

(単位：千円)

	例a	例b	例c
実収入	550	310	140
実支出	450	240	120
消費支出	300	180	100
うち食料費	60	42	30
非消費支出(直接税，社会保険料)	150	60	20

ノート

○家計は，可処分所得の制約の下で最大の満足感が得られるように，消費する財やサービスを選択し，消費支出額と貯蓄額を決定する。**資料**中の**例a**と**例b**とを比較すると，可処分所得に占める消費支出の割合である平均消費性向は ア の方が高い。

○可処分所得が少なくなると，生活必需品の支出の割合が高くなることは避けられない。こうした点に着目した指標がエンゲル係数である。**資料**中でも可処分所得の最も少ない**例c**のエンゲル係数が最も高くなっており，その値は イ となる。

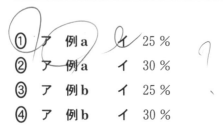

① ア 例a イ 25 %
② ア 例a イ 30 %
③ ア 例b イ 25 %
④ ア 例b イ 30 %

2024 本試 政治・経済

問 7 生徒Yは，社会の変化によって生活困難に遭遇するリスクが高まる中での下線部⑧の意義に関心をもち，その意義を具体化する仕組みについて調べた。次の記述ア～ウのうち，日本における社会保険制度，公的扶助制度，社会福祉制度それぞれの基本的な特徴に関する記述として正しいものはどれか。当てはまるものをすべて選び，その組合せとして最も適当なものを，後の①～⑦のうちから一つ選べ。 □7□

ア 社会保険制度では，原則としてあらかじめ保険料が拠出されていて，疾病や老齢などの保険の対象となる事由が発生した当事者に対して諸給付が行われる。

イ 公的扶助制度では，生活に困窮し，最低限度の生活水準に満たない状態になった当事者に対して保険料から生活に必要な諸給付が行われる。

ウ 社会福祉制度では，老齢，障害などによって社会生活を送る上での支援が必要な当事者に対してサービスの提供などが行われる。

① ア
② イ
③ ウ
④ アとイ
⑤ アとウ
⑥ イとウ
⑦ アとイとウ

— 9 —

問 8 生徒**Y**は，日本の下線部ⓗの変化について調べた。2000 年以降における日本の行政機構の変化に関する記述として**誤っているもの**を，次の①〜④のうちから一つ選べ。 8

① 消費者行政の一元化などを目的として新設された「消費者庁」は，内閣府におかれている。

② 東日本大震災からの復興を円滑かつ迅速に進めることなどを目的として，「復興庁」が新設された。

③ 行政手続のオンライン化によるデジタル社会の形成などを目的として，「デジタル庁」が新設された。

④ 子どもと家庭の福祉保健政策を総合的に進めることなどを目的として新設された「こども家庭庁」は，厚生労働省におかれている。

（下 書 き 用 紙）

政治・経済の試験問題は次に続く。

第2問 統治作用を担う団体に関心をもつ生徒Xと市民社会を構成する団体・集団に関心をもつ生徒Yは，さまざまな団体・集団の働きについてそれぞれ調べてみることにした。これに関して，後の問い（**問1～8**）に答えよ。（配点 25）

問1 生徒Xは，近代国家の成立について調べ，国家の強制力に関する次の**資料**をみつけた（なお，**資料**には表記を改めた箇所や省略した箇所がある）。**資料**から読みとれる内容として最も適当なものを，後の**①**～**④**のうちから一つ選べ。
9

> 「もちろん暴力行使は，国家にとってノーマルな手段でもまた唯一の手段でもない…（略）…が，おそらく国家に特有な手段ではあるだろう。そして実際今日，この暴力に対する国家の関係は特別に緊密なのである。過去においては，氏族（ジッペ）を始めとする多種多様な団体が，物理的暴力をまったくノーマルな手段として認めていた。ところが今日では，次のように言わねばなるまい。国家とは，ある一定の領域の内部で…（略）…正当な物理的暴力行使の独占を（実効的に）要求する人間共同体である，と。国家以外のすべての団体や個人に対しては，国家の側で許容した範囲内でしか，物理的暴力行使の権利が認められないということ，つまり国家が暴力行使への『権利』の唯一の源泉とみなされているということ，これは確かに現代に特有な現象である。」

(注) 「氏族」とは，共通の祖先をもつ人々の集団のことをいう。
(出所) マックス・ヴェーバー（ウェーバー）『職業としての政治』脇圭平訳

① **資料**中の過去においては，暴力行使は国家に特有の手段であり，国家が用いる通常かつ唯一の手段でもある。

② **資料**中の今日において，国家と暴力の関係は特別に緊密であるが，それ以前に暴力行使はいかなる団体にも認められたことがない。

③ **資料**中の今日において，国家はある一定の領域の内部における正当な物理的暴力行使の唯一の源泉とみなされている。

④ **資料**中の過去においては，国家の許容した範囲内でのみ，国家以外の団体や個人が物理的暴力を行使することが認められていた。

— 12 —

2024 本試 政治・経済

問 2 生徒Xは，国家が運営する社会保障の仕組みに注目し，日本の雇用保険と労働者災害補償保険（労災保険）について次の**メモ**を作成した。**メモ**中の空欄 ア には後の記述 **a** か **b**，空欄 イ には後の記述 **c** か **d** のいずれかが当てはまる。空欄 ア ・ イ に当てはまるものの組合せとして最も適当なものを，後の①〜④のうちから一つ選べ。 10

○雇用保険

労働者が失業したときなどに給付を行う制度である。労働者が失業したときの主な給付の財源の負担者は， ア 。

○労災保険

労働者が業務に起因して負傷したり病気になったりしたときなどに給付を行う制度である。給付の財源となる保険料の負担者は， イ 。

ア に当てはまる記述

a 失業が事業主の経営判断や労働者の転職・求職行動を原因として生じるという考え方により，事業主と労働者とされている

b 失業が政府の経済政策や雇用政策と無縁ではなく事業主や労働者だけでは対処できない原因でも生じるという考え方により，事業主，労働者，政府の三者とされている

イ に当てはまる記述

c 給付を受けうる労働者も負担すべきという考え方により，事業主と労働者とされている

d 事業から利益を得る事業主が負担すべきという考え方により，事業主のみとされている

① ア ─ a　　イ ─ c 　　　　② ア ─ a　　イ ─ d
③ ア ─ b　　イ ─ c 　　　　④ ア ─ b　　イ ─ d

— 13 —

問 3　生徒Xは，国家の運営を支える公務員が結成する団体について調べてみた。そして，Xは，日本における公務員の労働基本権に関する次の**資料**をみながら，生徒Yと議論している（なお，**資料**には表記を改めた箇所や省略した箇所がある）。**資料**中の空欄　ア　には後の語句**a**か**b**のいずれかが当てはまる。また，後の**会話文**中の空欄　イ　には後の語句**c**か**d**，空欄　ウ　には後の記述**e**か**f**のいずれかが当てはまる。空欄　ア　～　ウ　に当てはまるものの組合せとして最も適当なものを，後の①～⑧のうちから一つ選べ。
　　11

　　「公務員の従事する職務には公共性がある一方，法律によりその主要な勤務条件が定められ，身分が保障されているほか，適切な代償措置が講じられているのであるから，…（略）…公務員の　ア　およびそのあおり行為等を禁止するのは，勤労者をも含めた国民全体の共同利益の見地からするやむをえない制約というべきであって，憲法 28 条に違反するものではない」。

（出所）　最高裁判所刑事判例集 27 巻 4 号

X：この**資料**は，全農林警職法事件の最高裁判所の判決だね。判決がいう代償措置とは，たとえば，　イ　が国家公務員の給与などの勤務条件の改善を勧告する制度のことだよね。

Y：そうだね。だけど，勧告された内容を国が実施しない場合には本当に代償措置があるといえるのかな。

X：Yさんの疑問もわかるよ。でも，この判決がいうように，公務員の職務に公共性があることなどの事情を考慮すると，現行法で，　ウ　と思うよ。

Y：そうなのかな。使用者と実質的に対等な地位に立つことを可能にするという労働基本権の趣旨からすれば，たとえば，代償措置が役割を果たしていないといえるときは，判決とは違う結論もとれると思うよ。

2024 本試 政治・経済

ア に当てはまる語句

a 不当労働行為

b 争議行為

イ に当てはまる語句

c 人事院

d 内閣人事局

ウ に当てはまる記述

e 一般職の国家公務員は勤務条件の維持改善を目的とする職員団体をつくることができ，職員団体から申入れを受けた機関は交渉に応ずべき地位にあるものとされるにとどまっているのもやむをえない

f 一般職の国家公務員は勤務条件の維持改善を目的とする職員団体をつくることができないとされる代わりに，国会が勤務条件を法律で定めてその適正さを確保しようとするのもやむをえない

① ア － a 　 イ － c 　 ウ － e
② ア － a 　 イ － c 　 ウ － f
③ ア － a 　 イ － d 　 ウ － e
④ ア － a 　 イ － d 　 ウ － f
⑤ ア － b 　 イ － c 　 ウ － e
⑥ ア － b 　 イ － c 　 ウ － f
⑦ ア － b 　 イ － d 　 ウ － e
⑧ ア － b 　 イ － d 　 ウ － f

— 15 —

問 4 国と地方公共団体との関係に関心をもった生徒Xは，両者の関係に関する日本国憲法や地方自治法の規定を調べ，次のメモを作成した。メモ中の空欄 ア には後の語句aかb，空欄 イ には後の記述cかdのいずれかが当てはまる。空欄 ア ・ イ に当てはまるものの組合せとして最も適当なものを，後の①〜④のうちから一つ選べ。 12

憲法第92条は，「地方公共団体の組織及び運営に関する事項は，地方自治の本旨に基いて，法律でこれを定める」としている。この「地方自治の本旨」の内容のうち，国から独立した団体を設け，その団体の意思と責任において地方の事務を処理するべきであるという考え方を， ア の原則という。

また，1999年の地方分権一括法による改正で新たに設けられた地方自治法第1条の2は，憲法第92条を踏まえて，地方公共団体の役割について，「地方公共団体は，住民の福祉の増進を図ることを基本として，地域における行政を自主的かつ総合的に実施する役割を広く担うものとする」と定めている。そして，それに続けて同条は，国の役割について，「国が本来果たすべき役割を重点的に担い，住民に身近な行政はできる限り地方公共団体にゆだねることを基本として，地方公共団体との間で適切に役割を分担するとともに，地方公共団体に関する制度の策定及び施策の実施に当たつて，地方公共団体の自主性及び自立性が十分に発揮されるようにしなければならない」とする。ここでは， イ という両者の関係が定められている。

ア に当てはまる語句

a 団体自治 　　 b 住民自治

イ に当てはまる記述

c 住民に身近な行政については，まずは国が責任を負い，国は地方公共団体に対して指揮監督を行う

d 住民に身近な行政については，まずは地方公共団体が責任を負い，国は地方公共団体による施策の実施を補助する

— 16 —

① ア － a　　イ － c
② ア － a　　イ － d
③ ア － b　　イ － c
④ ア － b　　イ － d

問 5　宗教団体に関心をもった生徒Yは，日本国憲法における宗教に関する規定について調べた。信教の自由や政教分離の原則に関する次の記述ア～ウのうち，正しいものはどれか。当てはまるものをすべて選び，その組合せとして最も適当なものを，後の①～⑦のうちから一つ選べ。　13

ア　宗教団体などを結成する宗教的結社の自由は，憲法が保障する信教の自由に含まれる。

イ　一定の要件を満たした宗教団体には，国から特権を受けたり政治上の権力を行使したりすることが憲法上認められている。

ウ　国および地方公共団体は，宗教教育をはじめとして，いかなる宗教的活動も行ってはならない。

① ア
② イ
③ ウ
④ アとイ
⑤ アとウ
⑥ イとウ
⑦ アとイとウ

— 18 —

2024 本試 政治・経済

問 6 消費者団体に関心をもった生徒**Y**は，特定商取引法等にも消費者団体訴訟制度を導入した 2008 年の法改正について調べ，次の**メモ**を作成した。**メモ**から読みとれる内容として最も適当なものを，後の①〜④のうちから一つ選べ。

14

---

1. 改正の内容
   ○事業者の不当な行為について，その行為の中止を命じるなどの従来の行政による規制（行政規制）に加え，国が認定した消費者団体（適格消費者団体）が事業者の行為の差止めを求める訴訟（差止請求訴訟）を提起できる制度を導入する。

2. 改正の背景
   ○商品・役務の内容の多様化を背景に，特定商取引法等に違反する不当な行為による消費者被害が急増した。
   ○消費者被害には，同種の被害が不特定多数の者に急速に拡大するという特徴があり，特定商取引法等が定める行政規制だけでは，被害の未然防止や拡大防止が十分にできなかった。

3. 消費者団体訴訟制度を導入するねらい
   ○適格消費者団体が消費者に身近な存在として活動し，情報を早期に収集して差止請求を機動的に行うことなどが期待できる。
   ○行政機関の人員や予算などの資源（行政資源）を，より迅速な対応が求められる重大な消費者被害に集中させることが可能になるという副次的効果も期待できる。

---

① 特定商取引法等にも消費者団体訴訟制度を導入した背景の一つとして，違反行為に対処する上での行政規制の過剰があげられる。

② 民事上のルールである消費者団体訴訟制度の活用は，事業者の経済活動に対する規制緩和の一環ということができる。

③ 消費者被害の未然防止や拡大防止のための取組みは，適格消費者団体のみが行うこととなった。

④ 消費者団体訴訟制度の導入には，限りのある行政資源を重大な消費者被害に集中的に投入することを可能にするという効果も想定される。

— 19 —

問 7 生徒Yは，日本の会社の組織や責任について，生徒Xと議論している。次の会話文中の空欄 ア には後の記述aかb，空欄 イ には後の語句cかd，空欄 ウ には後の記述eかfのいずれかが当てはまる。空欄 ア ～ ウ に当てはまるものの組合せとして最も適当なものを，後の①～⑧のうちから一つ選べ。 15

Y：株式会社では，株主は，会社の債務に対して， ア よ。

X：会社の債務について出資者がどこまで責任を負うかは， イ も同じだね。

Y：そうだね。だけど，株主が ア という仕組みには，自らの経済的利益を優先し，社会にとって望ましくない活動を会社にさせうるという意見もあるよ。

X： ウ は，そうした事態を避けるために有効だよね。

ア に当てはまる記述
a 出資額をこえた責任は負わない
b 出資額をこえた責任を負う

イ に当てはまる語句
c 合同会社
d 合名会社

ウ に当てはまる記述
e 会社が株主代表訴訟を通じて株主の責任を追及していくこと
f 会社に社会的責任を果たさせて幅広いステークホルダーの利益を確保すること

① アーa イーc ウーe ② アーa イーc ウーf
③ アーa イーd ウーe ④ アーa イーd ウーf
⑤ アーb イーc ウーe ⑥ アーb イーc ウーf
⑦ アーb イーd ウーe ⑧ アーb イーd ウーf

— 20 —

2024 本試 政治・経済

問 8 家族という集団に関心をもった生徒**Y**は，日本の 2009 年の臓器移植法改正について調べ，脳死した者(以下，「本人」という)に家族がいる場合における制度の改正前後の内容を次の**メモ**にまとめた。後の記述**ア～ウ**のうち，**メモ**から読みとれる内容として正しいものはどれか。当てはまるものをすべて選び，その組合せとして最も適当なものを，後の**①**～**⑦**のうちから一つ選べ。 16

---

1. 2009 年の法改正前の制度
   ○移植のために医師が臓器を摘出できるのは，本人が書面で臓器を提供する意思を表示しており，家族が拒まないときに限る。
   ○臓器を提供する意思を表示できるのは 15 歳以上の者に限る。
2. 2009 年の法改正後の制度
   ○移植のために医師が臓器を摘出できるのは，本人が書面で臓器を提供する意思を表示しており家族が拒まないときか，または，本人の臓器提供の意思は不明であるが家族が書面で臓器提供を承諾するときに限る。
   ○臓器を提供する意思を表示できるのは 15 歳以上の者に限られるが，臓器を提供しない意思は年齢にかかわらず表示できる。臓器を提供しない意思を表示していない 15 歳未満の者については，家族が書面で臓器提供を承諾することにより，移植のために医師が臓器を摘出できる。

ア 法改正の前後を通じて，本人が臓器を提供しない意思を表示していれば医師は臓器を摘出できないため，臓器を提供しないという本人の自己決定は，家族の意思にかかわらず実現される仕組みとなっている。

イ 法改正後は，本人の年齢にかかわらず，本人の臓器提供の意思が不明なときには家族の書面による承諾で医師が臓器を摘出できるが，本人が臓器を提供しない意思を表示しているときには臓器を摘出できない仕組みとなっている。

ウ 法改正後は，本人が臓器を提供する意思を書面で表示していれば家族が反対していても医師は臓器を摘出でき，臓器を提供するとの本人の自己決定は，家族の意思にかかわらず実現される仕組みとなっている。

① ア   ② イ   ③ ウ
④ アとイ   ⑤ アとウ   ⑥ イとウ   ⑦ アとイとウ

— 21 —

第3問 生徒Xと生徒Yが通う学校で，大学教員による「経済成長とグローバル化」
と題された出張講義が開かれた。次に示したのは，講義中に配布された資料の目次
である。これに関して，後の問い（問1～8）に答えよ。（配点　25）

経済成長とグローバル化

1. 経済活動と市場
   ○経済活動と生み出される⒜付加価値
   ○⒝GDP（国内総生産）の分配
   ○市場メカニズムと資源配分の最適化
   ○⒞市場の失敗

2. 経済成長と社会
   ○経済成長と⒟物価
   ○高度成長期と⒠公害問題
   ○⒡景気循環と暮らし
   ○持続的成長のための課題

3. グローバル化する経済
   ○国内の生産構造と⒢貿易
   ○貿易による⒣国内市場への影響
   ○国境をこえた労働力や資本の移動
   ○公害問題の対応から環境問題の対応へ
   ○持続可能な社会の構築のために

— 22 —

2024 本試 政治・経済

問 1　生徒Xは，下線部ⓐについて身近な例で考えるために，次の**メモ**を作成した。**メモ**中の空欄 | ア | ～ | オ | には，それぞれ数値が入る。空欄 | エ |・| オ | に入る数値の組合せとして正しいものを，後の①～⑥のうちから一つ選べ。| 17 |

　　国で生産できる財が「小麦」，「小麦粉」，「パン」だけであると仮定し，小麦を生産する農家，その小麦を小麦粉にする製粉会社，その小麦粉でパンを作る製パン会社からなる経済を考える。ここでは，1年間に小麦500袋と小麦粉1,000 kgとパン10,000個とが生産されたとする。農家は，生産した小麦のすべてを製粉会社に計50万円で販売した。製粉会社は，その小麦をすべて加工して1,000 kgの小麦粉を生産し，それをすべて製パン会社に計150万円で販売した。製パン会社は，製粉会社から購入した小麦粉をすべて使って10,000個のパンを製造し，それをすべて消費者に計400万円で販売した。製パン会社，製粉会社，農家のそれぞれの生産に必要な中間投入物は，小麦，小麦粉以外にはないものとする。

　　ここまでを整理すると次の**表**のようになる。

（単位：万円）

	農　家	製粉会社	製パン会社
生産総額	50	150	400
中間投入物の額	0	ア	イ
付加価値額	50	ウ	エ

　　以上のような経済活動が行われた場合，製パン会社の生み出した付加価値額は | エ | 万円であり，この国のGDPは | オ | 万円である。

---

①　エ　250　　　オ　250　　　　　②　エ　250　　　オ　400

③　エ　250　　　オ　600　　　　　④　エ　400　　　オ　250

⑤　エ　400　　　オ　400　　　　　⑥　エ　400　　　オ　600

— 23 —

問 2 生徒**X**と生徒**Y**は，下線部ⓑについて講義で学んだことを確認し合っている。次の**会話文**中の空欄 | ア | には後の語句**a**か**b**，空欄 | イ | には後の語句**c**か**d**，空欄 | ウ | には後の記述**e**か**f**のいずれかが当てはまる。空欄 | ア | ～ | ウ | に当てはまるものの組合せとして最も適当なものを，後の①～⑧のうちから一つ選べ。 | 18 |

X：GDPは一国の経済活動の規模を表す指標だね。

Y：そうだね。GDPに海外からの純所得を加え，固定資本減耗を除き，そこからさらに間接税を差し引き，補助金を加えた額は | ア | と呼ばれるよ。 | ア | は一国経済の中でどのように分配されるのかな。

X：生産に貢献した者に分配されるんだよ。分配された総額が，どのように | イ | に充てられたかという点も興味深いね。

Y：確かにそうだね。生産面からみた総額と，分配面からみた総額と， | イ | 面からみた総額とは，それぞれの大きさを比較するとどれが一番大きいのだろうか。

X：もちろん， | ウ | よ。

| ア | に当てはまる語句

ⓐ GNI（国民総所得）

b NI（国民所得）

| イ | に当てはまる語句

ⓒ 支　出

d 投　資

| ウ | に当てはまる記述

e 生産面からみた総額が一番大きい

ⓕ どの面からみた総額もすべて等しい

— 24 —

① ア ― a　　イ ― c　　ウ ― e

② ア ― a　　イ ― c　　ウ ― f

③ ア ― a　　イ ― d　　ウ ― e

④ ア ― a　　イ ― d　　ウ ― f

⑤ ア ― b　　イ ― c　　ウ ― e

⑥ ア ― b　　イ ― c　　ウ ― f

⑦ ア ― b　　イ ― d　　ウ ― e

⑧ ア ― b　　イ ― d　　ウ ― f

問 3 生徒 X は，下線部ⓒの例を考えた。次の記述**ア～ウ**のうち，市場の失敗の例として正しいものはどれか。当てはまるものをすべて選び，その組合せとして最も適当なものを，後の①～⑦のうちから一つ選べ。　19

ア 市場で特定の企業の支配が進み，その企業が価格支配力をもつ。

イ ある企業の周辺の住民が，対価を受け取ることなく企業活動による不利益を被る。

ウ 市場で取引を行う場合，売り手がもっている情報をすべて買い手ももっている。

① ア

② イ

③ ウ

④ アとイ

⑤ アとウ

⑥ イとウ

⑦ アとイとウ

問 4　下線部ⓓに関連して，生徒Xは，GDPデフレーターについて調べ，次のメモを作成した。メモ中の空欄　ア　には後の数値a〜dのいずれか，空欄　イ　には後の語句eかfのいずれかが当てはまる。空欄　ア　・　イ　に当てはまるものの組合せとして最も適当なものを，後の①〜⑧のうちから一つ選べ。　20

○GDPには名目GDPと実質GDPがある。

○GDPデフレーターは，基準年の値を100とする物価変動の指標である。

○たとえば，2010年の名目GDPは400兆円，2020年の名目GDPは540兆円，2010年の実質GDPは400兆円，2020年の実質GDPは360兆円である経済を考えた場合，2010年を基準年とした場合の，2020年のGDPデフレーターは　ア　である。

○この結果をみると，基準年と比較して2020年の物価は　イ　したといえる。

　ア　に当てはまる数値

a　66　　　　　　**b**　90　　　　　　**c**　135　　　　　**d**　150

　イ　に当てはまる語句

e　上　昇　　　　**f**　下　落

① 　ア－a　　イ－e
② 　ア－a　　イ－f
③ 　ア－b　　イ－e
④ 　ア－b　　イ－f
⑤ 　ア－c　　イ－e
⑥ 　ア－c　　イ－f
⑦ 　ア－d　　イ－e
⑧ 　ア－d　　イ－f

— 26 —

問5 下線部ⓔに関連して，生徒Ｘは，同一の汚染物質を排出する企業Ａと企業Ｂだけが存在するある地域を想定し，ある年の企業Ａと企業Ｂの汚染水の年間排出量と汚染水に含まれる汚染物質の割合(汚染水の濃度)とを示す次の表を作成した。この地域で，汚染物質を減少させる規制を導入するとする。なお，企業Ａと企業Ｂは後の仮定にしたがうものとする。この地域で1年間に排出される汚染水に含まれる汚染物質の総量を，いかなる場合においても規制導入以前より確実に減少させる規制の内容として正しいものを，後の①〜④のうちから一つ選べ。 21

表

	企業Ａ	企業Ｂ
汚染水の年間排出量(トン)	100	500
汚染水の濃度(％)	1	2

仮定

○規制導入以後は，企業Ａも企業Ｂも，汚染水の年間排出量や汚染水の濃度を増減させる。
○規制導入以後は，制限がかかったものについて企業Ａも企業Ｂも，制限内の量や濃度で汚染水を排出する。
○規制に対応するための費用は一切考慮しない。

① 汚染水の濃度を企業Ａと企業Ｂともに0.1％までに制限するが，汚染水の年間排出量は制限しない。
② 汚染水の濃度は制限しないが，汚染水の年間排出量を企業Ａは50トンまでに，企業Ｂは200トンまでに制限する。
③ 汚染水の濃度を企業Ａと企業Ｂともに1.5％までに制限し，汚染水の年間排出量を企業Ａは120トンまでに，企業Ｂは600トンまでに制限する。
④ 汚染水の濃度を企業Ａは1％までに，企業Ｂは2％までに制限し，汚染水の年間排出量を企業Ａは300トンまでに，企業Ｂは400トンまでに制限する。

問6 生徒Yは、講義で配布された下線部⑥に関する次の**資料1〜4**を読み直している。**資料2〜4**は、1989年から1994年までの日本の、GDP、民間設備投資、民間部門の在庫、それぞれの実質額が前年に比べてどのように増減したかを示している。なお、**資料2〜4**中の空欄 ア 〜 ウ には、「GDP」、「民間設備投資」、「民間部門の在庫」のいずれかの語句が当てはまる。空欄 ア 〜 ウ に当てはまる語句の組合せとして最も適当なものを、後の①〜⑥のうちから一つ選べ。 22

資料1 景気循環に関する説明

○景気循環は、以下のような経過にしたがうといわれる。
・生産の増加に対して需要の増加が十分でないとき、商品の売れ残りが増加し企業の利潤は減少する。
・企業の利潤の減少にともない、雇用は減少し、景気は後退する。
・景気の後退は、企業による生産の抑制や設備投資の減少とさらなる雇用の減少を促し、経済は不況に至る。
・企業による過剰在庫の処分や過剰設備の整理とともに需要が増加し、景気は回復し、さらに好況に向かう。この中で企業の設備投資も活発化し、生産や雇用も増加していく。
○1989年から1994年までの日本にも、上記のような経過が観察される。

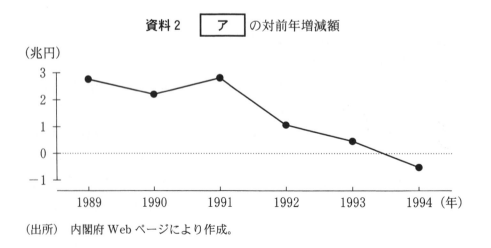

資料2 ア の対前年増減額

(出所) 内閣府Webページにより作成。

資料3 イ の対前年増減額

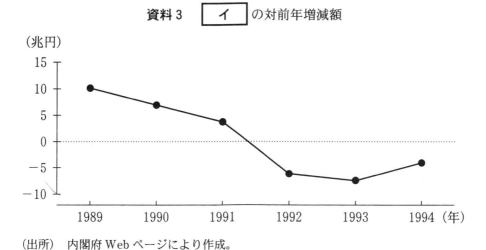

(出所) 内閣府Webページにより作成。

資料4 ウ の対前年増減額

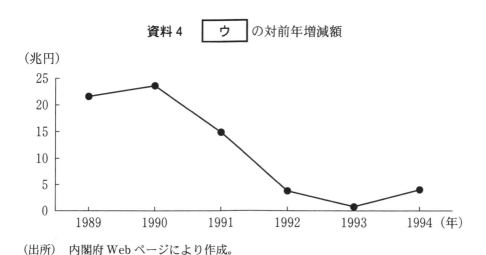

(出所) 内閣府Webページにより作成。

① ア GDP　　　　　　イ 民間部門の在庫　　ウ 民間設備投資
② ア GDP　　　　　　イ 民間設備投資　　　ウ 民間部門の在庫
③ ア 民間部門の在庫　　イ GDP　　　　　　ウ 民間設備投資
④ ア 民間部門の在庫　　イ 民間設備投資　　　ウ GDP
⑤ ア 民間設備投資　　　イ GDP　　　　　　ウ 民間部門の在庫
⑥ ア 民間設備投資　　　イ 民間部門の在庫　　ウ GDP

問 7 下線部ⓒに関連して，生徒**Y**は，比較優位について復習するため，次の**表**のようなモデルケースを考え，後の**メモ**を作成した。**表**は，自動車とオレンジのみを生産する**A**国と**B**国の，**A**国における技術革新以前・以後における，それぞれの財を1単位生産するために必要な労働力の量を示したものである。ただし，いずれの国，いずれの財の生産においても必要な生産要素は労働力のみとする。後の数値**a**～**c**のうち，**表**中と**メモ**中の空欄 　**ア**　 に当てはまる数値として正しいものはどれか。当てはまるものをすべて選び，その組合せとして最も適当なものを，後の①～⑦のうちから一つ選べ。 23

表　技術革新による生産構造の変化

	A国における技術革新以前		A国における技術革新以後	
	自動車	オレンジ	自動車	オレンジ
A国	20人	5人	ア 人	5人
B国	10人	4人	10人	4人

メモ

　A国の技術革新以後にA国における自動車1単位を生産するために必要な労働力の量が 　ア　 人であるとき，A国の技術革新以前と技術革新以後で，自動車生産に比較優位をもつ国が変わる。

　ア に当てはまる数値
a 15　　**b** 10　　**c** 5

① a　　　　　　　② b　　　　　　　③ c
④ aとb　　　　　⑤ aとc　　　　　⑥ bとc
⑦ aとbとc

— 30 —

問 8 生徒Yは，下線部ⓗについて学習を進め，安価な冷凍野菜の輸入解禁が国内の生鮮野菜市場に与える影響を考えた。ただし，生鮮野菜の供給は国内のみから，冷凍野菜の供給は国外のみからであるとし，冷凍野菜の輸入解禁以外の変化は生鮮野菜市場において起こっていないものとする。さらに，消費者は，生鮮野菜の価格が高いほど，生鮮野菜より冷凍野菜を好んで購入する傾向にあるとする。このとき，冷凍野菜の輸入の解禁前と解禁後の，生鮮野菜の需要曲線を表す図として最も適当なものを，次の①〜④のうちから一つ選べ。24

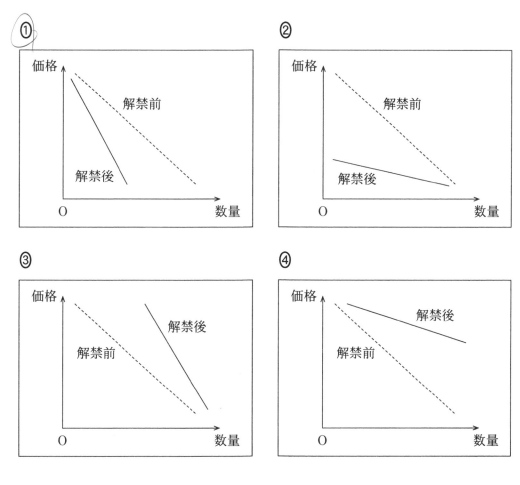

第4問 生徒X，生徒Y，生徒Zは，「国際社会における日本の立場と役割」をテーマとしてグループワークを行った。グループワークでは，テーマから連想される論点をあげ，そこからさらに連想されるキーワードを書き出した。次の図は，連想したことの一部をまとめたものである。これに関して，後の問い(**問1～6**)に答えよ。(配点 24)

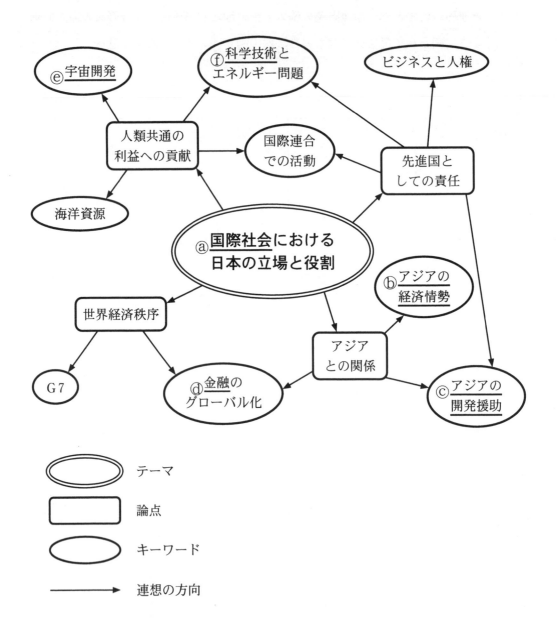

2024 本試 政治・経済

問 1　生徒Xは，下線部@には主権国家より上位に立つものがないので，社会というよりは自然状態であるといわれることがあると知り，図書館で関連する文献を調べた。次の記述ア〜ウは，それぞれ『統治二論（市民政府二論）』，『戦争と平和の法』，『リヴァイアサン（リバイアサン）』の一節のうちのいずれかである（なお，表記を改めた箇所や省略した箇所がある）。記述ア〜ウと後の著者名 a 〜 c との組合せとして正しいものを，後の①〜⑥のうちから一つ選べ。

　　25

ア　「自然状態はそれを支配する自然法をもち，すべての人間がそれに拘束される。…（略）…その自然法たる理性は，…（略）…何人も他人の生命，健康，自由，あるいは所有物を侵害すべきではないということを教えるのである。」

イ　「人びとが，かれらすべてを威圧しておく共通の権力なしに，生活しているときには，…（略）…自身のつよさと自分自身の工夫とが与えるもののほかには，なんの保証もなしに生きている…（略）…。」

ウ　「戦の最中には，法は沈黙するかもしれないが，…（略）…自然が定め，または万民の合意が定立したところのものは依然効力を有する…（略）…人民の間には，戦争を行うについて，かつまた戦争に関して有効なる共通法が存在する…（略）…。」

a　グロティウス（グロチウス）
b　ホッブズ
c　ロック

① ア－a　　イ－b　　ウ－c
② ア－a　　イ－c　　ウ－b
③ ア－b　　イ－a　　ウ－c
④ ア－b　　イ－c　　ウ－a
⑤ ア－c　　イ－a　　ウ－b
⑥ ア－c　　イ－b　　ウ－a

— 33 —

問2 生徒X，生徒Y，生徒Zは，下線部ⓑについての現状分析を行った。経済発展には人口が重要な影響をもつと考え，2020年時点で，アジアで人口が多い上位3か国の年齢別・性別人口構成をとりまとめた次の図を作成し，アジアの経済情勢について話し合っている。後の**会話文**中の空欄 ア ・ イ に当てはまる国名と語句との組合せとして最も適当なものを，後の①〜⑥のうちから一つ選べ。 26

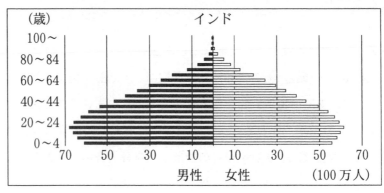

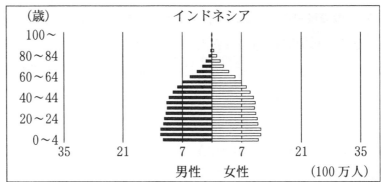

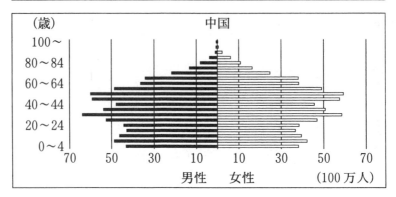

(出所) United Nations Web ページにより作成。

X：三つの図を比べると，その形状は，傾向別に分けられそうだね。

Z：その形状は経済成長とも関連するという話を聞いたことがあるよ。

Y：今後，出生率と死亡率の変化の傾向に影響を与えるような要因が生じないと仮定して，2050年の年齢別・性別人口構成を予測すると，3か国のうち高齢化が進んで15歳から64歳までの生産年齢人口の総人口に占める割合が2020年より最も落ち込むと考えられる国は ア だね。

X：現在の日本もそうだけれど，2050年の ア で予測されるように総人口に占める生産年齢人口の割合が低下する状態は イ というよね。 イ は経済成長にマイナスの影響を与えるといわれているね。

① ア インド　　　　イ 人口オーナス
② ア インド　　　　イ 人口ボーナス
③ ア インドネシア　イ 人口オーナス
④ ア インドネシア　イ 人口ボーナス
⑤ ア 中　国　　　　イ 人口オーナス
⑥ ア 中　国　　　　イ 人口ボーナス

問3　生徒**Y**は，下線部ⓒの現状について調べた。アジアのインフラ開発やODA（政府開発援助）に関連する記述として最も適当なものを，次の①～④のうちから一つ選べ。 27

① 中国が取り組む一帯一路構想は，現代のシルクロードとして，陸路のみによる経済圏構築をめざしているものである。

② 中国が主導して設立されたアジアインフラ投資銀行への参加は，アジア諸国に限定されている。

③ 自然災害や紛争による被災者の救援のために日本のODAとして行われる食料や医療品の無償援助は，国際収支の第二次所得収支に含まれる。

④ ODAは発展途上国の経済発展のために行われるものであり，日本では開発協力大綱によって日本の国益を考慮せずに行うことが示されている。

― 35 ―

問 4 下線部ⓓに関連して，生徒X，生徒Y，生徒Zは，家計の金融資産構成における日本，アメリカ，ヨーロッパの違いに関心をもち調べた。そして生徒たちは，日本，アメリカ，ユーロエリアにおける家計の金融資産構成を示す次の**資料**をみつけ，その特徴について話し合っている。後の**会話文**中の空欄 ア ・ イ に当てはまる語句の組合せとして最も適当なものを，後の①〜⑥のうちから一つ選べ。 28

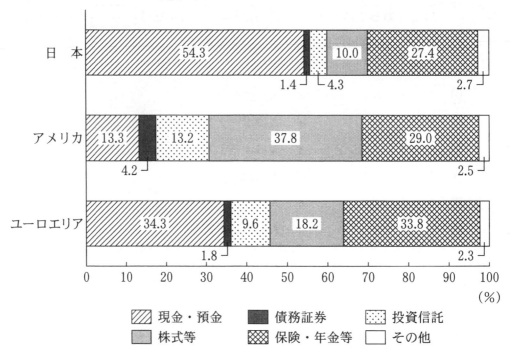

（注） データは2021年3月末時点のものである。ユーロエリアとは，EU(欧州連合)加盟国のうち，ユーロを自国通貨としている19か国を指す。また，四捨五入のため，各項目の合計の数値は100パーセントにならない場合がある。
（出所） 日本銀行Webページにより作成。

X：アメリカは，日本やユーロエリアと比較すると株式等の保有比率が高いね。

Y：一般に，収益性が高い金融資産は，安全性や流動性が ア といわれているね。

Z：家計の金融資産構成にはリスクとリターンに対する考え方が現れているともいえるんだね。

Y：私は資産が減る可能性を最も低くしたいから，リターンが低くてもいいな。そういう意味では，この**資料**の中だと イ のような金融資産構成の方が私の考え方に合っているな。

X：私はリスクが高くても将来的に資産が増える可能性が高い方がいいけどね。

① ア 低 い イ 日 本
② ア 低 い イ アメリカ
③ ア 低 い イ ユーロエリア
④ ア 高 い イ 日 本
⑤ ア 高 い イ アメリカ
⑥ ア 高 い イ ユーロエリア

問 5 生徒 Z は，下線部ⓔに関心をもち，宇宙に関する国際法について調べた。次の**資料**は，宇宙条約(宇宙空間平和利用条約)から条文を抜粋したものである(なお，**資料**には表記を改めた箇所や省略した箇所がある。また，**資料**中の当事国とは，条約の効力が生じている国をいう)。後の記述**ア〜ウ**のうち，**資料**に基づいて判断したとき，当事国である **J** 国の行為で宇宙条約違反となる事例として正しいものはどれか。当てはまるものをすべて選び，その組合せとして最も適当なものを，後の①〜⑦のうちから一つ選べ。　29

第1条　…(略)…。月その他の天体を含む宇宙空間は，すべての国がいかなる種類の差別もなく，平等の基礎に立ち，かつ，国際法に従って，自由に探査しおよび利用することができるものとし，また，天体のすべての地域への立入りは，自由である。…(略)…。

第2条　月その他の天体を含む宇宙空間は，主権の主張，使用もしくは占拠またはその他のいかなる手段によっても国家による取得の対象とはならない。

第4条　条約の当事国は，核兵器および他の種類の大量破壊兵器を運ぶ物体を地球を回る軌道に乗せないこと，これらの兵器を天体に設置しないこと並びに他のいかなる方法によってもこれらの兵器を宇宙空間に配置しないことを約束する。…(略)…。

第6条　条約の当事国は，月その他の天体を含む宇宙空間における自国の活動について，それが政府機関によって行なわれるか非政府団体によって行なわれるかを問わず，国際的責任を有し，自国の活動がこの条約の規定に従って行なわれることを確保する国際的責任を有する。…(略)…。

第7条　条約の当事国は，月その他の天体を含む宇宙空間に物体を発射しもしくは発射させる場合またはその領域もしくは施設から物体が発射される場合には，その物体またはその構成部分が地球上，大気空間または月その他の天体を含む宇宙空間において条約の他の当事国またはその自然人もしくは法人に与える損害について国際的に責任を有する。

— 38 —

ア J国は，地球を回る軌道上に，核兵器を搭載した人工衛星を乗せた。

イ J国は，自国の宇宙船が着陸した月面上のある場所の周辺を，自国の領土であると主張し，占拠した。

ウ J国の企業Kが製作しJ国内から打ち上げた人工衛星が，他の当事国の領域に落下して甚大な損害を与えたところ，その原因は企業Kにあったことが立証されたので，J国は自国に国際的な責任はないと主張して責任をとらなかった。

① ア
② イ
③ ウ
④ アとイ
⑤ アとウ
⑥ イとウ
⑦ アとイとウ

問6 生徒Xと生徒Yは，下線部⑥の利用とリスクについて議論している。次の会話文中の空欄　ア　には後の語句aかb，空欄　イ　には後の記述cかd，空欄　ウ　には後の記述eかfのいずれかが当てはまる。空欄　ア　～　ウ　に当てはまるものの組合せとして最も適当なものを，後の①～⑧のうちから一つ選べ。　30

X：私たちは地球規模の課題をたくさん抱えているけれど，科学技術がもっと発展すれば，すべて解決できるかもしれないね。たとえば，新しい資源の開発や省資源・省エネルギー，再生可能エネルギーに関する技術の開発などによって，エネルギー問題を解決できるかもしれないよ。発電時の排熱を暖房や給湯などに利用して熱効率を高める　ア　の技術を導入する事例もあるよね。

Y：科学技術の発展に期待はしたいけれど，そんなに楽観的でいいのかな。科学技術は私たちにとって，さまざまなリスクももたらすのではないかな。たとえば，情報通信技術の急速な進展によって，大量の情報を短時間で処理し伝送できるようになったけれど，同時に，個人の私生活に関する情報もインターネット上にあふれ，プライバシーの権利が侵害されるなどのリスクが高まったよ。日本においてプライバシーの権利は，　イ　。

X：たしかにリスクは高まったけれど，あらゆるものにインターネットやAI（人工知能）が活用されることで，エネルギーの効率的な利用もできるようになり，環境問題やエネルギー問題の解決につながると思うよ。

Y：そうだね。ただ，AIなどの先端技術は国際的な競争が激しく，また，自国の民間の技術が他国の軍事などに利用されることもあるよ。そのため日本では，　ウ　。

X：なるほど。科学技術の発展を促進しつつ，そのリスクに備え，ルールを作っていかなければならないということだね。

— 40 —

ア に当てはまる語句

a スマートグリッド

b コージェネレーション

イ に当てはまる記述

c 現在，自らについての情報が勝手に利用されないように，それをコントロールする権利でもあるととらえられているよね

d 憲法制定時から重要だと認識されていたので，憲法第 13 条は，私生活をみだりに公開されない自由を明文で保障しているよね

ウ に当てはまる記述

e 経済安全保障推進法に基づいて，半導体など特定の重要な先端技術の流出を防止するための制度作りが行われているよ

f 1980 年代の日米貿易摩擦で対象の品目に含まれていた半導体を，制限なく輸出できるようにするための政策が実施されているよ

① ア ― a   イ ― c   ウ ― e
② ア ― a   イ ― c   ウ ― f
③ ア ― a   イ ― d   ウ ― e
④ ア ― a   イ ― d   ウ ― f
⑤ ア ― b   イ ― c   ウ ― e
⑥ ア ― b   イ ― c   ウ ― f
⑦ ア ― b   イ ― d   ウ ― e
⑧ ア ― b   イ ― d   ウ ― f

MEMO

MEMO

2025―駿台　大学入試完全対策シリーズ
大学入学共通テスト実戦問題集　公共，政治・経済

2024年7月11日　2025年版発行

編　者	駿　台　文　庫
発行者	山　﨑　良　子
印刷・製本	日経印刷株式会社

発　行　所　　駿台文庫株式会社
〒101-0062　東京都千代田区神田駿河台1-7-4
小畑ビル内
TEL. 編集 03 (5259) 3302
販売 03 (5259) 3301
《共通テスト実戦・公共，政治・経済 496pp.》

Ⓒ Sundaibunko 2024
許可なく本書の一部または全部を，複製，複写，
デジタル化する等の行為を禁じます。

落丁・乱丁がございましたら，送料小社負担にて
お取り替えいたします。
ISBN978-4-7961-6479-5　Printed in Japan

駿台文庫Webサイト
https://www.sundaibunko.jp

地理歴史，公民　解答用紙

注意事項

1 訂正は，消しゴムできれいに消し，消しくずを残してはいけません。
2 所定欄以外にはマークしたり，記入したりしてはいけません。
3 汚したり，折り曲げたりしてはいけません。

・1科目だけマークしなさい。
・解答科目欄が無くマーク又は複数マークの場合は，0点となることがあります。

解答科目欄

科目	
地理総合／歴史総合／公共	○
地理総合，地理探究	○
歴史総合，日本史探究	○
歴史総合，世界史探究	○
公　共，　倫　理	○
公　共，政治・経済	○
旧　世　界　史　B	○
旧　日　本　史　B	○
旧教育課程　旧　地　理　B	○
旧　現　代　社　会	○
旧　倫　理	○
旧　政　治・経　済	○
旧倫理，旧政治・経済	○

解答欄

解答番号	解答欄 1 2 3 4 5 6 7 8 9
1	① ② ③ ④ ⑤ ⑥ ⑦ ⑧ ⑨
2	① ② ③ ④ ⑤ ⑥ ⑦ ⑧ ⑨
3	① ② ③ ④ ⑤ ⑥ ⑦ ⑧ ⑨
4	① ② ③ ④ ⑤ ⑥ ⑦ ⑧ ⑨
5	① ② ③ ④ ⑤ ⑥ ⑦ ⑧ ⑨
6	① ② ③ ④ ⑤ ⑥ ⑦ ⑧ ⑨
7	① ② ③ ④ ⑤ ⑥ ⑦ ⑧ ⑨
8	① ② ③ ④ ⑤ ⑥ ⑦ ⑧ ⑨
9	① ② ③ ④ ⑤ ⑥ ⑦ ⑧ ⑨
10	① ② ③ ④ ⑤ ⑥ ⑦ ⑧ ⑨
11	① ② ③ ④ ⑤ ⑥ ⑦ ⑧ ⑨
12	① ② ③ ④ ⑤ ⑥ ⑦ ⑧ ⑨
13	① ② ③ ④ ⑤ ⑥ ⑦ ⑧ ⑨
14	① ② ③ ④ ⑤ ⑥ ⑦ ⑧ ⑨
15	① ② ③ ④ ⑤ ⑥ ⑦ ⑧ ⑨
16	① ② ③ ④ ⑤ ⑥ ⑦ ⑧ ⑨
17	① ② ③ ④ ⑤ ⑥ ⑦ ⑧ ⑨
18	① ② ③ ④ ⑤ ⑥ ⑦ ⑧ ⑨
19	① ② ③ ④ ⑤ ⑥ ⑦ ⑧ ⑨
20	① ② ③ ④ ⑤ ⑥ ⑦ ⑧ ⑨
21	① ② ③ ④ ⑤ ⑥ ⑦ ⑧ ⑨
22	① ② ③ ④ ⑤ ⑥ ⑦ ⑧ ⑨
23	① ② ③ ④ ⑤ ⑥ ⑦ ⑧ ⑨
24	① ② ③ ④ ⑤ ⑥ ⑦ ⑧ ⑨
25	① ② ③ ④ ⑤ ⑥ ⑦ ⑧ ⑨
26	① ② ③ ④ ⑤ ⑥ ⑦ ⑧ ⑨
27	① ② ③ ④ ⑤ ⑥ ⑦ ⑧ ⑨
28	① ② ③ ④ ⑤ ⑥ ⑦ ⑧ ⑨
29	① ② ③ ④ ⑤ ⑥ ⑦ ⑧ ⑨
30	① ② ③ ④ ⑤ ⑥ ⑦ ⑧ ⑨
31	① ② ③ ④ ⑤ ⑥ ⑦ ⑧ ⑨
32	① ② ③ ④ ⑤ ⑥ ⑦ ⑧ ⑨
33	① ② ③ ④ ⑤ ⑥ ⑦ ⑧ ⑨
34	① ② ③ ④ ⑤ ⑥ ⑦ ⑧ ⑨
35	① ② ③ ④ ⑤ ⑥ ⑦ ⑧ ⑨
36	① ② ③ ④ ⑤ ⑥ ⑦ ⑧ ⑨
37	① ② ③ ④ ⑤ ⑥ ⑦ ⑧ ⑨
38	① ② ③ ④ ⑤ ⑥ ⑦ ⑧ ⑨
39	① ② ③ ④ ⑤ ⑥ ⑦ ⑧ ⑨

マーク例

良い例	悪い例
●	⊗ ⊙ ◑ ○

受験番号を記入し，その下のマーク欄にマークしなさい。

受験番号欄

	千位	百位	十位	一位	英字
A					Ⓐ
B					Ⓑ
C					Ⓒ
H					Ⓗ
K					Ⓚ
M					Ⓜ
R					Ⓡ
U					Ⓤ
X					Ⓧ
Y					Ⓨ
Z					Ⓩ
	―	⓪	⓪	⓪	
	①	①	①	①	
	②	②	②	②	
	③	③	③	③	
	④	④	④	④	
	⑤	⑤	⑤	⑤	
	⑥	⑥	⑥	⑥	
	⑦	⑦	⑦	⑦	
	⑧	⑧	⑧	⑧	
	⑨	⑨	⑨	⑨	
	―	―	―	―	

氏名・フリガナ，試験場コードを記入しなさい。

フリガナ	
氏　名	

	十万位	万位	千位	百位	十位	一位
試験場コード						

駿　台　文　庫

地理歴史，公民 解答用紙

地理歴史，公民　解答用紙

注意事項
1　訂正は，消しゴムできれいに消し，消しくずを残してはいけません。
2　所定欄以外にはマークしたり，記入したりしてはいけません。
3　汚したり，折り曲げたりしてはいけません。

・1科目だけマークしなさい。
・解答科目欄が無くマーク又は複数マークの場合は，0点となることがあります。

解答科目欄

地理総合／歴史総合／公共	○
地理総合，地理探究	○
歴史総合，日本史探究	○
歴史総合，世界史探究	○
公　共，　倫　理	○
公　共，政治・経済	○

旧教育課程
旧　世　界　史　B	○
旧　日　本　史　B	○
旧　地　理　B	○
旧　現　代　社　会	○
旧　倫　理	○
旧　政　治・経　済	○
旧倫理，旧政治・経済	○

マーク例
良い例 ●
悪い例 ⊙ ⊗ ◑ ○◯

受験番号を記入し，その下のマーク欄にマークしなさい。

受　験　番　号　欄

英字：A B C H K M R U X Y Z

解答欄

解答番号	解　答　欄 (1 2 3 4 5 6 7 8 9)
1	① ② ③ ④ ⑤ ⑥ ⑦ ⑧ ⑨
2	① ② ③ ④ ⑤ ⑥ ⑦ ⑧ ⑨
3	① ② ③ ④ ⑤ ⑥ ⑦ ⑧ ⑨
4	① ② ③ ④ ⑤ ⑥ ⑦ ⑧ ⑨
5	① ② ③ ④ ⑤ ⑥ ⑦ ⑧ ⑨
6	① ② ③ ④ ⑤ ⑥ ⑦ ⑧ ⑨
7	① ② ③ ④ ⑤ ⑥ ⑦ ⑧ ⑨
8	① ② ③ ④ ⑤ ⑥ ⑦ ⑧ ⑨
9	① ② ③ ④ ⑤ ⑥ ⑦ ⑧ ⑨
10	① ② ③ ④ ⑤ ⑥ ⑦ ⑧ ⑨
11	① ② ③ ④ ⑤ ⑥ ⑦ ⑧ ⑨
12	① ② ③ ④ ⑤ ⑥ ⑦ ⑧ ⑨
13	① ② ③ ④ ⑤ ⑥ ⑦ ⑧ ⑨
14	① ② ③ ④ ⑤ ⑥ ⑦ ⑧ ⑨
15	① ② ③ ④ ⑤ ⑥ ⑦ ⑧ ⑨
16	① ② ③ ④ ⑤ ⑥ ⑦ ⑧ ⑨
17	① ② ③ ④ ⑤ ⑥ ⑦ ⑧ ⑨
18	① ② ③ ④ ⑤ ⑥ ⑦ ⑧ ⑨
19	① ② ③ ④ ⑤ ⑥ ⑦ ⑧ ⑨
20	① ② ③ ④ ⑤ ⑥ ⑦ ⑧ ⑨
21	① ② ③ ④ ⑤ ⑥ ⑦ ⑧ ⑨
22	① ② ③ ④ ⑤ ⑥ ⑦ ⑧ ⑨
23	① ② ③ ④ ⑤ ⑥ ⑦ ⑧ ⑨
24	① ② ③ ④ ⑤ ⑥ ⑦ ⑧ ⑨
25	① ② ③ ④ ⑤ ⑥ ⑦ ⑧ ⑨
26	① ② ③ ④ ⑤ ⑥ ⑦ ⑧ ⑨
27	① ② ③ ④ ⑤ ⑥ ⑦ ⑧ ⑨
28	① ② ③ ④ ⑤ ⑥ ⑦ ⑧ ⑨
29	① ② ③ ④ ⑤ ⑥ ⑦ ⑧ ⑨
30	① ② ③ ④ ⑤ ⑥ ⑦ ⑧ ⑨
31	① ② ③ ④ ⑤ ⑥ ⑦ ⑧ ⑨
32	① ② ③ ④ ⑤ ⑥ ⑦ ⑧ ⑨
33	① ② ③ ④ ⑤ ⑥ ⑦ ⑧ ⑨
34	① ② ③ ④ ⑤ ⑥ ⑦ ⑧ ⑨
35	① ② ③ ④ ⑤ ⑥ ⑦ ⑧ ⑨
36	① ② ③ ④ ⑤ ⑥ ⑦ ⑧ ⑨
37	① ② ③ ④ ⑤ ⑥ ⑦ ⑧ ⑨
38	① ② ③ ④ ⑤ ⑥ ⑦ ⑧ ⑨
39	① ② ③ ④ ⑤ ⑥ ⑦ ⑧ ⑨

氏名・フリガナ，試験場コードを記入しなさい。

フリガナ
氏　名

試験場コード　十万位 万位 千位 百位 十位 一位

駿　台　文　庫

地理歴史，公民 解答用紙

駿台文庫

地理歴史，公民　解答用紙

注意事項

1. 訂正は，消しゴムできれいに消し，消しくずを残してはいけません。
2. 所定欄以外にはマークしたり，記入したりしてはいけません。
3. 汚したり，折りまげたりしてはいけません。

- ・1科目だけマークしなさい。
- ・解答科目欄が無くマーク又は複数マークの場合は，0点となることがあります。

解答科目欄

地理総合／歴史総合／公共	◯
地理総合，地理探究	◯
歴史総合，日本史探究	◯
歴史総合，世界史探究	◯
公　共，　倫　理	◯
公　共，政治・経済	◯

旧教育課程	旧　世　界　史　B	◯
	旧　日　本　史　B	◯
	旧　地　理　B	◯
	旧　現　代　社　会	◯
	旧　倫　理	◯
	旧　政　治・経　済	◯
	旧倫理，旧政治・経済	◯

マーク例

良い例	悪い例
●	⊙ ⊗ ◓

受験番号を記入し，その下のマーク欄にマークしなさい。

受験番号欄

千位	百位	十位	一位	英字
				Ⓐ A
				Ⓑ B
				Ⓒ C
				Ⓗ H
				Ⓚ K
				Ⓜ M
				Ⓡ R
				Ⓤ U
				Ⓧ X
				Ⓨ Y
				Ⓩ Z

氏名・フリガナ，試験場コードを記入しなさい。

フリガナ	
氏　名	

試験場コード	+万位	万位	千位	百位	十位	一位

駿　台　文　庫

解答欄

解答番号	解　答　欄
1	① ② ③ ④ ⑤ ⑥ ⑦ ⑧ ⑨
2	① ② ③ ④ ⑤ ⑥ ⑦ ⑧ ⑨
3	① ② ③ ④ ⑤ ⑥ ⑦ ⑧ ⑨
4	① ② ③ ④ ⑤ ⑥ ⑦ ⑧ ⑨
5	① ② ③ ④ ⑤ ⑥ ⑦ ⑧ ⑨
6	① ② ③ ④ ⑤ ⑥ ⑦ ⑧ ⑨
7	① ② ③ ④ ⑤ ⑥ ⑦ ⑧ ⑨
8	① ② ③ ④ ⑤ ⑥ ⑦ ⑧ ⑨
9	① ② ③ ④ ⑤ ⑥ ⑦ ⑧ ⑨
10	① ② ③ ④ ⑤ ⑥ ⑦ ⑧ ⑨
11	① ② ③ ④ ⑤ ⑥ ⑦ ⑧ ⑨
12	① ② ③ ④ ⑤ ⑥ ⑦ ⑧ ⑨
13	① ② ③ ④ ⑤ ⑥ ⑦ ⑧ ⑨
14	① ② ③ ④ ⑤ ⑥ ⑦ ⑧ ⑨
15	① ② ③ ④ ⑤ ⑥ ⑦ ⑧ ⑨
16	① ② ③ ④ ⑤ ⑥ ⑦ ⑧ ⑨
17	① ② ③ ④ ⑤ ⑥ ⑦ ⑧ ⑨
18	① ② ③ ④ ⑤ ⑥ ⑦ ⑧ ⑨
19	① ② ③ ④ ⑤ ⑥ ⑦ ⑧ ⑨
20	① ② ③ ④ ⑤ ⑥ ⑦ ⑧ ⑨
21	① ② ③ ④ ⑤ ⑥ ⑦ ⑧ ⑨
22	① ② ③ ④ ⑤ ⑥ ⑦ ⑧ ⑨
23	① ② ③ ④ ⑤ ⑥ ⑦ ⑧ ⑨
24	① ② ③ ④ ⑤ ⑥ ⑦ ⑧ ⑨
25	① ② ③ ④ ⑤ ⑥ ⑦ ⑧ ⑨
26	① ② ③ ④ ⑤ ⑥ ⑦ ⑧ ⑨
27	① ② ③ ④ ⑤ ⑥ ⑦ ⑧ ⑨
28	① ② ③ ④ ⑤ ⑥ ⑦ ⑧ ⑨
29	① ② ③ ④ ⑤ ⑥ ⑦ ⑧ ⑨
30	① ② ③ ④ ⑤ ⑥ ⑦ ⑧ ⑨
31	① ② ③ ④ ⑤ ⑥ ⑦ ⑧ ⑨
32	① ② ③ ④ ⑤ ⑥ ⑦ ⑧ ⑨
33	① ② ③ ④ ⑤ ⑥ ⑦ ⑧ ⑨
34	① ② ③ ④ ⑤ ⑥ ⑦ ⑧ ⑨
35	① ② ③ ④ ⑤ ⑥ ⑦ ⑧ ⑨
36	① ② ③ ④ ⑤ ⑥ ⑦ ⑧ ⑨
37	① ② ③ ④ ⑤ ⑥ ⑦ ⑧ ⑨
38	① ② ③ ④ ⑤ ⑥ ⑦ ⑧ ⑨
39	① ② ③ ④ ⑤ ⑥ ⑦ ⑧ ⑨

地理歴史，公民 解答用紙

地理歴史，公民　解答用紙

・1科目だけマークしなさい。
・解答科目欄が無マーク又は複数マークの場合は，0点となることがあります。

解答科目欄

地理総合／歴史総合／公共	○
地理総合，地理探究	○
歴史総合，日本史探究	○
歴史総合，世界史探究	○
公　共，　倫　理	○
公　共，政治・経済	○

旧教育課程	旧　世　界　史　B	○
	旧　日　本　史　B	○
	旧　　地　　理　　B	○
	旧　現　代　社　会	○
	旧　　倫　　理	○
	旧　政　治・経　済	○
	旧倫理，旧政治・経済	○

注意事項

1　訂正は，消しゴムできれいに消し，消しくずを残してはいけません。
2　所定欄以外にはマークしたり，記入してはいけません。
3　汚したり，折りまげたりしてはいけません。

解答番号	解答欄 1 2 3 4 5 6 7 8 9	解答番号	解答欄 1 2 3 4 5 6 7 8 9	解答番号	解答欄 1 2 3 4 5 6 7 8 9
1	①②③④⑤⑥⑦⑧⑨	14	①②③④⑤⑥⑦⑧⑨	27	①②③④⑤⑥⑦⑧⑨
2	①②③④⑤⑥⑦⑧⑨	15	①②③④⑤⑥⑦⑧⑨	28	①②③④⑤⑥⑦⑧⑨
3	①②③④⑤⑥⑦⑧⑨	16	①②③④⑤⑥⑦⑧⑨	29	①②③④⑤⑥⑦⑧⑨
4	①②③④⑤⑥⑦⑧⑨	17	①②③④⑤⑥⑦⑧⑨	30	①②③④⑤⑥⑦⑧⑨
5	①②③④⑤⑥⑦⑧⑨	18	①②③④⑤⑥⑦⑧⑨	31	①②③④⑤⑥⑦⑧⑨
6	①②③④⑤⑥⑦⑧⑨	19	①②③④⑤⑥⑦⑧⑨	32	①②③④⑤⑥⑦⑧⑨
7	①②③④⑤⑥⑦⑧⑨	20	①②③④⑤⑥⑦⑧⑨	33	①②③④⑤⑥⑦⑧⑨
8	①②③④⑤⑥⑦⑧⑨	21	①②③④⑤⑥⑦⑧⑨	34	①②③④⑤⑥⑦⑧⑨
9	①②③④⑤⑥⑦⑧⑨	22	①②③④⑤⑥⑦⑧⑨	35	①②③④⑤⑥⑦⑧⑨
10	①②③④⑤⑥⑦⑧⑨	23	①②③④⑤⑥⑦⑧⑨	36	①②③④⑤⑥⑦⑧⑨
11	①②③④⑤⑥⑦⑧⑨	24	①②③④⑤⑥⑦⑧⑨	37	①②③④⑤⑥⑦⑧⑨
12	①②③④⑤⑥⑦⑧⑨	25	①②③④⑤⑥⑦⑧⑨	38	①②③④⑤⑥⑦⑧⑨
13	①②③④⑤⑥⑦⑧⑨	26	①②③④⑤⑥⑦⑧⑨	39	①②③④⑤⑥⑦⑧⑨

マーク例

良い例	悪い例
●	⊗ ⊘ ○ ◍ ⦾

受験番号を記入し，その下のマーク欄にマークしなさい。

受験番号欄

千位	百位	十位	一位	英字	
	⓪	⓪	⓪	Ⓐ	A
①	①	①	①	Ⓑ	B
②	②	②	②	Ⓒ	C
③	③	③	③	Ⓗ	H
④	④	④	④	Ⓚ	K
⑤	⑤	⑤	⑤	Ⓜ	M
⑥	⑥	⑥	⑥	Ⓡ	R
⑦	⑦	⑦	⑦	Ⓤ	U
⑧	⑧	⑧	⑧	Ⓧ	X
⑨	⑨	⑨	⑨	Ⓨ	Y
	－	－	－	Ⓩ	Z

氏名・フリガナ，試験場コードを記入しなさい。

フリガナ	
氏　名	

試験場コード	＋万位	万位	千位	百位	十位	一位

駿　台　文　庫

地理歴史，公民 解答用紙

地理歴史，公民　解答用紙

地理歴史，公民　解答用紙

駿台文庫

地理歴史，公民　解答用紙

注意事項
1 訂正は，消しゴムできれいに消し，消しくずを残してはいけません。
2 所定欄以外にはマークしたり，記入したりしてはいけません。
3 汚したり，折りまげたりしてはいけません。

マーク例

	良い例	悪い例
	●	⊙ ⊗ ◑ ○

・1科目だけマークしなさい。
・解答科目欄が無くマーク又は複数マークの場合は，0点となることがあります。

解 答 科 目 欄

地理総合／歴史総合／公共	○
地理総合，地理探究	○
歴史総合，日本史探究	○
歴史総合，世界史探究	○
公 共 ， 倫 理	○
公 共 ， 政 治・経 済	○
旧 世 界 史 B	○
旧 日 本 史 B	○
旧 地 理 B	○
旧 現 代 社 会	○
旧 倫 理	○
旧 政 治・経 済	○
旧倫理，旧政治・経済	○
旧教育課程	

受験番号を記入し，その下のマーク欄にマークしなさい。

受 験 番 号 欄

千位	百位	十位	一位	英字

氏名・フリガナ，試験場コードを記入しなさい。

フリガナ

氏　名

試験場	十万位	万位	千位	百位	十位	一位
コード						

駿 合 文 庫

解答番号	解答欄 1 2 3 4 5 6 7 8 9
1	① ② ③ ④ ⑤ ⑥ ⑦ ⑧ ⑨
2	① ② ③ ④ ⑤ ⑥ ⑦ ⑧ ⑨
3	① ② ③ ④ ⑤ ⑥ ⑦ ⑧ ⑨
4	① ② ③ ④ ⑤ ⑥ ⑦ ⑧ ⑨
5	① ② ③ ④ ⑤ ⑥ ⑦ ⑧ ⑨
6	① ② ③ ④ ⑤ ⑥ ⑦ ⑧ ⑨
7	① ② ③ ④ ⑤ ⑥ ⑦ ⑧ ⑨
8	① ② ③ ④ ⑤ ⑥ ⑦ ⑧ ⑨
9	① ② ③ ④ ⑤ ⑥ ⑦ ⑧ ⑨
10	① ② ③ ④ ⑤ ⑥ ⑦ ⑧ ⑨
11	① ② ③ ④ ⑤ ⑥ ⑦ ⑧ ⑨
12	① ② ③ ④ ⑤ ⑥ ⑦ ⑧ ⑨
13	① ② ③ ④ ⑤ ⑥ ⑦ ⑧ ⑨

解答番号	解答欄 1 2 3 4 5 6 7 8 9
14	① ② ③ ④ ⑤ ⑥ ⑦ ⑧ ⑨
15	① ② ③ ④ ⑤ ⑥ ⑦ ⑧ ⑨
16	① ② ③ ④ ⑤ ⑥ ⑦ ⑧ ⑨
17	① ② ③ ④ ⑤ ⑥ ⑦ ⑧ ⑨
18	① ② ③ ④ ⑤ ⑥ ⑦ ⑧ ⑨
19	① ② ③ ④ ⑤ ⑥ ⑦ ⑧ ⑨
20	① ② ③ ④ ⑤ ⑥ ⑦ ⑧ ⑨
21	① ② ③ ④ ⑤ ⑥ ⑦ ⑧ ⑨
22	① ② ③ ④ ⑤ ⑥ ⑦ ⑧ ⑨
23	① ② ③ ④ ⑤ ⑥ ⑦ ⑧ ⑨
24	① ② ③ ④ ⑤ ⑥ ⑦ ⑧ ⑨
25	① ② ③ ④ ⑤ ⑥ ⑦ ⑧ ⑨
26	① ② ③ ④ ⑤ ⑥ ⑦ ⑧ ⑨

解答番号	解答欄 1 2 3 4 5 6 7 8 9
27	① ② ③ ④ ⑤ ⑥ ⑦ ⑧ ⑨
28	① ② ③ ④ ⑤ ⑥ ⑦ ⑧ ⑨
29	① ② ③ ④ ⑤ ⑥ ⑦ ⑧ ⑨
30	① ② ③ ④ ⑤ ⑥ ⑦ ⑧ ⑨
31	① ② ③ ④ ⑤ ⑥ ⑦ ⑧ ⑨
32	① ② ③ ④ ⑤ ⑥ ⑦ ⑧ ⑨
33	① ② ③ ④ ⑤ ⑥ ⑦ ⑧ ⑨
34	① ② ③ ④ ⑤ ⑥ ⑦ ⑧ ⑨
35	① ② ③ ④ ⑤ ⑥ ⑦ ⑧ ⑨
36	① ② ③ ④ ⑤ ⑥ ⑦ ⑧ ⑨
37	① ② ③ ④ ⑤ ⑥ ⑦ ⑧ ⑨
38	① ② ③ ④ ⑤ ⑥ ⑦ ⑧ ⑨
39	① ② ③ ④ ⑤ ⑥ ⑦ ⑧ ⑨

地理歴史，公民 解答用紙

注意事項

1. 訂正は，消しゴムできれいに消し，消しくずを残してはいけません。
2. 所定欄以外にはマークしたり，記入したりしてはいけません。
3. 汚したり，折りまげたりしてはいけません。

マーク例
良い例：● 悪い例：⊙ ⊗ ◐ ○

受験番号を記入し、その下のマーク欄にマークしなさい。

受験番号欄
千位／百位／十位／一位／英字

氏名・フリガナ，試験場コードを記入しなさい。

フリガナ
氏名
コード／試験場
十万位／万位／千位／百位／十位／一位

駿台文庫

解答科目欄
1科目だけマークしなさい。解答科目欄が無マーク又は複数マークの場合は，0点となることがあります。

地理総合／歴史総合／公共

- 地理総合，地理探究
- 歴史総合，日本史探究
- 歴史総合，世界史探究
- 公共，倫理
- 公共，政治・経済

旧教育課程

- 旧世界史B
- 旧日本史B
- 旧地理B
- 旧現代社会
- 旧倫理
- 旧政治・経済
- 旧倫理，旧政治・経済

解答番号	解答欄 1 2 3 4 5 6 7 8 9	解答番号	解答欄 1 2 3 4 5 6 7 8 9	解答番号	解答欄 1 2 3 4 5 6 7 8 9
1	① ② ③ ④ ⑤ ⑥ ⑦ ⑧ ⑨	14	① ② ③ ④ ⑤ ⑥ ⑦ ⑧ ⑨	27	① ② ③ ④ ⑤ ⑥ ⑦ ⑧ ⑨
2	① ② ③ ④ ⑤ ⑥ ⑦ ⑧ ⑨	15	① ② ③ ④ ⑤ ⑥ ⑦ ⑧ ⑨	28	① ② ③ ④ ⑤ ⑥ ⑦ ⑧ ⑨
3	① ② ③ ④ ⑤ ⑥ ⑦ ⑧ ⑨	16	① ② ③ ④ ⑤ ⑥ ⑦ ⑧ ⑨	29	① ② ③ ④ ⑤ ⑥ ⑦ ⑧ ⑨
4	① ② ③ ④ ⑤ ⑥ ⑦ ⑧ ⑨	17	① ② ③ ④ ⑤ ⑥ ⑦ ⑧ ⑨	30	① ② ③ ④ ⑤ ⑥ ⑦ ⑧ ⑨
5	① ② ③ ④ ⑤ ⑥ ⑦ ⑧ ⑨	18	① ② ③ ④ ⑤ ⑥ ⑦ ⑧ ⑨	31	① ② ③ ④ ⑤ ⑥ ⑦ ⑧ ⑨
6	① ② ③ ④ ⑤ ⑥ ⑦ ⑧ ⑨	19	① ② ③ ④ ⑤ ⑥ ⑦ ⑧ ⑨	32	① ② ③ ④ ⑤ ⑥ ⑦ ⑧ ⑨
7	① ② ③ ④ ⑤ ⑥ ⑦ ⑧ ⑨	20	① ② ③ ④ ⑤ ⑥ ⑦ ⑧ ⑨	33	① ② ③ ④ ⑤ ⑥ ⑦ ⑧ ⑨
8	① ② ③ ④ ⑤ ⑥ ⑦ ⑧ ⑨	21	① ② ③ ④ ⑤ ⑥ ⑦ ⑧ ⑨	34	① ② ③ ④ ⑤ ⑥ ⑦ ⑧ ⑨
9	① ② ③ ④ ⑤ ⑥ ⑦ ⑧ ⑨	22	① ② ③ ④ ⑤ ⑥ ⑦ ⑧ ⑨	35	① ② ③ ④ ⑤ ⑥ ⑦ ⑧ ⑨
10	① ② ③ ④ ⑤ ⑥ ⑦ ⑧ ⑨	23	① ② ③ ④ ⑤ ⑥ ⑦ ⑧ ⑨	36	① ② ③ ④ ⑤ ⑥ ⑦ ⑧ ⑨
11	① ② ③ ④ ⑤ ⑥ ⑦ ⑧ ⑨	24	① ② ③ ④ ⑤ ⑥ ⑦ ⑧ ⑨	37	① ② ③ ④ ⑤ ⑥ ⑦ ⑧ ⑨
12	① ② ③ ④ ⑤ ⑥ ⑦ ⑧ ⑨	25	① ② ③ ④ ⑤ ⑥ ⑦ ⑧ ⑨	38	① ② ③ ④ ⑤ ⑥ ⑦ ⑧ ⑨
13	① ② ③ ④ ⑤ ⑥ ⑦ ⑧ ⑨	26	① ② ③ ④ ⑤ ⑥ ⑦ ⑧ ⑨	39	① ② ③ ④ ⑤ ⑥ ⑦ ⑧ ⑨

地理歴史，公民　解答用紙

注意事項

1 訂正は，消しゴムできれいに消し，消しくずを残してはいけません。
2 所定欄以外にはマークしたり，記入したりしてはいけません。
3 汚したり，折り曲げたりしてはいけません。

マーク例

良い例	悪い例
●	⊙ ⊗ ◐ ◑

・1科目だけマークしなさい。
・解答科目欄が無くマーク又は複数マークの場合は，0点となることがあります。

受験番号を記入し，その下のマーク欄にマークしなさい。

解答科目欄

地理総合／歴史総合／公共	○
地理総合，地理探究	○
歴史総合，日本史探究	○
歴史総合，世界史探究	○
公共，倫理	○
公共，政治・経済	○

旧教育課程	旧世界史B	○
	旧日本史B	○
	旧地理B	○
	旧現代社会	○
	旧倫理	○
	旧政治・経済	○
	旧倫理，旧政治・経済	○

受験番号欄

千位	百位	十位	一位	英字

氏名・フリガナ，試験場コードを記入しなさい。

フリガナ	
氏名	

試験場コード	十万位	万位	千位	百位	十位	一位

駿台文庫

解答番号	1	2	3	4	5	6	7	8	9
1	①	②	③	④	⑤	⑥	⑦	⑧	⑨
2	①	②	③	④	⑤	⑥	⑦	⑧	⑨
3	①	②	③	④	⑤	⑥	⑦	⑧	⑨
4	①	②	③	④	⑤	⑥	⑦	⑧	⑨
5	①	②	③	④	⑤	⑥	⑦	⑧	⑨
6	①	②	③	④	⑤	⑥	⑦	⑧	⑨
7	①	②	③	④	⑤	⑥	⑦	⑧	⑨
8	①	②	③	④	⑤	⑥	⑦	⑧	⑨
9	①	②	③	④	⑤	⑥	⑦	⑧	⑨
10	①	②	③	④	⑤	⑥	⑦	⑧	⑨
11	①	②	③	④	⑤	⑥	⑦	⑧	⑨
12	①	②	③	④	⑤	⑥	⑦	⑧	⑨
13	①	②	③	④	⑤	⑥	⑦	⑧	⑨

解答番号	1	2	3	4	5	6	7	8	9
14	①	②	③	④	⑤	⑥	⑦	⑧	⑨
15	①	②	③	④	⑤	⑥	⑦	⑧	⑨
16	①	②	③	④	⑤	⑥	⑦	⑧	⑨
17	①	②	③	④	⑤	⑥	⑦	⑧	⑨
18	①	②	③	④	⑤	⑥	⑦	⑧	⑨
19	①	②	③	④	⑤	⑥	⑦	⑧	⑨
20	①	②	③	④	⑤	⑥	⑦	⑧	⑨
21	①	②	③	④	⑤	⑥	⑦	⑧	⑨
22	①	②	③	④	⑤	⑥	⑦	⑧	⑨
23	①	②	③	④	⑤	⑥	⑦	⑧	⑨
24	①	②	③	④	⑤	⑥	⑦	⑧	⑨
25	①	②	③	④	⑤	⑥	⑦	⑧	⑨
26	①	②	③	④	⑤	⑥	⑦	⑧	⑨

解答番号	1	2	3	4	5	6	7	8	9
27	①	②	③	④	⑤	⑥	⑦	⑧	⑨
28	①	②	③	④	⑤	⑥	⑦	⑧	⑨
29	①	②	③	④	⑤	⑥	⑦	⑧	⑨
30	①	②	③	④	⑤	⑥	⑦	⑧	⑨
31	①	②	③	④	⑤	⑥	⑦	⑧	⑨
32	①	②	③	④	⑤	⑥	⑦	⑧	⑨
33	①	②	③	④	⑤	⑥	⑦	⑧	⑨
34	①	②	③	④	⑤	⑥	⑦	⑧	⑨
35	①	②	③	④	⑤	⑥	⑦	⑧	⑨
36	①	②	③	④	⑤	⑥	⑦	⑧	⑨
37	①	②	③	④	⑤	⑥	⑦	⑧	⑨
38	①	②	③	④	⑤	⑥	⑦	⑧	⑨
39	①	②	③	④	⑤	⑥	⑦	⑧	⑨

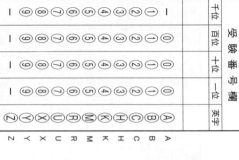

地理歴史，公民　解答用紙

注意事項
1 訂正は，消しゴムできれいに消し，消しくずを残してはいけません。
2 所定欄以外にはマークしたり，記入したりしてはいけません。
3 汚したり，折り曲げたりしてはいけません。

マーク例

	良い例	悪い例
	●	◯・ ⊗ ◐ ◯

・1科目だけマークしなさい。
・解答科目欄が無くマーク又は複数マークの場合は，0点となることがあります。

解答科目欄

地理総合／歴史総合／公共	◯
地理総合，地理探究	◯
歴史総合，日本史探究	◯
歴史総合，世界史探究	◯
公　共，　倫　理	◯
公　共，政治・経済	◯

旧教育課程	旧　世　界　史　B	◯
	旧　日　本　史　B	◯
	旧　地　理　B	◯
	旧　現　代　社　会	◯
	旧　倫　理	◯
	旧　政　治・経　済	◯
	旧倫理，旧政治・経済	◯

受験番号を記入し，その下のマーク欄にマークしなさい。

受　験　番　号　欄

	千位	百位	十位	一位	英字
	−	◯	◯	◯	Ⓐ A
	①	①	①	①	Ⓑ B
	②	②	②	②	Ⓒ C
	③	③	③	③	Ⓗ H
	④	④	④	④	Ⓚ K
	⑤	⑤	⑤	⑤	Ⓜ M
	⑥	⑥	⑥	⑥	Ⓡ R
	⑦	⑦	⑦	⑦	Ⓤ U
	⑧	⑧	⑧	⑧	Ⓧ X
	⑨	⑨	⑨	⑨	Ⓨ Y
	−	−	−	−	Ⓩ Z

氏名・フリガナ，試験場コードを記入しなさい。

フリガナ	
氏　名	

試験場コード	十万位	万位	千位	百位	十位	一位

駿　台　文　庫

解答番号	解　答　欄	解答番号	解　答　欄	解答番号	解　答　欄
	1 2 3 4 5 6 7 8 9		1 2 3 4 5 6 7 8 9		1 2 3 4 5 6 7 8 9
1	① ② ③ ④ ⑤ ⑥ ⑦ ⑧ ⑨	14	① ② ③ ④ ⑤ ⑥ ⑦ ⑧ ⑨	27	① ② ③ ④ ⑤ ⑥ ⑦ ⑧ ⑨
2	① ② ③ ④ ⑤ ⑥ ⑦ ⑧ ⑨	15	① ② ③ ④ ⑤ ⑥ ⑦ ⑧ ⑨	28	① ② ③ ④ ⑤ ⑥ ⑦ ⑧ ⑨
3	① ② ③ ④ ⑤ ⑥ ⑦ ⑧ ⑨	16	① ② ③ ④ ⑤ ⑥ ⑦ ⑧ ⑨	29	① ② ③ ④ ⑤ ⑥ ⑦ ⑧ ⑨
4	① ② ③ ④ ⑤ ⑥ ⑦ ⑧ ⑨	17	① ② ③ ④ ⑤ ⑥ ⑦ ⑧ ⑨	30	① ② ③ ④ ⑤ ⑥ ⑦ ⑧ ⑨
5	① ② ③ ④ ⑤ ⑥ ⑦ ⑧ ⑨	18	① ② ③ ④ ⑤ ⑥ ⑦ ⑧ ⑨	31	① ② ③ ④ ⑤ ⑥ ⑦ ⑧ ⑨
6	① ② ③ ④ ⑤ ⑥ ⑦ ⑧ ⑨	19	① ② ③ ④ ⑤ ⑥ ⑦ ⑧ ⑨	32	① ② ③ ④ ⑤ ⑥ ⑦ ⑧ ⑨
7	① ② ③ ④ ⑤ ⑥ ⑦ ⑧ ⑨	20	① ② ③ ④ ⑤ ⑥ ⑦ ⑧ ⑨	33	① ② ③ ④ ⑤ ⑥ ⑦ ⑧ ⑨
8	① ② ③ ④ ⑤ ⑥ ⑦ ⑧ ⑨	21	① ② ③ ④ ⑤ ⑥ ⑦ ⑧ ⑨	34	① ② ③ ④ ⑤ ⑥ ⑦ ⑧ ⑨
9	① ② ③ ④ ⑤ ⑥ ⑦ ⑧ ⑨	22	① ② ③ ④ ⑤ ⑥ ⑦ ⑧ ⑨	35	① ② ③ ④ ⑤ ⑥ ⑦ ⑧ ⑨
10	① ② ③ ④ ⑤ ⑥ ⑦ ⑧ ⑨	23	① ② ③ ④ ⑤ ⑥ ⑦ ⑧ ⑨	36	① ② ③ ④ ⑤ ⑥ ⑦ ⑧ ⑨
11	① ② ③ ④ ⑤ ⑥ ⑦ ⑧ ⑨	24	① ② ③ ④ ⑤ ⑥ ⑦ ⑧ ⑨	37	① ② ③ ④ ⑤ ⑥ ⑦ ⑧ ⑨
12	① ② ③ ④ ⑤ ⑥ ⑦ ⑧ ⑨	25	① ② ③ ④ ⑤ ⑥ ⑦ ⑧ ⑨	38	① ② ③ ④ ⑤ ⑥ ⑦ ⑧ ⑨
13	① ② ③ ④ ⑤ ⑥ ⑦ ⑧ ⑨	26	① ② ③ ④ ⑤ ⑥ ⑦ ⑧ ⑨	39	① ② ③ ④ ⑤ ⑥ ⑦ ⑧ ⑨

地理歴史，公民 解答用紙

2025
大学入学 共通テスト
駿台

実戦問題集

公共，政治・経済
【解答・解説編】

駿台文庫編

直前チェック総整理

公共分野

〈**資源・エネルギー問題**〉

□日本の一次エネルギー供給割合→石油依存度は石油危機以降に低下→福島の事故後に原発依存度が低下

□化石燃料の代替エネルギー
1. 自然エネルギー→クリーン，高コスト
2. バイオ燃料→カーボン・ニュートラル
3. 原子力エネルギー→CO_2排出ゼロ，重大事故の危険性，核廃棄物

□コージェネレーション（熱電供給），スマートグリッド

□核燃料サイクル→プルサーマル，高速増殖炉

□リサイクル関連法
1. 循環型社会形成推進基本法
2. 容器包装リサイクル法
3. 家電リサイクル法
4. 食品リサイクル法
5. グリーン購入法

〈**食料・人口問題，現代の家族**〉

□食料問題→生産量ではなく配分の問題（貧困国では飢餓，先進国では飽食）

□人口転換：多産多死→多産少死→少産少死

□人口ピラミッド：富士山型（発展途上国），釣鐘型（先進国），つぼ形（人口減少社会）

□世界人口→約80億人（アジア・アフリカは増加，先進国は停滞・減少）

□日本の少子高齢化
1. 合計特殊出生率→2005年，2022年には過去最低の1.26を記録
2. 高齢化率→2021年は28.9%

□核家族と単身世帯の増加

□家族機能の外部化が進行

〈**科学技術の発達と生命倫理**〉

□遺伝子情報の解明→遺伝子治療，クローン技術，遺伝子組み換え作物

□医療技術の発展→QOLやターミナル・ケアの重視，尊厳死と安楽死

□インフォームド・コンセント，リビング・ウィル，セカンド・オピニオン

□臓器移植法→1997年に制定（脳死による心臓移植が可能に），2009年改正（家族の同意だけで移植が可能に，15歳未満の者からの移植を解禁）

〈**高度情報社会と私たちの生活**〉

□情報化社会の問題→ステレオタイプ，コマーシャリズム，世論操作

□IT化→双方向化，ユビキタス化，電子商取引，ソーシャル・メディア

〈**青年期の特質**〉

□青年期とは
1. マージナル・マン（レヴィン）
2. 第二の誕生（ルソー）
3. 心理的離乳（ホリングワース）
4. モラトリアム期間（エリクソン）

□文化的現象としての青年期→未開社会では青年期がない，先進国では長期化

□現代日本の青年→パラサイト・シングル，ニート

□若者文化→対抗文化，下位文化

〈**自己実現と職業生活，社会参加**〉

□葛藤→複数の欲求が衝突していること

□欲求不満の解決→合理的解決，近道反応，防衛機制

□自我同一性の確立→青年期の発達課題（エリクソン）

□インターンシップ→就業体験

〈**日本の風土と文化**〉

□日本文化の重層性→日本の文化は仏教や儒教などの外来思想を受容することで形成された

□古代日本人の意識
1. カミ→威力あるすべてのもの，八百万の神，祖霊，アニミズム
2. 清き明き心→私心のない純粋な心情
3. 神道→明確な教義なし

□日本人の生活文化
1. ケの日→日常生活をおくる日，農作業を行う
2. ハレの日→非日常，年中行事や通過儀礼を行う

□和辻哲郎の風土論
1. モンスーン型風土（日本など）→受容的・忍従的態度
2. 砂漠型風土（西アジアなど）→対抗的・戦闘的態度
3. 牧場型風土（ヨーロッパ）→合理的態度

〈**世界の思想**〉

□世界の宗教
1. キリスト教→ユダヤ教が母体，神の子イエスを通し

— 公，政 1 —

た救済の教え

2.イスラーム→唯一神アッラーへの帰依，キリスト教は兄弟宗教

3.仏教→苦悩から脱し，真理を悟る（成仏する）ことが目標

□西洋哲学

1.古代ギリシア哲学→ソクラテス，プラトン，アリストテレス

2.西洋近代哲学→イギリス経験論と大陸合理論

3.ドイツ観念論→カント，ヘーゲル

4.功利主義→ベンサム，ミル

5.実存主義→キルケゴール，ニーチェ，ハイデッガー，サルトル

6.近代批判の哲学→フランクフルト学派（アドルノ，ハーバーマス），構造主義（レヴィ＝ストロース，フーコー）

7.現代正義論→ロールズ，セン

〈共生（女性・高齢者・障がい者・外国人）〉

□女性の社会進出

1.M字カーブ→近年は労働力率の落ち込みがなだらかに

2.男女雇用機会均等法（1985年）→男女差別の禁止，セクハラ防止義務，間接差別も禁止

3.育児介護休業法（1995年）→育児休業と介護休業を法的に保障，男性の育児休暇取得率は6.16％（2018年）

□障害者雇用促進法→法定雇用率は国・自治体は2.6％，民間企業は2.3％

□高年齢者雇用安定法→65歳までの定年引上げor65歳までの継続雇用or定年の廃止を義務づけ

□少子高齢化対策

1.高齢化対策→ゴールドプラン（1989年），ゴールドプラン21（1999年）

2.少子化対策→エンゼルプラン（1994年），少子化対策基本法（2003年），子ども・子育て関連3法（2012），待機児童問題

□ノーマライゼーション→障がい者や高齢者が普通の生活をできるようにバリアフリーなどを進めること

□外国人労働者→技能労働者のみを受け入れ→新しい在留資格の「特定技能」により就労業種拡大

□外国人研修制度・技能実習制度

□異文化理解→エスノセントリズム（自民族中心主義）ではなく，文化相対主義と多文化主義の視点が重要

民主政治の基本原理

〈市民革命と社会契約説〉

□政治と国家　「人間は社会的動物である」（アリストテレス），国家の三要素（領域・国民・主権），夜警国家から福祉国家へ，道徳と法，成文法と不文法，憲法と法律，公法と私法

□市民革命　絶対王政，王権神授説，ボータンの主権論，清教徒革命（英：1642～49），名誉革命（英：1690），アメリカ独立革命（1776），フランス革命（1789）

□自然権　生来の前国家的な権利で不可侵，バージニア権利章典（1776）で世界初の明文規定

□社会契約説　自然状態，自然権，諸個人の合意で国家を設立，ホッブズ，ロック，ルソー

□ホッブズ　自然状態は「万人の万人に対する闘争」→国家を設立して自然権を全面譲渡→絶対王政を擁護

□ロック　生命・自由・財産権（自然権）→政府を設立して自然権の保全を信託→権力を濫用すれば国民は抵抗権（革命権）を行使，バージニア権利章典（1776）・アメリカ独立宣言（1776）・フランス人権宣言（1789）に多大な影響

□ルソー　自然状態は自由・平等→直接民主制により一般意思（一般意志）を形成→間接民主制を批判→フランス革命（1789）に多大な影響

〈民主政治の基本原理〉

□民主政治の基本原理　立憲主義，フランス人権宣言第16条，人権保障，国民主権，法の支配，権力分立

□人権保障　自由権（18ｃ）→参政権の拡大（19ｃ）→社会権の登場（20ｃ），ワイマール憲法（1919）

□国民主権　国民に国政の最終決定権，間接民主制（代表民主制）と直接民主制（レファレンダム・イニシアティブ・リコール），リンカン「人民の・人民による・人民のための政治」

□法の支配　「人の支配」を排除し権力者を法で拘束→ねらいは人権保障，17世紀の英国でコーク（クック）がブラクトンの言葉を引用→「国王といえども神と法の下にある」，米国で違憲審査制が成立，司法権の優位，日本国憲法も採用

□法治主義　19世紀のドイツで発展，議会の制定した法律で権力行使を制限，法律の留保を認める，明治憲法が採用

□権力分立　ロック→『統治二論』（1690）・立法権の優位，モンテスキュー→『法の精神』（1748）・三権相互の抑制と均衡，＜制度＞議会の二院制，行政委員会，地方分権，三審制など

— 公，政2 —

□人権保障の国際化　国際人権規約（1966国連採択，1979日本批准）→世界人権宣言（1948）を条約化，ジェノサイド条約（1948国連採択，日本未批准），人種差別撤廃条約（1965国連採択，1995日本批准），女子差別撤廃条約（1979国連採択，1985日本批准），難民条約（1951国連採択，1982日本批准），子どもの権利条約（1989国連採択，1994日本批准），死刑廃止条約（1989国連採択，日本未批准），障害者権利条約（2006国連採択，2014日本批准）

〈世界の政治体制〉

□イギリス　不文憲法，立憲君主制→「君臨すれども統治せず」，議院内閣制→議会に連帯責任，内閣不信任決議，下院解散権，下院優位の原則，議会法（1911），上院は非民選議院，違憲審査制なし，議会主権，野党第一党は影の内閣を組織，最高裁判所発足（2009）

□アメリカ　最古の成文憲法をもつ国，連邦制，大統領制

□大統領　法案提出できない，法案拒否権，統帥権，教書の送付権，条約締結権，任期4年，三選禁止

□連邦議会　議員の独立性強い，弾劾決議権あり，政党の拘束力弱い

□上院　各州から2名を選出，条約同意権，連邦最高裁判事，各省長官等の任命（大統領による）への同意権

□下院　各州から人口比例で選出，予算・法案の先議権，解散なし，大統領不信任権なし

□違憲審査制　連邦最高裁の判例（1803）で確立，付随的違憲法令審査権，司法権の優位

□英米の共通点　小選挙区制，二大政党制（英では第三党，第四党も台頭），判例法中心主義，法の支配の伝統，憲法の継続性

□社会主義国　民主集中制（権力集中制），政権交代のない実質的な一党制，国家の最高機関に権力が集中

□ファシズム　1920〜40年代，伊・独・日など後発資本主義国で成立，合法的な政権獲得，野党を強制解散，集会・結社・言論を統制，メディアを利用した世論操作，全体主義，排外的民族主義，対外的な侵略

□開発独裁　アジア・中南米の途上国に多い，多くは軍隊がクーデターで政権奪取，経済開発の達成を名目に政治的独裁を正当化，軍隊と官僚の支配，国民の権利・自由を著しく制限，外資導入による経済発展

日本国憲法と民主政治

〈日本国憲法の成立〉

□大日本帝国憲法（明治憲法）　プロイセン憲法が手本，天皇が制定した欽定憲法，天皇主権→統治権を総攬，

神聖不可侵，統帥権の独立，帝国議会→貴族院（非民選）と衆議院，裁判所に違憲審査権なし，臣民の権利→法律の留保を伴う，社会権なし

□日本国憲法の成立　ポツダム宣言を受諾（1945）→松本案をGHQが拒否（1946）→GHQ草案（マッカーサー草案）を提示→新たな改正案を帝国議会で一部修正の上可決→日本国憲法の公布（1946）→施行（1947）

〈日本国憲法の基本原理〉

□基本原理　三大原理→国民主権・基本的人権の尊重・平和主義，国民が制定した民定憲法，国の最高法規，硬性憲法，公務員の憲法尊重擁護義務，違憲審査権

□国民主権　国民に国政の最終決定権，代表民主制

□象徴天皇制　天皇は日本国と日本国民統合の象徴，国政に関する権能なし，形式的・儀礼的な国事行為に限定，内閣の助言と承認

□憲法改正　衆参両院で総議員の3分の2以上の賛成で国会が発議→国民投票で有効投票の過半数の賛成→天皇が公布，国民投票法（2007），憲法審査会

□人権保障　個人の尊重，永久不可侵，濫用の禁止，「公共の福祉」による制限あり→人権相互の矛盾・衝突を調整する公平の原理

□平等権　法の下の平等，両性の本質的平等，選挙権の平等，形式的平等（機会の平等）から実質的平等（結果の平等）へ，ヘイトスピーチ対策法（2016），＜最高裁の違憲判決＞尊属殺重罰規定判決，衆議院議員定数不均衡判決，国籍法婚外子差別判決，婚外子相続差別訴訟，女性再婚禁止期間規定判決，夫婦同姓規定は合憲

□自由権　18世紀的権利，「国家からの自由」，精神の自由，人身の自由，経済の自由

□精神の自由　＜思想・良心の自由＞三菱樹脂事件，＜信教の自由と政教分離＞津地鎮祭訴訟，愛媛玉串料訴訟違憲判決，空知太神社訴訟違憲判決，那覇孔子廟訴訟違憲判決，＜学問の自由と大学の自治＞天皇機関説事件（1935），東大ポポロ劇団事件，＜集会・結社・表現の自由＞チャタレイ事件判決，「石に泳ぐ魚」事件判決，＜検閲の禁止と通信の秘密＞家永教科書訴訟，通信傍受法（1999）

□経済の自由　居住・移転の自由，外国移住・国籍離脱の自由，＜職業選択の自由＞薬事法薬局開設距離制限違憲判決，＜財産権の保障と制限＞正当な補償，森林法共有林分割制限違憲判決

□人身の自由　法定手続きの保障，罪刑法定主義，無罪推定の原則，令状主義，拷問・残虐な刑罰の禁止，弁護人依頼権，国選弁護人，黙秘権，自白強要の禁止，

遡及処罰の禁止, 一事不再理 (二重処罰の禁止), 取り調べの可視化, 犯罪被害者保護制度

□社会権 20世紀的権利, 「国家による自由」＜生存権＞朝日訴訟, 堀木訴訟, プログラム規定説, ＜教育を受ける権利, 勤労権, 労働三権＞

□参政権 19世紀的権利, 「国家への自由」, 公務員の選定・罷免権, 選挙権・被選挙権, 在外選挙権制限違憲判決, 18歳選挙権 (2016～)

□請求権 請願権, 国家賠償請求権, 郵便法損害賠償制限違憲判決, 裁判を受ける権利, 刑事補償請求権

□新しい人権 ＜プライバシーの権利＞「宴のあと」事件, 「石に泳ぐ魚」事件判決, 住基ネット (2002), マイナンバー制度 (2016), 個人情報保護法 (2003), ＜知る権利＞情報公開法 (1999), 報道の自由, 特定秘密保護法 (2013), ＜アクセス権＞サンケイ新聞事件判決, ＜環境権＞大阪空港公害訴訟, ＜平和的生存権＞, ＜自己決定権＞

□国民の義務 教育を受けさせる義務, 勤労の義務, 納税の義務

〈平和主義〉

□第9条 戦争の放棄, 戦力の不保持, 交戦権の否認

□自衛隊と第9条 ＜歴代内閣の見解＞「自衛のための必要最小限度の実力は憲法に反しない」
＜裁判＞恵庭事件, 長沼ナイキ訴訟, 百里基地訴訟

□日米安保条約 砂川事件, 統治行為論, 新安保条約 (1960), 思いやり予算, 普天間基地の辺野古移設問題

□安全保障政策 文民統制の原則, 専守防衛, 非核三原則, 武器輸出三原則, 防衛費GNP 1 ％枠 (→1987年度予算で撤廃)

□自衛隊の海外派遣 PKO協力法 (1992), テロ対策特別措置法 (2001), イラク復興支援特別措置法 (2003), 海賊対処法 (2009), 国際平和支援法 (2015)

□有事法制 日米安保体制の再定義 (1999), 周辺事態法 (1999), 武力攻撃事態法 (2003), 国民保護法 (2004), 防衛庁を防衛省へ (2007), 国家安全保障会議 (2013)

□最近の動向 安倍内閣が集団的自衛権の行使容認を閣議決定 (2014), ガイドラインの改定 (2015), 安全保障関連法 (2015), 防衛装備移転3原則 (2014) →防衛装備庁の設置 (2015)

〈国会〉

□国会の地位 国権の最高機関, 唯一の立法機関

□議員の特権 全国民の代表→不逮捕特権・発言の免責特権・歳費特権

□国会の組織と活動 二院制, 衆議院と参議院, 衆議院のみ解散あり, 委員会中心主義, 政府委員制度の廃止

と党首討論の導入 (2000)

□国会の種類 常会 (通常国会)・臨時会 (臨時国会)・特別会 (特別国会), 参議院の緊急集会

□国会の権限 憲法改正の発議, 法律の議決, 条約の承認, 内閣総理大臣の指名, 弾劾裁判所の設置など

□議院の権限 国政調査権, 議院規則制定権, 議員の資格争訟の裁判, 議員懲罰権など

□衆議院の優越 法律案の議決・予算の議決・条約の承認・内閣総理大臣の指名, 両院協議会 ＜衆議院のみの権限＞予算先議権, 内閣不信任決議権

〈内閣〉

□内閣 内閣総理大臣とその他の国務大臣, 行政権を担当し閣議により意思決定

□議院内閣制 国会に対し連帯責任, 衆議院に内閣不信任決議権→10日以内に衆議院を解散しない限り総辞職, 内閣総理大臣は国会議員の中から国会が指名, 国務大臣の過半数は国会議員

□内閣の権限 ＜行政権＞法律の執行, 政令の制定, 条約の締結, 予算を作成し国会へ提出, ＜対国会＞国会召集の決定, 参議院の緊急集会の要求, ＜対裁判所＞最高裁判所長官の指名, その他の最高裁裁判官の任命, 下級裁判所裁判官の任命, ＜対天皇＞国事行為に対する助言と承認

□内閣総理大臣の権限 国務大臣の任命・罷免, 行政各部の指揮監督, 国務大臣の訴追同意など

□内閣の総辞職 ①内閣総理大臣が欠けた時 ②内閣不信任決議から10日以内に衆議院を解散しない時 ③衆議院総選挙後に初めて国会が召集された時

□行政改革 中央省庁の再編成 (2001), 内閣府を新設, 環境庁を環境省へ, 独立行政法人, 防衛庁を防衛省へ (2007)

〈裁判所〉

□裁判所 民事裁判・刑事裁判・行政裁判, 最高裁判所と下級裁判所 (高等・地方・簡易・家庭), 三審制, 再審制度, 免田事件

□裁判官 最高裁判所長官とその他の裁判官, 下級裁判所裁判官

□司法権の独立 ＜裁判所の独立＞特別裁判所の設置禁止, 最高裁の規則制定権, ＜裁判官の独立＞厚い身分保障と経済的保障, ＜侵害事件＞大津事件, 浦和事件, 平賀書簡問題など

□裁判の民主的統制 公開の原則, 国会の弾劾裁判, 最高裁判所裁判官に対する国民審査

□違憲審査権 付随的違憲審査制→司法裁判所に違憲審査権, 違憲判決が出ても国会が改正・削除しないと法

律は失効しない
□司法制度改革　裁判迅速化法（2003），法科大学院（2004），知的財産高等裁判所（2005），被疑者の国選弁護人制度（2006），裁判員制度の導入（2009），検察審査会改革（2009），取り調べの可視化，司法取引の導入（2018）

〈地方自治〉
□ブライス（英）「地方自治は民主主義の学校」
□地方自治の本旨　団体自治→地方議会の条例制定権，住民自治→長や議員の直接選挙・住民の直接請求権・住民投票など
□自治体の機関　＜議会＞一院制，条例の制定，住民の直接選挙　＜長＞都道府県知事と市町村長，住民の直接選挙，任期4年
□議会と長の関係　＜議会＞長に対する不信任決議権，長は10日以内に議会を解散しないと失職　＜長＞条例制定・予算の議決に対する拒否権（再議請求権），議会の解散権
□住民の参政権　長・地方議員の選挙権・被選挙権，直接請求権，地方自治特別法の住民投票
□直接請求権　▼条例の制定・改廃，事務の監査→有権者の1/50以上の署名　▼議会の解散，議員・長の解職，副知事・副市町村長などの解職→原則として有権者の1/3以上の署名
□住民投票条例　投票結果に法的拘束力なし，未成年者や定住外国人に投票資格を与える自治体あり
□財政　＜自主財源＞地方税（一般財源）　＜依存財源＞地方交付税（一般財源）・国庫支出金（補助金－特定財源）・地方債（特定財源）
□地方分権改革　「三割自治」，地方分権一括法（1999），国と地方の「上下・主従関係」を「対等・協力関係」へ，機関委任事務の廃止，自治事務と法定受託事務，「平成の大合併」，道州制構想，大阪都構想
□三位一体の改革　補助金の削減・地方交付税の見直し・税源移譲，所得税（国税）から住民税（地方税）へ税源移譲（2006）

現代の日本政治

〈政党政治〉
□政党　名望家政党から大衆政党へ，＜政党政治＞二大政党制（英・米）・多党制（小党分立制）・一党制
□日本政治史　55年体制の成立（1955）→野党の多党化（1960年代〜）→与野党伯仲（1970年代半ば〜）→55年体制の崩壊（1993）

□1990年代半ば〜　自民党中心の連立政権→民主党への政権交代（2009）→自民党の政権復帰（2012），自民・公明の連立内閣
□戦後日本政治の特色　派閥政治，族議員，「鉄のトライアングル」（族議員・官僚・業界），強い党議拘束
□政治資金　政治資金規正法，政党助成法（1994），
□疑獄事件　ロッキード事件，リクルート事件，佐川急便事件，ゼネコン汚職事件など
□圧力団体（利益集団）　経団連（財界），連合（労働団体），日本医師会など，アメリカのロビイスト

〈選挙制度〉
□選挙原則　普通選挙，平等選挙，直接選挙，秘密選挙
□選挙制度　小選挙区制，大選挙区制，比例代表制
□衆議院選挙　小選挙区比例代表並立制　定数465　＜小選挙区＞289選挙区から289人　＜比例代表＞全国11ブロックから176人，拘束名簿式比例代表制，ドント方式，重複立候補できる
□参議院選挙　定数248　＜選挙区＞原則として各都道府県から148人（2016年から鳥取と島根，徳島と高知を合区）　＜比例代表＞全国1区→100人，非拘束名簿式比例代表制，ドント方式，特定枠
□選挙制度改革　連座制の強化，投票時間の延長，期日前投票，在外選挙制度（1998）→最高裁の違憲判決（2005）→2006年に法改正
□選挙運動　戸別訪問の禁止，インターネットの利用解禁（2013），マニフェスト（政権公約）
□近年の議員定数の不均衡　最高裁の「違憲状態」判決，衆議院選挙で3回（2009年，2012年，2014年の選挙），参議院選挙でも2回（2010年，2013年の選挙）

〈行政機能の拡大と世論〉
□行政国家　内閣提出法案（内閣立法）・委任立法の増大，許認可行政，行政指導，官僚の「天下り」，「鉄のトライアングル」（族議員－官僚－業界）
□行政の民主化　国政調査権，行政委員会，審議会，行政手続法（1993），情報公開法（1999），国家公務員倫理法（1999），オンブズマン（オンブズパーソン）制度の導入（地方のみ）
□行政改革　3公社の民営化（1985，1987），中央省庁の再編成（2001），日本道路公団など道路4公団の民営化（2005），郵政民営化（2007）
□行政機関の新設　観光庁（2008），消費者庁（2009），復興庁（2012），原子力規制委員会（2012），防衛装備庁（2015），スポーツ庁（2015），出入国在留管理庁（2019），デジタル庁（2021），こども家庭庁（2023）
□世論とメディア　大衆民主主義→「世論による政治」，

報道の自由→国民の「知る権利」に奉仕　＜問題点＞
プライバシー侵害，アナウンス効果，世論操作，スポ
ンサーの意向，メディアリテラシー，政治的無関心，
メディア・スクラム

国際政治と日本

〈国際社会〉

□国際社会　ウェストファリア条約（1648），主権国家，
国際機関，非政府組織（NGO），多国籍企業など

□国際法　グロティウス，条約と国際慣習法，常設国際
司法裁判所（1921）→国際司法裁判所（1945），国際
刑事裁判所（2003）

□平和維持の方式　勢力均衡方式から集団安全保障方式
へ，カント，不戦条約（1928）

〈国際連盟〉

□国際連盟の成立　米国のウィルソン大統領，平和原則
14か条（1918），総会・理事会・事務局，常設国際司
法裁判所と国際労働機関（ILO）

□問題点　米国の不参加，主要国の脱退（日・独・伊），
総会と理事会の全会一致制，軍事制裁の欠如など

〈国際連合〉

□国際連合の成立　＜1941＞大西洋憲章→＜1944＞ダン
バートン・オークス会議→＜1945＞ヤルタ会談→サン
フランシスコ会議→国連憲章の採択→国連発足

□主要機関　総会，安全保障理事会，経済社会理事会，
信託統治理事会，事務局，国際司法裁判所

□総会　全加盟国で構成，多数決制，主権平等の原則，
平和のための結集決議（1950），緊急特別総会

□安全保障理事会　5つの常任理事国（米英仏ロ中）と
10の非常任理事国，大国一致の原則，5大国の拒否権

□経済社会理事会　専門機関と提携・協力，NGO（非
政府組織）と協議

□国際司法裁判所　裁判の当事者になれるのは国家の
み，裁判を行うには当事国の同意が必要

□事務局　＜事務総長＞任期5年（再任可），安保理常
任理事国（5大国）以外の国から選出する慣行

□国連軍　正規の国連軍，朝鮮国連軍，多国籍軍

□平和維持活動（PKO）　平和維持軍（PKF），停戦監
視団，選挙監視団，文民警察など，「6章半活動」

□国連と日本　日ソ共同宣言（1956）→日本の国連加盟
（1956），国連中心主義，非常任理事国に11回当選，常
任理事国入りを希望，旧敵国条項の削除決議を可決
（1995）

〈現代の国際政治〉

□冷戦の成立　＜西側＞「鉄のカーテン」演説，トルー
マン・ドクトリン，マーシャル・プラン，NATO（北
大西洋条約機構），＜東側＞コミンフォルム，経済相
互援助会議（コメコン），WTO（ワルシャワ条約機構）

□冷戦の展開　ベルリン封鎖，朝鮮戦争，「ベルリンの壁」
構築，キューバ危機，ベトナム戦争

□「雪解け」・多極化からデタント（緊張緩和）へ　ジュ
ネーブ4巨頭会談，プラハの春，チェコ事件，中ソ国
境紛争，全欧安保協力会議（CSCE），米中が国交正
常化

□非同盟諸国　平和5原則，平和10原則，アジア・アフ
リカ会議（バンドン会議），非同盟諸国首脳会議

□新冷戦の時代へ　ソ連のアフガニスタン侵攻，米国の
戦略防衛構想（SDI）

□冷戦の終結　ソ連のペレストロイカ（改革）・新思考
外交，東欧革命，「ベルリンの壁」崩壊，マルタ会談
で「冷戦終結」宣言，東西ドイツの統一，ワルシャワ
条約機構（WTO）解体，ソ連の崩壊

□ポスト冷戦　NATOの東方拡大，米国で同時多発テ
ロ（2001）→アフガニスタン戦争，イラク戦争（2003），
アラブの春，「イスラム国」（IS）の台頭

□地域・民族紛争　パレスチナ問題，コソボ紛争，北ア
イルランド独立運動，ルワンダ内戦，チェチェン紛争，
ウクライナ紛争，カシミール紛争，チベット独立問題

〈軍縮・軍備管理〉

□核兵器　部分的核実験禁止条約（PTBT），核拡散防
止条約（NPT），戦略兵器制限条約（SALT）Ⅰ・Ⅱ，
中距離核戦力（INF）全廃条約，戦略兵器削減条約
（START）Ⅰ・Ⅱ，包括的核実験禁止条約（CTBT），
新戦略兵器削減条約（新START），核兵器禁止条約
（TPNW，日本は不参加）

□非核地帯条約　ラテンアメリカのトラテロルコ条約
（1967），南太平洋のラロトンガ条約（1985），東南ア
ジアのバンコク条約（1995），アフリカのペリンダバ
条約（1996），中央アジアのセメイ条約（2006）

□通常兵器　生物兵器禁止条約，欧州通常戦力（CFE）
条約，化学兵器禁止条約，対人地雷全面禁止条約，ク
ラスター爆弾禁止条約

〈日本の外交〉

□戦後の日本外交　サンフランシスコ平和条約と日米安
全保障条約（1951），日ソ共同宣言（1956）→国連加
盟（1956），国連中心主義

□東アジア外交　＜対中国＞日中共同声明（1972）→
日中平和友好条約（1978）　＜対朝鮮＞日韓基本条約

（1965），日朝首脳会談で日朝平壌（ピョンヤン）宣言（2002）

□日本の領土問題　＜対ロシア＞北方領土問題　＜対韓国＞竹島問題　＜対中国＞尖閣諸島問題

現代経済の仕組み

〈経済とは〉

□経済とは　財・サービスの生産→分配→消費
□財　有形のモノ，自由財と経済財，公共財と私的財，生産財と消費財
□サービス　無形の経済活動　（例）医療，教育，運輸，通信など
□経済主体　経済活動の担い手→家計，企業，政府

〈家計〉

□家計　企業に生産要素（労働，資本，土地）を提供し，所得（賃金，利子，配当など）を得る
□可処分所得＝個人所得－（租税負担＋社会保険料）
□家計貯蓄率＝貯蓄÷可処分所得，日本は欧米の主要国より高かったが，1990年代以降は低下傾向へ
□エンゲルの法則　所得の増加→エンゲル係数（飲食費÷消費支出）が低下
□ローレンツ曲線　ジニ係数

〈企業と株式会社〉

□企業　公企業・私企業・公私合同企業，個人企業と法人企業，組合企業と会社企業
□会社企業　株式会社，合名会社，合資会社，合同会社
□会社法　有限会社の新設を禁止，最低資本金規制の廃止
□株式会社　株主総会，株主の有限責任，1株1票，所有と経営の分離，持株会社の解禁（1997）
□企業の社会的責任　メセナ，フィランソロピー，コーポレート・ガバナンス，社外取締役，コンプライアンス（法令遵守（じゅんしゅ）），ディスクロージャー（情報開示）
□現代の企業　コングロマリット（複合企業），M＆A（合併と買収），多国籍企業，企業集団，リストラクチャリング（事業の再構築），アウトソーシング

〈市場〉

□市場　商品が貨幣で売買される場　（例）消費財市場のほか労働市場，金融市場，外国為替市場など
□完全競争市場　多数の売り手と買い手，参入・退出の自由，情報の完全性，財の品質は同一，価格の自動調節機能（市場メカニズム）により資源の最適配分
□寡占市場　広告・宣伝などの非価格競争，プライス・リーダーシップ，管理価格の形成，価格の下方硬直化
□寡占化・独占化　カルテル（企業連合），トラスト（企業合同），コンツェルン（企業連携），独占禁止法，公正取引委員会，審判・審決制度の廃止（2014）

〈市場メカニズム〉

□完全競争市場　価格変動が需要と供給の不均衡を調節→資源の最適配分，アダム・スミス→「見えざる手」
□需要曲線　　価格が上がる→需要は減少
　　　　　　　価格が下がる→需要は増加
□供給曲線　　価格が上がる→供給は増加
　　　　　　　価格が下がる→供給は減少
□超過需要（需要＞供給）→価格が上がる→需要は減少・供給は増加→需要＝供給
□超過供給（需要＜供給）→価格が下がる→需要は増加・供給は減少→需要＝供給

〈需給曲線のシフト〉

□需要曲線の移動　＜需要の増加＞→右へ移動　（例）消費者の所得の増加，消費人口の増加など
　　＜需要の減少＞→左へ移動　（例）消費者の所得の減少，消費人口の減少など
□供給曲線の移動　＜供給の増加＞→右へ移動　（例）技術革新，原材料の値下げ，豊作など
　　＜供給の減少＞→左へ移動　（例）原材料の値上がり
□需要の価格弾力性　生活必需品とぜいたく品

〈市場の失敗〉

□市場の失敗（限界）　寡占・独占の弊害，外部不経済（公害など），外部経済，公共財の供給，情報の非対称性
□公共財　多数の人が利用する財・サービス　（例）一般道路・橋・公園・図書館，外交・国防・消防・警察など　（特色）非競合性と非排除性がある

〈国民所得と国富〉

□経済指標　＜フロー＞一定期間で測定　（例）GNP，GDP，NI　＜ストック＞特定時点で測定　（例）国富，国債残高，マネーストック，外貨準備
□国民総生産（GNP）　＜定義＞ある国の国民が1年間に生産した付加価値の合計
　＜式＞GNP＝総生産額－中間生産額
□中間生産額　原材料・燃料の費用　＜注意＞人件費(賃金)は中間生産額に含まれない
□国民純生産（NNP）
　＝GNP－固定資本減耗（減価償却費）
□国民所得（NI）＝NNP－間接税＋補助金
□三面等価の原則
　生産国民所得＝分配国民所得＝支出国民所得
□国民総所得（GNI）
　GNPを分配面からとらえた指標（GNP＝GNI）
□国民総支出（GNE）　GNPを支出面からとらえた指標

（GNP＝GNI＝GNE）

□国内総生産（GDP）　＜定義＞ある国の国内で1年間に生産された付加価値の合計
　＜式＞GDP＝GNP－海外からの純所得
　　　　　　　　　└（海外からの要素所得－海外への要素所得）

□海外からの要素所得　日本国民が海外から得た賃金・利子・配当→GNPに含まれ，GDPに含まれない

□海外への要素所得　外国人が日本国内で得た賃金・利子・配当→GNPに含まれず，GDPに含まれる

□市場で売買されないもの→国民所得でカウントしない（例）家庭料理，家事労働，ボランティアなど

□新たに生産された価値とはいえないもの→国民所得でカウントしない　（例）土地・株の値上がり益，失業保険・生活保護の給付金など

□国民純福祉（NNW）　GNPから環境汚染などのマイナス項目を引き，家事労働，余暇時間などのプラス項目を加える

□グリーンGDP　GDPから環境費用をマイナス

□国富　＜定義＞特定時点に一国が保有する資産の合計
　＜式＞非金融資産＋対外純資産

□非金融資産　国民が国内に保有する生産資産と非生産資産
　（例）住宅，企業設備（工場・機械など），社会資本

□土地・森林・漁場なども非生産資産として国富にカウント

□対外純資産＝対外資産－対外負債
　　対外資産　日本が海外に保有する資産
　　対外負債　外国が日本国内に保有する資産

〈景気循環と経済成長〉

□景気循環（景気変動）　好況→後退→不況→回復

□恐慌　急激で大規模な景気後退，過剰生産→価格の暴落，倒産・失業の急増，1929年の世界恐慌

□景気の波
　キチンの波　　　　　（約40か月）－在庫投資
　ジュグラーの波　　　（約10年）－設備投資
　クズネッツの波　　　（約20年）－建設投資
　コンドラチェフの波（約50年）－技術革新

□経済成長率　GDPの対前年増加率，物価変動を考慮した実質成長率と考慮しない名目成長率
　インフレ時：実質成長率＜名目成長率
　デフレ時：実質成長率＞名目成長率

〈通貨と金融〉

□通貨制度　＜金本位制＞金が本位貨幣，兌換銀行券→金保有量により発行量が拘束される，世界恐慌時の

1930年代に崩壊　＜管理通貨制度＞不換銀行券→金保有量に拘束されず通貨を発行できる

□通貨の種類　＜現金通貨＞日本銀行券（紙幣）＋補助貨幣（硬貨），＜預金通貨＞普通預金・当座預金など，マネーストック

□資金調達の方法　直接金融（株式・社債など）と間接金融（銀行借入れ），自己資本と他人資本

□市中銀行の役割　預金の受け入れ（預金業務）とその貸出し（貸出業務），金融の仲介機能，為替業務

□信用創造　市中銀行が初めに受け入れた預金（本源的預金）の貸出しと受け入れを繰り返す→その何倍もの預金通貨を生み出す

　預金総額＝本源的預金÷預金準備率
　信用創造額＝預金総額－本源的預金

〈日銀の金融政策〉

□日本銀行の役割　唯一の発券銀行，政府の銀行，銀行の銀行，金融機関以外の企業や個人とは取引しない，日銀は政府のほか民間も出資する公私合同企業

□金融政策　通貨量を調整→物価や景気の安定へ

　公定歩合操作　　　公定歩合を上げ下げ
　預金準備率操作　　預金準備率を上げ下げ
　公開市場操作　　　市中銀行と国債・手形などを売買

□近年の金融緩和政策　買いオペ（公開市場操作）が中心，ゼロ金利政策→量的・質的金融緩和→マイナス金利付量的・質的金融緩和（2015～）

□金融ビッグバン（1997）　バブル崩壊→「護送船団方式」の見直し→金融の自由化へ
　・持株会社の解禁　　　・外国為替業務の自由化
　・業務間の相互参入　　・金融監督庁→金融庁

□ペイオフ解禁　預金保険機構（1971）→預金保護の上限は預金元本1000万円とその利子まで
　2002 定期預金の解禁　2005 普通預金の解禁

〈インフレとデフレ〉

□インフレ　ディマンド・プル・インフレ，コスト・プッシュ・インフレ，輸入インフレなど

□インフレの影響　＜損する人＞給与所得者，年金生活者，生活保護世帯，預金保有者，＜得する人＞土地・株などの資産保有者，お金を借りている債務者

□デフレ　デフレスパイラル

〈財政と財政政策〉

□財政とは　歳入と歳出，一般会計と特別会計，本予算と補正予算

□財政の役割　①資源配分の適正化　②所得の再分配

累進課税，社会保障　③景気の安定化

□自動安定化装置（ビルト・イン・スタビライザー）

<好況期>税収の増加，社会保障給付の減少
　　　　→景気の過熱を抑制
<不況期>税収の減少，社会保障給付の増加
　　　　→景気の落ち込みを抑制

□財政政策（フィスカル・ポリシー）

<好況期>増税・公共投資縮小
　　　　→有効需要の減少→景気の過熱を抑制
<不況期>減税・公共投資拡大
　　　　→有効需要の増加→景気の回復へ

〈租税と国債〉

□租税　国税と地方税，直接税と間接税，租税法律主義，累進税と逆進税，垂直的公平と水平的公平，クロヨン，トーゴーサン

□消費税　3％（1989）→5％（1997）→8％（2014）→10％（2019）
　　<逆進性>低所得者ほど消費税の負担率が高い

□直間比率　従来は直接税中心主義（7：3）→消費税率のアップなどで56.7：43.3（2019）へ

□国民負担率＝（租税＋社会保険料）÷国民所得
　　<仏>67.1％<独>54.9％<英>46.5％<日>44.4％
　　<米>32.4％（2019）

□国債　建設国債と赤字国債（特例国債），建設国債の原則，市中消化の原則　国債依存度31.1％（2023年度予算），国債残高 1,005兆円（2022年末）

□国債発行の問題点　財政の硬直化，後世代の税負担の増大，民間投資を圧迫（クラウディング・アウト）

□プライマリーバランス（基礎的財政収支）「歳入－国債収入」－「歳出－国債費」，プラス（黒字）なら国債残高は減少，マイナス（赤字）なら増加

□財政投融資　「第二の予算」　<財投改革>（2001）郵便貯金などの預託義務を廃止→財投債・財投機関債を発行し資金調達　<使途>生活環境整備，中小企業対策，道路，経済協力，国土保全，災害復旧など

〈資本主義経済〉

□特色　生産手段の私的所有，利潤追求の自由，自由競争，無政府的生産

□資本主義の歩み　重商主義→産業資本主義→独占資本主義→現代資本主義（修正資本主義）

□産業資本主義　産業革命，工場制機械工業，自由放任主義，自由競争

□独占資本主義　<1870年代〜>資本の集積と集中，少数の大企業が主要産業を支配，市場の寡占化・独占化

□現代資本主義　<1930年代〜>世界恐慌，F・ルーズベルトのニューディール政策（1933〜）　<特色>修正資本主義，政府が経済へ介入，財政・金融政策（有効需要政策），混合経済，大きな政府

□新自由主義への転換　<1980年代〜>自由競争や市場原理を重視，小さな政府，規制緩和

〈社会主義経済〉

□特色　生産手段の社会的所有，計画経済，利潤追求や自由競争を否定，階級対立のない平等社会をめざす

□社会主義の歩み　ソ連の成立（1922）<第二次大戦後>東欧，中国，キューバ，ベトナムなどへ波及，東欧革命（1989〜90），ソ連の崩壊（1991）

□社会主義の変容　<中国>改革・開放政策（1978），経済特区，社会主義市場経済へ　<ベトナム>ドイモイ政策（1986〜），ASEAN加盟（1995）

〈経済学の歩み〉

□アダム・スミス（英）『諸国民の富』（国富論）（1776），重商主義を批判，自由放任主義，「見えざる手」，安価な政府，分業の利益

□マルサス（英）『人口の原理』（1798），人口は等比（幾何）級数的に増加し，食料は等差（算術）級数的にしか増加しない

□リカード（英）『経済学および課税の原理』（1817），自由貿易論，国際分業の利益，比較生産費説

□マルクス（独）『資本論』（1867〜94），科学的社会主義，剰余価値説，階級対立の克服，計画経済

□ケインズ（英）『雇用・利子および貨幣の一般理論』（1936），有効需要の原理，財政・金融政策，セイ法則を批判

□シュンペーター（墺）イノベーション（技術革新）

□フリードマン（米）マネタリズム，ケインズ批判，市場重視，小さな政府

日本経済の歩み

〈戦後復興期〉

□経済の民主化　GHQ（連合国軍総司令部）の占領下，財閥解体，農地改革，労働の民主化（労働組合の育成）

□経済復興　傾斜生産方式，復興金融金庫，復金インフレ，経済安定9原則，ドッジ・ライン（1949）→安定恐慌，朝鮮戦争（1950〜53）→特需景気

〈高度経済成長期〉

□大型景気　年平均10％の経済成長率，神武景気→岩戸景気→オリンピック景気→いざなぎ景気，国民所得倍

増計画（1960）

□消費革命　「三種の神器」(白黒テレビ・電気冷蔵庫・電気洗濯機）→「３Ｃ」(カラーテレビ・クーラー・乗用車）へ

□高度経済成長の要因　技術革新の波→設備投資の拡大，家計の高い貯蓄率，良質で豊富な労働力，政府の産業優先政策，生産関連社会資本への公共投資，割安な固定為替レート（１ドル＝360円）→輸出に有利

□開放経済体制へ　GATT 11条国（1963），IMF ８条国（1964），OECD加盟→資本の自由化（1964）

□国際収支の天井　高度成長前半期の成長の限界，輸入の増大→外貨（ドル）不足→金融引締め→景気後退へ

〈安定成長期〉（1970 〜 80年代）

□1970年代　第一次石油危機（1973）　OPECの原油値上げ→スタグフレーション，戦後初のマイナス成長（1974），第二次石油危機（1979），経済のサービス化・ソフト化，素材型産業から加工組み立て型産業へ

□1980年代　「集中豪雨的輸出」→日米貿易摩擦の激化→プラザ合意（1985）→円高不況へ，産業の空洞化

□80年代後半　＜バブル経済＞日銀の超低金利政策→金余り→地価・株価の高騰→バブルへ，資産効果，日銀の金融引き締め（1989 〜）→バブル崩壊へ

〈長期不況の時代〉（1990年〜）

□「失われた10年」　深刻な長期デフレ不況へ，不良債権，金融機関の破綻，金融不安，リストラ，価格破壊

□「いざなみ景気」　戦後最長の好景気（2002 〜 08），経済格差の拡大，ワーキングプア，ペイオフ解禁（定期預金→普通預金），構造改革特区

□再び不況へ　サブプライムローンの破綻（2007），リーマンショック（2008）→世界金融危機

□アベノミクス　第二次安倍政権（2012 〜 20）で長期の景気回復，デフレ脱却には至らず

□新型コロナウイルス　2020年から世界的大流行（パンデミック）→貿易や人の移動が急減

日本経済の課題

〈農業・食料問題〉

□食糧管理制度（1942 〜 1995）　政府米制度＋輸入米の全面禁止，生産者米価＞消費者米価→食管赤字の発生

□基本法農政　＜1960年代＞農業基本法（1961），自立経営農家の育成，機械化，畜産・果樹への選択的拡大，→第二種兼業農家の増加，機械化貧乏，三ちゃん農業

□総合農政　＜1970年代＞食管赤字の拡大とコメの生産過剰→減反政策，自主流通米の拡大など

□輸入自由化　＜1980年代＞日米合意→牛肉・オレンジの輸入自由化，ウルグアイ・ラウンドでコメの部分開放

□農業政策の転換　＜1990年代＞新食糧法（1994）→食糧管理制度の廃止（1995），食料・農業・農村基本法（1999），コメの関税化（1999）

□農業の現在　就業人口の減少と高齢化，低い食糧自給率（約40%）←→アメリカとフランスは120%超

〈中小企業問題〉

□中小企業　事業所数で99%，従業者数で76%，下請け，系列化，景気調整の安全弁，地場産業，ニッチ産業，ベンチャー・ビジネス

□二重構造　資金の借入れが困難→資本装備率が低い→付加価値生産性が低い→賃金・労働条件格差

□対策　中小企業庁（1948），中小企業金融公庫（1953），下請代金遅延等防止法（1956），中小企業基本法（1963），大規模小売店舗法（1973），大規模小売店舗立地法（1998），中小企業基本法の改正（1999）

〈消費者問題〉

□高度経済成長期　森永ヒ素ミルク事件，スモン病，サリドマイド事件，カネミ油症事件

□安定成長期　被害の多様化，誇大・虚偽広告，サラ金，残留農薬，欠陥住宅，医療過誤など

□消費者対策　「消費者の４つの権利」(ケネディ米大統領），消費者主権，国民生活センター，消費生活センター，消費者保護基本法（1968）→消費者基本法（2004），製造物責任法（1994）→無過失責任，消費者契約法（2000），食品安全基本法（2003），消費者庁（2009）

□クーリングオフ　特定商取引法（2000）

〈公害・環境問題〉

□公害　典型７公害，産業公害，都市公害，外部不経済，社会的費用の増大

□日本の公害　＜明治期＞足尾銅山鉱毒事件，田中正造，＜高度経済成長期＞四大公害→水俣病，新潟水俣病，イタイイタイ病，四日市ぜんそく

□公害対策　公害対策基本法（1967），公害国会（1970），環境庁（1971）→環境省（2001），汚染者負担の原則（PPP），無過失責任の原則，濃度規制＋総量規制，公害健康被害補償法（1973）

□環境政策の課題　環境権，大阪空港公害訴訟，環境基本法（1993），環境アセスメント法（1997），環境税（地球温暖化対策税）の導入（2012），水俣条約（2013採択，2017発効）

□循環型社会へ　循環型社会形成推進基本法，容器包装リサイクル法，家電リサイクル法，資源有効利用促進法，食品リサイクル法，グリーン購入法，自動車リサ

イクル法，ゼロ・エミッション，３Ｒ（または４Ｒ）
- □地球環境問題　オゾン層の破壊，地球温暖化，酸性雨，生物多様性の減少など　<対策>気候変動枠組み条約（1992），京都議定書（1997），パリ協定（2015），ラムサール条約，ワシントン条約，生物多様性条約
- □国際的な環境保全　国連人間環境会議（1972），国連環境計画，国連環境開発会議（地球サミット）（1992），環境開発サミット（2002）

〈資源・エネルギー問題〉
- □原発事故　スリーマイル島原発事故（米，1979），チェルノブイリ原発事故（ソ連，1986），福島第一原発事故（2011）
- □新エネルギー　再生可能な自然エネルギー，太陽光，風力，地熱，潮力，バイオマスなど

〈雇用と労働問題〉
- □労働市場　労働力の売買，売り手は求職者，買い手が求人企業
- □労働法制　<労働三権>団結権，団体交渉権，争議権（団体行動権）　<労働三法>労働基準法，労働組合法，労働関係調整法
- □労働基準法　労働条件の最低基準，労働基準監督署　<７大原則>労働条件，労使対等，均等待遇，男女同一賃金，強制労働の禁止，中間搾取の排除，公民権行使の保障　<賃金支払い５原則>通貨・直接・全額・毎月１回以上・定期支払い
- □労働時間　１日８時間・週40時間，時間外労働協定，サービス残業　<弾力化>変形労働時間制，フレックスタイム制，裁量労働制（みなし労働時間制）
- □労働組合法　労働組合の保護→刑事免責・民事免責・不当労働行為の禁止，労働委員会への救済申立て
- □公務員の労働基本権　争議権は一律禁止，<三権すべてなし>警察・自衛隊・刑務所・消防署の職員など
- □労働関係調整法　労働委員会，労働争議の調整→斡旋・調停・仲裁，緊急調整，労働審判制度
- □変わる労使慣行　<三大慣行>終身雇用制，年功序列型賃金，企業別労働組合　<1990年代～>年俸制など能力給の導入，非正規雇用者の増加（派遣，パートなど），ワーキングプア（働く貧困層），パートタイム労働法（1993），高年齢者雇用安定法改正（2004）
- □女性労働者の増加　男女雇用機会均等法（1985），育児・介護休業法（1995），女性保護規定の撤廃（1997）
- □働き方改革　働き方改革関連法（2018）→時間外労働の上限規制，高度プロフェッショナル制度，同一労働同一賃金，勤務間インターバル制度

〈社会保障と福祉〉
- □社会保障の歴史　エリザベス救貧法（英，1601）→疾病保険法（独，1883）→社会保障法（米，1935）→ベヴァリッジ報告（英，1942）→フィラデルフィア宣言（1944）→ILO 102号条約（1952）
- □主要国の社会保障　<英・北欧型>全国民に最低限の生活保障，ナショナル・ミニマム，公的扶助が中心，財源も公費が中心　<独・仏型>所得に比例した保険料と給付，社会保険が中心，財源も社会保険料が中心　<米国>公的な年金保険が中心，医療保険改革→オバマケア（2010）
- □日本の社会保障　社会保険，公的扶助，社会福祉，公衆衛生の４本柱
- □社会保険　医療保険，年金保険，雇用保険，労災保険，介護保険，保険料（本人と事業主）と公費（租税）
- □医療保険　1961年に国民皆保険→健康保険（民間の被用者）＋共済組合保険（公務員など）＋国民健康保険（自営業者など），後期高齢者医療制度（2008）
- □年金保険　1961年に国民皆年金→厚生年金（民間の被用者）＋共済年金（公務員など）＋国民年金（自営業者など），1986年から基礎年金制度，2015年に共済年金を厚生年金に一本化
- □雇用保険　失業者へ失業給付，雇用福祉事業，ハローワーク，保険料（本人と事業主）と公費（租税）
- □労災保険　労働災害の補償，労働基準監督署が労災認定，保険料は事業主の全額負担
- □介護保険　40歳以上の国民が加入，市町村の要介護認定，在宅サービスと施設サービス，財源は保険料と公費（租税），本人の一部負担あり
- □公的扶助　生活保護法（1950），生活困窮者に最低限の生活を保障，全額公費負担，朝日訴訟
- □社会福祉　児童・高齢者・障害者・ひとり親家庭など社会的弱者の保護と福祉向上，主に公費負担
- □公衆衛生　国民の疾病予防，健康増進，伝染病予防，環境衛生の向上など，保健所と公立病院が中心
- □高齢社会　高齢化率（65歳以上÷総人口），高齢化社会（高齢化率が７％超）→高齢社会（14％超）→超高齢社会（21％超），日本は1970年７％超，1995年14％超，2007年21％超
- □社会保障改革　医療費の自己負担増（１割→２割→３割），年金支給の開始年齢の引き上げ，積立方式→賦課方式，バリアフリー，ノーマライゼーション，ベーシック・インカム

国際経済と日本

〈貿易と対外投資〉

□水平的分業　先進国間，工業製品を交易

□垂直的分業　先進国と途上国，工業製品と一次産品

□自由貿易　政府が貿易を制限しない
　　リカード（英）が自由貿易論を主張

□保護貿易　政府が国内産業を保護するため，貿易を制
　　限　＜方法＞高い関税，輸入数量制限など
　　リスト（独）が保護貿易論を主張

□リカードの比較生産費説　各国は，生産費が相対的に
　　安い比較優位の財に特化し，生産費が高い比較劣位の
　　財は他国から輸入した方が利益になる

〈対外投資〉

□間接投資　利子や配当を目的に公社債・株式を購入

□直接投資　企業を経営するための対外投資，海外に子
　　会社，工場，支店などを設立
　　＜動機＞海外資源や市場の確保，安価な労働力，貿易
　　　　　摩擦の緩和，円高メリットの活用
　　＜効果＞受入れ国の雇用の拡大，技術の移転，貿易摩
　　　　　擦の緩和，本国で産業の空洞化

□タックス・ヘイブン　租税回避地

〈国際収支〉

□定義　一国の1年間における対外取引の集計

> 経常収支＋資本移転等収支－金融収支＋誤差脱漏＝0

□経常収支　貿易・サービス収支＋第一次所得収支＋第
　　二次所得収支

□貿易・サービス収支　貿易収支（財の輸出入）とサー
　　ビス収支　（例）輸送，旅行，通信，保険など

□第一次所得収支　投資収益，雇用者報酬など

□第二次所得収支　消費財に係る無償援助，国際機関へ
　　の拠出金，送金など

□資本移転等収支　対価を伴わない固定資産の移転
　　（例）道路・橋など社会資本に関する無償援助

□金融収支　直接投資，証券投資，外貨準備など

〈外国為替〉

□外国為替市場　異なる通貨が交換される市場

□為替相場制　固定為替相場制，変動為替相場制
　　1949～71　1ドル＝360円±1％の固定相場制
　　　　1973　変動相場制へ移行

□円高　1ドル＝150円→100円
　　＜円高の要因＞
　　海外から資金の流入→円買いの増加→円高へ
　　例）・輸出の増大（貿易黒字）

　　　　→代金の受け取り→円買いの増加→円高へ
　　・外国人による円建て国債買いの増加
　　　　→円買いの増加→円高へ
　　・外国企業の日本進出が増加→外貨を円に交換
　　・日本の金利の上昇→日本への預金や証券投資が
　　　　増大→円買いの増加→円高へ

　　＜円高の影響＞
　　・輸出は減少
　　　　→輸出品のドル価格が高くなり売れなくなる
　　・輸入は増加
　　　　→輸入品の円価格が安くなる
　　・対外投資の増加（直接投資や証券投資）
　　　　→円ベースでの投資費用が安くなるから

〈IMF・GATT体制の成立〉

□世界恐慌（1929～）　ブロック経済→第二次世界大戦
　　へ→ブレトンウッズ協定（1944）→IMF・IBRD（1945），
　　GATT（1947）

□国際通貨基金（IMF）　為替相場の安定と国際貿易の
　　拡大，外貨不足の赤字国に短期資金を融資

□国際復興開発銀行（IBRD，世界銀行）
　　戦災国の復興と途上国の開発，長期資金を融資

□関税と貿易に関する一般協定（GATT）
　　国際貿易の拡大，関税の引下げ，数量制限の撤廃

〈GATTからWTOへ〉

□GATTのルール　自由・無差別・多角の原則，最恵国
　　待遇，内国民待遇　＜例外＞一般特恵関税，セーフ・
　　ガード（緊急輸入制限措置）

□（60年代）ケネディ・ラウンド→（70年代）東京ラウ
　　ンド→（80年代）ウルグアイ・ラウンド（～1994）

□ウルグアイ・ラウンド　農産物の輸入自由化，知的財
　　産権の保護，世界貿易機関（WTO）の設立

□WTO　1995年に発足，サービス貿易，知的所有権の
　　保護，ドーハ・ラウンド（2002～）

〈ブレトンウッズ体制の崩壊〉

□ブレトンウッズ体制　＜金ドル本位制＞ドルを基軸通
　　貨とし1オンス＝35ドルで金との交換を保証
　　＜固定相場制＞各国通貨はドルとのレートを固定

□ドル危機　＜1960年代＞ドルの海外流出→米国の金保
　　有量が不足→ドルへの信用不安が高まる

□特別引き出し権（SDR）　1970年にIMFが創設，金・
　　ドルを補完する「第3の通貨」

□ニクソン・ショック　＜1971年8月＞米国のニクソン
　　大統領がドルと金の交換停止を発表→ドルは暴落し各
　　国は変動相場制へ（ブレトンウッズ体制の崩壊）

□スミソニアン協定　＜1971年12月＞先進10か国が固定

相場制を再建，ドル切り下げ，円切り上げ

　→＜1973＞主要国は変動為替相場制へ移行

□キングストン合意　IMFが1976年に合意→金とドルの
　分離，変動相場制の追認，金に代わりSDRを中心的な
　準備通貨へ

□プラザ合意（1985）　G5（先進5か国財務相・中央
　銀行総裁会議），ドル売りの協調介入によりドル高を
　是正，急激な円高・ドル安→円高不況（1986）へ

〈欧州共同体（EC）〉

□欧州共同体（EC）の誕生

　1950　シューマン・プラン

　1952　欧州石炭鉄鋼共同体（ECSC）

　1958　欧州経済共同体（EEC），欧州原子力共同体
　　　　（EURATOM）

　1967　EEC＋ECSC＋EURATOM→ECへ

　　＜加盟国＞仏，西独，伊，ベルギー，オランダ，ルク
　　　　　　　センブルク（6か国）

□ECの歩み

　1968　関税同盟→域内で関税撤廃，域外で共通関税

　1969　共通農業政策

　1979　欧州通貨制度（EMS），域内でECU（欧州通貨
　　　　単位）を創設し固定相場制へ

　1986　単一欧州議定書→1992年末までに市場統合へ

□加盟国の拡大（12か国へ）

　1973　英，デンマーク，アイルランド

　1981　ギリシャ

　1986　スペイン，ポルトガル

〈欧州連合（EU）〉

□EUの歩み

　1992　マーストリヒト条約（欧州連合条約）調印

　1993　市場統合の完成（1月）

　　　　マーストリヒト条約の発効（11月）

　　　　→ECは欧州連合（EU）へ

　1998　欧州中央銀行（ECB）　共通の金融政策

　1999　単一通貨「ユーロ」スタート

　2003　ニース条約の発効→共通の外交・安全保障政策

　2009　リスボン条約の発効→EU大統領，外相ポスト

□加盟国の拡大

　1995　スウェーデン，オーストリア，フィンランド

　2004　中東欧諸国など10か国

　2007　ルーマニア，ブルガリア

　2013　クロアチア（全28か国）

□イギリスの離脱　2016年に国民投票でEU離脱を決定
　→2020年正式に離脱（27か国に）

〈その他の経済統合〉

□経済統合の動き

　1960　欧州自由貿易連合（EFTA）

　1967　東南アジア諸国連合（ASEAN）

　1993　ASEAN自由貿易地域（AFTA）

　1994　北米自由貿易協定（NAFTA）

　→2020　米国・メキシコ・カナダ協定（USMCA）へ

　1995　南米南部共同市場（MERCOSUR）

□自由貿易協定（FTA）　特定の国や地域で関税などの
　貿易障壁を軽減・撤廃する協定

□経済連携協定（EPA）　FTAを中心にさらに投資や人
　の移動など幅広い経済協力をめざす

　＜日本＞シンガポールはじめ多くのEPAを締結

□環太平洋経済連携協定（TPP）　アジア太平洋地域で
　関税を原則撤廃し，金融・投資・保険・医療などのルー
　ルを共通化，日本は2013年から交渉参加，参加12か国
　は2015年に合意し2016年に署名→2017年にアメリカが
　離脱し，2018年にTPP11として発効

□地域的な包括的経済連携（RCEP）　ASEAN10か国と
　日中韓，オーストラリア，ニュージーランドの15か国
　が参加するメガFTAの一つ。2022年に発効

〈南北問題〉

□南北問題　南半球の貧しい途上国と北半球の豊かな先
　進国との経済格差　＜途上国＞モノカルチャー，特定
　の一次産品，人口爆発，インフラの整備不足

□格差是正の努力

　1964　国連貿易開発会議（UNCTAD）

　1974　国連資源特別総会
　　　　→新国際経済秩序（NIEO）樹立宣言

□南南問題　＜1970年代〜＞南側内部で経済格差が拡大

　（富）新興工業経済地域（NIEs）→韓国，台湾，香港，
　　　シンガポールなど，産油国

　（貧）後発発展途上国（LDC），最貧国

□累積債務問題　先進国からの債務が累積し返済が困難

　1980年代　中南米諸国で深刻化，先進国はリスケ
　　　　　　ジューリング（債務返済の繰り延べ）を実施

　1990年代　アフリカのサハラ以南で深刻化

□持続可能な開発目標（SDGs）　途上国および先進国の
　貧困問題や気候変動問題などについて定めた17の目
　標，2015年に国連で採択

〈政府開発援助〉

□政府開発援助（ODA）　政府ベースの途上国開発援助，
　国際目標はGNIの0.7％

　＜内容＞2国間援助と多国間援助，贈与，有償資金協
　　　　　力（円借款），専門家の派遣など

— 公，政13 —

□開発援助委員会（DAC）(1961)　経済協力開発機構
　（OECD）(1961) の下部組織，加盟国による開発援助
　の促進や調整
□日本のODA　2018年の実績総額は世界第4位，アジア
　諸国向け援助が最も多い，しかし対GNI比率が低い，
　贈与比率が低い，開発協力大綱（2015～）
〈日本経済の国際化〉
□開放経済体制へ　＜1963＞GATT11条国へ
　＜1964＞IMF 8条国へ，OECD加盟→資本の自由化へ
□日米貿易摩擦　(60年代)繊維→鉄鋼→(70年代)カラー
　テレビ→自動車→（80年代）半導体・農産物，スーパー
　301条（1988）　＜対策＞日本の輸出自主規制，前川レ
　ポート（1986），日米構造協議（1989～90），日米包
　括経済協議（1993～）

重要グラフ

1. 実質経済成長率

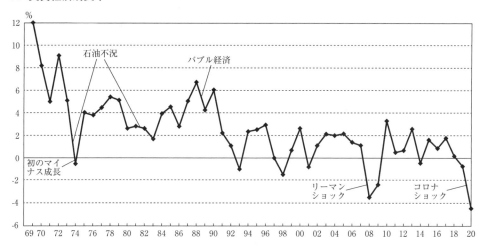

高度成長期(1955～73)には年平均10%という実質成長率を記録。しかし1973年の第一次石油危機以降は安定成長の時代に移行した。

バブル崩壊後の1990年代末には深刻なデフレ不況となり、1997年の消費増税の影響もあって、1998年はマイナス1.5%となった。2002～08年は戦後最長の「いざなみ景気」(73か月)が続いたが、2008年のリーマンショック以降は景気が急速に悪化した。その後、2013年からはアベノミクスで景気の回復がみられたが、2019年以降、コロナショックで再び深刻な景気後退局面に入った。

2. 国債依存度＝国債発行額÷歳入

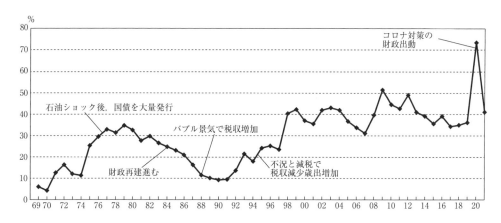

石油ショック後については、大きく増加→減少→増加ととらえる。1980年代までのピークは1979年度の34.7%、石油ショック後のボトムは91年度の10%弱。98年度以降、かつてのピークを超える水準となっている。

2010年代後半の国債依存度は概ね30%台後半で推移していたが、2020年度はコロナ対策による歳出増加のため73.5%にまで増加。2022年末における国債残高は1,000兆円を超えている。

3．完全失業率＝完全失業者数÷労働力人口

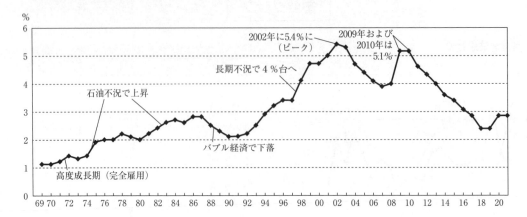

　高度成長期(1955～73)には1％台で推移したが，1973年の**第一次石油危機**をへて低成長期に入ると，1976年から**2％台**に上昇した。

　1980年代後半の**バブル期**には大きく低下したが，バブル崩壊後の1990年代には**長期デフレ不況**の下で1995年から**3％台**へ上昇。1998年には**4％台**となり，2002年には**5.4％**まで上昇した。

　2002～08年の「いざなみ景気」で失業率は大きく低下したが，2008年の**リーマンショック**以降は悪化し，2009年には一時的に**過去最高の5.7％**を記録した（年平均は5.1％）。しかし2010年以降は低下し，2％台にまで改善している。

4．物価上昇率

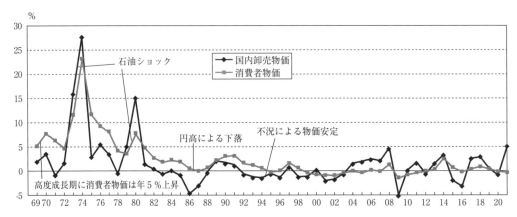

（注）卸売物価（指数）は2003年から企業物価（指数）に呼称が変更されている。

　高度成長期(1955～73)には物価は好況期に上昇し，不況期には安定したが，1970年代以降は海外から影響が大きくなる。

　1973年の**第一次石油危機**では，輸入原油価格の大幅引き上げにより「狂乱物価」といわれたほど急上昇した。また1985年の**プラザ合意**以降は，急激な**円高ドル安**の進行により輸入価格が大きく低下したため，卸売物価や消費者物価も低下した。バブル崩壊後の1990年代は**長期デフレ不況**へ。2010年以降はほぼ横ばいが続いたが，2013年～15年は3年連続で前年を上回った。

5．外国為替相場（円／ドル）

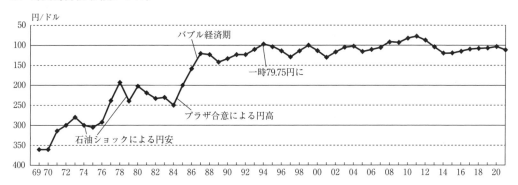

　1949年のドッジ・ラインから1971年8月の**ニクソン・ショック**まで，**1ドル=360円**の**固定相場制**が維持された。

　1971年12月の**スミソニアン協定**で再建された固定相場制は，1973年に崩壊し**変動相場制**へ移行した。1985年の**プラザ合意**以降は，急激な**円高ドル安**が進行した。

　1990年代になると長期デフレ不況の下で1995年4月，当時で戦後最高値の1ドル＝79.75円を記録したが，2011年10月にはそれを更新し1ドル＝75.32円となった。2012年末に安倍内閣が成立すると**アベノミクス**の下で**円安ドル高**が進行した。

第 1 回 実戦問題 解答・解説

公共，政治・経済　第1回（100点満点）

（解答・配点）

問題番号（配点）	設問（配点）	解答番号	正解	自己採点欄	問題番号（配点）	設問（配点）	解答番号	正解	自己採点欄
第1問（13）	1（4）	1	⑤		第5問（19）	1（3）	21	④	
	2（3）	2	①			2（3）	22	③	
	3（3）	3	⑥			3（3）	23	③	
	4（3）	4	⑤			4（3）	24	③	
小　計						5（3）	25	⑤	
第2問（12）	1（3）	5	④			6（4）	26	①	
	2（3）	6	②		小　計				
	3（3）	7	③		第6問（20）	1（3）	27	②	
	4（3）	8	③			2（3）	28	③	
小　計						3（3）	29	①	
第3問（18）	1（3）	9	①			4（3）	30	②	
	2（3）	10	①			5（4）	31	④	
	3（3）	11	②			6（4）	32	⑦	
	4（3）	12	④		小　計				
	5（3）	13	②		合　計				
	6（3）	14	③						
小　計									
第4問（18）	1（3）	15	②						
	2（3）	16	④						
	3（3）	17	①						
	4（3）	18	②						
	5（3）	19	③						
	6（3）	20	④						
小　計									

— 公，政20 —

解　説

第1問

〈出題分野〉

公共

〈出題のねらい〉

　民法が改正され，2022年4月より成人年齢が20歳から18歳に引き下げられたことについて，生徒たちが調べたり考えたりする場面を想定し，**民法の内容，青年期の特徴，現代社会の家族観**などについて出題した。18歳への成人年齢引き下げは，社会的にも注目されていることであり，大学入学共通テストではこれに付随して婚姻や契約などについても出題されることが予想される。受験生は，設問に出てくる生徒と同じように，当事者である意識をもって知識を身に付けてもらいたい。

〈解　説〉

問1 ⌷1⌷ 正解⑤

　アは民法ではない。アの第一条に「この法律は，日本国内において罪を犯したすべての者に適用する」とあることから**刑法**と判断できる。刑法は，犯罪と刑罰について規定した法律である。犯罪や刑罰について規定している法律全般を刑事法というが，刑法はその中心をなす法律であり，六法の一つである。

　イは民法である。イの第三条に「私権の享有は，出生に始まる」とあり，「私権」について触れていることから，**民法**と判断できる。「私権」とは，私法により認められる権利で財産権や人格権，身分権などが該当する。民法とは，私人間の関係に適用される法律であり，私法の典型例である。

　ウは民法ではない。「第八条の四　独占的状態があるときは，公正取引委員会は，…」とあることから**独占禁止法**と判断できる。独占禁止法は，私的独占や寡占の規制，不当な取引制限などを規制する法律で，社会法の一つである。行政委員会の一つである**公正取引委員会**が独占禁止法の番人としての役割を担っている。

問2 ⌷2⌷ 正解①

　アは正しい。メモには，「男女の結婚年齢の改正」とある。従来の民法では，女性の結婚年齢は16歳，男性の結婚年齢は18歳と定められていたが，改正により**男女とも18歳**となった。また，成年規定が18歳になったため，結婚する際に親の同意を得る必要はなくなった。

　イは正しい。メモには，「有効な契約ができる」「親権に服さなくなる」とある。今回の民法の改正で，成年規定が20歳から18歳に変更された結果，**18歳から親の同**意を得ることなく自分の意志で契約することができるようになった。したがって，自分の意志で，18歳からクレジットカードを契約して商品を購入したり，アパートを借りたりすることが可能となった。

問3 ⌷3⌷ 正解⑥

　アには「**心理的離乳**」が当てはまる。アメリカの心理学者ホリングワース（1886～1939）は，青年前期（13～15歳頃）には，親からの依存を断ち切り心理的に独立する心の動きがみられることを指摘し，これを「心理的離乳」といった。この時期は親に対して葛藤や反抗する第二反抗期でもある。「**第二の誕生**」は，フランスの思想家ルソー（1712～78）が著書『エミール』のなかで指摘した言葉である。ルソーは「われわれはいわば二回生まれる。一回目はこの世に存在するために，二回目は生きるために。つまり最初は種として，次には男性，女性として生まれる」として，人間的な生き方を獲得する青年期を「第二の誕生」といった。

　イには「**モラトリアム**」が当てはまる。アメリカの心理学者エリクソン（1902～94）は，青年期の発達課題として自我同一性（アイデンティティ）の確立をあげている。自我同一性の確立のためには，さまざまなことにチャレンジし，試行錯誤しながら自分のあり方や方向性を決定していく猶予期間が必要である。エリクソンは，このような青年期の取組みを**役割実験**，猶予期間を「モラトリアム」と名づけた。また，ノートには，「⌷イ⌷の期間を延長する若者が増加中」と記されているのもヒントとなる。近年では，大学，大学院への進学などで学習期間が長くなっていることや，社会における価値観が多様化していることから，自我同一性を確立するまでの期間が長くなることも指摘されており，モラトリアムの期間を延長する若者が増えている。「**疾風怒濤**」とは，青年期が心理的にも激動する時期であることを示した言葉である。もともとはゲーテなどを中心に展開された18世紀後半のドイツの文学革新運動のことであるが，アメリカの心理学者スタンレー・ホール（1844～1924）がこの言葉を青年期の特徴として表現した。少なくとも「⌷イ⌷の期間を延長する若者が増加中」に「疾風怒濤」は当てはまらない。

　ウには「**マージナル・マン**」が当てはまる。アメリカの心理学者レヴィン（1890～1947）は，青年期は大人と子どもの二つの世界から影響を受けながらも，どちらにも帰属していない「マージナル・マン（境界人）」だと指摘した。青年期は，大人と子どもの境界領域に位置しており，その所属の不明瞭さから不安やストレスなどを感じることが多いことを指摘している。「ホモ・ファーベル」

は，フランスの思想家ベルクソン（1905 ～ 80）が名づけたもので，道具を使ってものを作り出す人を意味する。

問4 　4 　正解⑤

アは誤り。高度経済成長期の1955年以降に増加した家族形態は「拡大家族」ではなく「核家族」である。核家族は，夫婦のみ，夫婦と未婚の子ども，単親者と未婚の子どもで構成される世帯である。**拡大家族**は，直系家族や複合家族により構成されている世帯である。**直系家族**とは，祖父母と既婚で跡取りの子ども，その子どもの孫で構成されている形態，**複合家族**とは親と複数の子どもが結婚後も同居している形態である。

イは正しい。**ステップファミリー**とは，一方，あるいは両方に子どもがいる者同士が再婚，同居することで血縁のない親子，兄弟姉妹関係により新たに構築される家族である。

ウは誤り。文化的，社会的に構築された性差は「**ジェンダー**」である。ジェンダーは，生物学的な性差であるセックス（sex）に対して，その国の文化や社会的価値観などの中で男性や女性の役割や立場を区別するものである。たとえば「男は仕事，女は家庭」といった価値観もジェンダーによる差別である。「**リプロダクティブ・ヘルス／ライツ**」は，性と生殖の健康，権利と訳され，妊娠・出産をするかしないかなどの生殖の権利を自分で決め，身体的，精神的にも健康に生きる権利である。

第2問

〈出題分野〉

公共

〈出題のねらい〉

本問は「情報化社会と世論」をテーマとして，情報化の進展がもたらす光と影，インターネット上の人権侵害，メディアによる世論操作などから出題した。問題は教科書の知識をもとに論理的思考力を問うものである。今後の学習で，知識を身に付けると同時に資料を正確に理解・分析する力を養ってほしい。

〈解　説〉

問1 　5 　正解④

Aには**イ**が当てはまる。「違法・有害情報」についての相談件数は，2014年は5,080件，2018年は3,879件で，それぞれの年度で最も少ない。一方，**ア**は「その他」の項目は，確かに毎年相談件数が増加しているが，「名誉棄損・誹謗中傷等」の項目の相談件数は2017年は11,749件，2018年は11,406件と減少しているので不適当である。

Bには**エ**が当てはまる。情報化の進展の中，インターネットやスマートフォンなどの情報通信技術（ICT）を利用できる人とそうでない人との間に生まれる情報格差を**デジタル・デバイド**という。個人間の年齢や能力的な格差，国家間における社会的・経済的な格差などがデジタル・デバイドを拡大させている。

ウは誤り。**テクノストレス**は各種OA機器の導入など職場の高技術化に伴って心身に生ずるさまざまなストレスのことで，アメリカの心理学者が作った造語である。このストレスはイライラ，焦燥感，頭痛，悪夢などの症状を生み出すとされている。

問2 　6 　正解②

アは正しい。他人の個人情報（氏名，住所など）をその人の許可なくネット上に掲載することは権利侵害に当たる。場合によっては本人やその家族への誹謗中傷に発展するなど，重大な権利侵害につながる可能性がある。

イは誤り。販売または有料配信されている音楽や映像を，正規の配信サイトでないことを知りながらダウンロードする行為は2012年10月から刑事罰の対象となり，2年以下の懲役もしくは200万円以下の罰金（またはその両方）が課される。

問3 　7 　正解③

Aには**イ**が当てはまる。参政権を持ち，その権利を行使できる国民が「自分は政治には全く興味がない」，「政治なんて専門家である政治家に任せておけばよい」，「もうこれ以上，政治には何も期待できない」などとして政治への興味・関心を失うことを**アパシー**という。日本では若年層を中心に政治的無関心が高まり，投票率の低さに表れている。アメリカの政治学者ラスウェルは，政治的無関心を脱政治的無関心・無政治的無関心・反政治的無関心の三つのタイプに分類した。一方で**ア**の**アナウンスメント効果**は，選挙の際に，マス・メディアが行う事前予測報道などによって，有権者の投票行動が影響を受けることをいう。代表的なものとして，優勢と伝えられていた候補者が事前報道の効果によって，さらに多くの票を獲得する**バンドワゴン効果**や，事前報道で劣勢を伝えられていた候補者が有権者の同情などを受けて，予想よりも票を上積みして当選を果たす**アンダードッグ効果**がある。

Bには**ウ**が当てはまる。リテラシーは本来，読み書きの能力を指す。**メディア・リテラシー**は国民が，テレビや新聞などのマス・メディアやインターネットを通じて受け取った情報を主体的に読み解き，自分に必要な情報を取捨選択する能力のことをいう。この能力は情報化社会を生き抜くための必要不可欠なものである。

エの**メディア・スクラム**は，事件や事故の取材にあたって報道機関の取材陣などが被害者や容疑者の自宅などに

— 公，政22 —

殺到して，過剰な取材・報道を行うことである。このような行き過ぎた取材活動によって取材対象者のプライバシーが侵害されたり，無関係な一般市民が影響を受けたりする場合もあり，非常に問題視されている。

問4　　8　　正解③

③は誤り。「人間は自らの本質を自ら創造する存在であり，**自由と責任**を引き受けて**アンガージュマンの実践**を行うべきと説いた」のはフランスの実存主義の哲学者**サルトル**(1905〜80)である。サルトルは，人間は「人間とは…」という本質があらかじめ規定されているものではなく，自分の本質は自らが責任をもって自由に決定していくものだと捉え，それを「**実存は本質に先立つ**」と表現した。このように自由な決定には重い責任が伴うことから「人間は**自由の刑に処せられている**」とも述べている。**ハイデッガー**(1889〜1976)はドイツの哲学者で，主著には『**存在と時間**』がある。人間は世界に意味を与えつつ生きる「**世界ー内ー存在**」であり，周囲のものに配慮して，それと関わりながら生きる存在であるが，日常性に埋没して，周囲の人と同じように考えたり，ふるまったりする主体性のないあり方をしてしまう場合もある。このような非本来的な生き方をする存在を**ダス・マン(世人)**と呼んだ。しかし，人間は生まれた以上は必ず死を迎える「**死への存在**」であることを自覚すれば，人は本来的な自己を見出して主体的に行動する可能性が生まれると説いた。

①②④は正しい記述である。

第3問

〈出題分野〉

政治

〈出題のねらい〉

政治分野から法の支配，人権宣言，日本国憲法の改正手続きなど，幅広く出題した。知識を問う設問だけでなく，民主主義のタイプに関する問1では思考力を求めた。各国の政治体制についての問4は，文章を正しく読み取る力も試している。

〈解　説〉

問1　　9　　正解①

設問文にあるように，**合意型(コンセンサス型)民主主義**は，議論を通じて，意見が対立する成員の合意をめざすものである。議論の過程で譲歩や妥協が行われ，合意を形成していくので，最終的な決定には，さまざまな立場の人たちの考えが反映されやすい。そのため，自分の意見が決定に生かされていると感じる成員の割合は高くなり，「成員の満足度」は高いと考えられる。合意型民

主主義にはこのような利点がある一方，合意が形成されるまで議論を続けるため，「政治の決定に要する時間」は長くなるという欠点がある。したがって，**モデル図の領域A**に位置する。

これに対し，**多数決型民主主義**は，多数派の利益を実現させようとするものなので，意見が対立した場合，多数決で決着させようとする。したがって，そこでの決定は多数派の意見そのものになり，少数派の人たちの意見は決定に反映されないので，「成員の満足度」は低くなる。しかし，合意形成のために議論を続けるということはしないので，「政治の決定に要する時間」は短くなる。したがって，**モデル図の領域C**に位置する。

問2　　10　　正解①

①が適当。日本国憲法が保障する基本的人権であっても，一切の制限を受けないのではなく，**公共の福祉**のための制約は受ける。**法の支配**の原理の上に立つ日本国憲法は，第12条，第13条，あるいは①にある営業の自由(職業選択の自由)を保障した第22条第1項などで，この趣旨を定めている。基本的人権を法律で制限する場合，その目的の正当性，その手段の妥当性，目的と手段の整合性が認められれば，その法律は憲法に反しないと考えられている。したがって，①に記述されているような法律を制定することは，法の支配の考え方に反しない。

②は不適。憲法第19条は**思想・良心の自由**を保障している。思想・良心は，心の中にとどまっている限り，絶対的に自由であり，いかなる制約にも服さないと考えられるので，特定の思想を持つことを行政権が禁止するのは，法の支配に反する。

③は不適。法律上，認められていない厳罰を科すことは，法律に基づかずに司法権を行使するということであり，法の支配に反する。憲法第31条の**罪刑法定主義**に反するものである。

④は不適。法律上の手続きを踏まずに私有地を収用することは，法律に基づかずに，憲法第29条の**財産権**を侵害することになり，法の支配に反する。

なお，法の支配とは別に，19世紀のドイツで発達した**(形式的)法治主義**の考え方がある。これは**人の支配**を否定し，法による行政を求める点は法の支配と同じであるが，法の内容よりも，議会が制定した法律に従っているかどうかという形式を重視する点で，法の支配とは異なる概念である。

問3　　11　　正解②

②が適当。②は**ワイマール憲法**の第151条である。1919年に制定されたドイツのワイマール憲法は，世界で初めて社会権を保障した憲法として知られている。第

— 公，政23 —

151条は，社会権の一つである生存権について規定している。

①は不適。①は世界人権宣言の第1条であり，**表中のエ**に当てはまる。世界人権宣言は，国連人権委員会が起草し，1948年の国連総会で採択された。すべての人民と国家が達成すべき人権保障の共通基準を示したもので，自由権だけでなく，参政権や社会権に関する規定もある。各国の憲法に影響を与えることになったが，世界人権宣言に法的拘束力はない。

③は不適。③は**アメリカ独立宣言**の前文であり，**表中のア**に当てはまる。アメリカ独立宣言は，アメリカ13植民地がイギリスから独立したことを宣言した歴史的文書である。イギリスのロックの思想の影響を受けている。

④は不適。④は**フランス人権宣言**の第16条であり，**表中のイ**に当てはまる。フランス人権宣言は前文と17か条で構成されている。自然権，国民主権，所有権の不可侵などを規定し，第16条では立憲主義の考え方が明らかにされている。

問4　12　正解④

アは「議会に議席がなく，法案を議会に提出する権限を持っていない」が当てはまる。アメリカ大統領は議会議員と兼職することができず，また，議会の解散権や法案提出権を持っていない。その一方で，議会が可決した法案に署名せず，法案の成立を阻む権限(**拒否権**)や，文書などで議会に政策を勧告する権限(**教書送付権**)を有している。

イは「**議院内閣制**」が当てはまる。ドイツ大統領は国家元首であるが，名目的・儀礼的な権限しか有しておらず，行政権は首相を中心とする内閣が担当する。内閣は下院の信任を存立の要件としており，ドイツの体制は**議院内閣制**に分類される。ドイツ大統領についての知識がなくても，**会話文**をよく読んで，終わりの方の「ドイツでは，十数年ぶりに首相が交代したことが大きなニュースになっていたけど，これも，そのためなんだろうね」という生徒Xの発言に着目すれば，「議院内閣制」を選ぶことができるだろう。

問5　13　正解②

②が適当。⑦は誤り。「3分の2以上の賛成」ではなく，「過半数の賛成」である。国会による憲法改正の発議を受けた国民投票で，賛成の投票の数が，賛成の投票数と反対の投票数を合計した数(有効投票総数)の2分の1を超えた場合，日本国憲法第96条第1項の「国民の承認」があったことになる。

> 憲法第96条　①この憲法の改正は，各議院の総議員の3分の2以上の賛成で，国会が，これを発議し，国民に提案してその承認を経なければならない。この承認には，特別の国民投票又は国会の定める選挙の際行はれる投票において，その過半数の賛成を必要とする。
> ②憲法改正について前項の承認を経たときは，天皇は，国民の名で，この憲法と一体を成すものとして，直ちにこれを公布する。

①③④は不適。⑦⑦⑦はいずれも上記の憲法第96条の規定に合致し，正しい。また，⑦は2007年に成立した**国民投票法**に定められている。なお，国会議員による憲法改正原案の提出(発議)は衆参いずれの議院に対しても行うことができ，提出を受けた議院が先に審議する。したがって参議院が先に審議する場合もあり得る。また，憲法改正原案の提出は，国会議員ではなく，衆参両議院に設置されている憲法審査会が行うこともできる。

問6　14　正解③

③は正しい。日本国憲法第9条第2項は「陸海空軍その他の戦力は，これを保持しない」と定め，戦力の保持を禁じている。日本政府は「『戦力』とは，自衛のための必要最小限度を超えるものであり，それ以下の実力の保持は禁じられていない」とし，**自衛隊**はその限度を超えていないので，合憲であるという見解をとっている。

①は誤り。砂川事件は，日米安全保障条約に基づくアメリカ軍の日本駐留が憲法第9条に反するかどうかなどが争点になった訴訟である。第1審の東京地方裁判所は，アメリカ軍は憲法第9条第2項の「戦力」に該当するとして，違憲判決を下した(1959年3月)。これに対し，最高裁判所は**統治行為論**を採用し，日米安全保障条約についての法的判断は司法裁判所の審査にはなじまないとして，憲法判断を回避した(1959年12月)。

②は誤り。**長沼ナイキ基地訴訟**は自衛隊と憲法第9条の関係が主な争点となった訴訟であるが，最高裁は憲法判断を示さなかった(1982年)。第2審の札幌高等裁判所は統治行為論を採用した(1976年)。

④は誤り。自国と密接な関係にある国が武力攻撃を受けた時に，それを自国に対する攻撃とみなして，実力で阻止する権利を**集団的自衛権**という。日本政府は「日本は集団的自衛権を有しているが，行使することは憲法上許されない」という見解をとっていた。しかし，安倍晋三内閣が2014年に，一定の場合には集団的自衛権の行使が認められるとする見解に変更した。

― 公，政24 ―

第4問

〈出題分野〉

経済

〈出題のねらい〉

経済分野から経済思想，GDP，市場の失敗，経済循環などを出題した。問3は需要曲線・供給曲線のシフトに関する基礎的な問題である。経済成長率に関する問5は，計算を要する。今後の学習では，知識を習得するとともに，資料集などで資料の内容を正確に読み取る力も養ってほしい。

〈解 説〉

問1 15 正解②

		生産の主体	
		日本国民 （日本居住者）	外国人 （外国居住者）
生産の場所	日 本	a	b
	外 国	c	×

②が適当。**国内総生産(GDP)** は，一定期間（通常は1年間）に一国内で新たに生み出された付加価値の総計である。したがって日本のGDPに含まれるのは，日本国内で生み出された付加価値なので，表の**a**と**b**になる。日本国内で生み出されたのであれば，生産の主体は問わない。

これに対し，**国民総生産(GNP)** は，一定期間に一国の国民（国内居住者）によって新たに生み出された付加価値の総計である。生産された場所は問わない。したがって表で見ると，日本のGNPに含まれるのは**a**と**c**になる。そして，GDPとGNPの間には次の関係が成り立つ。

GDP ＝ GNP － 海外からの純所得
GNP ＝ GDP ＋ 海外からの純所得

問2 16 正解④

④が適当。ウに当てはまるのは**d**である。**d**の「有効需要」という言葉に注目する。**ケインズ**(1883～1946)は『雇用，利子および貨幣の一般理論』(1936)を著し，失業の原因は**有効需要**（貨幣支出を伴う需要）の不足にあり，完全雇用を実現させるためには，政府が公共投資などによって有効需要を創出する必要があると説いた。

①は不適。**a**は**フリードマン**(1912～2006)に代表される**マネタリズム**の考え方である。したがって表中のエに当てはまる。フリードマンらマネタリストは市場の機能を重視し，ケインズが唱えた裁量的な財政・金融政策を批判した。ケインズの思想は大きな政府につながるのに対し，マネタリズムは小さな政府と親和的である。

②は不適。**b**は**マルクス**(1818～83)の考えである。したがって表中のイに当てはまる。マルクスは，資本主義経済においては資本家による労働者からの搾取が行われるとして，**社会主義経済**への必然的移行を説いた。

③は不適。**c**は**アダム・スミス**(1723～90)の考えである。したがって表中のアに当てはまる。スミスは『諸国民の富(国富論)』(1776)を著し，人々が利己心に基づいて自分の利益だけを追求しても，市場での自由競争は社会全体の利益を増進させると説き，この機能を「見えざる手」と表現した。スミスはこの立場から**重商主義**を批判し，**自由放任主義**（レッセフェール）を唱えた。

問3 17 正解①

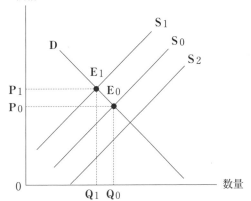

ア・イは順に「上昇」・「S_1」が当てはまる。図で交点がE_0からE_1に移動すると，この製品の価格は当初のP_0からP_1に上昇し，取引量はQ_0からQ_1に減少する。需要曲線Dとの交点がE_1になるのは，供給曲線がS_1の場合，すなわち供給曲線S_0から左上に移動した場合である。供給曲線は，製品の原材料価格が上昇すれば左上に移動する。同じ生産費用で供給できる量は減るからである。逆に，原材料価格が下落すれば，供給曲線は右下に移動する。

問4 18 正解②

②は誤り。市場メカニズムがうまく機能せず，資源の効率的な配分が達成されないことを，**市場の失敗**という。商品の需要が高まり，売り上げが伸びて価格が上昇するのは，市場メカニズムによるものであり，市場の失敗には該当しない。

①は正しい。この例のように，ある経済主体（工場）の行動が，市場での取引を通じることなく，直接，他の経済主体（近隣住民）に不利益を与えることを，**外部不経済**

と呼ぶ。外部不経済は市場の失敗に該当する。

③は正しい。図書館のサービスのように，非競合性(ある人が多く消費しても他の人の消費がその分，減ることがない)と非排除性(対価を支払わない人を排除できない)を持つ財・サービスを，**公共財**と呼ぶ。財・サービスが公共財の性質を持つ場合は，この例のように企業による供給は行われにくくなるので，市場の失敗に該当する。

④は正しい。この例のように，ある経済主体(鉄道会社)の行動が，市場での取引を通じることなく，直接，他の経済主体(建設予定地周辺の土地所有者)に利益を与えることを，**外部経済**と呼ぶ。外部経済も市場の失敗に該当する。

問5 　19　正解③

③が適当。名目経済成長率は名目国内総生産(名目GDP)の変化率である。ある年の名目経済成長率(%)は次のようにして求められる。

(ある年の名目GDP − 前年の名目GDP) ÷ 前年の名目GDP × 100

A国と**B**国は2023年の名目経済成長率が同じということなので，**A**国の2023年の名目経済成長率を求めると，＜(1100−1000)÷1000×100＝10(%)＞となる。

したがって，**B**国の2023年の名目経済成長率も10%になる。**B**国の2022年の名目GDPをxとすると，**B**国の2023年の名目経済成長率は＜(880−x)÷x×100＞となるので，次の方程式が成立する。

(880−x)÷x×100＝10

これを解くと，＜x＝800＞となる。

確認のため，2022年の名目経済成長率を求めると，**A**国は＜(1000−900)÷900×100≒11.1(%)＞，**B**国は＜(800−680)÷680×100≒17.6(%)＞で，生徒**X**が答えた通り，**B**国の方が高くなっている。

問6 　20　正解④

アは「企業」が当てはまる。財・サービスを提供し，労働力・土地・資本の提供を受ける経済主体は，**企業**である。企業は財・サービスを提供する見返りに代金を受け取り，労働力・土地・資本の提供を受ける見返りとして，家計に賃金・地代・利子などを支払う。

イは「家計」が当てはまる。**政府**に租税を納め，政府から社会保障給付を受ける経済主体は，**家計**である。労働力・土地・資本を提供するのも家計である。

ウは「補助金」が当てはまる。**ウ**に当てはまるのは，政府から企業(**ア**)に流れて行くものなので，**補助金**になる。**配当**は，株式会社が株主に分配するものが典型で，

資本の提供を受けた見返りとして，主に企業が家計に対して支払うものである。

第5問

〈出題分野〉

政治

〈出題のねらい〉

政治分野から，選挙制度，地方自治，利益集団(圧力団体)などについて出題した。問1は，受験生にはあまりなじみのないサン＝ラグ式を題材に，読解力と思考力を問うた。設問中の「ノート」を的確に読み取ることが求められる。また，問3は，表をもとに思考力を問うている。問6は，利益集団(圧力団体)についての基礎的な知識を踏まえた思考力を問うた。

〈解　説〉

問1 　21　正解④

アは「11の選挙区(ブロック)」が当てはまる。衆議院議員総選挙では，1994年に従来の中選挙区制に代わって，**小選挙区比例代表並立制**が採用された。小選挙区選挙では全国を289区に分け，各選挙区から最多の得票を得た一人が当選する。比例代表制選挙では全国を北海道，東北，北関東…というように11のブロックに分け，各ブロックにそれぞれ設定された定員が，各政党の得票数に応じてドント式で配分される。

イは「全国」が当てはまる。参議院議員通常選挙では，原則として都道府県を一単位とする選挙区選挙(ただし，鳥取と島根，高知と徳島は合区され，一つの選挙区となる)と，全国を一単位とする比例代表制選挙が行われ，ドント式で議席配分が決まる。

ウは「少ない」が当てはまる。各党の得票数を奇数(1，3，5…)で割った数値を大きい順に並べると，100,000，80,000，33,333，30,000，26,667となるので，サン＝ラグ式を採用した場合は，A党が2議席，B党が2議席，C党が1議席を獲得する。得票数の少ないC党はドント式では議席を得られなかったが，サン＝ラグ式では1議席を獲得することとなり，ドント式よりもサン＝ラグ式の方が得票数が少ない政党に有利な制度であることがわかる。

問2 　22　正解③

アは誤り。被選挙権を得られる年齢が高く設定されていること(衆議院満25歳・参議院満30歳)，任期満了前の解散がないことは，いずれも参議院の特徴である。衆議院には解散があるため，参議院に比べてその時々の民意を反映しやすいと考えられていることが，衆議院の優越の根拠となっている。

— 公，政26 —

イは正しい。衆議院が可決した**法律案**を参議院が否決した場合，衆議院において出席議員の3分の2以上の賛成で**再可決**すれば法律となる。衆議院で可決した法律案を受け取った後，参議院が60日以内に議決しないときは，参議院が否決したものとみなすことができるので，同様に，衆議院の出席議員の3分の2以上の賛成で再可決できる（憲法第59条第2項・4項）。

問3　23　正解③

アは「限定されていない」が当てはまる。地方税は，各地方自治体が自ら徴収する自主財源であるが，地方税だけでは財政を賄えない場合には，国から地方交付税や国庫支出金の配分を受ける。これらは依存財源と呼ばれるが，**国庫支出金**は義務教育や道路整備など国により使い道が指定された補助金であるのに対し，**地方交付税**はその使い道を各地方自治体が自由に決定することができる。

イは「収入額が多い」が当てはまる。東京都は人口が多く，大企業が集中している。そのため，住民税，事業税などの税収が豊富だと考えられ，基準財政収入額が多いと判断できる。

ウは「需要額が少ない」が当てはまる。香川県や滋賀県は，東京都に比べて人口や企業数が少なく，経済規模が小さいため，基準財政需要額が少ないと判断できる。

問4　24　正解③

アは「委任立法」が当てはまる。**委任立法**によって実際の業務がスムーズに行われる面もあるが，委任立法が過度に増加すると，立法府としての国会の意義が問われることとなる。**政府提案立法**は，政府（内閣）が法律案を作成して国会に提出する法案のことである。これに対し，国会議員が作成して国会に提出する法案は**議員立法**と呼ばれる。

イは「国民主権がないがしろにされる」が当てはまる。政府の官僚は，選挙によって国民に選ばれた国会議員とは異なり，国民の代表者とはいいがたい。そのため，官僚の権限が強すぎると，国民の意思に基づいて政治が行われるという国民主権の理念が危機にさらされる恐れがあると考えられる。

ウは「専門的知識の豊かな人が職務にあたる」が当てはまる。国会議員は，各政策分野に関する専門的な知識を持っているとは限らない。一方，テクノクラートとも呼ばれる専門的知識・技術に長けた**官僚**が政策を執行することで，政治の機能が能率的かつ円滑に進められると考えられる。ただし，官僚制には，縦割り行政や形式主義などの弊害もある。

問5　25　正解⑤

アは「政党」が当てはまる。日本国憲法第21条第1項において，結社の自由が保障されており，政党を結成すること自体に制限はないが，公職選挙法や政党助成法などにおいて，選挙や資金面における一定の保護を受けるためには，政治団体として届け出を行い，所属する国会議員数や選挙での得票率などの要件を満たす必要がある。

イは「派閥」が当てはまる。一つの選挙区で複数の候補者が当選する中選挙区制の時代には，同一政党の複数の候補者が同じ選挙区に立候補することが少なくなく，政党内における派閥間の争いが激しかった。

ウは「会派」が当てはまる。会派は二人以上の国会議員で結成することができ，会派に所属する議員の人数に応じて委員会の委員数や質問時間などが割り当てられる。無所属の議員や小政党に属する議員が一つの会派を組織することで，ある程度の質問時間を確保することが可能となる。

問6　26　正解①

アは**a**が当てはまる。利益集団（圧力団体）によるロビイング活動は不正や癒着を招き，政治不信の一因となりやすいという一面もあるが，選挙区制度では拾いきれない多様な国民の声をすくい上げるという意義がある。一方，**b**は，利益集団ではなく住民運動の意義に関する記述である。

イは**c**が当てはまる。労働組合や業界団体は「集票マシン」とも呼ばれることがあり，投票率があまり高くない日本においては，集団の構成員に特定の候補や政党への投票を働きかけることで一定の集票力を持っている。特に経営者団体や労働組合，宗教団体などの集票活動は選挙結果に大きな影響を及ぼす。一方，**d**の政治献金に関しては，企業や団体が政治家個人に献金することは政治資金規正法によって禁止されている。

第6問

〈出題分野〉

経済

〈出題のねらい〉

　経済政策に関する著作の目次をもとに，消費者問題，財政政策，労働問題など，経済分野から広く出題した。問2は会話文の読解力を求めた。問4は国債依存度，プライマリーバランスについて簡単な計算を要する。問5には働き方改革，問6にもTPP11の発効という近年の動向を含めた。

〈解 説〉

問1　27　正解②

②が適当。他人に損害を与えた場合に賠償責任を負うのは，故意または過失がある場合に限るというのが民法上の原則であり，被害者側が相手側の故意・過失を立証しなければ賠償を受けられない。しかし，力関係が非対称的な消費者と事業者との間でこの原則を適用すると，消費者に大きな負担を強いることになり，製品の欠陥によって被害を受けても泣き寝入りせざるを得ないことが多くなる。そこで，1994年に制定された**製造物責任法（PL法）**は，過失がなくても事業者に賠償責任を負わせるという**無過失責任制度**を導入し，消費者による事業者の過失の証明を不要とした。

①は不適。**訪問販売法**についての説明であり，**表**中のイに当てはまる。契約を締結した当事者にはその契約を守る義務があるが，1976年に制定された訪問販売法は，訪問販売などの商取引に関して，一定期間内であれば消費者が無条件で一方的に契約を解除できる**クーリングオフ**制度を導入した。消費者がよく考えずに契約を結んでしまう場合に備えるためである。なお，同法は2000年に改正され，名称も**特定商取引法**に改められた。

③は不適。**消費者保護基本法**についての説明であり，**表**中のアに当てはまる。高度経済成長期に薬害や食品被害などさまざまな消費者被害が目立つようになったため，これに対処するための基本法制として，1968年に消費者保護基本法が制定された。なお，同法は2004年に改正され，名称も**消費者基本法**に改められた。

④は不適。**消費者契約法**についての説明であり，**表**中のエに当てはまる。消費者契約法は，消費者と事業者の間にある**情報の非対称性**によって消費者の利益が損なわれないようにするため，2000年に制定された。消費者に対する不当な勧誘によって結ばれた契約については，消費者が一方的に取り消すことができることを定め，また消費者に一方的に不利な契約条項については，無効とすることを定めている。

問2　28　正解③

アは「産業活動における新陳代謝」が当てはまる。産業競争力強化法の内容を知らなくても，**会話文**で「『　ア　』とは，どんなことをいうんですか」と質問された先生Tが，「代表的なものとして新規事業の開拓，会社の合併・分割による事業再編などがあります」と答えていることから，正解を選ぶことができる。

イは「成長戦略」が当てはまる。2012年末に誕生した第2次安倍晋三政権は，長引くデフレから脱却し，日本経済を再生させることを最大の政策課題と位置づけ，こ

れを実現させるため，「大胆な金融政策」「機動的な財政政策」「民間投資を喚起する成長戦略」という「3本の矢」を掲げた。いわゆる**アベノミクス**である。**会話文**の先生Tの2番目の発言にあるように，産業競争力強化法はこのうち成長戦略に関わるものである。「3本の矢」の内容を知らなかったとしても，先生Tの「（産業競争力強化法は）日本の生産能力を高めて，中・長期的に日本経済を発展させることを狙いにしています」という発言から，経済成長のための戦略である成長戦略を選ぶことができるだろう。分配戦略とは，賃上げなど家計の所得向上のための戦略などをいう。

問3　29　正解①

①は正しい。占領期に連合国軍総司令部（GHQ）の指示に基づいて行われた三大民主化政策の一つとして，**財閥解体**が挙げられる。1946年に持株会社整理委員会が発足し，コンツェルンとしての財閥の中枢を占めていた持ち株会社は解散させられた。そして財閥の復活を防ぐため，独占禁止法（1947年）で持ち株会社の設立が禁止された。

②は誤り。半導体の分野で**日米貿易摩擦**が激化したのは1980年代である。また，それは日本からアメリカへの半導体輸出をめぐる貿易摩擦である。

③は誤り。1973年に起こった第4次中東戦争をきっかけに，アラブ産油国が西側諸国向けの原油価格を引き上げ，**第1次石油危機**が発生した。このとき日本が陥ったのはデフレスパイラルではなく，不況と物価上昇が同時に進行する**スタグフレーション**である。**デフレスパイラル**とは，不況と物価下落が循環的に悪化していくことをいう。

④は誤り。**バブル経済**が始まったのは1980年代後半である。また，円高はバブル経済の崩壊とは関係がなく，むしろバブル経済発生の遠因である。1985年の**プラザ合意**によって急速な円高が進んだため，輸出産業の影響力が大きかった日本は不況に陥った（**円高不況**）。そのため日本銀行が金融緩和を実施したことにより，「カネ余り」の状況が生まれ，余剰資金が株式や土地の購入に向かったのに伴って，地価や株価が高騰するバブルが発生した。

問4　30　正解②

アは「約33％に上昇した」が当てはまる。国債依存度は歳入に占める公債金の割合なので，2020年度の国債依存度は＜40億÷（40億＋80億）×100≒33.3（％）＞となり，2000年度の30％より上昇している。

イは「15億ドルの赤字」が当てはまる。**プライマリーバランス（基礎的財政収支）**は，公債金を除く歳入額から，国債費を除く歳出額を差し引いた収支なので，**図**では，

— 公，政28 —

税収から政策的経費を差し引いた収支になる。2000年度のプライマリーバランスは、＜70億－85億＝－15億＞より、15億ドルの赤字である。

問5 31 **正解④**

アは「年功序列型賃金」が当てはまる。日本的雇用慣行といわれていたのは、**終身雇用制、年功序列型賃金、企業別組合**である。ただ、1990年代初めのバブル経済の崩壊後は、雇用の流動化が進むとともに、成果主義賃金の導入が推進されるなど、終身雇用制と年功序列型賃金は揺らぐようになった。**裁量労働制（みなし労働時間制）**は、労使であらかじめ決めた時間だけ働いたとみなして賃金を支払う制度で、専門業務などの一部の労働者に限って適用が認められている。1987年の労働基準法改正により導入されたものであり、日本的雇用慣行には含まれない。

イは「高度プロフェッショナル制度」が当てはまる。2018年の**働き方改革関連法**により、**高度プロフェッショナル制度**が導入された。一定以上（1075万円以上）の年収があり、専門的かつ高度な職業能力を持つ労働者について、労働基準法の労働時間規制を適用しないという制度である。**ペイオフ制度**とは、銀行が経営破綻した場合、預金者に預金を一定額まで払い戻す制度である。

問6 32 **正解⑦**

アは「食料安全保障」が当てはまる。国民に食料を安定的に供給できるようにするため、輸入依存度を減らし、食料自給率を高めるべきだという考え方を、**食料安全保障**という。**ミニマムアクセス**とは最低輸入義務のことをいい、日本は1990年代後半に、ミニマムアクセスに基づくコメの輸入を行った。

イは「食料・農業・農村基本法」が当てはまる。1999年に制定された**食料・農業・農村基本法**は、食料の安定供給の確保、農業の多面的機能の発揮、農業の持続的発展、農村の振興という四つの基本理念を掲げている。**農業基本法**は農業と他産業の間の生産性の格差の是正、農業従事者と他産業従事者との所得格差の是正を目的に、1961年に制定された。農業基本法に代わる新たな基本法として制定されたのが、食料・農業・農村基本法である。

ウは「TPP11」が当てはまる。**TPP（環太平洋パートナーシップ協定）**は、アジア太平洋地域の国々で貿易の自由化、投資の自由化を進め、知的財産保護や電子商取引など幅広い分野で21世紀型のルールを構築するための経済連携協定である。当初は12か国が参加を予定していたが、アメリカが離脱したため、日本を含む11か国による協定としてTPP11が2018年に発効した。**WTO（世界貿易機関）**は、GATT（関税と貿易に関する一般協定）を発

展的に解消して1995年に設立された国際機関である。

第 2 回　実戦問題　解答・解説

公共，政治・経済　第2回（100点満点）

（解答・配点）

問題番号（配点）	設問（配点）		解答番号	正解	自己採点欄
第1問（13）	1（4）		1	②	
	2（3）		2	②	
	3（3）		3	③	
	4（3）		4	④	
	小計				
第2問（12）	1（3）		5	⑤	
	2（3）		6	③	
	3（3）		7	②	
	4（3）		8	①	
	小計				
第3問（19）	1（3）		9	④	
	2（4）	(1)	10		
		(2)	11	*	
			12		
	3（3）		13	②	
	4（3）		14	⑦	
	5（3）		15	①	
	6（3）		16	①	
	小計				
第4問（18）	1（3）		17	②	
	2（3）		18	④	
	3（3）		19	⑦	
	4（3）		20	①	
	5（3）		21	①	
	6（3）		22	⑤	
	小計				

問題番号（配点）	設問（配点）	解答番号	正解	自己採点欄
第5問（18）	1（3）	23	③	
	2（3）	24	④	
	3（3）	25	②	
	4（3）	26	③	
	5（3）	27	④	
	6（3）	28	⑧	
	小計			
第6問（20）	1（3）	29	④	
	2（3）	30	①	
	3（3）	31	⑥	
	4（3）	32	②	
	5（4）	33	④	
	6（4）	34	③	
	小計			
	合計			

（注）＊は，解答番号10と11・12を以下のいずれかの組合せで解答した場合を正解とし，点を与える。ただし，解答番号11・12については，解答の順序を問わない。
10 で①，11・12 で①・④を解答した場合
10 で②，11・12 で②・③を解答した場合

●写真提供・協力

時事通信フォト

　富士山と精進湖畔の桜

時事

　世界遺産に登録された百舌鳥古墳群

解　説

第１問

〈出題分野〉

伝統思想，情報化社会など

〈出題のねらい〉

　生徒が作成した「記録カード」を通して現代社会の様々なテーマについての出題である。問１と問２では古代日本の伝統思想について出題した。問３では日本の文化や風土から日本の世界遺産について出題した。問４は情報化社会における権利の保障について知的財産権の侵害をテーマに出題した。

〈解　説〉

問１　1　正解②

②は正しい。　ア　に当てはまる**アニミズム**とは，自然界のあらゆる事物に，霊魂があると信ずること。イギリスの人類学者**タイラー**(1832～1937)は，アニミズムを宗教の起源とした。

　イ　に当てはまる**神道**は，古来あった神々への信仰が，仏教，道教，儒教などの影響を受けて展開してきた宗教である。神社を中心とする神社神道をはじめ，教派神道・民俗神道・学派神道などに分類される。

　ポピュリズムとは，1892年に結党されたアメリカの人民党，通称「ポピュリスト党」を通じて広まったことばである。アメリカではポジティブな意味合いに，ファシズムを経験したヨーロッパ諸国や日本などではネガティブな意味合いに用いられることが多い。日本では，「大衆迎合」「扇動政治」，最近では「反知性主義」などと同じ意味で使われることもある。労働者や農民，都市中間層といった市民階層を「大衆」と位置づけ，大衆に対する所得再分配や政治的権利を希求する政治思想であり，ここから転じて，政治家が大衆の抱く感情や情緒に寄り添う形で政治を行う手法や，そうした大衆の基盤に立つ運動も指す。

問２　2　正解②

②は適当でない。**イニシエーション**とは，ある集団や社会で，正式な成員として承認されること。**通過儀礼**とも言われる。七五三，成人式，還暦(60歳)，古希(70歳)，喜寿(77歳)などがその例になる。一方，一年のうちで一定の時期に慣例として行なわれる行事のことを**年中行事**と言う。正月やお盆などが年中行事に当たる。②はお盆であり，イニシエーションには当たらない。

①は成人式，③は七五三，④は還暦である。

問３　3　正解③

　アは**a**が正しい。**ユネスコ(国連教育科学文化機関)**が1972年の総会で採択した「世界の文化遺産および自然遺産の保護に関する条約」は，一般的に**世界遺産条約**と呼ばれている。この条約に定められている21か国により構成される**世界遺産委員会**によって議決される。建造物や遺跡などの「**文化遺産**」，自然地域などの「**自然遺産**」，文化と自然の両方の要素を兼ね備えた「**複合遺産**」の３種類がある。**A**の富士山は，2013年に「**富士山‐信仰の対象と芸術の源泉**」として**文化遺産**に登録された。

　「**文化遺産**」とは，**顕著な普遍的価値**を有する建築物や遺跡など社会の歴史のなかで長期間にわたって維持継承されてきた文化財で，「**世界文化遺産**」と呼ぶこともある。

　イは**f**が正しい。**C**の百舌鳥・古市古墳群(大阪)は古墳時代の最盛期であった４世紀後半～５世紀後半に造営された。世界でも独特な墳長500メートル近くに達する前方後円墳から20メートル台の墳墓まで多様な大きさと形状の古墳を配置していることは，当時の政治的，社会的支配の実態を反映しており，古墳造営の独自の文化的伝統があったことを示唆する物証であることが評価され，2019年，**文化遺産**に登録された。

　Bの**知床**(北海道，写真は監修者撮影)は，海の生態系と陸の生態系が関係し合う特異な生態系がみられることと生物多様性にとって重要な地域であることなどが評価され，2005年，**自然遺産**に登録された。

　したがって富士山と同じ文化遺産に区分されるのは**C**のみである。

問４　4　正解④

④は正しい。**産業財産権**には**特許権，実用新案権，意匠権，商標権**の４つの権利が含まれる。４つの権利のいずれも，企業や個人が**特許庁**に出願し登録することによって権利が発生し，特定の企業や個人が独占的に所有することが認められる。**特許権**は，**特許法**(1959年)により特許を受けた発明を独占的に利用し得る権利である。

①は実用新案権。小発明やアイデアを保護する権利であり，生活用品が対象になりやすい。身近な例として，朱肉のいらない印鑑，消しゴム付きの鉛筆などが挙げられる。

②は意匠権。「乗用自動車」で登録されている意匠は数限りなくある。工業製品，玩具，食品などもある。

③は商標権。商品名，サービス名，商品やサービスのロゴ，キャッチコピー，キャラクターなどが挙げられる。

― 公，政33 ―

第2問

〈出題分野〉

国際経済，労働問題，中小企業など

〈出題のねらい〉

生徒個人が疑問や興味を持った点について調べ，ノートにまとめる活動を題材とし，戦後の国際経済や労働問題，中小企業などの分野について幅広く出題した。しっかりと知識を定着させることが重要である。

〈解　説〉

問1　　5　　正解⑤

⑤は正しい。戦後の国際経済は1944年に行われたブレトン・ウッズ会議によって確立された**ブレトン・ウッズ体制**からスタートしたが，アメリカの経済状況の悪化を背景として1960年代からこの体制に動揺が生じた（**オ**）。1970年代に入ると**ニクソン＝ショック**（**イ**）などでさらに国際経済は混乱したが，1986〜94年にかけて行われた**ウルグアイ・ラウンド**（**エ**）では**知的財産権保護**のルール化や農産物貿易の「**例外なき関税化**」が定められ，また**WTO**が設立されるなど新しい国際経済秩序が構築された（**ア**）。しかし2008年にアメリカの大手証券会社リーマン・ブラザーズが経営破綻したことをきっかけに起こった世界金融危機（**ウ**）により，世界の経済状況は再び混乱に陥ることとなった。

問2　　6　　正解③

③は正しい。1987年の**労働基準法**改正によって新しい働き方が導入された。それが**フレックスタイム制，変形労働時間制，裁量労働制**と呼ばれるものである。本問の**事例**は，特定の労働に対する成果があらかじめ決まっており，その労働にいかなる時間をかけようとも報酬が変化しないことから，裁量労働制（**C**）に当てはまると考えられる。この制度はいわゆる成果主義に基づいているが，労働時間がいかに長くても残業手当が支払われないため，労働強化につながるとの批判もある。また2019年にはいわゆる**高度プロフェッショナル制度**も導入された。

フレックスタイム制（**A**）とは出勤時間や退勤時間を労働者自身が自由に決められる制度である。また変形労働時間制（**B**）は，繁忙期と閑散期の時期に合わせて労働時間を調整できる制度である。

問3　　7　　正解②

②は正しい。企業規模別企業数のグラフをみると，2016年は全359万社のうち，**大企業**の数は1.1万社にとどまっており，これは約0.3％となるため，　**ア**　には0.3が当てはまる。また，**中小企業**の定義として製造業の場合は資本金3億円以下または従業員数300人以下の企業を指すため　**イ**　には3が当てはまる。そして出荷額に

ついては**中小企業の割合は45％程度**（2019年）であるため，　**ウ**　には5が当てはまる。なお，従業員数でみると中小企業の割合は69％程度（2019年）であり，**約7割の労働者が中小企業で働いている**ことがわかる。

問4　　8　　正解①

①は正しい。就業者に占める女性の割合が最も高いのは**フランスの48.3％**であり，グラフ中のどの国も50％を超えてはいない。

②は誤り。管理的職業従事者に占める女性の割合が最も高いのはフィリピンの51.5％であり，50％を超えている。

③は誤り。**日本の就業者に占める女性の割合は44.2％**であり，他国よりも特別に高い割合であるとはいえない。

④は誤り。**日本の管理的職業従事者に占める女性の割合は14.9％**であり，韓国に次いで2番目に低くなっている。

第3問

〈出題分野〉

日本の政治

〈出題のねらい〉

内閣，選挙，法の支配，消費者問題，司法制度改革などから出題した。

〈解　説〉

問1　　9　　正解④

　ア　は③が当てはまる。「政権が推し進めた所得倍増をめざす政策」とは，池田勇人内閣が1960年に発表した**国民所得倍増計画**のことである。1961年からの10年間で国民総生産（GNP）を2倍にすることをめざすもので，1967年にこの目標は実現された。また，1964年に**東京オリンピック**が開かれたことからも判断できる。

　イ　は④が当てはまる。ロッキード事件とは，米国ロッキード社の航空機売り込み工作に伴う汚職事件であり，1976年に田中角栄元首相らが起訴された。1982年11月に**中曽根康弘内閣**が成立したが，1983年10月にロッキード事件の第一審で田中元首相が受託収賄罪で実刑判決を受けたことから，同年12月の衆議院総選挙では与党の自民党が大敗し，議席数が過半数を割り込んだ。そのため，中曽根首相は自民党から別れた新自由クラブと連立内閣を組んだ。55年体制の成立後，初めての連立内閣であった。連立は1986年7月の衆参同日選挙で，自民党が大勝するまで続いた。

　ウ　は①が当てはまる。1993年の衆議院の解散は，抜本的な政治改革の実行を明言しながら先送りした宮沢喜一内閣に対して，与野党から反発が起こり，内閣不信

— 公，政34 —

任案が可決されたため実施された。「ウソつき解散」とも呼ばれた。その結果，1955年から続いた自民党の一党優位体制（**55年体制**）は終焉し，細川護熙を首相とする**非自民非共産**の細川連立政権が誕生した。

エは②が当てはまる。2001年4月に**小泉純一郎内閣**が成立し，日本道路公団や郵政三事業の民営化を推し進めた。しかし，2005年8月に郵政民営化法案が参議院で否決されたのを受け，小泉首相は国民にその信を問うため，衆議院の解散に踏み切った。解散後に行われた同年9月の衆議院総選挙では自民・公明与党が大勝し，同年に**郵政民営化法**が成立した。

問2　**10**　正解①または②
　　　11・**12**　正解①・④（**10**が①の場合）
　　　　　　　　　　正解②・③（**10**が②の場合）

1．**10**で①を選んだ場合
　現在の日本では，選挙のたびに「1票の格差」をめぐる裁判が提訴されているが，その根拠としては，日本国憲法によって保障されている法の下の平等に反すること，国会議員は国民の代表であり，特定の地域の代表ではないことなどが挙げられる。

2．**10**で②を選んだ場合
　この方法がとられる理由としては，完全な人口比にした場合に議員を選出できない地域が出現してしまうことや，一部の選挙区が非常に広範囲にわたってしまうことなどが挙げられる。

問3　**13**　正解②
　②は適当である。**法の支配**とは，恣意的な「人の支配」を排除し，権力者を法で拘束することにより，国民の権利・自由を守る原理のことをいう。中世イギリスのコモン＝ローの優位という思想から生まれ，16〜17世紀に立憲政治が確立するなかで発達した。資料文中に「国家権力の恣意的支配を排除するということが生命なのである」とあることから，②が適当と判断できる。

　①は適当ではない。国家権力による強制力を伴わない，人間の内面的な意思を規律する規範は，法ではなく**道徳**である。資料文中には，内面的な意思の規律については記述されていない。

　③は適当ではない。法律の形式や制定手続きを重視するのは，19世紀のドイツで発達した**法治主義**の考え方である。法治主義においては，形式的な立法手続きばかり重視され，制定された法律の内容までは問題とされなかった。ドイツでは，このような法律万能主義の考え方が，1933年のナチスによる政権掌握につながったと理解されている。これに対して，法の支配では法の内容の適正が重視され，法は国民の人権や自由を保障するための

ものでなければならない。

　④は適当ではない。社会慣習や立法など，人間の行為によって作り出される法を**実定法**という。これに対して，実定法に先立ち，理性に基づいて時代や社会を超えて成立する法を**自然法**という。しかし，資料文中には実定法や自然法に関する記載は見当たらない。

問4　**14**　正解⑦
　アは「私法」が当てはまる。法には公法と私法の区別がある。**公法**とは憲法や刑法のように，国家の仕組みや国家と国民の関係を規律する法をいう。また，**私法**とは民法や商法のように，社会における私人と私人の関係を規律する法をいう。これに対して，**社会法**とは労働法や社会保障法のように，生存権などの社会権を確保するための法であり，**契約自由の原則**などの私法上の原則が修正されたり制限されたりする。契約自由の原則とは，契約は当事者の自由な意思に基づいて締結されなければならないという原則をいう。

　イは「依存効果」が当てはまる。現代の消費社会では，消費者の購買意欲までもが企業の広告や宣伝に依存し，操作されてしまう傾向が強い。これを**依存効果**という。アメリカの経済学者**ガルブレイス**（1908〜2006）が『ゆたかな社会』（1958）で指摘した。日本でも1960年代の高度経済成長期に，大衆の消費欲望をかき立て誘導する広告・宣伝企業が飛躍的に成長した。

　ウは「一元化」が当てはまる。消費者問題は，複数の省庁にまたがる横断的なものが多く，縦割り行政では各省庁間の横のつながりが希薄で，情報共有や連携が不十分であるといった問題点が指摘されてきた。そこで，消費者行政を一元化するため，2009年に**消費者庁**が内閣府の外局として設置された。

問5　**15**　正解①
　アは「国土交通大臣」が当てはまる。資料文中の第8条に「…国土交通大臣に対し…認定を申請することができる」とある。また第8条の2に「…認定の申請は，関係する市町村又は都道府県を経由して行わなければならない。」とあることから，認定の申請は地方自治体を経由する必要があるが，地方自治体が申請先ではないことがわかる。

　イは「認可」が当てはまる。資料文中の第14条に，バスの運行回数の増加が記載された認定観光圏整備実施計画を実施するにあたって，「認可を受けなければならないとき…は，…その旨を国土交通大臣に届け出ることをもって足りる。」とあることから，「認可」が入るとわかる。**認可**とは，行政機関が第三者の行為に同意を与える権限をいい，本問の事例では国土交通大臣がバス事業

— 公，政35 —

者に与える許可をいう。

ウは「規制緩和」が当てはまる。通常は国土交通大臣の認可を受けなければならない事業について，届出をすれば足りるとする特例なので，規制緩和に当たる。

問6 **16** 正解①

アは「公判前整理手続き」が当てはまる。「裁判の迅速化を図るための制度」とあることから判断できる。**公判前整理手続き**とは，最初の公判の前に裁判官，検察官，弁護人が争点を明確にしたうえで，証拠を精選し決定する手続きをいう。**裁判員制度**の実施に先立ち，2005年に導入された。**被害者参加制度**とは，犯罪被害者が被告人や証人に質問をしたり，量刑について意見を述べたりできる制度をいう。2008年から実施されているが，裁判の迅速化を目的とした制度ではない。

イは「参加できる」が当てはまる。日本では2004年の裁判員法に基づいて，2009年から重大な刑事裁判の第1審のみに裁判員制度が導入された。**裁判員制度**では，有権者から選ばれた裁判員が職業裁判官と共に，有罪・無罪の事実認定から量刑(刑の決定)までを合議により行う。一方，アメリカやイギリスで採用されている**陪審制**では，市民から選ばれた陪審員が有罪か無罪かを決定し，職業裁判官が量刑を行うため，市民は量刑には参加できない。

第4問

〈出題分野〉

　経済の仕組み，投資の意義とリスク

〈出題のねらい〉

　家計，国民所得，企業，外国為替相場，金融政策などから出題した。

〈解　説〉

問1 **17** 正解②

②は正しい。税金や社会保険料など，世帯の自由にならない支出を非消費支出という。「総支出に占める非消費支出の割合」は，非消費支出÷(非消費支出＋消費支出)により求められる。この割合を図1と図2で比較すると，勤労者世帯(図1)の方が高齢者無職世帯(図2)よりも明らかに大きい。念のために計算すると，勤労者世帯は112,634÷(112,634＋309,469)＝約26.7％，高齢者無職世帯は30,664÷(30,664＋224,436)＝約12.0％となる。

①は誤り。「可処分所得に占める消費支出の割合」を比較すると，勤労者世帯(図1)の方が高齢者無職世帯(図2)よりも明らかに小さい。念のために計算すると，勤労者世帯は309,469÷492,681＝約62.8％であるが，高齢者無職世帯は224,436÷205,911＝約109.0％となる。高齢

者無職世帯は，消費支出を可処分所得だけでは賄えていないということである。

③は誤り。**エンゲル係数**とは，消費支出に占める食料費の割合をいう。これを図1と図2で比較すると，勤労者世帯(図1)は25.4％であるが，高齢者無職世帯(図2)は29.3％である。よって，勤労者世帯の方が低くなっている。

④は誤り。「家計収支における黒字の割合」を比較すると，勤労者世帯(図1)は183,213円の黒字であるが，高齢者無職世帯(図2)は黒字ではなく，18,525円の赤字となっている。よって，勤労者世帯の方が大きい。

問2 **18** 正解④

ウは「第1次産業」が当てはまる。**生産国民所得**は，第1次産業所得＋第2次産業所得＋第3次産業所得＋海外からの純所得で算出されるが，第1次産業の割合が最も少ない。最も多いのは，**ア**の第3次産業で，生産国民所得の約70％を占めている。次いで多いのが，**イ**の第2次産業である。

エは「国民総支出」が当てはまる。**支出国民所得**は国民所得を支出面からとらえたものであり，国民総支出－固定資本減耗－(間接税－補助金)により算出される。したがって，**エ**には「国民総支出」が当てはまる。同じ年の国民総生産(GNP)と国民総支出(GNE)は同額になる。国民総生産－固定資本減耗で算出される国民純生産と同額になるのが，「国民純支出」である。「総」(Gross)は固定資本減耗を含み，「純」(Net)は含まないことを意味する。

オは「40」が当てはまる。国民所得は，生産，分配，支出の3つの面からとらえることができ，同じ年の生産，分配，支出の各国民所得は等しくなる。これを，**三面等価の原則**という。支出国民所得は，生産国民所得や分配国民所得と同額になるから，402兆円(283＋94＋5＋20 あるいは 284＋27＋91)となる。また，支出国民所得は国民総支出－固定資本減耗－(間接税－補助金)によって計算できる。よって，402＝(304＋108＋133＋21)－124－**オ**であり，(間接税－補助金)は40兆円となる。

問3 **19** 正解⑦

アは「ストック」が当てはまる。経済学の数値にはフローとストックがある。**フロー**とは一定期間における経済活動の成果を示す数値であり，**ストック**とはある特定時点における資産を示す数値をいう。**バランスシート(貸借対照表)**は，特定時点において「企業が保有する資産」と「資金の調達方法」を一覧で表したものであり，企業がどのような方法で資金を調達し，それをどんな資産で所持しているかを知ることができる。

イ は「株式」が当てはまる。企業の調達した資金のうち，返済義務のある資金(借金)は**他人資本**として「**負債**」に計上される。一方，返済義務のない資金は**自己資本**として「**純資産**」に計上される。**株式**を発行して得た資金は，自己資本となるので「**純資産**」に計上されるが，**社債**を発行して得た資金は借金であり，他人資本となるので「**負債**」に計上される。

ウ は「低下する」が当てはまる。自己資本とは，株式の発行や社内留保によって調達した資金で，返済義務のない純資産のことを指す。一方，他人資本とは，社債の発行や銀行借入れなどによって調達した資金で，返済義務のある負債のことを指す。また**自己資本比率**とは，総資産(純資産＋負債)に占める自己資本の割合をいう。よって，企業が銀行借入れを増やした場合は，他人資本(負債)の増加を意味するため，自己資本比率は低下する。

■ バランスシート

資産		負債	
現金・預金	2億円	銀行借入れ	3億円
土地	4億円	社債	3億円
機械	1億円	純資産	
建物	5億円	資本金	6億円
合計	12億円	合計	12億円

企業の所有している財産／他人資本／自己資本

問4　20　正解①

ア は「円高」が当てはまる。円高が進行して，例えば為替相場が1ドル＝200円から1ドル＝100円になると，1台200万円の日本車の輸出価格は，1万ドル(200万÷200)から2万ドル(200万÷100)に値上がって売れにくくなる。一方，1万ドルの米国車の輸入価格は，200万円から100万円へと値下がってよく売れるようになる。つまり，円高の進行は日本の輸出の減少，輸入の増加を招くので，貿易収支の黒字は縮小するはずである。

イ は「プラザ合意」が当てはまる。高まる日米貿易摩擦を背景に1985年，ニューヨークのプラザホテルで先進5か国財務相・中央銀行総裁会議(G5：日，米，英，仏，西独)が開かれ，ドル高を是正するため，各国がドル売りの協調介入を行うことが決まった。これを**プラザ合意**という。その結果，ドルが売られ円が買われたため，急激な円高・ドル安が進行し，日本経済を**円高不況**に陥れた。1987年にはフランスの旧財務省(旧ルーブル王宮)でG7(G5＋イタリア，カナダ)が開かれ，急激なドル安に歯止めをかけ，為替相場を安定させることで合意した。これをルーブル合意という。

ウ は「Jカーブ効果」が当てはまる。1985年のプラザ合意後，急速に円高が進行したが，貿易収支の黒字はなかなか縮小せず，しばらくは黒字の拡大が続いて，その後ようやく黒字が縮小し始めた。そのグラフの形状が逆さ「J」の文字に似ていることから，この現象を**Jカーブ効果**という。一方，「V字回復」とは，低迷していた景気や企業の業績が急速に回復することをいう。

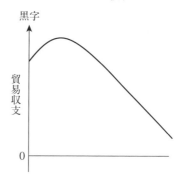

問5　21　正解①

ア は「買いオペレーション」が当てはまる。日本銀行は，不況時には**買いオペレーション**(買いオペ)を行い，市中銀行から手形や国債を購入して，市中に供給する通貨量を増加させる。一方，好況時には売りオペレーション(売りオペ)を行い，市中銀行に手形や国債を売ることで，市中の通貨量を減少させる。

イ は「コールレート」が当てはまる。**コールレート**とは，銀行間で短期資金を融通し合うコール市場における無担保翌日物の金利(利子率)をいう。日本銀行は1999年から**ゼロ金利政策**という「非伝統的金融政策」に踏み出し，政策金利もかつての公定歩合からコールレートに変更された。ゼロ金利政策とは，買いオペにより資金を市場に供給し，コールレートを実質0％に誘導する金融緩和政策である。一方，公定歩合とは，市中銀行が日本銀行から資金を借りる際の利子率をいう。

ウ は「量的・質的緩和」が当てはまる。日本銀行は2001年から，金融緩和の目標を従来の金利(コールレート)から，金融機関が日本銀行に預けている当座預金残高に切り換える**量的金融緩和**を実施した。しかしそれでも長引くデフレ不況を克服できず，2013年から2年間で前年比2％の消費者物価上昇をめざす**量的・質的緩和**を実施した。これは買いオペによって豊富な資金を市場に供給するとともに，長期国債だけでなく，株式の値動きに連動するETF(上場投資信託)などに買い入れを拡大させる点に特色がある。一方，**支払準備率操作**とは，支払準備率を上下させて通貨量を調節する伝統的金融政策の一つである。しかし1991年以降，支払準備率は変更されていない。

問6 　22 　正解⑤

アは適当である。ESG投資とは，環境(Environment)，社会(Social)，企業統治(Governance)に配慮している企業に対して投資を行うことをいう。これまでは，投資家が投資先を決定する材料として，利益率やキャッシュフローなどの財務情報が重要視されてきた。しかし近年は，採算を考慮しながら環境問題，高齢者支援，貧困層支援などの社会事業にも取り組む**社会的企業**を，投資先として考える投資家が増えつつある。再生可能エネルギーを積極的に利用している**A社**は，環境に配慮している社会的企業と考えることができる。

イは適当ではない。利潤の最大化を図るため，人件費の安い国から部品を購入している**B社**は，労働環境の改善に配慮している社会的企業とはいえない。

ウは適当である。女性活躍の推進は，企業の社会的責任の一つである。日本の管理職に占める女性の割合は長期的には上昇傾向にあるが，他の先進国と比べると際立って低い状況にある。女性が役員に占める割合を引き上げる努力をしている**C社**は，女性活躍の推進に配慮している社会的企業と考えられる。

第5問

〈出題分野〉

　現代の政治・経済の諸課題

〈出題のねらい〉

　安全保障，国際紛争，自由権，各国の政治体制，南北問題，経済指標などから出題した。

〈解　説〉

問1 　23 　正解③

③は正しい。表をみると，2018年の防衛関係費の総額はインドが579億ドル，ロシアが453億ドルであり，インドの方が多い。しかし対GDP比はインドが2.15%，ロシアが2.88%であり，インドの方が低くなっている。

①は誤り。図をみると，日本の防衛関係費が最も少ない年は2010年であるが，その年の「一般会計歳出に占める防衛関係費の割合」は最も低くなっている。

②は誤り。図は「日本の防衛関係費の推移」を，表は2018年の「各国の防衛関係費と対GDP比」を示しているにすぎない。よっていずれの**図表**からも，各国の2018年の「一般会計歳出に占める防衛関係費の割合」を読み取ることはできない。

④は誤り。図をみると，日本の防衛関係費は2000年以降，対GDP比で1%を超えることはなかったが，2014年以降は防衛関係費の増額が顕著である。よって「増額もしていない」という箇所が誤り。

問2 　24 　正解④

　ア は「アフガニスタン」が当てはまる。2001年9月11日に起こった**アメリカ同時多発テロ**の後，アメリカのブッシュ大統領は「テロとの戦い」を宣言し，NATO(北大西洋条約機構)は集団的自衛権を発動。10月以降，容疑者引き渡しを拒んだアフガニスタンを米英軍中心のNATO軍が攻撃した。

　イ は「安全保障理事会」が当てはまる。国連憲章は，加盟国に武力行使を原則として禁止し(第2条)，違反国に対しては安保理決議に基づいて有効な集団的措置をとることができると定めている。**安全保障理事会**は，国際の平和と安全を維持・回復するため，勧告や非軍事的措置，さらには軍事的措置まで決議できる(第39条，第41条，第42条)。しかし2003年の**イラク戦争**では新たな安保理決議のないまま，米英軍がイラクを攻撃しフセイン政権を崩壊させた。一方，国連総会は国連憲章の範囲内にある問題について討議・勧告できるが，軍事的な強制措置である武力制裁決議を挙げることはできない。

　ウ は「アラブの春」が当てはまる。2011年にチュニジアで起こった反政府デモによって，独裁政権が崩壊し，これを契機に民主化運動が中東や北アフリカに広がり，エジプトやリビアでも独裁政権の崩壊につながった。この一連の動きを，**アラブの春**と呼ぶ。シリアではアサド政権に対する反政府デモが起き，これをきっかけに内戦が勃発し，大量の難民が周辺諸国に流出した。一方，**デタント**(緊張緩和)とは，1962年の**キューバ危機**後にフランス大統領ド＝ゴールが用いてから一般化した言葉で，冷戦期に東西両陣営の対立が緩み，友好的な外交関係が結ばれたことをいう。

問3 　25 　正解②

アは「国家による自由」に当たらない。**自由権**は国家権力から不当に干渉されない権利であり，「**国家からの自由**」といわれる。これに対し，**社会権**は人間らしい生活の保障を国家に求める権利であり，生活保護や失業保険の給付など，国家による積極的な行為を必要とすることから，「**国家による自由**」と呼ばれる。政府を批判したことによって不当に逮捕された人の釈放を求める活動は，**思想・良心の自由**(精神の自由)や不当に逮捕されない権利(人身の自由)の擁護であり，自由権に分類される。よって，「国家による自由」ではなく，「国家からの自由」を意味する。

イは「国家による自由」に当たる。教育格差の是正を訴え，公教育への財政支出の拡大を求める活動は，**教育を受ける権利**や**生存権**などの社会権を擁護しようとするものである。よって，「国家による自由」を意味する。

— 公，政38 —

ウは「国家による自由」に当たらない。裁判所がデモ行進を事前に差し止めたことに対する異議申し立ては，**表現の自由**（精神の自由）という自由権を擁護するための活動なので，「国家からの自由」を意味する。

問4 26 **正解③**

アは誤り。議会において，いずれの政党も過半数の議席を獲得できない状態を，**ハングパーラメント**という。イギリスは従来，**保守党**と**労働党**の二大政党が単独で政権を担ってきたが，近年は多党化の傾向にあり，自由民主党やスコットランド民族党などが一定の議席を獲得している。そのため，2010年の総選挙ではハングパーラメントが生じ，保守党は自由民主党と連立を組むこととなった。また，2017年の総選挙でも，ハングパーラメントとなった。**シャドー・キャビネット**とは影の内閣のことである。二大政党制のイギリスには，野党第一党の党首が影の内閣を組織し，政権交代に備える制度がある。

イは誤り。アメリカは厳格な三権分立に基づく**大統領制**を採用している。そのため，連邦議会は大統領に対して弾劾を行う権限を持ち，下院の訴追と上院の弾劾裁判によって，非行のあった大統領を罷免することができる。上院はこの**弾劾裁判権**によって，大統領の独裁化を防止するという重要な役割が期待されている。

ウは正しい。ドイツは，国家元首として象徴的な大統領を置いているが，その権限は弱く，実質的な権限は首相や内閣にある。よって，実質的には議院内閣制を採用しているといわれている。

問5 27 **正解④**

ア は「エチオピア」が当てはまる。会話文中の生徒**Y**の2つ目の発言に，「二国間ODA供与相手国の上位には，アジアの国々が並ぶ」とあるが， ア は上位に入っていないため，アフリカのエチオピアを選ぶことができる。

イ は「バングラデシュ」が当てはまる。会話文中の生徒**Y**の最後の発言に「マイクロクレジットの先駆とされるグラミン銀行がある国」とあることから，判断できる。**マイクロクレジット**とは，通常の金融機関からは融資を受けられない低所得者層を対象に，無担保で少額融資を行う金融サービスである。**グラミン銀行**は1983年，バングラデシュで設立された。グラミン銀行とその創始者ムハマド＝ユヌス（1940～）は，2006年にノーベル平和賞を受賞している。

ウ は「インド」が当てはまる。IMF（国際通貨基金）によると，2017年のインドのGDPは約2兆6110億ドルで，アメリカ，中国，日本，ドイツ，イギリスに次いで世界6位となっている。しかし，同年の1人当たり

GDPは約1983ドルと世界140位で，日本の約19分の1にすぎない。以上からGDPが多く，人口も多いインドが当てはまると判断できる。なお2022年のインドのGDPは世界5位だが，1人当たりGDPは約2,389ドルである（世界銀行）。

問6 28 **正解⑧**

「経済成長率」を表すグラフは，**図イ**である。中国は，**改革開放政策**を開始した1970年代後半以降，驚異的な経済発展を遂げた。2001年には**WTO（世界貿易機関）**に加盟し，2000年代は年10％の高い経済成長率を実現した。2008年のリーマンショックによる世界経済の悪化に伴い，一時は成長率が下落したものの，2010年代からは安定した経済発展の時期に移行した。**図ア**と**図イ**を比べると，(i)2000年代に10％以上となっており，(ii)1997年の**アジア通貨危機**や2008年のリーマンショックの際に下落していることから，**図イ**が正しいと判断できる。

「外貨準備高」を表すグラフは，**図エ**である。中国の貿易収支は，WTO加盟後の2005年ごろから，輸出額が輸入額を大きく上回るようになり，現在まで大幅な貿易黒字が続いている。これに伴い，外貨準備高も2000年代以降大幅に増加し，現在は3兆ドルを超えている。この額は世界第1位であり，第2位の日本の2倍以上となっている。**図ウ**は2007年以降，年によって額に振れ幅があるが，**図エ**は2000年以降一貫して増加しており，2013年以降も減少はしているものの，高い水準を維持している。

「ジニ係数」を表すグラフは，**図カ**である。**ジニ係数**とは所得の不平等の度合いを表す指標で，イタリアの統計学者ジニが考案した。0～1の間の値を取り，0に近いほど格差は小さく，値が大きくなり1に近づくほど格差の度合いも大きくなる。よって，値が1を超えることのない**図カ**が正しいと判断できる。**図オ**は，合計特殊出生率を表すグラフである。**合計特殊出生率**とは，15～49歳の女性の年齢別出生率を合計したもので，1人の女性が生涯に産む子供の平均数を示す。中国では1980年代以降，一人っ子政策の実施に加え晩婚化・非婚化が進んで，出生率は1980年の2.74から2020年の1.28へと日本を上回るペースで低下し，少子化が加速している。なお，中国では2016年に一人っ子政策が廃止され，すべての夫婦に二人目の子どもを持つことが認められるようになった。

第6問

〈出題分野〉

財政赤字が引き起こす諸問題

〈出題のねらい〉

財政，物価，社会保障，地方自治，労働問題，中小企

— 公，政39 —

業などから出題した。

〈解　説〉

問1 　29　**正解④**

　ア　は「**b**」が当てはまる。生徒**X**の1つ目の発言に「公債残高が増え続けている」とあるが，4つのグラフのうち「増え続けている」のは**資料b**の**p**だけである。他の3つは「増え続けている」とまではいえない。また，2020年度末の公債（普通国債）残高は約950兆円なので，**資料a**のグラフでは金額が少なすぎる。よって，**資料b**が「公債残高と利払い費」の推移を表していると判断できる。また，**X**の同じ発言に「利払い費は増加し続けているわけではない」とあるので，**資料b**の**q**が「利払い費」を表していると判断できる。

　イ　は「**金利が低下**」が当てはまる。利払い費とは，利子の支払いに必要な経費をいう。したがって，金利が低下すれば，利払い費を抑えられることになる。なお，1980年代後半からは**バブル景気**の影響で税収は増加しているが，利払い費の増減とは直接には関係がない。

　ウ　は「**金利の自由化**」が当てはまる。従来は旧大蔵省（現在の財務省）の護送船団方式のもと，金利は政府によって規制されていたが，1980年代から**金融の自由化**が進み，金利は金融市場の実勢に合わせて変動するようになった。この結果，金利の低下が進み，1994年には金利の完全自由化が実現した。「戦後最長の景気拡大」とは，2000年代の**いざなみ景気**のことである。いざなみ景気は2002〜08年にかけて，73カ月という戦後最長の景気拡大となった。しかし「実感なき景気拡大」といわれ，GDPの実質成長率は年平均1.6％にとどまった。

　エ　は「**a**」が当てはまる。(i)2008年のリーマンショックの際には税収が減り，歳出が増えていること，(ii)新型コロナウイルス感染症への対応が必要となった2020年に歳出が大幅に拡大していることから，**資料a**が「歳出総額と税収の推移」を示すグラフであると判断できる。税収と公債金による歳入額が歳出総額とほぼ同額になるから，額が多い**p**が歳出総額，額の少ない**q**が税収を表していると判断できる。

問2 　30　**正解①**

　古い順に並べると**D→B→A→C**となる。よって**A**が3番目にくる。

　Dは1960年代である。**高度経済成長期**（1955〜73）には，実質経済成長率が年平均10％という経済成長を実現したが，長期にわたり総需要が総供給を上回ったことから，消費者物価が緩やかに上昇していく**クリーピングインフレーション**が進行した。

　Bは1970年代前半である。1973年の**第一次石油危機**（オ

イルショック）により，原油の輸入価格が高騰したため，国内の消費者物価は「狂乱物価」と称されたほど急上昇した。また物価の急上昇を抑えようと，総需要抑制政策がとられたため，不況とインフレ（物価上昇）が同時進行する**スタグフレーション**が進行した。

　Aは1980年代後半である。1985年の先進5か国財務相・中央銀行総裁会議（G5）で**プラザ合意**が結ばれ，ドル売りの協調介入が行われたため，急激な円高・ドル安が進行した。これにより，輸入価格が下落して消費者物価は安定したものの，輸出価格が上昇して輸出型産業から**円高不況**に陥った。

　Cは1990年代である。1991年に株価や地価が下落してバブルが崩壊し，日本経済は深刻な**長期デフレ不況**に陥った。そのため1990年代には，円高による輸入品の値下げや需要の冷え込みなどから，激安な商品が出回るようになり消費者物価が下落した。また，1990年代末には物価の下落が不況を悪化させ，それがさらに物価を下落させていく悪循環（**デフレスパイラル**）が懸念されるようになった。

問3 　31　**正解⑥**

　Aは「**イギリス**」が当てはまる。3つのグラフのうち，**A**は「国庫その他の公費負担」の割合が最も大きいことから，**英・北欧型**の社会保障制度を採用している国とわかる。英・北欧型の典型は**イギリス**と**スウェーデン**である。両国とも租税負担と公的扶助を中心として，全国民に最低限度の生活を平等に保障することを目標にしてきたが，租税負担が過重になったり，給付内容が薄くなったりするといった問題点も指摘されている。

　Bは「**ドイツ**」が当てはまる。**B**は「被保険者拠出」と「事業主拠出」の割合が大きいことから，**大陸型**の社会保障制度を採用している国とわかる。大陸型の典型は**ドイツ**と**フランス**である。両国とも社会保険を中心とした社会保障制度であり，財源も「国庫その他の公費負担」よりも，被保険者や事業主の拠出する社会保険料の割合が大きい。

　Cは「**日本**」が当てはまる。日本の社会保障制度は，大陸型と英・北欧型の中間的な性格を持っている。

問4 　32　**正解②**

　ア　は「**a**」が当てはまる。**A**市の事例は，コンパクトシティをめざす政策に当たる。**コンパクトシティ**とは，都市の中心部に行政，病院，商業施設などを集中させ，生活に必要な諸機能を徒歩圏内に集約させた小規模な町づくりをめざす政策をいう。特に人口減少と高齢化が進み，財政難を抱える地方都市で注目されている。PFI（プライヴェート・ファイナンス・イニシアティブ）とは，

— 公，政40 —

公的施設の建設・維持管理などに民間資本を導入する仕組みである。イギリスで初めて導入され，日本では1999年にPFI法が制定された。

イは「**d**」が当てはまる。**B市の事例は，国家戦略特区における規制緩和政策に当たる。国家戦略特区**とは，特定の地域の規制緩和により，地域の活性化を図る取組みで，第二次安倍内閣が2012年，成長戦略の一環として設定した経済特別区域である。地域を限定して教育・医療・介護・農業など，特定分野について規制緩和や制度改革などの特例措置を実施する。B市の取組みは，教員免許がなくても採用できる特例を設ける指定を国から受けるのだから，**d**が適当である。**パブリックコメント**とは，行政が政策を行ったり，制度を新たに決定したりする際に，国民や住民の意見を聞き，それを反映させる仕組みをいう。行政手続法において，意見公募手続として制度化されている。

問5 [33] 正解④

アは「労働分配率」が当てはまる。1980年代以降，日本を含めて先進資本主義国で労働分配率が低下している。**労働分配率**とは，企業が生産した付加価値のうち，労働者が賃金・俸給などの雇用者報酬として受け取る比率をいう。企業は，生産拠点を途上国に移転することで廉価な労働力を調達し，それが国内においても労働者の賃金低下をもたらしている。**労働生産性**とは，労働者1人当たりの付加価値生産額のことをいう。

イは「ワーキングプア」が当てはまる。**ワーキングプア**とは，正社員並みのフルタイムで働いても最低生活水準を維持できる収入を得ることが困難な人々のことをいう。日本では1990年代以降，アルバイト，パートタイム，派遣などの非正規雇用が増加しているが，非正規雇用者の賃金が格段に安いことがワーキングプアの増加をもたらしている。**ワークシェアリング**とは雇用を守るため，1人当たりの労働時間と賃金を削減して，限られた仕事を多くの労働者で分かち合うことをいう。

ウは「労働基準法」が当てはまる。**労働基準法**(1947)は労働条件の最低基準を定めているが，労働環境の悪化が深刻化し，過酷な労働やストレスが原因とみられる過労死・過労自殺や，賃金の支払われないサービス残業の増加などが社会問題となった。そのため，2018年には働き方改革関連法が成立し，残業時間の規制が強化されると共に，働きすぎを防ぐための新たなルールが設けられた。**労働関係調整法**(1946)は，労働委員会による労働争議の予防・解決と公正な調整について定めている。

問6 [34] 正解③

⑦は読み取ることができない。**資料1**の(注)にあるように，業況判断指数は，企業の景況感について「良い」と答えた企業の割合から，「悪い」と答えた企業の割合を引いて算出される。1991年の1〜3月期と4〜6月期の業況判断指数は，プラスになっているのだから，「良い」と答えた企業の割合の方が「悪い」と答えた企業の割合より多いということになる。

④は読み取ることができない。**資料2**は，金融機関の「中小企業向け貸出残高の推移」を示したものである。貸出残高は各年における貸出額の累積であるので，**資料2**からは各年の新規の融資額については読み取ることはできない。

⑤は読み取ることができる。フランス，アメリカ，イギリス，ドイツ，日本の先進5ヵ国(G5)にイタリア，カナダを加え，G7と呼ぶ。**資料3**はこのG7について，ベンチャーキャピタル投資の対GDP比を国際比較したグラフである。グラフから明らかな通り，ベンチャーキャピタル投資の対GDP比はイタリアに次いで，日本が2番目に低い。**ベンチャーキャピタル**とは，未上場のベンチャー企業に出資して株式を取得し，将来的にその企業が上場した際に株式を売却することで利益を獲得する投資会社のことをいう。

— 公，政41 —

第 3 回 実戦問題 解答・解説

公共，政治・経済　第3回（100点満点）

（解答・配点）

問題番号（配点）	設問（配点）	解答番号	正解	自己採点欄	問題番号（配点）	設問（配点）	解答番号	正解	自己採点欄
第1問（13）	1（4）	1	③		第5問（19）	1（3）	21	②	
	2（3）	2	③			2（3）	22	③	
	3（3）	3	③			3（3）	23	③	
	4（3）	4	⑥			4（3）	24	④	
小　計						5（3）	25	⑥	
第2問（12）	1（3）	5	①			6（4）	26	①	
	2（3）	6	②		小　計				
	3（3）	7	③		第6問（20）	1（3）	27	⑤	
	4（3）	8	③			2（3）	28	③	
小　計						3（3）	29	②	
第3問（18）	1（3）	9	②			4（3）	30	①	
	2（3）	10	①			5（4）	31	③	
	3（3）	11	③			6（4）	32	④	
	4（3）	12	①		小　計				
	5（3）	13	④		合　計				
	6（3）	14	②						
小　計									
第4問（18）	1（3）	15	②						
	2（3）	16	②						
	3（3）	17	③						
	4（3）	18	④						
	5（3）	19	⑥						
	6（3）	20	①						
小　計									

解　説

第1問

〈出題分野〉

現代社会の課題と人間のあり方

〈出題のねらい〉

社会的ジレンマ，大衆社会論，古今東西の思想と宗教から出題した。設問で鍵となる用語について多くの受験生が知らないであろう設問も用意したが，いずれも知識がなくとも設問文を丁寧に読めば容易に解答を導くことができる。大学入学共通テストの出題形式にならい，読解力を重視した設問構成とした。読解力の求められる設問を正答するためには，解答時に慎重に吟味するに尽きる。時間配分にメリハリをつけて取り組むとよい。

〈解　説〉

問1　1　正解③

アには**b**が当てはまる。**会話文**中で説明されているように，**社会的ジレンマ**とは「各自が自分の利益だけを追求して行動したら社会全体で不都合が生じ，結局は自分にとっても好ましくない結果が生じてしまうということ」である。アダム・スミスなどは，各人が自己利益を追求すれば，おのずと社会的な利益が実現すると考えたが，実際にはそれに反する事例も少なくない。たとえば家計の節約行動は各家計にとって合理的だが，すべての家計が同様に行動すれば，消費の低迷により景気が悪化し，ひいては家計にも悪影響が生じる。駆け込み乗車も個人にとっては合理的な行動だが，駆け込み乗車が増えれば電車の遅延が増え，結局駆け込み乗車をする人にとっても好ましくない結果が生じる。**a**の「定額で通信制限のない契約をしているスマートフォンで時間を浪費してしまうこと」は個人が陥りがちな問題であって，社会的ジレンマには該当しない。

イには**c**が当てはまる。容器の処理費用をあらかじめ価格に上乗せしておき，回収に協力した人にはその分を返金する仕組みを**デポジット制**という。容器回収への協力者は，私的利益をめざす結果として社会的な利益の実現に資する行動をとることになる。**d**の「自治体がゴミの処分に要する費用を家庭向けに広報し，ゴミの削減を促すこと」は啓発活動に当たる。

問2　2　正解③

aに対応する概念は**イ**である。現代の社会では，社会の複雑化とともに組織の複雑化と専門化が進み，組織内部での縄張り争いが起こりやすくなり，結果的に組織や集団の利益が損なわれてしまう。これを**セクショナリズ**

ムという。たとえば公務員は「全体の奉仕者」（憲法第15条第2項）であるはずだが，現実には省庁同士の利権争いや，省庁内部での部局間の利権争いがしばしば生じ，その結果，国益が損なわれることもある。

bに対応する概念は**ア**である。支配的な民族や人種が少数派の民族や人種を抑圧したり，その固有の価値を否定したり見下したりするのではなく，違いを認めつつ，社会の中で共存・共生するべきであるという考え方を，**マルチカルチュラリズム（多文化主義）**という。

ウの**エスノセントリズム（自民族中心主義）**とは，自民族の固有の価値を主張するにとどまらず，その優越的な地位を主張し，他の民族を貶めたり抑圧したりすることを正当化する考え方のこと。

問3　3　正解③

③は正しい。鎌倉時代には，現世をケガレに満ちた穢土とみなし，阿弥陀仏を教主とする西方極楽浄土に生まれ変わること（往生）をめざす**浄土信仰**が隆盛していた。これに対して**日蓮**（1222〜82）は，法華経に帰依するという意味の題目（南無妙法蓮華経）を唱えること（**唱題**）を通して，この世に仏国土を実現すべきだと主張した。

①は誤り。「真理を認識する哲学者が統治しなければならない」とは，プラトン（前427〜前347）の哲人政治についての記述。プラトンの弟子アリストテレス（前384〜前322）は，一人の君主が支配する体制は独裁政治に堕落する危険があるとして，多数者が支配する共和政治が中庸にかなうと論じた。

②は誤り。**カント**（1724〜1804）は，道徳的行為をなし得る人間の人格を相互に尊重し合う社会を理想的な**「目的の王国」**と呼んだ。しかし，カントのいう道徳的行為とは，人間としてなすべき義務を果たすよう命じる善意志に従うという行為の動機の正しさを要求するものであって，行為のもたらす結果はいっさい考慮されない。これに対して功利主義の哲学を説く**ベンサム**（1748〜1832）は，諸個人の快楽（幸福）量の総和が最大化される**「最大多数の最大幸福」**を理想とするので，行為の結果のみが道徳の基準となる。

④は誤り。人間を間柄的存在だととらえたのは**福沢諭吉**（1835〜1901）ではなく**和辻哲郎**（1889〜1960）である。福沢諭吉は明治期の啓蒙思想家で，身分や家柄で生涯が決まる封建的秩序を批判し，学問とくに実学の修得を推奨し，また独立自尊の精神をもって生きるべきことを説いた。

問4　4　正解⑥

アは誤り。**ユダヤ教**では，ユダヤ人のみが救われると考えられており（**選民思想**），律法を厳守する者が誰でも

— 公, 政45 —

救われると説かれているわけではない。

イは正しい。**キリスト教**では，一見すると正しい行いをしている者であっても，内面において罪を犯していると考える。ところが神はそのような罪深い人間に対しても等しく愛を注いでくださるとして，そうした無差別の神の愛（**アガペー**）に応え，それと同様に自分を憎む者さえも含むすべての人を愛するべきこと（**隣人愛**）が説かれている。

ウは誤り。**イスラーム**では偶像崇拝が厳しく禁じられており，「アッラーの像」というものはあり得ない。開祖ムハンマド（571 ～ 632）の生誕地であるメッカへの巡礼が信者のつとめとされている点は正しい。

第2問

〈出題分野〉

　日本の統治機構

〈出題のねらい〉

　高校生が留学生との交流会に参加した場面をもとに，アメリカの政治制度，国会，法律の制定過程，地方自治などについて出題した。いずれの問題も政治に関する正しい知識と理解力が求められている。また，設問の意図を正しく理解することも心がけてもらいたい。

〈解　説〉

　問1　5　正解①

　Aには**ア**が当てはまる。アメリカの大統領選挙は，各州で選出される大統領選挙人が投票する**間接選挙**を採用している。ほとんどの州は，有権者が政党が提出した大統領選挙人団名簿に投票し，1票でも多くの票を獲得した政党がその州に割り当てられたすべての大統領選挙人を獲得するという**勝者総取り方式**（ウイナー・テイク・オール）を採用している。そして，大統領選挙人の過半数を獲得した政党の大統領公認候補者が次期大統領に選ばれることが確定的となる。

　Bには**ウ**が当てはまる。大統領は議会に法案提出権を有しないが，議会で可決した**法律案を拒否する権限**がある（ただし，両院で出席議員の3分の2以上の賛成で再可決すれば法案は成立する）。**エ**の「議会解散権」であるが，アメリカの議会は両院とも解散がなく，大統領に議会解散権はない。よって，誤り。

　問2　6　正解②

　アと**イ**の国会会期の法律案提出数で比較すると，**ウ**と**エ**のいずれも**ア**のほうが法律案提出件数が多くなっている。**常会**（通常国会）は，毎年1月に召集され150日間（延長も可）の会期で実施されるのに対し，**臨時会**（臨時国会）は，緊急の事案について話し合うために開かれるもので，

会期も比較的短く審議される議案も少ない傾向にある。以上のことから，**ア**が常会，**イ**が臨時会と判断できる。次に**ウ**と**エ**の提出件数，成立件数を比較してみると，**ウ**は提出された法律案の多くが成立しているのに対し，**エ**は不成立の法律案のほうが多くなっている。日本は，国会の多数党に所属する議員の支持により内閣が組織されるので，内閣が提出した法律案は，与党議員の賛成によって成立しやすい。一方，野党が提出した議員立法（議員提出法案）は，与党議員が賛成に回らない限り可決されないため，成立数は少ないものとなる。したがって，**ウ**が内閣提出法案，**エ**が議員立法と判断できる。

　問3　7　正解③

　Aの「**地方特別法の住民投票**」は，憲法第95条に定められている。**B**の「**地方公共団体の議会の解散の是非を問う住民投票**」は，地方自治法に定められている直接請求権の一つである。**C**の「**憲法改正の是非を問う国民投票**」は，憲法第96条に定められている。したがって，正解は**A**と**C**となる。

　問4　8　正解③

　アには「**地方分権一括法**」が当てはまる。2000年に「**地方分権一括法**」が施行され，国の指揮監督下にあった機関委任事務を廃止し，地方公共団体の事務を自治事務と法定受託事務に区分した。「**地方分権推進法**」は，1995年に制定された5年間の時限立法であり，国と地方公共団体の役割を見直すための法律である。

　イには「**地方交付税**」が当てはまる。地方公共団体間の財政格差を是正するため，国が使途が自由な財源として交付する一般財源が「**地方交付税**」である。「**国庫支出金**」は，国が特定の事業や事務の補助金として地方公共団体に交付する使途が限定される特定財源である。

　ウには「**構造改革特区**」が当てはまる。「**構造改革特区**」は，地方公共団体や民間事業者が自発的に立案し，本来は法律などで規制されているものについて地域を限定してその規制を緩和し，活性化に努めている地域であり，2003年に小泉純一郎内閣の下で創設された。代表的なものに，岩手県遠野市のどぶろく特区などがある。「**国家戦略特区**」は2013年に安倍晋三内閣の下で創設された。地域振興と国際競争力の向上をめざし，国が主導して地域を限定して規制を緩和している特区である。

第3問

〈出題分野〉

　人権，司法など

〈出題のねらい〉

　政治分野から人権保障の歴史，裁判制度，基本的人権

— 公，政46 —

の保障などについて出題した。問1は知識と文章の読解力，思考力を問うた。問2は知識と統計資料の読み取りを求めた。問4は最高裁判所の判決文を用いて，知識と文章の読解力を問うた。

〈解　説〉

問1　9　正解②

アは a が当てはまる。日本は1979年に国際人権規約のＡ規約(社会権規約)とＢ規約(自由権規約)を批准したが，Ａ規約のうち，公の休日についての報酬，公務員のストライキ権，中等・高等教育の無償化については，批准を留保した。したがってアには a の「公務員のストライキ権」が当てはまるが，この知識がなくても，アの後に「日本の法令はこの権利を認めていない」という記述があるので，a が当てはまると判断できる。b の「非正規雇用者の団結権」は，憲法第28条が認めている。なお，中等・高等教育の無償化については，2012年に留保を撤回している。

イは d または f，ウは c または e が当てはまる。

c と e は死刑存置論の根拠となるものである。c は凶悪事件の被害者や，その遺族らは厳罰を望むだろうという考え方である。また e は，犯罪を行った人が死刑に処せられず社会に復帰すれば，再び同じような凶悪犯罪を起こすであろうことを恐れる考え方である。一方，d と f は死刑廃止論の根拠となるものである。d は誤った判決により，無実の人が死刑に処せられることを恐れる考え方であり，f は犯人を更生させることにより，死刑に処さなくとも再犯を防ぐことができるという考え方である。

文脈上，イには死刑廃止論の理由となる d または f が当てはまり，ウには死刑存置論の理由となる c または e が当てはまる。よって「イ―d」「ウ―e」の②が正解となる。

問2　10　正解①

a は正しい。図を見ると，日本は4分野のうち「政治」が際立って「0」に近く，男女間格差が最も大きいことがわかる。国会や地方議会で，女性議員の比率が低いことが大きな要因となっている。衆議院議員に占める女性の割合は9.9％で，「下院または一院制議会に占める女性議員の割合」を比較すると，日本は190か国中，第166位である(2021年1月現在。列国議会同盟調べ)。また，女性の閣僚(国務大臣)も少ない。

b は誤り。「教育」分野について「アイスランドの男女間格差は他の分野より大きい」という箇所が誤りである。図を見ると，アイスランドでは「教育」分野は「1」に近く，「経済」や「政治」分野よりも男女間格差は小

さい。日本に関する記述は正しい。図を見ると，日本も「教育」は「健康」と並んで「1」に近く，男女間格差は小さい。また，日本国憲法の第26条第1項は「能力に応じて等しく教育を受ける権利」を明文で保障している。

c は誤り。図を見ると，たしかに「経済」分野では，日本の方がアイスランドより「0」に近いので，男女間格差は大きい。しかし，日本では1985年に制定された男女雇用機会均等法をすでに1997年に改正し，事業主の努力義務にすぎなかった募集・採用，配置・昇進に関する男女間均等取り扱いについて，差別的取扱いを禁止規定に強化している。

問3　11　正解③

③は正しい。下級裁判所の裁判官は，内閣によって任命される。日本国憲法第80条第1項は「下級裁判所の裁判官は，最高裁判所の指名した者の名簿によつて，内閣でこれを任命する」と定めている。

①は誤り。憲法は特別裁判所の設置を禁止している(第76条第2項前段)。したがって，特別裁判所として行政裁判所を設置することはできない。よって行政事件の裁判も，通常の司法裁判所が扱う。

②は誤り。裁判官が全員一致で決めた場合は，刑事裁判の対審については非公開で行うことができる。ただし，(i)政治犯罪，(ii)出版に関する犯罪，(iii)憲法第3章で保障する国民の権利が問題となっている事件の対審だけは，非公開とすることが認められない。

憲法第82条第2項は「裁判所が，裁判官の全員一致で，公の秩序又は善良の風俗を害する虞があると決した場合には，対審は，公開しないでこれを行ふことができる。但し，政治犯罪，出版に関する犯罪又はこの憲法第3章で保障する国民の権利が問題となつてゐる事件の対審は，常にこれを公開しなければならない」と定めている。なお，判決を非公開で行うことは認められない(憲法第81条第1項)。

④は誤り。最高裁判所の裁判官は，国民審査による場合のほか，心身の故障のために職務をとることができないと決定された場合や，国会の弾劾裁判所の弾劾裁判による場合も罷免される。

問4　12　正解①

ア は a が当てはまる。資料は，最高裁判所の尊属殺重罰規定違憲判決(1973)からの引用である。日本の違憲審査制(憲法第81条)は付随的違憲審査制といわれ，通常の司法裁判所が具体的な事件の解決に必要な限りで違憲審査を行う方式を採用している。よって，刑事事件や民事事件などの具体的な事件が提起されない限り，裁判所は違憲審査を行うことができない。この判決は，実父に夫

— 公，政47 —

婦同然の性関係を強いられてきた女性が、虐待にたまり
かねて実父を殺害したとして起訴された殺人事件につい
て下されたものであった。

　最高裁は、尊属殺人罪(刑法第200条)の法定刑が普通
殺人罪(第199条)に比べて著しく重いのは不合理な差別
的取り扱いであり、憲法第14条の**法の下の平等**に反して
違憲無効とした。当時の普通殺人罪は「死刑又ハ無期若
シクハ3年以上ノ懲役」であったが、尊属殺人罪は「死
刑又ハ無期(懲役)」のみであった。なお1995年の刑法改
正により、尊属殺人罪は刑法典から削除された。

　一方、**b**は具体的な事件が提起されていないのに、国
会議員が違憲無効の確認を求めて裁判所に提訴してい
る。よって誤り。なおドイツのように、特別の憲法裁判
所が具体的な事件とは関係なく、違憲審査を行う方式を
抽象的違憲審査制という。

　イは**c**が当てはまる。最高裁は、尊属殺人罪の法定刑
が普通殺人罪よりも重く定められていること自体を違憲
としたわけではなく、法定刑が普通殺人罪に比べ著しく
重すぎることを違憲としている。よって、最高裁の考え
方に従えば、国会は尊属殺人罪を削除しなくても、法定
刑に著しく重すぎるとはいえない有期懲役を加えるだけ
でも、違憲判断を免れることができたと考えられる。

問5　13　正解④

　④は正しい。設問にある憲法第22条第1項は、居住・
移転の自由や**職業選択の自由**を定めている。職業選択の
自由には、自分の選択した職業を実際に行う**営業の自由**
も含まれる。最高裁は**薬事法距離制限違憲判決**(1975)で、
薬局開設に距離制限を設けた薬事法第6条が、**職業選択
の自由**に反して違憲無効とした。

　①は誤り。最高裁は**国籍法婚外子差別違憲判決**(2008)
で、国籍法第3条が憲法第14条の**法の下の平等**に反して
違憲無効とした。同条は、外国人の母から生まれた婚外
子(結婚していない男女の子)が、出生後に日本人の父か
ら認知されても、日本国籍の取得を認めていなかった。

　②は誤り。最高裁は**郵便法損害賠償制限違憲判決**
(2002)で、郵便法の第68条などが**国家賠償請求権**を定め
た憲法第17条に反して違憲無効とした。同条は郵便物の
紛失、毀損について損害賠償責任を定めるのみで、郵便
物の配達の遅れについては定めていなかった。

　③は誤り。最高裁は**婚外子相続差別違憲訴訟**(2013)で、
民法第900条が憲法第14条の**法の下の平等**に反して違憲
無効とした。同条は、婚外子(結婚していない男女の子)
の遺産相続分を、婚内子(結婚している男女の子)の2分
の1と定めていた。また**再婚禁止期間違憲判決**(2015)で
は、女性だけに6か月の再婚禁止期間を定めていた**民法**

第733条に関して、100日の期間を超える部分について、
法の下の平等(第14条)や両性の本質的平等(第24条)に反
して違憲無効とした。

問6　14　正解②

　②は正しい。**知る権利**とは、国や地方自治体に対して
情報の公開を請求できる権利をいう。憲法に明文はない
が、主に第21条の表現の自由を根拠に、憲法上の**新しい
人権**として主張されている。1999年に制定された**情報公
開法**はこの知る権利の具体化であり、国の行政機関に対
して保有する文書の開示を義務づけた。国籍を問わず、
何人も文書の開示を請求できるが、同法には知る権利を
明記した条文はない。2001年に施行された。

　①は誤り。**プライバシーの権利**とは、私生活をみだり
に公開されない権利をいう。しかし近年は、自己の私生
活上の情報をコントロールできる権利という側面が重
視されている。これを**自己情報コントロール権**という。
2003年にはプライバシーの権利を具体化するため、個人
情報保護法や行政機関個人情報保護法などが制定された
が、2022年に一本化されて**個人情報保護法**となった。同
法は国民のプライバシー保護のため、行政機関だけでな
く、民間事業者に対しても個人情報の適正な取り扱いを
義務づけている。**国民保護法**は、日本が武力攻撃を受け
た際に国民の生命・財産を守るため、国・自治体・公共
機関などの役割を定めた法律で、有事法制の一環として
2004年に制定された。

　③は誤り。**環境権**とは、良好な生活環境を享受できる
権利をいい、幸福追求権(第13条)や生存権(第25条)を根
拠に、憲法上の**新しい人権**として主張されている。しか
し、最高裁が環境権を新しい人権として認めたことはな
く、**大阪空港公害訴訟**の最高裁判決(1981)でも環境権に
ついては言及しなかった。

　④は誤り。インターネット上に公開された個人情報の
削除を要求できる権利を、**忘れられる権利**という。情報
化の進展を受けて、新しい人権として主張されているが、
最高裁によって憲法上の新しい人権として認められたこ
とはない。

第4問

〈出題分野〉

　経済理論、国際経済など

〈出題のねらい〉

　新聞を読み慣れていない高校生が母と会話をする中で
経済について考えるという想定で、経済分野から物価、
外国為替相場、需要曲線・供給曲線、地域経済統合など、
国際経済分野も含めて出題した。問1は統計資料を使っ

— 公, 政48 —

て，国際収支の知識を問うた。問6では時事的事項の知識も求めた。

〈解　説〉

問1　15　正解②

②は正しい。雇用者報酬，投資収益などが計上される収支は**第1次所得収支**である。2018年の第1次所得収支は21兆4,026億円の黒字である。

①は誤り。**経常収支**は（i）貿易・サービス収支，（ii）第1次所得収支，（iii）第2次所得収支を合わせたものである。したがって，2019年の経常収支は（−9,318）＋215,749＋（−13,700）＝192,731 より，19兆2,731億円の黒字である。ただし，正確に計算しなくても，貿易・サービス収支，第1次所得収支，第2次所得収支の合計がプラスの値になることさえわかれば，経常収支は黒字と判断できる。

③は誤り。貿易収支の黒字額を見ると，2019年は2018年を下回っているが，これだけでは2019年の輸出額が2018年より減少したかどうかはわからない。**貿易収支**は輸出額と輸入額の差額なので，輸出額が減少していなくても，輸入額が増加すれば，貿易収支の黒字額は減少するからである。

④は誤り。**金融収支**は，金融資産の増加額と金融負債の増加額の差額である。2018年の金融収支が黒字ということは，金融資産の増加額が金融負債の増加額を上回ったことを示している。

問2　16　正解②

②は正しい。物価が上昇すると，貨幣価値は下落するので，預貯金は，名目額が変わらなくても，実質的に目減りすることになる。

①は誤り。物価が上昇すると，貨幣価値は下落するので，債務の実質的な負担は軽くなり，企業は資金を借り入れやすくなる。

③は誤り。アメリカ国内で物価が上昇し，例えば不動産などの購入価格が日本より高くなれば，投資資金を物価の安い日本で運用した方が有利なため，**ドル売り円買**いが増加して，ドルの為替相場は下落し**ドル安**となる。ドル安は，アメリカからの輸出を促進する一方，外国からの輸入を抑制させるので，アメリカの貿易収支の赤字は「拡大」ではなく縮小していく。

④は誤り。③の解説で述べた通り，アメリカ国内で物価が上昇すると，ドルの為替相場は「上昇」ではなく，下落する。また，ドルの為替相場が上昇すれば，アメリカ企業は海外への直接投資を割安に行えるようになるため，直接投資は促進されると考えられる。

問3　17　正解③

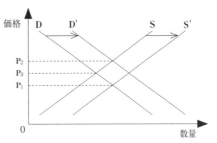

アは**b**，イは**d**が当てはまる。

まず，イから考える。需要曲線が右に移動した場合（D→D'），価格は上昇する（$P_0→P_2$）が，供給曲線が右に移動した場合（S→S'），価格は下落する（$P_0→P_1$）。価格が上昇するのは，供給曲線が左に移動した場合である。したがって，イには「需要曲線」が当てはまる。

次に，アを考える。a〜cの中で，需要曲線を右に移動させるのは，**b**である。消費者の所得が増加すると，需要が増加するからである。**a**は供給曲線を右に移動させる。**c**は供給曲線を左に移動させる。

需要曲線・供給曲線は経済分野の基本中の基本であり，グラフの意味を正確に理解することは，ほかの問題を考えるときにも役に立つ。丸暗記ではなく，自家薬籠中の物として使いこなせるようにしてほしい。

問4　18　正解④

④は正しい。引用文はアダム・スミス著『国富論（下）』（山岡洋一訳，日経BP）からの抜粋である。個人の利益を追求する活動が公共の利益を促進することを説いた箇所である。下から2行目にある「**見えざる手**」という語句から，イギリスの**アダム・スミス**（1723〜90）の著作と判断できる。スミスは，政府は国防，司法，公共事業など必要最小限の活動だけを行うべきであると説いた。

①は誤り。これはイギリスの**ケインズ**（1883〜1946）が説いた**有効需要の原理**である。

②は誤り。これはアメリカの**フリードマン**（1912〜2006)が唱えた**マネタリズム**である。フリードマンらのマネタリストと呼ばれる経済学者たちは，ケインズ主義に基づく裁量的な経済政策を批判した。

③は誤り。これはドイツの**リスト**（1789〜1846）が説いた**保護貿易論**である。

問5　19　正解⑥

アは「合同会社」が当てはまる。会社法では，会社の出資者のことを**社員**という。会社が倒産した場合，社員が会社債務（借金）全額について返済義務を負わなければならない責任のあり方を**無限責任**という。一方，**有限責任**は出資額の限度で責任を負えばよく，会社債務全額に

ついて返済義務を負う必要はない。株式会社の社員(出資者)を特に**株主**と呼ぶが，株主は合同会社の社員と同様，**有限責任**しか負わない。**合同会社**は，2006年に施行された会社法により，新しく設立が認められるようになった。これに対して**合名会社**は，無限責任社員のみで構成される会社である。そのほか，有限責任社員と無限責任社員で構成される**合資会社**も設立が認められている。

イは「株主総会」が当てはまる。株式会社の最高議決機関は**株主総会**であり，経営の基本方針の決定，取締役・監査役の選任などが行われる。

ウは「メセナ」が当てはまる。企業による芸術・文化の支援活動を**メセナ**という。**コンプライアンス**(法令遵守)とは，企業が法令や企業倫理を守って活動することをいう。メセナやコンプライアンスの実践は**企業の社会的責任**(CSR)に含まれる。

問6 **20** 正解①

ア　**環太平洋経済連携協定**(TPP)は，**2018年**に発効した。アメリカを含む12か国が2016年に署名したが，アメリカの離脱によって発効できない状態に陥った。しかし，アメリカを除く11か国が2018年3月に署名し，同年12月に発効した。

イ　**世界貿易機関**(WTO)の発足は**1995年**である。関税と貿易に関する一般協定(GATT)のウルグアイ・ラウンド(1986〜94)で「WTOを設立するマラケシュ協定」が合意され，GATTを発展的に解消してWTOが設立された。

ウ　日本と欧州連合(EU)の間では**経済連携協定**(EPA)が2019年に発効していたが，イギリスが**2020年**1月にEUを離脱したため，日英両国は**同年10月**にEPAを締結し，2021年1月に発効した。

エ　欧州共同体(EC)は，**単一欧州議定書**(1986)に基づいて市場統合を進め，人，モノ，サービス，資本が自由に移動する単一市場を**1993年**に発足させた。

以上により，古い順に並べると，**エ→イ→ア→ウ**となる。

第5問

〈出題分野〉

戦後日本経済総合

〈出題のねらい〉

経済分野から，日本経済の歩みと諸問題を中心に，金融政策などについても出題した。問1は高度経済成長期に関する知識と統計資料の読み取り，問2は国際通貨制度についての知識，問5は知識と思考力・考察力を問うた。

〈解　説〉

問1 **21** 正解②

図の網かけ部分は，左から順に**神武景気**(1954〜57)，**岩戸景気**(1958〜61)，**オリンピック景気**(1962〜64)，**いざなぎ景気**(1965〜70)と呼ばれる景気拡張期である。

②は正しい。**国民所得倍増計画**は1960年，すなわち岩戸景気の最中に池田勇人内閣によって策定された。国民所得を10年間で2倍にすることを目標とした経済計画である。実質経済成長率が最も高かったのも，岩戸景気の期間中の1960年である。

①は誤り。冷蔵庫，洗濯機，白黒テレビのいわゆる「**三種の神器**」が家庭に急速に普及し始めたのは，1950年代後半からである。しかし図が示すように，最長の景気拡張期は，1960年代半ばに始まったいざなぎ景気である。

③は誤り。「もはや戦後ではない」と記した経済白書の刊行は1956年，すなわち神武景気の最中である。しかし図が示す通り，最短の景気拡張期はオリンピック景気であり，神武景気ではない。

④は誤り。日本の国民総生産(GNP)が西ドイツを抜いて，アメリカに次いで資本主義国で第2位になったのは1968年であり，いざなぎ景気(1965〜70)の最中である。しかし景気の拡張が終わった年の実質経済成長率が最も低かったのは，いざなぎ景気ではなく神武景気(1954〜57)である。いざなぎ景気が終わった1970年は10%を超えているが，神武景気が終わった1957年は8%を下回っている。

問2 **22** 正解③

アは「ドッジ・ライン」が当てはまる。「1ドル=360円」の単一為替レートは，1949年のドッジ・ラインで設定された。ドッジ・ラインは，連合国軍総司令部(GHQ)の経済顧問ドッジの指示で行われた経済政策である。東京ラウンドは，1970年代に行われた**GATT(関税と貿易に関する一般協定)**の多角的な貿易交渉である。GATTは1947年，自由貿易の推進と国際貿易の拡大をめざして調印され，1948年に発効した。東京ラウンドは1973〜79年に開催され，鉱工業製品の関税率が平均33%引き下げられた。

イは「スミソニアン協定」が当てはまる。1971年12月の10か国財務相会議でスミソニアン協定が結ばれ，円のIMF平価を「1ドル=360円」から「1ドル=308円」に切り上げるなど，平価調整が行われた。同年8月のドル・ショック(ニクソン・ショック)を受け，各国は一時的に変動相場制に移行していたが，スミソニアン協定により固定相場制に復帰した。

ブレトン・ウッズ協定は国際通貨基金(IMF)と国際復

— 公，政50 —

興開発銀行(IBRD)を設立した協定で，1944年の連合国国際通貨会議で締結された。

スミソニアン協定の後も，為替投機が続いて固定相場制が維持できず，1973年には主要国は変動相場制に最終的に移行した。1976年のキングストン合意では変動相場制への移行を承認し，IMF協定を改正することが決まった。なお，これは1978年に発効した。

問3　23　正解③

③は誤り。クーリングオフ制度は製造物責任法(PL法)ではなく，特定商取引法(2000)などで導入されている。クーリングオフとは一定期間内であれば，消費者の一方的な意思表示により，違約金なしで無条件に契約を解除できる制度をいう。製造物責任法(PL法)は1994年に制定され1995年に施行された。製造者は製品の欠陥から生じた損害について，故意・過失の有無に関わらず，賠償責任を負わなければならないという無過失責任の原則が定められた。

①は正しい。消費者が，企業の宣伝・広告によって欲望をかき立てられて商品を購入することを依存効果という。アメリカの経済学者ガルブレイス(1908～2006)が指摘した。

②は正しい。アメリカのケネディ大統領は1962年の特別教書で，(ⅰ)安全である権利，(ⅱ)知らされる権利，(ⅲ)選択できる権利，(ⅳ)意見を反映される権利という「消費者の四つの権利」を提唱し，世界の消費者主権の動きに大きな影響を与えた。

④は正しい。地方自治体には，商品に関する苦情処理や商品テスト，消費者教育などを行う消費生活センターが設置されており，全国レベルの国民生活センターと連携して活動している。

問4　24　正解④

アはbが当てはまる。1985年に労働者派遣法が制定され，通訳など13の専門業務に限って労働者派遣事業が認められた。しかしその後，派遣事業が拡大され，2003年改正では港湾運送など4業務を除いて労働者派遣が認められるようになり，非正規雇用である派遣労働者も増加していった。

aは誤り。パートタイム労働者の法定労働時間を定めているのは，パートタイム労働法ではなく，労働基準法である。労働基準法は，労働条件の最低基準を定めた法律であり，労働時間については原則として1日8時間，週40時間を超えて労働者を働かせてはならないと定めている(第32条)。この法定労働時間は正規雇用，非正規雇用を問わず，すべての労働者に適用される。また同法が改正されて，パートタイム労働者の法定労働時間が延長

されたという事実はない。パートタイム労働法は1993年に制定されたが，2018年にパートタイム・有期雇用労働法に改正され2020年に施行された。

イはdが当てはまる。2018年に働き方改革関連法が成立し，「同一労働同一賃金」の実現に向け，正規雇用と非正規雇用の間に不合理な待遇を設けることが禁止された。そのため特に中小零細企業において，人件費の増加から適正な利潤の確保が困難になりかねないことが懸念されている。

cは誤り。同一労働同一賃金は，非正規雇用者の賃金水準を上昇させることにつながるので，増加すると考えられるのは労働者側の労働供給であって，企業側の労働需要ではない。

問5　25　正解⑥

アはcが当てはまる。日本銀行は長引くデフレ不況から日本経済を脱却させるため，1999年からゼロ金利政策を導入した。これは，買いオペ(買いオペレーション)により資金を供給することで，コールレートを限り無く0％に近付ける金融緩和政策である。コールレートとは，銀行間で短期資金の貸し借りを行う際の無担保コール翌日物の金利のことをいう。

イはdが当てはまる。日本銀行は2013年，2年間で前年比2％の消費者物価の上昇をめざす量的・質的金融緩和を導入した。これは，日銀が買いオペにより年間約50兆円規模の国債の買い入れを行い，マネタリーベースを増加させる金融緩和政策である。マネタリーベースとは，日銀が市中銀行に供給する通貨量のことで，現金通貨と日銀当座預金からなる。2014年からは国債買い入れ規模が年間約80兆円に増額され，「異次元緩和」と呼ばれた。

問6　26　正解①

アは「70％」が当てはまる。従業員総数に占める割合は，中小企業が68.8％，大企業が31.2％である(2016)。

イは「高い」が当てはまる。労働者1人あたりの資本額(機械，設備，建物など)を資本装備率という。資本装備率は企業規模が大きいほど高く，企業規模が小さいほど低い傾向がある。経済の二重構造の表れの一つである。

第6問

〈出題分野〉

戦後日本政治と国際連合など

〈出題のねらい〉

政治分野から国会の仕組み，日本の政党政治史，憲法9条をめぐる裁判，国際連盟・国際連合など，国際政治分野も含めて，幅広く知識と理解を問うた。問5はカントの著書を使って，文章の読解力を求めた。共通テスト

— 公，政51 —

では，読解力も問われることに留意してほしい。

〈解説〉

問1　27　正解⑤

　aに必要な条件は**ウ**である。国会が憲法改正を発議するには，衆参各議院で総議員の**3分の2以上の賛成**が必要である。国会による**発議**を受けて，国民投票で過半数の賛成があれば，憲法が改正される。日本国憲法第96条第1項は次のように定めている。

> 第96条①　この憲法の改正は，各議院の総議員の3分の2以上の賛成で，国会が，これを発議し，国民に提案してその承認を経なければならない。この承認には，特別の国民投票又は国会の定める選挙の際行はれる投票において，その過半数の賛成を必要とする。

　なお，2007年に国民投票法が成立し，憲法改正の承認には**有効投票数の過半数の賛成**が必要と定められた。

　bに必要な条件は**ア**である。衆議院で可決した法律案について，参議院で異なる議決をした場合でも，衆議院で再可決すれば法律として成立するが，再可決には**出席議員の3分の2以上の賛成**が必要である。**衆議院の優越**の一つである。憲法第59条第2項は次のように定めている。

> 第59条②　衆議院で可決し，参議院でこれと異なつた議決をした法律案は，衆議院で出席議員の3分の2以上の多数で再び可決したときは，法律となる。

　cに必要な条件は**イ**である。予算は衆参両議院で可決すれば成立する。この可決については，憲法に特別多数決の規定は設けられておらず，単純多数決，すなわち**出席議員の過半数の賛成**で行われる。憲法第56条第2項は次のように定めている。

> 第56条②　両議院の議事は，この憲法に特別の定めのある場合を除いては，出席議員の過半数でこれを決し，可否同数のときは，議長の決するところによる。

問2　28　正解③

　アは「比例代表制」，**イ**は**a**が当てはまる。

　比例代表制は，各政党の得票数に比例して議席が配分されるため，少数政党も議席を確保しやすく，**多党制**につながりやすい。よって，一つの政党が総議席の過半数を占めることは難しく，連立政権になることが少なくない。一方，比例代表制は死票（落選者に投じられた票）が少なく，多様な民意を民意を議会に反映させることができる。

　ウは「小選挙区制」，**エ**は**b**が当てはまる。

　小選挙区制は，各選挙区から1人しか選出しない選挙制度であり，最多得票の候補者しか当選できないため，大政党の候補者が当選しやすく，少数政党の候補者が当選することは難しい。よって，**二大政党制**になりやすい。また，第一党の議席占有率が得票率を上回りやすく，安定した単独政権を維持することができる。

問3　29　正解②

　②は誤り。**b**の最後にある「自民党は翌年，新進党，共産党と連立することで，政権に復帰した」という記述が誤りである。自民党は翌1994年に政権に復帰したが，この時，連立を組んだのは社会党と新党さきがけである。首相には社会党の党首だった村山富市氏が就いた。

　①は正しい。1955年の**55年体制**の成立後，1993年まで政権交代は起こらず，自民党の長期政権が続いた。

　③は正しい。2009年の衆議院総選挙の結果，民主党を中心とする鳩山由紀夫連立政権が誕生し，自民党は野党に転落した。しかし，翌2010年の参議院選挙で与党の民主党は議席の過半数を確保できず，「**ねじれ国会**」の状況が生まれた。次の2012年の衆議院総選挙では，自民党が大勝して政権に復帰し，民主党政権は3年余りで幕を閉じた。

　④は正しい。第1次安倍晋三政権（2006〜07）は約1年の短命に終わったが，2012年の衆議院総選挙の結果，誕生した第2次安倍政権は7年8か月に及ぶ長期政権となった。この間，安倍氏は首相としての通算在職日数，連続在職日数が歴代1位になった。

問4　30　正解①

　アは「長沼ナイキ基地訴訟」が当てはまる。**長沼ナイキ基地訴訟**では自衛隊の合憲性が争点となり，第一審の札幌地裁は自衛隊が憲法第9条第2項の禁止する「戦力」に当たるとして**違憲判決**を下した（1973）。**砂川事件**では，日米安全保障条約と駐留米軍が第9条に反するか否かが争点となり，第一審の東京地裁は駐留米軍が第9条の「戦力」に当たるとして**違憲判決**を下した（1959.3）。しかし最高裁は，統治行為論を援用して憲法判断を回避し，第一審判決を破棄した（1959.12）。

　イは「統治行為論」が当てはまる。長沼ナイキ基地訴訟の控訴審は，統治行為論を援用して憲法判断を回避した（札幌高裁，1976）。**統治行為論**とは，高度に政治的な国家行為は一見明白に違憲と認められない限り，司法審査の対象にはならないとする法理をいう。また，最高裁も自衛隊の合憲性については触れないまま，住民側の上告を棄却している（1982）。一方，最高裁は議員定数の不均衡をめぐり，衆議院総選挙について二度の違憲判決を

— 公，政52 —

出しているが，すでに実施された選挙自体を無効としてしまうと国政に重大な支障をきたすため，いずれの判決においても選挙自体は無効としなかった。これを**事情判決の法理**という。

ウは「**イラク**」が当てはまる。自衛隊のイラクへの派遣は，**イラク復興支援特別措置法**(2003)に基づいて行われた。一方，南スーダンへの派遣は，**PKO協力法**(国連平和維持活動協力法，1992)に基づいて行われた。

エは「**集団的自衛権**」が当てはまる。**集団的自衛権**とは，自国への武力攻撃ではなく，自国と密接な関係にある他国への武力攻撃を，共同して実力で阻止できる権利をいう。国連憲章第51条は，安保理(安全保障理事会)が必要な措置をとるまでの間にかぎり，加盟国はこれを行使できるとしている。

歴代の日本政府は「日本も国際法上は集団的自衛権を有するが，その行使は自衛の範囲を超え，憲法上認められない」としてきた。しかし2014年，第2次安倍内閣は従来の憲法解釈を変更し，集団的自衛権の限定的な行使を認める閣議決定を行った。これを受けて2015年には**安全保障関連法**が成立し，集団的自衛権の限定的な行使が可能となった。一方，**個別的自衛権**とは，自国への武力攻撃を実力で阻止する権利をいい，国連憲章第51条が加盟国にその行使を認めている。

問5 　31　**正解③**

③は正しい。**資料3**の4～7行目に「この連合が求めるのは，なんらかの国家権力を手に入れることではなくて，もっぱらある国家そのもののための自由と，それと連合したほかの諸国家の自由とを維持し，保障することであって」とある。ドイツの哲学者**カント**(1724～1804)は，国家を統合する上位の国家をつくるのではなく，互いに自由を保障した「平和連合」にすべての国家が加盟することにより，永遠の平和が実現すると考えた。

①は誤り。**資料1**の1～2行目で，カントは人間の間の「自然状態は，むしろ戦争状態である」と述べてはいるが，真の平和のために「隣人すべてを倒す」べきであるとは述べていない。

②は誤り。**資料3**の2～3行目に，平和条約は「たんに一つの戦争の終結をめざす」ものとある。また，「相互に侵略し合わないことを約束する平和条約」に「すべての国家が参加する」という考え方も述べられてはいない。

④は誤り。カントは統一的な世界国家の設立には否定的である。**資料2**の6～7行目で，諸民族合一国家には「矛盾があることになろう」と述べている。

問6 　32　**正解④**

アは誤り。国際連盟と国際連合の説明が逆である。**国際連盟**の総会と理事会は全会一致制を原則とした。これに対し，**国際連合(国連)**の総会は多数決制をとっている。

イは誤り。国際連盟は軍事制裁を行うことが事実上できず，経済制裁しか行うことができなかったが，国連は軍事制裁，経済制裁のいずれも行うことができる。したがって後段が誤りである。

| 第 4 回 | 実戦問題　解答・解説 |

公共，政治・経済 　第4回（100点満点）

（解答・配点）

問題番号（配点）	設問（配点）	解答番号	正解	自己採点欄	問題番号（配点）	設問（配点）	解答番号	正解	自己採点欄
第1問 (13)	1（4）	1	④		**第5問** (19)	1（3）*	21	②	
	2（3）	2	②				22	③	
	3（3）	3	⑤			2（3）	23	④	
	4（3）	4	①			3（3）	24	④	
小　計						4（3）	25	①	
第2問 (12)	1（3）	5	②			5（3）	26	⑥	
	2（3）	6	③			6（4）	27	③	
	3（3）	7	②		小　計				
	4（3）	8	⑤		**第6問** (20)	1（3）	28	④	
小　計						2（3）	29	⑤	
第3問 (18)	1（3）	9	③			3（3）	30	④	
	2（3）	10	④			4（3）	31	⑧	
	3（3）	11	③			5（4）	32	③	
	4（3）	12	①			6（4）	33	①	
	5（3）	13	④		小　計				
	6（3）	14	⑤		合　計				
小　計									
第4問 (18)	1（3）	15	④						
	2（3）	16	③						
	3（3）	17	③						
	4（3）	18	④						
	5（3）	19	②						
	6（3）	20	②						
小　計									

(注) *は，両方正解の場合のみ点を与える。

— 公，政56 —

解　説

第1問

〈出題分野〉

　国際分野，青年期

〈出題のねらい〉

　国際政治，青年期の分野から出題した。青年期については，具体的に考えれば難しくないので，きちんとまとめておきたい。一方国際分野については，単純な知識だけで即答することが難しい設問が多いので，じっくりと設問と向き合うことが求められている。

〈解　説〉

問1　　1　　正解④

　④は正しい。一般に軍縮などに関する条約では，主要国間の合意に基づいて締結・採択されるが，このやり方では利害調整が難しいことから，条約化に時間がかかることが多い。そこで1997年につくられた**対人地雷全面禁止条約**では，国際的な人権NGOの連合体として結成された**地雷禁止国際キャンペーン(ICBL)** が主導して賛同する国だけで条約を起草・成立させ，後に各国がこれに参加するという形がとられた。同条約が署名された1997年には，ICBLはノーベル平和賞を受賞している。2008年の**クラスター爆弾禁止条約**や2017年の**核兵器禁止条約**についてもNGOが大きな役割を果たしている。

　①は誤り。アメリカの**オバマ大統領**は，大統領就任直後にチェコのプラハで「**核なき世界**」をつくることに責任があるという演説を行い，ノーベル平和賞を受賞した。しかし2017年にはトランプ政権が誕生し，同年につくられた核兵器禁止条約をアメリカは批准していない。

　②は誤り。トランプ大統領は**INF(中距離核戦力)全廃条約**からの**離脱**を表明したのは事実だが，この条約は中国との間で結ばれたものではなく，1987年に当時のソ連との間で結ばれたものであり，ロシアに継承されていた。

　③は誤り。1996年に採択された**包括的核実験禁止条約**について，アメリカは署名はしたものの批准はしていない。

問2　　2　　正解②

　②は正しい。　ア　には「エリクソン」が当てはまる。アメリカの心理学者エリクソン(1902〜94)は，アイデンティティー(自我同一性)，モラトリアムという言葉を使って現代の青年心理を分析した。青年期の発達課題は，「自分とは何か」に答えて自分のアイデンティティーを確立することとし，発達心理学を確立した学者として重要である。マズロー(1908〜70)は，人間の欲求の階層(欲

求階層説)を主張したアメリカの心理学者である。

　　イ　には「レヴィン」が当てはまる。アメリカの心理学者レヴィン(1890〜1947)は，青年を，子どもの集団にも大人の集団にも属さない中間的存在として境界人(マージナル・マン)と呼んだ。マージナルとは，周辺的あるいは限界の，ぎりぎりの，という意味である。ダン・カイリー(1942頃〜96)は，いつまでも大人社会への参入を拒否する男性を「ピーターパン・シンドローム」と呼んだアメリカの心理学者である。

問3　　3　　正解⑤

　Aは可決・成立する。平和と安全の問題について主要な責任を負う国連の安全保障理事会では，アメリカ，ソ連(ロシア)，イギリス，フランス，中国を常任理事国とし，制裁などを決議する**実質事項**については，常任理事国に**拒否権**を認めている。よって常任理事国のうち1か国でも反対すると決議は成立しないので，**C**と**D**は可決・成立しない。また，安保理決議には10か国の非常任理事国を含めた計15か国のうち9か国以上の賛成が必要なので，**B**も可決・成立しない。

問4　　4　　正解①

　「問題状況に向き合う姿勢」は**A**である。**A**は**集団安全保障**の考え方を示している。集団安全保障とは，原則として戦争を違法化し，違法な侵略行為に対しては国際機関の加盟国が共同して制裁を加えるというもので，国際連盟や国際連合で実現した。これは「国際連合を中心に国際紛争を解決すべきという考え方」と整合的である。**B**は**集団的自衛権を正当化する主張**である。国連憲章は集団的自衛権を否定してはいないが，あくまで国連の安全保障理事会が必要な措置をとるまでの切迫した状況下で認められるとされている。つまり「国際連合を中心に国際紛争を解決」することとは，性格が異なっている。

　「問題状況に向き合う姿勢の具体例」は**ア**である。国際連合は，武力制裁の機能をもたなかった国際連盟の欠点を教訓として発足したので，当初は国連軍を組織することを予定していた。しかし東西冷戦が深刻化したため，国連軍を正式に発足させることはできないまま今日に至っている。よって**イ**は誤り。

　ウは誤り。前半が正しくない。国連憲章第51条は，「この憲章のいかなる規定も，国際連合加盟国に対して武力攻撃が発生した場合には，安全保障理事会が国際の平和及び安全の維持に必要な措置をとるまでの間，個別的又は集団的自衛の固有の権利を害するものではない」として，集団的自衛権を国家固有の権利として明示的に認めている。

― 公，政57 ―

エは誤り。前半については**ウ**と同様である。後半について，従来の日本では，「集団的自衛権は国際法上認められているが，日本国憲法の制約により行使できない」という政府見解がとられてきたが，2014年の閣議決定でこの憲法解釈が変更され，また2015年の**武力攻撃事態法改正**により，「**存立危機事態**」においては**集団的自衛権が限定的に行使できる**とされた。

第2問

〈出題分野〉

現代の家族，労働問題，社会保障

〈出題のねらい〉

現代の家族や労働問題，社会保障からの出題である。現代の社会の動きを色濃く反映している分野であるが，まず基本的なことをしっかり理解することから始めよう。その上で様々な問題を解き，図表や文章の読み取り問題に慣れることが大切である。

〈解　説〉

問1　5　正解②

②は誤り。**資料1**から，日本は婚外子の割合が他国と比較すれば非常に低いことがわかる。また**資料2**から，「結婚は必ずするべきだ」「結婚はしたほうがよい」とする人，すなわち結婚＝「法律婚（法律上の婚姻）」を重視する人の割合はアメリカ・フランス・スウェーデンよりも高いことが読み取れる。これらのことから，「事実婚（法律上の婚姻関係はないが，同棲などにより実質上夫婦と同様の関係）」よりも「法律婚」を重視していることが読み取れる。日本は法律上の扱いにおいても，法律婚を重視する社会である。

①は正しい。「結婚は必ずするべきだ」「結婚したほうがよい」を合計した法律婚を重視する人の割合は，**資料2**より，アメリカが53.4％（12.2％＋41.2％）であり，フランスの33.6％（7.0％＋26.6％），スウェーデンの37.2％（10.8％＋26.4％）より高い。一方，婚外子率は**資料1**から，2008年でみるとアメリカは約41％となっており，カナダやドイツなどの欧米諸国より高いことがわかる。その理由については，**資料1・2**からは読み取ることはできない。

③は正しい。フランス，スウェーデンは**資料1**から婚外子の割合が高く，**資料2**より「結婚はしなくてもよいが，同棲はしたほうがよい」とする人の割合も高い。ここから，法律婚ではなく同棲という事実婚を選択して出産するカップルが多いから，婚外子が増えるという因果関係が推定できる。

④は正しい。**資料ア**から，フランスの婚外子率は1980年時点では約11％でアメリカの約18％よりも低いが，2008年には約53％まで増加していることが読み取れる。また，フランスとスウェーデンがともに事実婚の多い国であると考えられるのは，③で解説した通りである。

問2　6　正解③

民法は，夫婦は同一の姓（氏）を称することとし，法律上の別姓を認めていない。また，最高裁判所も民法の夫婦同姓の規定を合憲としている。婚姻により，妻が自己の姓を捨て夫の姓にする割合は約95％であり，事実上女性が改姓を強いられるという現状がある。そのような中で，夫婦別姓を認めることに賛成の論拠と反対の論拠を考えてみる問題である。

賛成の論拠が，**ア，エ，オ**である。賛成論の論拠の中心にあるのは，男女平等という理念であり，特に近年女性の社会進出が進むことで，改姓により生じる不利益が一層表面化しやすくなっている。

一方，**イ，ウ**は反対の論拠である。このほかに，夫婦別姓制度を導入すると，子の姓がどちらかの親と異なることになり，それによる不都合を子が被る可能性があるという論拠も存在する。

なお，現在議論されているのは，別姓を認めるか否かだけではなく，本人の意見により別姓も選択できるという「**選択的夫婦別姓**」案ではどうか，というものである。

問3　7　正解②

2018年制定の働き方改革関連法（労働基準法改正など）は，日本の労働者の労働環境を変更するものとして重要である。その骨子は，

・時間外労働（残業）について，罰則つきで上限を設定（原則1か月あたり45時間以内）（**エ**）

・有給休暇取得の義務化（**ア**）

・フレックスタイム制の拡充

・高度プロフェッショナル制度の導入

・同一労働，同一賃金の原則を義務化（正規労働者と非正規労働者の不合理な待遇格差を是正）

などである。過労の防止や，働き方の多様化などを目指す改正内容となっている。

イは誤り。労働基準法第3条の規定であり，制定当初からの基本原則である。

ウは誤り。労働基準法第4条の規定。これも基本原則である。

オは誤り。男女雇用機会均等法第9条の規定である。

問4　8　正解⑤

イは正しい。賦課方式は，高齢世代の年金給付を現役世代が負担した財源で賄う制度であるから，年金受給世代（高齢世代）が増加し，現役世代が減少すると，現役世

代が負担する保険料は増加する。仮に，現役世代の保険料負担を増やさないようにするのであれば，年金受給世代の給付額を減らさなければならなくなる。

エは正しい。現役世代の負担で高齢世代を支えていくことが「社会的扶養」の考え方である。

ア，ウは誤り。積立方式の特徴で，将来の（高齢になったときの）自分のために，資金を積み立てていくという考え方である。したがって，基本的には自分のための「貯金」だと考えればよい。とすれば，インフレが起こると，貯金はどんどん目減り（お金の価値が下がる）していく。また，貯めているお金は，金利が上昇すれば増えていくが，金利が下がればあまり増えないことになる。

第3問

〈出題分野〉

　現代の日本政治，核軍縮

〈出題のねらい〉

　政治分野から日本の統治機構，地方自治，政党と選挙などを出題した。全体を通して，教科書の知識だけでなく，思考力も問うている。共通テストでは会話文や統計資料，図表を多用し，そこからきちんと内容を読み取る力を求めている。今後の学習で知識を身に着けると同時に，資料集の図表にも目を通して，読解力，分析力を養ってほしい。

〈解　説〉

　問1　9　正解③

　　ア　はaが当てはまる。予算は内閣が作成して，国会に提出する。その際，衆議院から先に審議して議決しなければいけない（衆議院の予算先議権）。衆議院が可決した予算案を参議院が否決した場合には，選出された衆議院議員10名，参議院議員10名から成る両院協議会を開いて審議する。bの「参議院の緊急集会」は衆議院が解散された時に，参議院も同時に閉会となるが，内閣が緊急の必要があると判断した場合に内閣の求めに応じて開かれる集会である。

　　イ　はeが当てはまる。両院協議会で意見がまとまらない場合は，日本国憲法第60条第2項の規定通り，「衆議院の議決を国会の議決」として予算が成立することになる。cの「総議員の3分の2以上」の賛成が必要なのは，憲法改正の発議に限られ，またその際は両議院で総議員の3分の2以上の賛成が必要であって，衆議院の優越は存在しない。また，dの「衆議院の本会議で出席議員の3分の2以上の賛成で再可決する」ことを要するのは，法律案の議決について両院の議決が異なった場合である。

　問2　10　正解④

　　ア　は「10日」が当てはまる。憲法第69条で「内閣は，衆議院で不信任の決議案を可決し，又は信任の決議案を否決したときは，10日以内に衆議院が解散されない限り，総辞職をしなければならない」と規定されており，衆議院で内閣不信任決議が可決（又は信任の決議案が否決）された場合は，10日以内に内閣は総辞職するか，対抗措置として衆議院を解散するかを選択しなければならない。

　　イ　は「7条」が当てはまる。現行憲法下の25回の衆議院の解散で「69条解散」は4回のみ。一番最近の69条解散が1993年6月の自民党宮沢内閣への内閣不信任案が可決された時である。それ以外の21回の解散は民意を問うなどの理由で行われた「7条解散」である。

　　ウ　は「特別会」が当てはまる。日本国憲法第54条第1項で「衆議院が解散されたときは，解散の日から40日以内に，衆議院議員の総選挙を行ひ，その選挙の日から30日以内に，国会を召集しなければならない」とある。この条項の「国会」とは国会法第1条第3項で「特別会」と規定されている。「臨時会」は憲法第53条で規定される国会で，内閣が必要と認めたとき，またはいずれかの議院の総議員の4分の1以上の要求に基づき内閣が開くと認めたときに開かれる。また，衆議院議員の任期満了の総選挙後に開かれる国会は，国会法第2条第3項の1で規定される「臨時会」である。

　問3　11　正解③

　　㋐は誤り。この例のように地方自治体が条例に基づいて住民投票を行うことはあるが，そうした住民投票の結果に法的拘束力を持たせることは法的に認められないと考えられており，そのような形で実施された例はない。もちろん地方自治法が投票結果に法的拘束力を与えているということもない。

　　㋑は誤り。住民は一定数以上の署名を集めて，市長など地方自治体の首長の解職を請求することができるが，請求先は市議会ではなく選挙管理委員会である。この直接請求では，必要な署名数は原則として有権者の3分の1以上である（有権者数が40万を超える場合は要件が緩和されている）。請求があると住民投票が行われ，過半数の同意があれば首長は失職する。このように公職にある者を有権者が解職請求する制度をリコールという。

　　㋒は正しい。選挙権年齢は，国政選挙でも，知事選挙などの地方選挙でも，18歳以上である。

　問4　12　正解①

　　ア　は「一般財源」，　イ　は「地方交付税」が当てはまる。地方自治体の財源には，使途が自由な一般財源と，使途が特定されている特定財源がある。　イ　の

— 公，政59 —

地方交付税は一般財源である。

三位一体の改革とは、「国税から地方税への税源移譲」「国庫補助負担金(補助金)の削減」「地方交付税の見直し」を一体的に進めた改革である。政府の経済財政諮問会議が2002年の「骨太の方針」で提唱し、小泉純一郎内閣が2004～06年度に実施した。この改革により、地方財政は**自主財源**(地方税など)の割合が上昇し、**依存財源**(補助金、地方交付税など)の割合が低下したので、財政面における自律性は強化された。財政面での「三割自治」の解消を目指した改革である。ただ、国の省庁が権限を手放すことに抵抗したため、補助金の額は減ったにもかかわらず、補助金を通じた国の関与は期待されたほどには減らなかった。また、補助金と地方交付税を合わせて約9.8兆円削減されたのに対して、地方税(住民税)への移譲は約3兆円にとどまったため、地方自治体の財政運営はかえって厳しくなったと指摘されている。

ウは「自治」、**エ**は「法定受託」が当てはまる。2000年に施行された**地方分権一括法**により地方自治体の事務区分が見直され、自治事務と法定受託事務という新しい区分になった。**自治事務**は地方自治体固有の事務であり、都市計画の決定、飲食店営業の許可、病院・薬局の開設許可、就学校の指定などが含まれる。法定受託事務に比べ、国の関与は、弱いものしか認められない。一方、**法定受託事務**は、国が本来果たすべき役割に係るものであるが、法令に基づいて地方自治体に処理が委託されている事務などをいい、国政選挙、旅券(パスポート)の交付、国道の管理、生活保護の決定・実施、戸籍事務などが含まれる。国の広範な指揮監督権の下で知事や市町村長が国の機関として処理していた**機関委任事務**は地方分権一括法によって廃止された。これらの改革により事務面での「三割自治」の解消が図られた。

問5 **13** 正解④

アは誤り。小泉純一郎内閣(2001～06)は「聖域なき構造改革」を掲げて、**日本道路公団の民営化、日本郵政公社の民営化**などを進めたが、**日本電信電話公社の民営化**が行われたのは1985年である。国立大学の法人化は2004年に行われた。国立大学はそれまで文部科学省の内部組織だったが、2003年に制定された国立大学法人法により、国立大学法人が設置する大学に移行した。

イは誤り。2001年に**中央省庁再編、独立行政法人制度**の創設が行われたが、中央省庁再編は「1府22省庁」を「1府12省庁」に再編成したものである。

問6 **14** 正解⑤

アはbが当てはまる。図1で**自民党**の議席占有率が前の選挙に比べて一番大きく低下した選挙は2009年で

ある。この選挙で自民党は119議席と惨敗し、308議席を獲得した**民主党**と社民党、国民新党による鳩山由紀夫連立政権が発足した。これにより自民党は野党に転落したが、自民党が政権を失ったのはこれが初めてではない。aの「自民党が結党以来、初めて野党に転落した」のは1993年である。

ウはeが当てはまる。図2でcは衆議院議員選挙、dは参議院議員選挙の投票率の推移を示している。図1に衆議院議員選挙が行われた年が示されているので、cが衆議院議員選挙と判断できる。あるいは参議院議員選挙は3年ごとに行われることから、dが参議院議員選挙とわかる。つまり、**イ**にはcが当てはまる。cを見ると、2009年の衆議院議員選挙の投票率は69.28%で、前後の衆議院議員選挙を上回っている。

エはgが当てはまる。インターネットを利用した投票は現在、認められていないが、これが導入されると投票所に行く手間が省けるので、投票率の向上が期待できる。地方自治体の選挙では電子投票を行う制度がすでに導入されているが、これは投票所に設置された電子投票機を利用するもので、インターネットを利用するものではない。hの「投票日前の投票」は、すでに**期日前投票**などとして制度化されているので、空欄**エ**直前の「今は認められていない」という説明と合致せず、誤りとなる。

第4問

〈出題分野〉

　環境、労働、為替相場、社会保障

〈出題のねらい〉

　現代の日本経済の課題をテーマに出題した。環境、労働、社会保障は社会的関心の高い分野である。日々の学習では基本事項を正確に理解しておくこと、統計・資料の読み取りに慣れておくことが必須である。それに加えてニュースにも気を配り、時事問題にも対応できるようにしたい。

〈解　説〉

問1 **15** 正解④

④は正しい。「2023年に人口が世界第1位になった」とあるので、**インド**である。インドの排出割合は3位であるが、一人当たりの排出量は世界平均より少ない。

①は誤り。「パリ協定の離脱」とあるので、**アメリカ**である。なお、アメリカは政権交代により2021年2月に同協定に復帰した。技術革新や厳しい環境基準を持つ州があることから、排出量は増加していない。

②は誤り。「2011年の原子力発電所の事故」とあるの

— 公、政60 —

で，日本である。一時的に排出量が増えたが，再生可能エネルギーなどの導入，技術革新，人口減少などの理由で減少傾向にある。

③は誤り。「世界第2位のGDP大国」とあるので，中国である。石炭依存からの脱却を徐々に図りつつあるが，CO_2の排出量は減っていない。

問2 16 正解③

③は正しい。家庭や企業で生み出される太陽光発電や風力発電は既存の送電網を利用するが，発電量は天候に左右されやすい。これから再生エネルギーへさらにシフトすると，安定した送電が難しくなるため，**スマートグリッド**の普及が期待されている。

①は誤り。原子力発電はCO_2を排出しないが，再生可能エネルギーには含まれない。

②は誤り。2020年に当時の菅義偉首相は，2030年ではなく2050年を目標にCO_2などの温室効果ガス排出量を実質ゼロにすると表明した。また，2035年までにガソリン車の販売を禁止することも表明した。

④は誤り。買い取り制度は続いている。東日本大震災直後は買い取り価格が高く設定されていたため，買い取り量が急速に伸びた。

問3 17 正解③

アは誤り。**公害対策基本法**の制定は1967年，環境庁の設置は1971年だが，**国民所得倍増計画**の発表は1960年なので，時系列が正しくない。

イは誤り。**四大公害訴訟**でいずれも原告が勝訴したという記述は正しいが，一連の訴訟で**環境権**が主張されたという記述は正しくない。環境権が主張されて訴訟上の争点になった事案としては，1969年の大阪空港公害訴訟が代表的であるが，環境権は認められなかった。

ウは正しい。経済協力開発機構（OECD）は1972年に，環境汚染の防止や公害被害の救済は，汚染物質の排出者が負担すべきであるという**汚染者負担の原則**を採択し，各国に勧告した。これを受けて，1973年に制定された**公害健康被害補償法**では汚染者負担の原則が制度化された。

問4 18 正解④

④は正しい。**労働力率**は15歳以上人口に対する労働力人口比率のこと。

$$6915万人 \div 1億1041万人 \times 100 \fallingdotseq 63(\%)$$

労働力率は長期的に低下の傾向にあるが，2012年以降，人口が減少しているにもかかわらず労働力人口は増加している。主に65歳以上の労働力人口の増加による。

完全失業者とは働く意思と能力がありながら求職活動をしても就業できていない者のことで，**完全失業率**は労働力人口に対する完全失業者の割合のこと。

$$188万人 \div 6915万人 \times 100 \fallingdotseq 2.7(\%)$$

リーマンショックの後には5％台まで上昇したが，現在は2％台まで下がっている。

問5 19 正解②

たとえば，1ドル＝100円が1ドル＝120円になるような状況が円安である。他の要因は考えないものとして，この数値で具体例を考えてみよう。

②は正しい。海外から日本への12万円の旅行費用は，ドルに換算すると1,200ドルから1,000ドルになるので，海外から日本を訪れる観光客は増えるはずである。

①は誤り。海外から輸入する10万ドルの原油は，円に換算すると1,000万円から1,200万円になるので，石油製品であるガソリンの値段は上がるはずである。

③は誤り。1億ドルの海外投資は，円に換算すると100億円から120億円になるので，日本企業の海外進出は減るはずである。

④は誤り。1台120万円の自動車は，外国では1.2万ドルから1万ドルになるので，自動車の輸出台数は増えるはずである。

問6 20 正解②

②が適当。説明文には「日本は他の5か国と比較すると，受益の水準に比べて，国民の負担は軽いという特徴があります」と述べられている。下の図でア，イギリス，ウ，イタリア，エは網を掛けた部分に収まっているが，イだけは網掛け部分より上にある。これは国民負担率に対して，社会保障支出の対国内総生産（GDP）比が相対的に高いこと，すなわち負担に対して受益の水準が高い（受益の水準に対して，負担が軽い）ことを示している。

なお，アはアメリカ，ウはドイツ，エはフランスである。

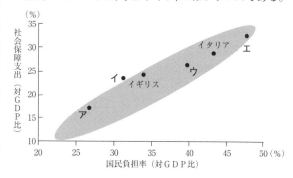

第5問

〈出題分野〉

民主政治と日本国憲法

〈出題のねらい〉

　政治分野から主要国の政治制度，基本的人権の保障，日本国憲法の平和主義などを出題した。共通テストでは，知識だけでは絞り込めない選択肢であっても，空欄の前後などをよく読むことにより分かる問題が出されることがある。知らない用語が出てきても慌てずに，問題をよく読んで解くようにしよう。

〈解　説〉

　問1　[21] 正解②，[22] 正解③

　[ア] は②が当てはまる。1789年のフランス人権宣言は第2条で「自由，所有権，安全および圧制への抵抗」を自然権としたうえで，第17条で「所有権は，神聖で不可侵の権利である」と定めた。財産権（所有権）の不可侵性を規定したものである。

　[イ] は③が当てはまる。1919年のドイツのワイマール憲法は社会権を保障するとともに，第153条第3項で「所有権は義務を伴う。その行使は，同時に公共の福祉に役立つべきである」と定め，財産権は不可侵ではないことを明らかにした。財産権の保障の下で自由な経済活動が行われた結果，メモにあるように，経済的格差や貧困の問題が深刻になってきたことが背景にある。

　①は1776年のアメリカ独立宣言である。自然権として「生命，自由，および幸福の追求」を挙げている。この幸福追求権は，日本国憲法第13条に継承されたきわめて重要なものである。

　④は日本国憲法第29条第2項である。

　問2　[23] 正解④

〈イギリスの政治制度〉

　bは誤り。イギリス議会の下院は国民の直接選挙で議員が選出されるが，上院は選挙がなく，貴族や聖職者で構成される。下院が上院に対して優越しているという記述は正しい（下院優位の原則）。

　aは正しい。イギリスは議院内閣制をとっており，原則として下院の多数党の党首が首相に就任する。

　cは正しい。かつて議会上院に置かれていた最高法院は廃止され，2009年に最高裁判所が設置された。

〈アメリカの政治制度〉

　eは誤り。大統領は条約締結権，拒否権は持っているが，連邦議会の解散権は有していない。

　dは正しい。大統領は形式上，国民が直接選出するのではなく，国民が選んだ大統領選挙人の投票によって選出されるので，大統領選挙は間接選挙である。

　fは正しい。連邦議会は大統領弾劾権を有しており，罪を犯した大統領を罷免することができる。下院の弾劾訴追を受けて，上院で弾劾裁判が行われる。トランプ前

大統領は2度，弾劾訴追されたが，罷免はされなかった。

〈中国の政治制度〉

　gは誤り。中国では権力分立は否定され，国家の最高権力機関である全国人民代表大会（全人代）にすべての権力が集中している。このような政治制度を民主集中制（権力集中制）と呼ぶ。

　hは正しい。中国では1990年代以降，共産党の最高指導者，したがって国家の最高指導者である共産党総書記が国家主席（国家元首）に就任することが定着している。

　問3　[24] 正解④

　⑦は正しい。内心の自由を保障する条文は大日本帝国憲法には存在しなかった。そして実際に，大日本帝国憲法下では，1925年に制定された治安維持法によって，共産主義・社会主義などの思想が弾圧された。

　①は正しい。「沈黙の自由」の意味は，下線部①の直前で，「どのような思想を抱いているかを明らかにするよう国家権力が強要すること」を禁ずるものだと説明されている。「絵踏み」は，キリスト教を信仰しているかどうかを明らかにさせるものであるから，「沈黙の自由」の侵害に当たると考えられる。

　⑦は誤り。思想・良心は，それが内心にとどまる限り，絶対的に自由であると考えられている。たとえ民主主義そのものを否定する思想を抱いたとしても，他者の人権を侵すような行動を起こさない限りは公共の福祉を損なうことは有り得ないので，公権力が不利益を課すことは許されない。もちろん，たとえば選挙の投票所を襲撃するなどの行動を実際に起こした場合は，公共の福祉に反するとして取り締まられる。

　問4　[25] 正解①

　①は誤り。貧困などの理由で弁護人を選任できない者に国費で弁護人を付ける制度を国選弁護人制度という。国選弁護人を付ける対象を広げることは，確かに冤罪の防止に役立つが，日本国憲法第37条第3項が定めている被告人に付ける制度だけでなく，起訴前の勾留されている被疑者を対象とする制度もすでに2006年に導入されている。当初は一定の事件に限られていたが，2018年からは勾留されているすべての被疑者に拡大された。

　②は正しい。警察署の留置場を拘置所の代わりとして使う制度を代用刑事施設（代用監獄）制度という。被疑者を捜査機関の支配下におくことは自白の強要などに結びつき，冤罪の温床になるという批判がなされている。

　③は正しい。日本では，警察，検察の取り調べに弁護人を立ち会わせる権利は認められていない。取り調べに弁護人が立ち会えば，不当な取り調べによって冤罪が生まれるのを防ぐことができる。

— 公，政62 —

④は正しい。警察, 検察による取り調べの様子を録音・録画する**取り調べの可視化**は, 虚偽の自白の強要や供述の誘導が行われなかったかどうかを後から検証することを可能にするので, 冤罪の防止に役立つ。現在は裁判員裁判の対象事件と検察の独自捜査事件についてのみ法制化されている。

問5 26 **正解⑥**

最高裁判所の「朝日訴訟」の大法廷判決である。判決文をよく読み, その考え方を掴んでほしい。

最高裁は, 判例の2〜3行目にあるように, 憲法第25条は国の責務を宣言し, 直接個々の国民に対して具体的権利を賦与したものではない, としている。これが, 「プログラム規定説」と呼ばれる考え方である。

端的にいえば, この考え方は, 憲法第25条に基づき, 個々の国民が給付を国に対して請求することはできず, 生活保護法に基づく給付内容(水準)は厚生大臣〔今は厚生労働大臣〕の裁量に委ねられる, とするものである。したがって, **イ**と**ウ**はこの判決の論拠になる。

アは, 法的権利説と言われるもので, 朝日訴訟の最高裁判決とその論拠であるプログラム規定説を批判する考え方である。なお, **イ**に対しては, 生存権は権利であるのだから, 下位法である予算によって憲法上の権利が制約されるのはおかしいといった反論もある。

問6 27 **正解③**

③が適当。政府は日本国憲法第9条の解釈について, (1)第1項は自衛権を否定していない, (2)第2項は戦力の保持を禁止しているが, 自衛のための最小限度の実力を保持することは禁止していない, (3)**自衛隊**はこの限度内の実力機関であるから合憲である——としている。したがって政府の見解は**ウ**である。

第6問

〈出題分野〉

経済理論

〈出題のねらい〉

企業, 財政, 金融, 市場メカニズムなど, 経済分野の重要事項から出題した。まず大事なのは, 基本的用語の意味をしっかりと理解することである。抽象的な用語を抽象的に覚えるのではなく, 「具体化して考える」ことが大切だ。そうすれば「会社」とはどのような機能をもっているのか, 「金利」とは何かといった部分も意外に簡単だということに気づくだろう。

〈解 説〉

問1 28 **正解④**

④は正しい。**合同会社**は2006年施行の**会社法**で新たに設けられた会社形態である。その特色としては, 株式の発行が不要である, 財務諸表の公開が義務づけられていない, 設立手続きが簡便で経費もかからないことなどが挙げられる。外資系の大会社などでも, 合同会社形態を採用しているところは少なくない。

①は誤り。株式会社の株主は, 出資額を限度とする**有限責任**である。

②は誤り。一人につきではなく, 「**一株につき**」1票の議決権である。

③は誤り。現在, **有限会社**の新たな設立はできない。

問2 29 **正解⑤**

ア コンプライアンスとは, 法令遵守のことであるから, **C**が当てはまる。

イ メセナとは, 文化活動を支援することであるから, **A**が当てはまる。

ウ フィランソロピーとは, 慈善, 博愛活動のことであるから, **D**が当てはまる。

エ コーポレート・ガバナンスとは, 企業統治のことであるから, **B**が当てはまる。

問3 30 **正解④**

④は正しい。**財政投融資**の説明である。その仕組みは非常に複雑化しているが, 政府が税金を徴収し, その財源をもとにさまざまなプロジェクトを行うという通常の国家予算とは別のルートであることは理解しておこう。かつては郵便貯金や年金基金などを原資とし, 「第二の予算」と呼ばれるほどに大規模なものであったが, 現在は規模が縮小し, そのように呼ばれることは少なくなっている。

①は誤り。ビルト・イン・スタビライザー(景気の自動安定化装置)のこと。

②は誤り。政府の行うフィスカル・ポリシー(補整的財政政策)のこと。

③は誤り。財政の機能の一つである**資源配分の調整**(適正化)のこと。

問4 31 **正解⑧**

ア は「金融機関」, **イ** は「金利の自由化」が当てはまる。日本銀行が, 市中金融機関(民間銀行)に資金を貸す際の利子率を, 「**公定歩合**」といった。公定歩合を引き上げれば, 市中金利も上昇し, 公定歩合を引き下げれば, 市中金利も下がる(連動)ことから, 日銀の金融政策の中心を担ってきた。しかし, 1990年代に, **金利の自由化**が行われると, 市中銀行は, 自由に金利を設定できるようになったため, 公定歩合と直接的に連動しなくなった。

なお, 「**金融引締め政策**」とは, 公定歩合の引き上げ

— 公, 政63 —

や売りオペレーションなどにより，市中の資金量を減らして景気の加熱を抑制させることであり，**金融緩和政策**の対義語に当たる。

　　ウ　は「映画館の入場料」が当てはまる。**消費者物価指数**は消費者が購入する**財・サービス**の値動きを測る指標である。したがって，映画鑑賞というサービスは消費者物価指数を計算する品目に含まれるが，消費支出に当たらない直接税や保険料，有価証券などへの支出は含まれない（よって株式は含まれない）。この他，土地の価格や，生鮮食料品（季節的変動が大きいため）の価格も消費者物価指数の計算には用いられない。

　問5　　32　正解③

　a，**c**，**d**が正しい。**需要曲線が右（右上）にシフト**するのは，価格の変化以外の理由で消費者が買う鉛筆の本数が増えるときである。**a**の所得税減税が行われれば，消費者が自由に使えるお金（可処分所得）が増えるため，買う鉛筆の本数は増えると考えられる。**c**は「人気がでた」とあるので，当然消費者が買う鉛筆の本数は増える。**d**の場合，シャープペンシルの値段の高騰により，今までシャープペンシルを使っていた人の多くが代わりに鉛筆を買うようになると考えられる。このようなとき，鉛筆とシャープペンシルは互いに**代替財**であるという。

　b，**e**は誤り。**b**の場合は，原材料価格が低下すれば，価格Ｐのときの鉛筆生産量（供給量）が増えるため，**供給曲線が右（右下）にシフト**する。**e**の場合も同様に，新技術で生産量が増えれば供給曲線が右（右下）にシフトする。

　問6　　33　正解①

　　ア　は**a**が当てはまる。**b**は誤り。高度経済成長を支えた要因の一つは，貯蓄率が「高かった」ことである。高い貯蓄率のおかげで銀行は豊富な貸出資金を準備でき，企業へ低金利の貸出を積極的に行った。このことが，企業の設備投資を促進した。

　　イ　は**c**が当てはまる。**d**は誤り。高度経済成長を支えたのは，安く輸入（国内ではほとんど産出されない）された石油である。

第 5 回　実戦問題　解答・解説

公共，政治・経済　　第5回（100点満点）

（解答・配点）

問題番号（配点）	設問（配点）	解答番号	正解	自己採点欄	問題番号（配点）	設問（配点）	解答番号	正解	自己採点欄
第1問（13）	1（4）	1	④		**第5問**（18）	1（3）	22	①	
	2（3）	2	④			2（3）	23	③	
	3（3）	3	③			3（3）	24	②	
	4（3）	4	①			4（3）	25	③	
小　計						5（3）	26	④	
第2問（12）	1（3）	5	⑧			6（3）	27	②	
	2（3）	6	④		小　計				
	3（3）	7	②		**第6問**（20）	1（3）	28	⑤	
	4（3）	8	②			2（3）	29	②	
小　計						3（3）	30	④	
第3問（19）	1（3）	9	③			4（3）	31	④	
	2（3）	10	④			5（4）	32	③	
	3（3）	11	⑧			6（4）	33	③	
	4（3）	12	②		小　計				
	5（4）	13	＊		合　計				
		14							
	6（3）	15	②						
小　計									
第4問（18）	1（3）	16	①						
	2（3）	17	⑥						
	3（3）	18	⑧						
	4（3）	19	②						
	5（3）	20	⑤						
	6（3）	21	⑥						
小　計									

（注） ＊は，解答番号13と14を以下のいずれかの組合せで解答した場合を正解とし，点を与える。

13 で①，14 で①を解答した場合

13 で②，14 で②を解答した場合

解　説

第1問

〈出題分野〉

経済の諸問題，社会参加など

〈出題のねらい〉

生徒が家族の七五三のお参りに同行する場面をもとに，青年期，宗教，情報化社会，食料問題などについて出題した。共通テストでも，身近な話題を切り口にして語句や制度について問う設問が出題されている。日頃よく耳にする語句や制度でも，実際に内容を問われると解答に迷うことがあるので，言葉として知っているだけでなく，内容についてもしっかりと理解を深めておくようにしたい。

〈解説〉

問1　1　正解④

ア　には「第二の誕生」が当てはまる。フランスの思想家ルソー（1712 ～ 78）は著書『エミール』において，青年期における自我のめざめを「第二の誕生」と表現した。「小さな大人」はフランスの歴史学者アリエス（1914 ～ 84）の用語。中世のヨーロッパでは，子どもは「小さな大人」として，早い時期から大人とともに仕事をすることが求められた。

イ　には「長くなる」が当てはまる。現在，産業化に伴う経済的な豊かさなどから青年期は長くなる傾向にある。青年が大人になるまでの間，社会的な責任を猶予される期間をモラトリアムというが，モラトリアムは延長される傾向にある。

問2　2　正解④

④は誤り。民間信仰に着目して常民の生き方を研究したのは，和辻哲郎（1889 ～ 1960）ではなく柳田国男（1875 ～ 1962）である。1910年に著した『遠野物語』を皮切りに，民俗学を新たな学問として創始した。和辻哲郎は，日本と西洋思想を融合させ，独自の倫理学を構築した。

①は正しい。キリスト教やイスラームのような一神教に対し，古代の日本では身の回りの自然物に霊魂などが宿ると考えるアニミズムが形成されていた。

②は正しい。平田篤胤（1776 ～ 1843）は，儒教や仏教が大陸から伝来する以前の日本固有の信仰を復古神道として確立させた。天皇の神性を主張した彼の教えは，尊王攘夷運動や後の国家主義にも影響を与えた。

③は正しい。内村鑑三（1861 ～ 1930）は，「武士道に接木されたるキリスト教」という彼の言葉に表されるように，武士の清廉潔白さによってイエスの教えを実現でき

ると考え，イエス（Jesus）と日本（Japan）の「二つのJ」に生涯をささげた。

問3　3　正解③

アは誤り。固定通信の契約数は減少しているが，それ以上に移動通信の契約数が増加しているので，音声通信サービスの全体の加入者数の合計は増加傾向にある。よって，減少傾向にあるというのは誤り。

イは正しい。2019年の日本の人口は126,167,000人（総務省「人口推計」による）となっており，かつグラフから2019年の移動通信の契約数は186,610,000件と読み取れるので，人口より契約数が多く，1人当たり1件以上の契約をしているといえる。日本の人口は，数十年の間，1億2000万人台で推移している。

問4　4　正解①

ア　には「カロリー」が当てはまる。穀物など，カロリーの割に価格の低いものの自給率が相対的に高いと，カロリーベースの自給率が高くなると考えられる。穀物の輸出で知られるカナダやオーストラリアで数値が高くなっていることから，　ア　がカロリーベースだと判断できる。また，日本は牛・豚・鶏などの飼料は輸入に頼っていることが多いが，これらの肉類はカロリーベースでは国産に算入されないことが問題文からわかるので，「カロリー自給率」＜「生産額自給率」となることが判定できる。日本のカロリーベースの自給率が近年40％前後で横ばいであるということも押さえておこう。

イ　には「生産額」が当てはまる。　ア　とは逆に，価格の割にカロリーが低いものの自給率が高いと，生産額の自給率が相対的に高くなると考えられる。日本では，野菜類や果実類の自給率が比較的高く，穀類や油脂類の自給率が低いことから，　イ　が生産額ベースだと判断できる。

ウ　には「穀類」が当てはまる。日本ではコメの自給率は100％に近いが，特に飼料用として使われるとうもろこしの自給率などがかなり低く，穀類全体の自給率は低水準となっている。

エ　には「野菜類」が当てはまる。日本各地で生産されており，日持ちもしないので，比較的自給率は高くなっている。

第2問

〈出題分野〉

現代の政治など

〈出題のねらい〉

2022年4月から18歳成人制度が導入されたことをふまえ，大人とは何か，大人としてどのようなことが求めら

— 公，政 67 —

れるのか，成人として行動するにはどのような知識が必要であるかを考える，ということをテーマに出題した。特に選挙は頻出のテーマであることから，正確な知識を持つようにしてもらいたい。

〈解説〉

問1 　5　 **正解⑧**

　A　には「11ブロックに分けて」が当てはまる。衆議院議員総選挙は，小選挙区比例代表並立制で行われている。これは全国を289の**小選挙区**に分け，比例代表は全国を11のブロックに分けて，それぞれ実施される。以前は中選挙区制と呼ばれ，各都道府県に3～5名の当選者が配分されていたが，1994年の選挙制度改革を経て，現在の形式となった。

　B　には「1区として」が当てはまる。参議院議員通常選挙の選挙方法は，以前は全国区と地方区として行われていた。これが1980年代に変更され，全国区は全国を1区とした比例代表制となり，現在は**非拘束名簿式**で行われている。地方区の方は選挙区と名称が変わったが，各都道府県単位で定数1以上の選挙区が設定されてきた。ただし，2016年実施の選挙からは，島根県と鳥取県，徳島県と高知県は**合区**され，一つの選挙区になっている。

　C　には「**ドント方式**」が当てはまる。ドント方式では，各政党が獲得した票数を1から順に整数で割っていき，その商の大きい順に議席が割り当てられる。**アダムズ方式**は，2022年以降の衆議院議員総選挙から用いられることになっている議員定数配分方式のことである。都道府県の人口を一定の数値で割り，その商を都道府県ごとの小選挙区の区数として用いるものである。小数点以下が出る場合は切り上げて用いる。

　D　には「**重複**」が当てはまる。衆議院議員総選挙において，一人の候補者について小選挙区への立候補と比例代表選挙の政党等の名簿への掲載が同時に行われることを，**重複立候補**という。小選挙区で当選すれば比例代表選挙の名簿からは削除され，落選した場合は比例代表選挙で同順位にいる他の候補との間で惜敗率に基づいて当選するかどうかが決定する。連立は，内閣を複数の政党で形成する際に用いる用語である。

問2 　6　 **正解④**

　④は正しい。**パブリックコメント(意見公募手続)**とは，行政機関が命令等(政令，省令など)を制定するにあたって，事前に案を示し，それについて広く国民から意見や情報を募集する制度。2005年6月の行政手続法の改正により新設された手続きであり，新しい政治参加の形態となっている。

　①は誤り。政党も**圧力団体**(利益団体)も政治上の目的

を実現しようとする団体であるが，圧力団体は**政権の獲得**をめざしていない。圧力団体には経営者団体や医療関係，農業団体，労働団体，宗教団体などさまざまな組織があり，社会の声を政治や行政に伝える役割を果たしている。

　②は誤り。地方公共団体では，地域の重要政策について，直接住民の意思を確かめるため，独自に住民投票条例を制定することがある。しかし，投票の結果に直接政策を決定する**法的拘束力はない**。

　③は誤り。NPO(民間非営利団体)は営利を目的とせず，政府からも自立して，福祉・町づくり・環境保全・国際交流・災害救援などのさまざまな社会貢献活動を行う民間組織のこと。1995年の阪神淡路大震災時の各市民団体の活躍がきっかけとなり，1998年にNPO法が成立。福祉や環境保全，町づくりなど，公共的な役割を行政にかわって担う組織として注目が高まり，行政と連携する動きも広がっている。

問3 　7　 **正解②**

　②は適当ではない。古書店の形態はリサイクルではなく**リユース**である。古本におけるリサイクルとは，売れないと判断されたりした本を古紙として再資源化することを指す。また，ベストセラーになった本はそれだけ多く市場に出回りやすい，すなわち供給が増えていきやすいことから，古書としての販売価格は安くなりやすく，定価よりも高くなるということは考えにくい。

　①は適当である。学校の制服は割高であることから，家計の負担になるとして問題視されるケースもあるが，その分だけ耐摩耗性などに優れており，色落ちも少ない。ただし，中学・高校の時期は成長期に当たる生徒も多いため，卒業前までにサイズが合わなくなることもある。そのため，サイズが合わなくなった人のために，卒業生から無償で提供してもらった制服などを，廉価で購入できるようにする服のリユース活動を行っている企業もある。

　③は適当である。食品のリサイクルは，2001年に**食品リサイクル法**が完全施行されたことで，食品の製造や加工，廃棄を扱う事業者に再生利用を義務づけられたこともあり，以前よりも様々な活用方法が考えられるようになった。例えば，豆腐を作る際に出るおからを家畜の飼料としたり，クッキーの原材料にしたりする，あるいは，出荷調整の対象となったキャベツを養殖海産物の餌とする，といった実例がある。

　④は適当である。**リユース**は同じものを何度も使うことをいう。牛乳瓶や日本酒の一升瓶などはその典型例であるといえる。レジ袋に代表されるプラスチックバッグ

の中には何度も使えるものもあり，エコバッグの代わりに使う人もいる。2020年から全国でのレジ袋有料化が実施されたことで，以前よりも再利用の意識が高まり，ゴミの削減につながったといわれる。

問4　8　正解②

②は正しい。リップマン（1889～1974）は『世論』を著し，情報を受け取る人が作り出すイメージを疑似環境と呼び，それによって起こる反応をステレオタイプの反応とした。これは，多くの人々に浸透している思い込みや固定観念のことで，世の中の出来事を，頭のなかにある型に当てはめて理解するというものである。

①は誤り。**バーチャルリアリティ**は，仮想現実と訳され，コンピューターグラフィックや音響効果を用いて，人間の視覚や聴覚に訴えかけることで，実際に見たり聞いたりしている印象を呼び起こすものである。

③は誤り。**ダニエル・ベル**（1919～2011）は『脱工業社会の到来』を著し，モノづくりを中心とした工業社会の次には情報やサービスを主として取引する脱工業社会が到来することを指摘した。『第三の波』は**アルビン・トフラー**（1928～2016）の著作である。後半については，ラザースフェルド（1901～76）とマートン（1910～2003）によれば，マス・メディアの発達により大衆が政治的関心を高めるとは限らない，と結論づけられている。

④は誤り。後半の「日本のマス・メディアは情報操作をすることがない」は事実に反し，特定の政策についての賛成や反対を意図的に誇張して表現したり，**ファクトチェック**をきちんと行うべきところを行わなかったりするマス・メディアもある。このため，複数のメディアを比較しながら，批判的に利用することが望まれる。

第3問

〈出題分野〉

政府と国民と経済

〈出題のねらい〉

財政や社会保障，経済的自由権，需給曲線，地方自治などから出題した。

〈解説〉

問1　9　正解③

Aは「歳出総額」が当てはまる。歳出総額は同じ年の歳入総額と同額なので，歳入項目である税収額，建設国債発行額，特例国債発行額のそれぞれよりも大きくなるはずである。よって，推移する金額が最も多いAが「歳出総額」と判断できる。

Bは「税収額」が当てはまる。税収額は，不景気の時に減少する傾向がある。Bは，バブル経済（1986～91）の

崩壊した1991年以降や，1997年の**アジア通貨危機**の後，あるいは2007～08年の世界金融危機の後などに減少していることから，「税収額」と判断できる。

Cは「建設国債発行額」，Dは「特例国債発行額」が当てはまる。**国債**とは国が発行する債券（借金証書）をいい，建設国債や特例国債などがある。**建設国債**は，公共事業などに必要な資金を調達するための国債で，昭和40年不況（1965）後の1966年度から毎年継続して発行されている。一方，**特例国債**（赤字国債）は，一般会計の歳入不足を補うための国債で，1965年度の補正予算で初めて発行されたが，**第一次石油危機**（1973）後の1975年度から大量発行が始まった。その後，1980年代後半のバブル経済（平成景気）で税収が増加したため，1990～93年度までは発行ゼロが続いたが，バブル崩壊後の1994年度から再び継続的に発行されるようになった。よって，1990～93年度までグラフが途切れているDが「特例国債発行額」，途切れていないCが「建設国債発行額」と判断できる。

問2　10　正解④

④は正しい。社会保障関係費に占める生活保護費の割合は，1995年以降，7.6％→7.3％→9.4％→8.2％→9.2％と，増減を繰り返しているが，総額は増加し続けている。

①は誤り。社会保障関係費に占める保健衛生対策費の割合は，4.6％（1995）→3.2％（2000）→2.4％（2005）→1.6％（2010）と縮小しており，その総額も1995年の6,348億円から2010年の4,262億円へと減少する傾向にある。

②は誤り。社会保障関係費に占める社会福祉費の割合は，2005～2015年にかけて，8.1％→14.4％→15.4％と拡大しており，その総額も1兆6,443億円（2005）→3兆9,305億円（2010）→4兆8,591億円（2015）と増加する傾向にある。

③は誤り。一般歳出に占める社会保障関係費の割合は，計算しないとわからないが，計算しなくても，社会保障関係費の総額は90年の11兆6,154億円から，2015年の31兆5,297億円へと増加しているので，誤りと判断できる。

問3　11　正解⑧

アは「職業選択の自由」が当てはまる。**職業選択の自由**とは，自己の従事する職業を決定する自由であり，経済的自由権の一つである。第22条第1項は「何人も，公共の福祉に反しない限り，居住，移転及び職業選択の自由を有する」としている。職業選択の自由には，自己の選択した職業を遂行する**営業の自由**も含まれる。一方，**アクセス権**とは，マスメディアに対して意見広告や反論記事の掲載などを要求できる権利をいう。第21条の表現の自由を根拠に主張されている新しい人権の一つであり，経済的自由権とはいえない。

— 公，政 69 —

イ は「福祉国家」が当てはまる。「実際に イ の理念に基づいて，人間的な生存を確保するため，……営業の自由に対する制限が行われている」という箇所から判断できる。19世紀の近代国家では，政府は国防や治安維持など必要最小限の仕事だけを行い，国民の自由な活動に干渉しない**夜警国家**（消極国家）が理想とされた。しかし19世紀後半から，資本主義の発達に伴い，貧困や失業，労働条件の悪化などが大きな社会問題となった。そのため20世紀の現代国家では，政府は社会的・経済的弱者を救うため，経済政策や社会保障政策を行い，国民生活へ積極的に介入すべきであると考えられるようになった。このような現代国家を，**福祉国家**（積極国家）という。ドイツの国家社会主義者ラッサール（1825～64）は，自由放任主義に基づく19世紀の近代国家（消極国家）を，皮肉を込めて「夜警国家」と呼んだ。

ウ は「公害防止立法」が当てはまる。近代の夜警国家では，「所有権は神聖で不可侵の権利」（フランス人権宣言第17条，1789）とされ，経済的自由権は厚く保護された。しかし現代の福祉国家では，社会的・経済的弱者を保護するため，法律による大幅な規制を受けることになった。大気汚染防止法などの公害防止立法による「営業の自由」に対する制限は，その典型である。一方，「出版物の事前審査」は，営業の自由ではなく，表現の自由に対する著しい制限であり，日本国憲法第21条第2項の禁止する「検閲」に当たる。**検閲**とは，行政機関が新聞，映画などの表現物を発表前に審査し，その発表を禁止できる制度をいう。第21条第2項は「検閲は，これをしてはならない」としている。

問4 12 **正解②**

②は正しい。消費税は，食料品や医薬品などの生活必需品に課税されると，低所得者ほど所得に占める税負担の割合が大きくなる**逆進性**が強まる。税の負担力の大きい者ほど，高額の税を負担すべきであるという考え方を**垂直的公平**という。よって，消費税率を上げる政策は，垂直的公平を損なうということができる。一方，所得税などに採用されている**累進課税**は，高所得者には高税率が，低所得者には低税率が適用されるため，垂直的公平に資するということができる。

①は誤り。**プライマリーバランス**（**基礎的財政収支**）とは，「国債発行を除いた歳入」から「国債費を除いた歳出」を差し引いた収支のことをいい，財政の健全化を示す指標となる。減税を行えば，税収などの歳入が減り，公共投資を拡大すれば歳出が拡大するから，プライマリーバランスは赤字の方向に向かう。政府は2020年度までにプライマリーバランスを黒字化することを目標に掲げていたが，達成はできず先送りされた。

③は誤り。公共投資のための国債発行によって民間投資が抑制されることは，キャピタルフライトではなく，**クラウディングアウト**という。政府が国債を発行して金融市場から資金を吸収すれば，金利が上昇し，民間企業は資金を調達しにくくなる。キャピタルフライトとは，政治・経済情勢が悪化し，自国通貨の価値が下落する恐れがある場合，投資資金が海外へ流出していくことをいう。国内の資金が海外へ移動することになり，金融危機を招くリスクがある。

④は誤り。政府の財政政策と日銀の金融政策を組み合わせて，景気や物価，完全雇用，国際収支の均衡などの目標を達成することを，**ポリシーミックス**という。フィスカルポリシー（補正的財政政策）とは，経済安定化のために，政府が意図的に財政政策を行うことをいう。不況のときには減税を行い，公共事業などの財政支出を拡大させることにより，有効需要を創出する政策がとられる。これに対し，累進課税制度や社会保障制度は，自動的に景気を安定化させるように作用する。財政に組み込まれているこの仕組みを，**ビルト・イン・スタビライザー**（**自動安定化装置**）という。

問5 13 **正解①または②**
　　　 14 **正解①（ 13 が①の場合）**
　　　　　　 正解②（ 13 が②の場合）

商品の価格が同じでも，価格以外の条件が変化したことによって，需要曲線や供給曲線が右や左に移動することがある。これを需給曲線のシフト（移動）といい，需要曲線の右・左シフト，供給曲線の右・左シフトという4つのパターンがある。

1．13 で①を選んだ場合

「環境汚染物質…の除去費用を負担させる」場合に起こる需給曲線のシフトは「S曲線が S_1 曲線へシフトする」（①）が正しい。政府がある商品に汚染物質除去費用として新たな税を課した場合，企業は課税された分だけ価格に上乗せして販売するため，供給曲線Sが上方の S_1 へシフトする。

2．13 で②を選んだ場合

「環境負荷の低い製品を売る企業に補助金を出す」場合に起こる需給曲線のシフトは「S曲線が S_2 曲線へシフトする」（②）が正しい。政府が企業に補助金を支給すれば，その分，生産費用を抑えることができるので，生産量は増加する。よって，供給量は増加し，供給曲線Sは S_2 へと右シフトする。

なお，下線部ア・イの方法はいずれも生産者である企業に対する介入であり，消費者の需要に対して直接働き

— 公，政70 —

かけるものではないから，需要曲線**D**が移動することはない。需要曲線が移動するのは，消費者の所得が増減した場合，商品自体の人気に変化があった場合，代替財の価格が上下した場合（例えばビールの価格が下がれば，一般に他の酒類の需要量は低下する）などである。

問6　15　正解②

㋐は誤り。下線部㋐は，**資料1**からは読み取ることができない。**資料1**は，夕張市の歳入内訳を示すグラフである。このグラフから，地方交付税や国庫支出金などの**依存財源**が多いことは読み取れるが，バブル経済崩壊以降の税収や地方交付税の推移は読み取ることができない。なお，夕張市は炭鉱業の衰退後，観光業に活路を見出そうとしたが，財政が破綻した。

㋑は正しい。下線部㋑は，**資料2**から読み取ることができる。**資料2**は，6つの地方自治体について「ふるさと納税による寄付受入額と税収流出額の差」を示したものである。**ふるさと納税**は，ふるさとや応援したい地方自治体に寄付すると，その額に応じて所得税と住民税が控除される制度で，2008年から始まった。全国どの自治体にも寄付できるため，自治体間で税収を移転させ，大都市と地方の財政格差を是正する効果が期待できる。**資料2**を見ると焼津市，天童市などの地方都市で，寄付受入額が税収流出額を上回り，黒字となっている。反対に横浜市，名古屋市，世田谷区といった大都市では，税収流出額の方が寄付受入額を上回り赤字となっており，ふるさと納税制度によって，実際に大都市と地方都市間の財政格差が改善傾向にあることが読み取れる。

㋒は誤り。下線部㋒は，**資料3**からは読み取ることができない。**資料3**は**平成の大合併**による市町村減少率を都道府県別に示したものである。市町村合併のメリットとして，行財政の効率化によって人件費などの歳出削減が可能となり，財政状況の改善が期待されている。しかし，**資料3**には各地方自治体の財政状況に関するデータはなく，合併が進まなかった地域ほど財政状況が厳しいか否かは，読み取ることができない。

第4問

〈出題分野〉

　国際政治，日本国憲法

〈出題のねらい〉

　国際連合と安全保障，各国の憲法，国際条約，日本国憲法の成立過程，日本の司法，基本的人権，行政などから出題した。

〈解説〉

問1　16　正解①

　ア　は「武力行使の違法化」が当てはまる。資料2に「第二次大戦の惨禍を経験し，国際社会は　ア　を厳格化した」とあることから，「武力行使の違法化」が当てはまる。また　ア　が当てはまる文の直後の「国連憲章によって武力行使が明文で合法とされるのは……2つのみである」という文からも判断できる。**資料1**にあるように，19世紀末には人道的理由に基づく他国への介入を正当化する議論が有力になったが，1945年に設立された**国際連合**は，第二次世界大戦（1939〜45）の反省を踏まえ「武力行使の違法化」を厳格化した。**国連憲章**は，加盟国に対して武力行使や武力による威嚇を原則として禁止し（第2条），違反国に対しては安全保障理事会が必要な措置をとることができるとしている（第39条）。

　イ　は「安全保障理事会」が当てはまる。国際連盟が第二次世界大戦の勃発を阻止できなかった反省を踏まえて，国連憲章は，武力行使が合法とされる場合を明文で規定している。平和の破壊や侵略行為が生じた場合，武力行使を伴う軍事的措置を決定できるのは，総会ではなく**安全保障理事会**である（第39条，第42条）。**総会**は，国連憲章の範囲内にあるすべての問題を討議し，加盟国または安全保障理事会に勧告する権能を持つだけである。

　ウ　は「内政不干渉の原則」が当てはまる。**内政不干渉の原則**とは，国内の政治や社会のあり方はその国の国民が自らの意志で決定すべきものであって，他国が干渉してはならないことをいう。国連憲章第2条第7項に定めがある。　ウ　の後に「他国の国内における人権侵害等のケースに武力によって強制的に介入することは許容されない」とあることから，判断できる。**主権平等の原則**とは，すべての主権国家は面積や人口にかかわらず，平等に扱われなければならないことをいう。国連憲章第2条第1項に規定されている。この原則に基づき，国連総会では，全加盟国に1国1票の投票権が与えられている。

問2　17　正解⑥

　aは**ウ**が当てはまる。日本では1889（明治22）年に**大日本帝国憲法（明治憲法）**が制定された。大日本帝国憲法は欽定憲法であり，硬性憲法である。**欽定憲法**とは，君主主権の原理に基づいて，君主が制定したとされる憲法をいう。大日本帝国憲法は，**天皇主権**の原理に基づいて，天皇の名において制定された憲法であり，天皇が統治権を総攬した（第4条）。総攬とは，立法・行政・司法などすべての国の作用を統括する権限を有することをいう。一方，**硬性憲法**とは，通常の法律よりも厳格な改正手続

— 公，政71 —

きを定めた憲法をいう。大日本帝国憲法は，勅令により議案を帝国議会の議事に付し，両議院で各々の３分の２以上の出席と，出席議員の３分の２以上の議決がなければ改正できないとしていた（第73条）。

bはイが当てはまる。1946（昭和20）年に制定された**日本国憲法**は，民定憲法であり，硬性憲法である。**民定憲法**とは，**国民主権**の原理に基づき，国民が制定したとされる憲法をいう。日本国憲法は象徴天皇制を定めるとともに，主権が国民にあることを定めている（第１条）。また，憲法第96条によれば，憲法改正は，衆参両議院の総議員の３分の２以上の賛成で，国会が発議し，国民投票で過半数の賛成が必要となる。改正要件は厳しく，これまで１回も改正されたことがない。

cはアが当てはまる。ニュージーランドで1986年に制定された憲法典法は，民定憲法であり，軟性憲法である。**軟性憲法**とは，通常の法律と同じ手続きで改正できる憲法をいう。そのため，硬性憲法に比べて改正がしやすい。成文の憲法典をもたないイギリスは，軟性憲法の典型国といわれる。

問3 ┃18┃ 正解⑧

┃ア┃は「人種差別撤廃条約」が当てはまる。日本は，1995年に**人種差別撤廃条約**に加入している。メモ中に「┃ア┃により国際連合に設立された委員会は，…刑事罰規定のないヘイトスピーチ対策法の強化を日本政府に勧告している」とあることから，判断できる。**ヘイトスピーチ**とは，特定の人種，民族，宗教などへの憎悪や差別意識を煽る言動のことをいう。演説やデモのほか，ネット上やメールでの憎悪を煽る行為も含まれる。日本では近年，特に在日コリアンに対するヘイトスピーチが問題となっている。ヘイトスピーチについては，人種差別撤廃条約第４条の他，国際人権規約（自由権規約）第20条などにも禁止規定がある。一方，**ジェノサイド条約**は，正式名称を「集団殺害の防止及び処罰に関する条約」といい，1948年の国連総会で採択された。ナチスのユダヤ人排斥などに対する反省から，集団殺害が平時・戦時を問わず，国際法上の犯罪であることを規定している。集団殺害を行った個人を処罰する規定も置かれているが，日本は批准していない。

┃イ┃は「表現の自由」が当てはまる。メモの４行目に「第４条（a）（b）の義務の履行が言論の自由を萎縮させる」とあることから，判断できる。また，５～６行目に「明治憲法下で，政府による弾圧があった歴史的経緯を踏まえ」とあることも，大きなヒントになる。明治憲法下では，治安警察法や**治安維持法**が定められ，集会，結社，言論などの表現の自由が国家権力によって弾圧された。**生存**

権とは，健康で文化的な最低限度の生活を営む権利のことをいう。日本国憲法の第25条第１項が保障しているが，明治憲法では保障されていない。

┃ウ┃は「罪刑法定主義」が当てはまる。メモの４～５行目に「刑罰対象となる行為が明確でないため」とあることから，判断できる。**罪刑法定主義**とは，いかなる行為が犯罪とされ，いかなる刑罰が科されるかは，立法府の制定する法律によってあらかじめ明確に定められていなければならないという近代刑法上の大原則をいう。一方，**遡及処罰の禁止**とは，実行時には適法であった行為を，その後に制定された法律によって処罰してはならないことをいう。日本国憲法の第39条が定めている。

問4 ┃19┃ 正解②

aは誤り。1945年10月，GHQ（連合国軍総司令部）は日本政府に対して，ポツダム宣言の内容に沿った大日本帝国憲法の改正を指示したが，これを受けて日本政府が設置したのは「憲法審査会」ではなく，**憲法問題調査委員会**である。憲法問題調査委員会は，松本烝治を委員長として憲法改正草案（松本案）を作成した。**憲法審査会**は，憲法改正の原案を審議するため，2007年に成立した国民投票法に基づいて，同年に衆・参両院に設置された。

bは正しい。1946年２月，日本政府は憲法問題調査委員会の作成した憲法改正草案（**松本案**）をGHQに提出したが，これは「国体護持」を基本としたもので，大日本帝国憲法と大差のないものだったため，GHQによって拒否された。そして，最高司令官マッカーサーは，（ⅰ）天皇は国の元首，（ⅱ）戦争の放棄，（ⅲ）封建制度の廃止というマッカーサー３原則に則した憲法草案をGHQの高官たちに作成させ，このGHQ草案（マッカーサー草案）を日本政府に手渡した。

cは誤り。日本政府は，GHQ草案をもとに改めて憲法改正案を作成し直し，1946年６月，第90回帝国議会に提出した。これは帝国議会でいくつかの修正を加えられたのち，同年10月に可決され，11月３日に**日本国憲法**として公布，翌1947年５月３日に施行された。しかし，初めて女性に普通選挙権を認めた衆議院議員総選挙が実施されたのは，これに先立つ1946年４月10日のことであり，39人の女性議員が誕生した。憲法改正案は，この総選挙で新しく選出された議員によって構成された第90回帝国議会において審議され，可決された。

問5 ┃20┃ 正解⑤

aは正しい。資料１は，最高裁判所の**衆議院議員定数違憲判決**（1976）からの抜粋である。最高裁は，「１票の格差」が最大4.99倍だった1972年の衆議院議員総選挙を違憲としたが，選挙を無効にすると国政に重大な支障を

— 公，政72 —

きたすため，事情判決の法理を援用して，選挙自体は無効としなかった。

b は誤り。**資料2**は，**三菱樹脂事件**の最高裁判決(1973)からの抜粋である。三菱樹脂事件とは，三菱樹脂株式会社に採用された原告が，入社試験の際に学生運動歴について虚偽の申告をしたという理由で，試用期間終了時に本採用を拒否された事件である。裁判では，憲法上の人権規定が私人間の紛争にも適用されるかが問題となったが，最高裁は憲法上の人権規定を直接には適用できないとした上で，民法などの私法を適用する際，憲法の趣旨を取り込むことによって，憲法上の人権保障を間接的に適用すべきとした。このような考え方を間接適用説という。

c は正しい。**資料3**は，**朝日訴訟**の最高裁判決(1967)からの抜粋である。朝日訴訟とは，肺結核療養中の朝日茂さんが，月額600円の生活扶助では憲法第25条の保障する「健康で文化的な最低限度の生活」を維持することはできず，厚生大臣(当時)の定めた生活保護基準は第25条に違反するとして争った事件である。最高裁は，**生存権**を定めた憲法第25条第1項は，個々の国民に対して裁判で救済が受けられる具体的権利まで保障したものではなく，国の政治的・道義的な義務を定めたにすぎないとして，生活保護基準に関する厚生大臣の大幅な裁量を認めた。このような考え方を**プログラム規定説**という。

問6 ｜ 21 ｜ 正解⑥

｜ ア ｜は「全体の奉仕者」が当てはまる。**資料2**の末尾に「そして人事院については，公務員の｜ ア ｜性(一五条二項)，議院内閣制から…」とあることから，判断できる。日本国憲法の第15条第2項は，「公務員は**全体の奉仕者**であつて，一部の奉仕者ではない」と定めている。これは，公務員が国民全体の利益に奉仕すべきであって，一部の者の利益に仕えてはならないことを意味している。よって，**資料1**に「特定の政党の影響を受けて国家公務員が｜ イ ｜となることを避けるために…」とあることから，｜ イ ｜には「一部の奉仕者」が入る。

｜ ウ ｜は「国会に対し連帯責任を負う」が当てはまる。**資料1**の末尾に「これについて内閣が｜ ウ ｜ことがないものとしても，憲法六六条三項には反しない」とあるが，憲法第66条第3項は「内閣は，行政権の行使について，国会に対し連帯して責任を負ふ」と定めている。よって，「行政を監察する権限を持つ」は当てはまらない。

｜ エ ｜は「行政委員会」が当てはまる。(独立)**行政委員会**は合議制の行政機関の一つで，政治的中立性を保つために一般行政組織から独立して，特定の行政権を行使することが認められている。よって，行政委員会には，内

閣の指揮監督権は及ばない。人事院のほか，中央労働委員会，公正取引委員会などがある。**人事院**は，一般職公務員の勤務条件の改善勧告や人事に関する事務を取り扱う。一方，**特別委員会**は衆参両院に設置されている委員会で，予算委員会，議院運営委員会などの**常任委員会**に対し，常任委員会の所管に属さない特定の案件を審査するために会期ごとに設置される。

第5問

〈出題分野〉

労働環境と経済

〈出題のねらい〉

労働，金融，経済指標，環境・エネルギー，国際収支，外国為替の影響などから出題した。

〈解説〉

問1 ｜ 22 ｜ 正解①

｜ ア ｜は「裁量労働制」が当てはまる。**裁量労働制**とは，実際の労働時間にかかわらず，前もって合意した所定時間だけ働いたとみなす制度で，実際の労働時間を労働者の裁量に委ねる点に特色がある。労働時間ではなく，仕事の成果で評価する能力主義・成果主義に基づく。レポートの3行目に「労働時間の管理を労働者本人に委ねる」とあることから判断できる。しかし，裁量労働制の採用は法律上，弁護士，デザイナー，研究開発などの専門性の高い特定の業種か，事業運営の企画立案などを担う業務に限られている。一方，**変形労働時間制**とは，一定期間の平均労働時間が法定労働時間内であれば，仕事の繁閑に応じて，特定時期に法定労働時間を超えて労働させることができる制度をいう。

｜ イ ｜は「労働生産性」が当てはまる。**労働生産性**とは，労働者一人当たりの仕事の成果(生産量)をいう。一定期間における仕事の成果(生産量)を，労働投入量(労働者数)で割って求める。日本の労働生産性は，他の先進諸国に比べて低く，長時間労働がその要因の一つと考えられている。また，所定労働時間を超えた時間外労働(残業)時間が長く，業務時間内に仕事を終わらせようという意識を希薄にしているという指摘もある。**ワークシェアリング**とは，労働者一人当たりの労働時間を短縮して，限られた仕事をより多くの労働者で分かち合う働き方をいう。多くの労働者の雇用維持を目的として，ドイツやフランス，オランダなどで導入されている。

問2 ｜ 23 ｜ 正解③

｜ ア ｜は「不良債権処理」が当てはまる。**不良債権**とは，金融機関が保有する貸出債権のうち，回収が不能または困難になったものをいう。1990年代に入ると，バブル崩

— 公，政 73 —

壊によって企業倒産が相次ぎ，金融機関は多額の不良債権を抱えることになった。その結果，金融機関の破綻が相次ぎ，金融機関による**貸し渋り**が問題となった。レポートの３行目に，「融資先の倒産に，銀行は備えなければならない」とあることから，「**不良債権処理**」が当てはまると判断できる。

「貸出債権拡大」は誤り。貸出債権とは，銀行などの金融機関が企業に融資する際の返済請求権のことをいう。融資先の倒産に備えなければならないときに，貸出を拡大させる銀行は考えにくい。また，貸出債権の拡大そのものは，銀行の利益を押し下げることにはつながらない。

　イ　はＣが当てはまる。図中の**Ａ**が「中国」，**Ｂ**が「アメリカ」，そして**Ｃ**が「日本」である。日本銀行は長らく，**公定歩合**(市中銀行に貸出す際の利子率)を政策金利としてきた。しかし1990年代以降，公開市場操作が金融政策の代表的な手段として用いられるようになったのに伴い，銀行間市場における**コールレート**(無担保翌日物の金利)が政策金利とされるようになった。日本銀行は，長期デフレ不況から日本経済を脱却させるため，1999年以降，**ゼロ金利政策**，量的緩和政策，量的・質的緩和政策といった非伝統的な金融政策に踏み出し，2016年からは**マイナス金利政策**まで導入した。以上から，2012年以降０％前後で推移しているＣのグラフが，日本の政策金利に当たると判断できる。なお，ゼロ金利政策とは，コールレートを実質０％に誘導する政策である。

　問3　**24**　正解②
　付加価値とは，企業が一定期間(通常１年間)の生産活動により新たに産出した価値のことをいい，総生産額(売上額)から，原材料費などの中間生産額を差し引いた額を指す。よって，各企業が生産した付加価値は次の式で求められる。ただし，賃金は付加価値の一部を構成し，中間生産額には含まれないので，注意が必要である。

> **付加価値＝総生産額**(売上額)**－中間生産額**

この式に表の数値例を当てはめると，各企業が生産した付加価値は次のようになる。

> 【農園】　売上 80－肥料代 20＝60
> 【ジャム・メーカー】　売上 150－(リンゴ仕入代 75＋容器代 15)＝60
> 【販売会社】　売上げ 200－(ジャム仕入代 120＋運送会社への支払 20)＝60

以上から，リンゴジャムの生産・販売過程で生産された付加価値の合計は，60＋60＋60＝180　となる。

　問4　**25**　正解③
　ア　は「アメリカ」，**イ**　は「日本」，**ウ**　は「ロ

シア」が当てはまる。また**エ**には，残りの中国が当てはまる。日本の京都で1997年，気候変動枠組み条約第３回締約国会議(COP3)が開催され，京都議定書が採択された。**京都議定書**では，2008～12年にCO_2などの温室効果ガスの排出量を，先進国全体で1990年レベルの5.2％削減することが決まり，**EU 8 ％**，**アメリカ7％**，**日本6％**という削減目標値の達成が義務づけられた。また**ロシア**は，1990年と同水準(０％)に排出量を抑えることが求められた。しかし，**中国**やインドなどの発展途上国に対しては，具体的な数値目標の削減義務は定められなかった。これに反発したアメリカが，2001年に京都議定書からの離脱を表明したため，発効が危ぶまれたが，2004年にロシアが批准したことで，2005年にようやく発効した。日本とEUは，2002年に批准している。

一方，**パリ協定**は，2020年以降の温室効果ガス排出量の削減目標を，京都議定書に代わって新たに定めた協定である。産業革命前からの世界の平均気温上昇を２度未満に抑えることを目標とする。また，発展途上国を含むすべての国が，自主的に削減目標を定めて，国連に提出しなければならない。アメリカは，パリ協定についても，2017年に離脱を表明したが，2021年に復帰した。

　カ　は「原子力」が当てはまる。日本の割合が1.1％と，きわめて低いことから判断できる。日本では2011年の**福島第一原発事故**後，2012年に全原子力発電がいったん停止され，その後，新しい規制基準に適合した原発から徐々に再稼働され，2021年の設備稼働率は22.1％まで回復した。

　キ　は「石炭」が当てはまる。中国の割合が極端に高いことから判断できる。

　ク　は「天然ガス」が当てはまる。ロシアの割合が極端に高いことから判断できる。

　問5　**26**　正解④
　Ａ　は「直接投資」が当てはまる。**金融収支**は，直接投資，証券投資，金融派生商品，その他投資，外貨準備の５項目からなる。選択肢の項目のうち，金融収支に含まれるのは「直接投資」以外にない。その他の「貿易収支」「第１次所得収支」は，経常収支の項目である。**直接投資**とは対外投資のうち，外国に子会社を設立したり，経営支配を目的として外国企業の株式取得や買収を行うことをいう。

　Ｃ　は「第１次所得収支」が当てはまる。**経常収支**は，貿易収支，サービス収支，第１次所得収支，第２次所得収支の合計である。よって，まず「直接投資」は誤りと判断できる。また，**会話文**下から２行目の「今の日本の経常収支を支えているのは，むしろ第１次所得収支の方な

— 公，政74 —

んだ」という生徒Yの発言から，2010年以降，黒字が続く　C　が第1次所得収支と判断できる。**第1次所得収支**とは，非居住者が得た雇用者報酬や，対外投資によって生じた配当や利子などの投資収益をいう。

　D　は「貿易収支」が当てはまる。Yの1つ目の発言に「東日本大震災や円高の影響で輸出が減る一方，国内の原子力発電所の停止に伴い，火力発電燃料の液化天然ガスや原油の輸入が急増した」とあり，これを受けて生徒Xが「それで，貿易収支が大幅に悪化したわけか」と述べている。よって，福島第一原子力発電所事故が発生した2011年以降，マイナスとなっている　D　が「貿易収支」と判断できる。

　なお，　B　は「証券投資」が当てはまる。**証券投資**とは，利子や配当金などの投資収益を目的に証券を取得する対外投資のことをいい，外国企業の経営支配を目的とする直接投資と区別される。

問6　27　正解②

　a　は「アメリカ」，　b　は「日本」が当てはまる。各国の金利差は，国際的な資金移動に大きな影響を与え，外国為替相場を左右する。例えば，アメリカの金利（利子率）が日本より高くなれば，アメリカに投資した方が有利なので，資金が日本からアメリカへ流出する。その結果，ドル買い・円売りが増加して，為替レートは円安・ドル高になる。反対に，日本の金利がアメリカより高くなれば，日本に投資した方が有利なので，資金がアメリカから日本へ流出する。その結果，ドル売り・円買いが増加して，為替レートは円高・ドル安になる。本問の**図**には「ドル買い・円売りが増えて，円安・ドル高になる」とあるので，アメリカの金利が高くなった場合である。よって　a　には「アメリカ」，　b　には「日本」が当てはまる。

　c　は「アメリカ」が当てはまる。アメリカの輸出が進めば，円建て取引の場合，日本の輸入業者はアメリカの輸出業者に代金を円建ての為替手形で支払う。アメリカの輸出業者は，受け取った円建ての為替手形をドルに両替する必要があるため，外国為替市場ではドル買い・円売りが増加し，為替相場は円安・ドル高となる。

第6問

〈出題分野〉

　国が抱える諸課題

〈出題のねらい〉

　消費者問題，新しい人権，安全保障，地方行政，農業問題，環境問題などから出題した。

〈解説〉

問1　28　正解⑤

　ア　は**c**が当てはまる。**a**〜**c**のうち「契約当事者はその契約内容に拘束される」理由として，最も適当なものを選べばよい。商品の売買，借家の賃貸借など，私人間の関係を規律する法を**私法**という。**民法**は，私法の一般法である。私法には**契約自由の原則**があり，様々な契約を当事者双方の自由意思によって結ぶことができる。だれと契約を結ぶかだけでなく，どんな内容の契約を結ぶかも，双方が自由に決めることができる。よって，契約が成立すれば，当事者は契約内容に拘束され，契約上の取り決めを履行しなければならない義務を負う。そのため民法は，一方が正当な理由なしに契約内容を履行しない場合，他方は裁判所に提訴して強制的に履行させたり，損害賠償を請求したりできるなどの措置を定めている。

　イ　は**a**が当てはまる。**a**〜**c**のうち「対等な契約ではない」例として，最も適当なものを選べばよい。現代社会では売買契約を結ぶ際，売り手の方が買い手よりも商品に関する正確な情報をたくさん持っているのがふつうである。これを**情報の非対称性**という。このような状態では，様々な消費者問題が発生することになりやすい。そのため，弱い立場に置かれる買い手側を保護する法律や制度の整備が必要になる。**クーリング・オフ**とは，訪問販売などの特定取引において，いったん売買契約を締結しても，一定期間内であれば，買い手側が違約金なしで無条件に契約を解除できる制度である。日本では**特定商取引法**によって定められている。

　ウ　は**b**が当てはまる。**a**〜**c**のうち「改正前の民法では，20歳未満の未成年者が契約を結ぶ場合は」に続く文として，最も適当なものを選べばよい。2022年4月に施行された**改正民法**では，成人年齢が20歳から18歳に引き下げられた。民法によれば，未成年者が契約を結ぶ場合，原則として法定代理人の同意が必要となる（第5条第1項）。父母などの親権者，親権者がいない場合は未成年後見人が法定代理人となる（第838条以下）。2022年4月からは18・19歳の者も成人とされ，法定代理人の同意なしに契約を結ぶことができるようになった。

問2　29　正解②

　②は誤り。本人の承諾なしに，自分の顔，姿などの肖像を写真，絵画などによりむやみに公表・使用されない権利を，**肖像権**という。最高裁判所は京都府学連事件判決（1969）で，「何人も，個人の私生活上の自由の一つとして，承諾もなくその容貌や姿態を撮影されない自由を有している」として，肖像権を認めた。これに対し，パ

— 公，政 75 —

ブリシティ権とは，有名人の写真や氏名が持つ顧客吸引力などの経済的価値を，本人が独占的に利用できる権利をいう。

①は正しい。マスメディアには，不当な干渉を受けることなく自由に取材し，受け手に伝えることができる報道の自由が認められている。**報道の自由**とは，新聞・雑誌・放送などの報道が国家権力による干渉や統制から自由である権利をいう。報道の自由には，**取材の自由**も含まれる。自由な取材活動は，公正な報道にとって不可欠の前提をなすからである。報道の自由は，民主主義社会において，国民の知る権利に奉仕するという重要な意義を持つことから，憲法第21条の表現の自由によって保障されると解されている。

③は正しい。**通信傍受法**は1999年に成立し，2000年に施行された。捜査機関は，裁判官の令状に基づいて，薬物，銃器，集団密航，組織的殺人に関する電話や電子メールの通信を，最長30日間傍受できるようになった。同法は2016年に改正され，傍受の対象がさらに窃盗，詐欺，殺人，傷害，放火など，一般市民も傍受の対象となりうる6つの犯罪にまで拡大された。同法については，組織犯罪に対する犯罪捜査の実効性が指摘される反面，憲法が保障する**通信の秘密**（第21条第2項），**プライバシー保護**（第13条）の観点から，疑問視する声が少なくない。

④は正しい。2003年に成立した個人情報保護法，行政機関個人情報保護法などが，2022年4月に一本化されて**個人情報保護法**となった。同法は，国民のプライバシー保護のため，行政機関だけでなく，民間事業者に対しても個人情報の適正な取り扱いを義務づける。個人情報とは，氏名，生年月日，性別，住所など，個人を特定し得る情報をいう。同法に違反した場合は，行政命令の対象となり，これに従わない場合には罰則規定（懲役・罰金）がある。2015年の法改正では，企業の保有するデータを有効活用する観点から，**匿名加工情報**については本人の同意なしで利用できるようになった。匿名加工情報とは，特定の個人を識別できないように加工され，かつ元の個人情報に復元できないようにした情報をいう。

問3 ［30］ 正解④

④は誤り。**武力攻撃事態法**は2003年に有事法制の一環として成立し，日本への武力攻撃に対処する際の基本理念や手続きが定められた。この法律では自国への武力攻撃を実力で阻止できる**個別的自衛権**の行使しか認められていなかったが，同法は2015年，安全保障関連法の一つとして改正され，日本が直接武力攻撃を受けていなくても，政府が「存立危機事態」と判断すれば，**集団的自衛権**の限定的な行使が可能になった。**存立危機事態**とは，日本と密接な関係にある他国に対する攻撃によって，日本の存立が脅かされ，国民の生命，自由及び幸福追求の権利が根底から覆される明白な危険がある事態をいう（第2条）。よって，「日本が直接攻撃を受けている存立危機事態」，「個別的自衛権を行使できるようになった」という箇所がいずれも誤りである。

①は正しい。1992年に**国連平和維持活動（PKO）協力法**が成立し，自衛隊がPKOへ参加できるようになった。同法は2015年に改正され，自衛隊が武器を使用して離れた場所にいる国連職員や民間人などを救出する**駆け付け警護**が可能になった。

②は正しい。**国際平和支援法**は2015年，安全保障関連法の一つとして成立した。同法は，国連決議に基づいて活動するアメリカ軍や多国籍軍を，日本の自衛隊が戦闘の行われていない地域から後方支援できるようにする恒久法として制定された。

③は正しい。**重要影響事態法**は，1999年の周辺事態法が改正され，2015年に成立した。周辺事態法では，日本の周辺で日本の平和と安全に重大な影響を与える「周辺事態」が発生した場合，日本の自衛隊がアメリカ軍を後方支援できることを定めた。これに対して重要影響事態法では，「日本の周辺」という地理的限定が取り払われ，日本の平和と安全に重大な影響を与える「重要影響事態」が発生した場合，世界中での後方支援が可能になった。

問4 ［31］ 正解④

　ア は b「規制が緩い」が当てはまる。**資料**中に，非線引区域は「3,000m²以上の開発行為については，都道府県知事の許可が必要となる」とあり，線引区域の市街化区域には「1,000m²以上の開発行為には，都道府県知事の許可が必要である」とあることから，非線引区域の方が，地方公共団体による規制が緩いことがわかる。1,000m²以上3,000m²未満の開発行為は，市街化区域であれば許可が必要だが，非線引区域であれば許可は必要ない。

　イ は図1が当てはまる。土地丙は「地方都市にあり，この土地に2,000m²の工場を建設予定であるが，開発許可は申請しない」とある。設問の分類に従った場合，この規模の工場建設に開発許可が不要なのは非線引区域のみである。線引区域の市街化調整区域であれば，規模にかかわらず開発許可が必要になるし，市街化区域であっても「1,000m²以上の開発行為」であれば，開発許可が必要になる。土地甲も土地乙も，商業施設の建設や果樹園の造成に開発許可を申請しているため，開発許可が不要な非線引区域には当たらない。したがって，土地丙が非線引区域に分類されている図1が正解となる。なお，周辺が農地で，1,000m²に満たない果樹園の造成に開発

許可を申請している土地乙が，当面の間は市街地化を抑制し自然環境を保全する市街化調整区域であり，残る土地甲が市街化区域となる。

問5 32 **正解③**

③は正しい。**フードマイレージ**とは，食生活の環境への負荷の度合いを数値化した指標で，食料輸送量（トン）×輸送距離（km）によって算出される。地域で生産された食料を同じ地域で消費することにより，環境負荷を低減させようという**地産地消**の観点から提唱されている。**会話文**中の生徒**Z**の発言，「日本は，小麦やとうもろこしの大半を遠方のアメリカから輸入しているから， ア が大きくなってしまう」とあるのがヒントになる。日本は農産物の輸入量が多く，アメリカからの輸送距離が長いことを考えると，フードマイレージが当てはまると判断できる。小麦の場合，日本の自給率（重量ベース）は16％（2019）であり，多くを遠方のアメリカ，カナダ，ニュージーランドなどからの輸入に頼っている。

①は誤り。**カーボンオフセット**とは，日常の経済活動によって排出される二酸化炭素などの温室効果ガスを，森林保護，植林，クリーンエネルギーの開発など，別の手段を用いることで相殺（オフセット）しようという考え方をいう。

②は誤り。**スマートグリッド**とは，IT技術を用いた電力ネットワークを構築し，電力を需要と供給の双方から最適化する次世代送電網のことを指す。アメリカのオバマ元大統領が，グリーンニューディール政策の目玉としたことで注目された。

④は誤り。**スローフード**とは，地域の伝統的な食文化を見直し，良質な食材を提供してくれる生産者を支えて食生活を改善し，持続可能な食文化を育てる活動のことをいう。「ファストフード」に対して提唱された考え方で，近年は日本でも関心が高まっている。

問6 33 **正解③**

ア は「民間資金」が当てはまる。**カーボンクレジット**とは，CO_2などの温室効果ガスを削減するため，削減目標を達成できた企業が，国などによって「クレジット」として認証された超過分を，市場を通じて他の企業に売却できる制度をいう。一方，削減目標を達成できなかった企業は，不足分を市場で他の企業から購入して相殺することができる。国のほか，地方自治体，民間事業者，国際機関などによるものがある。削減目標を達成できた企業は，超過分の売却益が期待できるため，削減費用を安く抑えられた企業から，省エネ技術・設備の導入や再生エネルギーの活用などが進んで，温室効果ガスの削減が促進されるというメリットがある。また，売却益を削

減費用の回収や，さらなる省エネ投資費用として活用できるメリットがあるため，市場への民間資金の流入が促進される。一方，削減目標を達成できなかった企業も，市場での不足分の購入を通じて，他企業の省エネ活動や再生エネルギーの活用を後押しできるため，「環境貢献企業」として企業評価の向上につながるメリットがある。これも，市場への民間資金の流入を促進する要因の一つである。

イ は**a**が当てはまる。**a**は正しい。ノート1にあるように，温室効果ガスの削減費用の少ない企業は，削減を進めるのが容易であり，またカーボンクレジット市場を通して，目標を超えて排出削減できたクレジットを販売することで利益を上げることができるので，排出削減をいっそう進めると考えられる。

bは誤り。**C**社は，目標に比べて温室効果ガスの排出削減量が不足しているが，自社の排出量を直接削減するためにはトン当たり3,000円の費用がかかる。したがって，カーボンクレジット市場を通じてトン当たり3,000円よりも安くクレジットを他社から購入することができるのであれば，自社の削減よりもこちらを選ぶことになると考えられる。「3,000円よりも高い場合には」という記述が誤り。

2022年度大学入試センター公表

令和７年度（2025年度）大学入学共通テスト 試作問題

― 公共，政治・経済 ―

解答・解説

試作問題解答・解説

試作問題「公共，政治・経済」 解答・配点

（100 点満点）

問 題 番 号 (配点)	設問 (配点)	解答番号	正 解	自己採点欄	問 題 番 号 (配点)	設問 (配点)	解答番号	正 解	自己採点欄
第1問 (13)	1 （4）	1	④		第5問 (19)	1 （3）	21	④	
	2 （3）	2	⑤			2 （3）	22	②	
	3 （3）	3	①			3 （3）	23	③	
	4 （3）	4	②			4 （3）	24	③	
小　計						5 （3）	25	⑤	
第2問 (12)	1 （3）	5	②			6 （4）	26	⑤	
	2 （3）	6	⑥		小　計				
	3 （3）	7	③		第6問 (20)	1 （3）	27	⑥	
	4 （3）	8	④			2 （3）	28	③	
小　計						3 （3）*1	29	①	
第3問 (18)	1 （3）	9	①				30	②	
	2 （3）	10	③			4 （3）	31	②	
	3 （3）	11	②			5 （4）	32	⑧	
	4 （3）	12	①			6 （4）	33	*2	
	5 （3）	13	②				34		
	6 （3）	14	②		小　計				
小　計					合　計				

第4問 (18)	1 （3）	15	③	
	2 （3）	16	①	
	3 （3）	17	②	
	4 （3）	18	④	
	5 （3）	19	④	
	6 （3）	20	①	
小　計				

（注）＊1は，両方正解の場合のみ点を与える。

＊2は，解答番号33と34を以下のいずれかの組合せで解答した場合を正解とし，点を与える。

・ 33 で①， 34 で③を解答した場合
・ 33 で②， 34 で①を解答した場合
・ 33 で③， 34 で②を解答した場合

●SDGsの目標アイコンについて

Copyright © United Nations. All rights reserved. Used by permission. https://www.un.org/sustainabledevelopment/
<https://www.un.org/sustainabledevelopment/sustainable-development-goals/>

The content of this publication has not been approved by the United Nations and does not reflect the views of the United Nations or its officials or Member States.

解 説

第1問

〈出題分野〉

政治，経済，倫理（公共共通問題）

〈出題のねらい〉

サルトル・プラトン・サンデル・カントの思想，障害者差別解消法・男女雇用機会均等法，SDGs，民法と契約・成年年齢などについて出題された。問2・問3は特段の知識を必要としない，「公共」らしい設問である。

〈解説〉

問1　1　正解④

Y3の発言における「この思想を唱える哲学者」とは**カント**である。行為の善さは行為の結果にあるとする**功利主義**に対し，カントは，普遍的な道徳法則を目指す行為であるかどうかという点に，道徳性の基準を置いた。彼のいう道徳法則は**定言命法**という無条件の命令の形式で表現され，それは「汝自身の人格，ならびに他のすべての人格に例外なく存する人間性を常に同時に目的として扱い，決して単に手段としてのみ扱わないように行為せよ」というように定式化される。これが**エ**の第一文に対応する。このように各人が他者を手段として利用することなく相互の人格を尊重し合う世界を，カントは「**目的の王国**」と呼んだ。そしてこの考え方を国際社会に応用したのが，主権国家同士が尊重し合う彼の**永遠平和論**である。

アは**サルトル**の考えである。実存主義の哲学者サルトルは，「**人間は自由の刑に処せられている**」と述べ，人間がつねに自由であることを運命づけられており，それにともなう責任からも逃れることができないと主張するとともに，自分の自由な行為が全人類に影響を及ぼすことに自覚的であるべきだという「**アンガジュマン**」の哲学を説いた。

イは**プラトン**の考えである。プラトンは，完全で永遠なイデアの世界への憧れを意味する知への愛を持つ者（＝哲学者）こそが統治者の資格を有するとして，哲学者による統治（**哲人政治**）を理想とした。

ウは**サンデル**の主張である。**コミュニタリアニズム**の哲学者サンデルは，多様な人々がそれぞれの価値観（善）から独立して合意できる正義を追求した**ロールズ**に反対し，人はどこまでも各共同体に固有の「**共通善**」から離れることはできず，その事実から出発せねばならないと論じた。

問2　2　正解⑤

Bの**障害者差別解消法**は2013年に制定されたもので，行政機関および事業者に対して，障害者への差別的取扱いを禁止し，合理的配慮を行うことを義務づけている。**ウ**のように，車椅子の通れる広い改札口やエレベーターを設置したりすることなどは，合理的配慮の具体例といえる。

Cの**男女雇用機会均等法**は1985年に制定されたもので，現行法では，定年年齢，募集・採用・昇進などについて，男女間に差別を設けることが禁止されている。**イ**のように，職場における性別役割分担をなくす動きは，男女雇用機会均等法と深く関わっている。

問3　3　正解①

アに当てはまるのは「目標8　働きがいも経済成長も」である。イベント概要に「国際労働機関（ILO）」の取組みを紹介するとあるから，「働きがい」にかかわるイベントであると判断できる。

イに当てはまるのは「目標3　すべての人に健康と福祉を」である。「分煙」「喫煙の害」などから，「健康と福祉」に関わるイベントであるとわかる。

問4　4　正解②

アは正しい。民法第818条は「成年に達しない子は，父母の親権に服する」と定めており，成年に達することにより，親権に服することがなくなる。

イは正しい。民法は，未成年者の法律行為には法定代理人の同意を要すると定めており（民法第5条1項），これに反する行為は取り消すことができると定めている（同第2項）。

ウは誤り。民法第90条は，「公の秩序又は善良の風俗に反する法律行為は，無効とする」と定めている。したがって，たとえば殺人の依頼といった契約は，当事者が合意しても無効である。

第2問

〈出題分野〉

政治，経済，倫理（公共共通問題）

〈出題のねらい〉

アリストテレスの正義論，社会保障についてのグラフ読解，人口減少と高齢化に求められる施策について出題された。問2・問3はグラフ読解問題だが，各国の社会保障制度についての基本的特徴や歴史についての知識も求められている。また因果関係と相関関係の違いについての理解も前提されている。

— 公，政 81 —

〈解説〉

問1 ⑤ 正解②

アリストテレスは『ニコマコス倫理学』のなかで正義を次のように分類した。まず人々がポリス共同体の法を守ることで，ポリスの善が実現するという普遍的な**全体的正義**と，状況に応じて決まる**部分的正義**であり，後者をさらに二種類に分けた。ひとつが，報酬や名誉などを本人の能力や功績に比例して配分すべきという**配分的正義**であり，もうひとつが，刑罰と補償など，犯罪などで生じた不正義を原状に戻し，均衡を回復させるための**調整的正義**である。

問2 ⑥ 正解⑥

アは誤り。図1によれば，縦軸で示される合計特殊出生率が日本より低く，なおかつ横軸で示される「現金給付」対GDP比が日本より高い国も見受けられる。

イは誤り。図1によれば，「現金給付」対GDP比と合計特出生率にはほとんど**相関関係**がみられない。もし相関関係があれば，図中の点は一本の線の付近に集中することとなり，rで示されている相関係数がもっと高い値になるであろう。

ウは正しい。図2によれば，「現物給付」対GDP比が日本より低く，なおかつ合計特殊出生率が日本より高く1.60を超える国々も少なくないことがわかる。

エは正しい。図2によれば，「現物給付」対GDP比と合計特殊出生率の間には，(図1に示されている関係と比べても)，ある程度の相関性が認められる(相関係数が高い)。しかし一定の相関関係があるからと言って，そこに**因果関係**があるとは限らない。たとえば家計の支出額と年収には強い相関関係があると考えられるが，支出を増やせば年収が増えるという因果関係はない。

問3 ⑦ 正解③

Aは日本である。1980年から2015年にかけて，図中のどの国よりも高齢化が急速に進行したということは，図3で高齢化率を示す横軸の変化が最も大きいということである。また高齢化の進行にともない社会支出の対GDP比が大きくなっているということは，図3で日本が右肩上がりになっていることでも確認できる。

Bはアメリカである。高齢化率と社会支出の対GDP比が相対的に低いということは，縦軸と横軸の数値がいずれも小さいということであり，図3では，1980年代の日本を除けばもっとも左下で推移しているアメリカがこれに該当すると判断できる。また「市場経済を重視する立場」「自助努力」といった記述も，アメリカについての説明とみることができる。

Cはドイツである。1995年から2010年にかけて社会支出の対GDP比がほぼ横ばいということなので，この期間の推移が水平に近い国を選べばよい。

Dはイギリスである。「1990年から2010年にかけて社会支出の対GDP比が大きく引き上げられた」とあるが，図中でこの時期にもっとも縦軸の変化が大きいのはイギリスである。1990年代に社会支出について「それまでの政策からの転換を遂げた」とあるのは，1980年代の保守党サッチャー政権による「小さな政府」を目指す政策が，労働党政権になって転換されたことを指している。

Eには「一定期間における高齢化率の伸びに対する社会支出の対GDP比の割合を大きくするか否か」が入る。もうひとつの選択肢は，「市場経済と社会保障の双方を重視する」という記述が非現実的であり，また「高齢化率を大幅に抑制し続ける」という記述も事実上不可能であることから，不適切である。

問4 ⑧ 正解④

Aにはアが入る。**効率**を重視するのであれば，行政が新たに行うよりも「ノウハウをもつ民間企業」に業務を委ねたほうがよいと考えられる。**イ**は「大きな組織を複数作って」住民の求めに応じてすべてのサービスを行うということなので，効率より**公正**を重視する考え方である。

Bにはエが入る。Aに入るアの文を補足する趣旨なので，企業が業務を請け負うことのメリットを述べているエが適切である。**ウ**はイの文を補足する趣旨である。

Cにはカが入る。「利用者の生活の質」が損なわれないようにするための「サービスの質を確保」するという意味での公正が重要だということだから，企業によるサービス提供の「内容を点検」といった記述を含むカが適切である。**オ**は企業にとっての「機会の公正」が重要だとしており，利用者にとっての公正さが重要という趣旨に合致しない。

第3問

〈出題分野〉

政治，国際政治

〈出題のねらい〉

「平等な社会」について話し合っている生徒2人の会話文をもとに，男女平等に関する法律など，政治，国際政治分野から出題した。人権条約に関する問2は採択年の知識は必ずしも必要でなく，日本の批准状況がわかっていれば消去法で正解できる。問3では選挙制度に関するやや細かい年代的知識が問われた。問4の正解の選択肢はやや難しい内容だが，戦後の国際政治史上の出来事の大まかな時期がわかっていれば消去法で答えられる。

— 公，政 82 —

問5は裁判所法の条文の読解，問6は思考力を求めた。

〈解説〉

問1　9　正解①

①は正しい。労働基準法第4条は「使用者は，労働者が女性であることを理由として，賃金について，男性と差別的取扱いをしてはならない」と定めている。これを男女同一賃金の原則という。

②は誤り。育児・介護休業法は，労働者が育児休業を取得できることを定めているのであって，労働者に取得を義務づけているわけではない。育児休業は女性労働者だけでなく，男性労働者も取得できる。

③は誤り。民法は婚姻開始年齢について，それまで男性は18歳，女性は16歳と定めていたが，2018年に改正され，男女とも18歳に統一された。女性の婚姻開始年齢が引き上げられた。改正法は2022年4月1日に施行された。

④は誤り。男女雇用機会均等法は，事業主が労働者の募集，採用，配置，昇進などについて，性別を理由とする差別をすることを禁止している。1985年の制定当初は，募集，採用，配置，昇進について努力義務を課すだけだったが，1997年に改正され，義務を強化して，差別を禁じた。

問2　10　正解③

③が適当。日本は，1965年に採択された人種差別撤廃条約（ア）を批准し，1989年採択の死刑廃止条約（イ）は未批准で，社会権規約は批准している（ウ）。

①は不適。子ども（児童）の権利条約（ア）が採択されたのは1989年，アパルトヘイト犯罪の禁止及び処罰に関する国際条約（イ）の採択は1973年である。また，日本は社会権規約を批准している（ウ）。

②は不適。死刑廃止条約（ア）が採択されたのは1989年で，日本は未批准である。また，日本は子どもの権利条約（イ）を批准し，社会権規約も批准している（ウ）。

④は不適。障害者の権利に関する条約（ア）が採択されたのは2006年である。また，人種差別撤廃条約（イ）の採択は1965年であり，日本はこの条約を批准している。

問3　11　正解②

②は正しい。衆議院に小選挙区比例代表並立制が導入されたのは1994年であり，それ以降，すなわち1996年以降の衆議院議員総選挙では，いずれも一票の格差は2.50を下回っている。

①は誤り。表2の1980〜1993年の総選挙は中選挙区制で行われた。1983年の総選挙の一票の格差は4.00を上回っている。

③は誤り。最高裁判所は2000年以降の総選挙のうち，

2009，2012，2014年の選挙について，一票の格差を違憲状態と判断した。違憲状態とする判決は，一票の格差は，憲法の要求する投票価値の平等に反しているが，是正のための合理的期間は経過していないと判断した場合に下される。

④は誤り。投票率の高低と一票の格差の大小は関係がない。また，表2には示されていないが，2017年の総選挙の投票率（小選挙区）は53.68%で，1980年（74.57%）より低かった。戦後，総選挙の投票率は1980年代までは70%前後でほぼ安定的に推移していたが，1990年代に大きく低下した。2010年代の3回の選挙は，いずれも60%を下回り，とくに低かった。

問4　12　正解①

①は正しい。1946〜60年の期間における拒否権行使の回数は，ソ連が96回で最も多い。この中には，1950年6月に始まった朝鮮戦争に関連する決議案も含まれている。それまで安全保障理事会を欠席していたソ連が同年8月に復帰し，その拒否権行使によって安全保障理事会の審議が行き詰まるようになったのを受けて，アメリカなどの提案により，同年11月の国連総会で「平和のための結集」決議が採択された。

②は誤り。1961〜75年の期間に拒否権を最も多く行使したのは，18回のソ連である。

③は誤り。キューバ危機は1962年である。したがって1976〜90年にアメリカが拒否権を行使した決議案の中に，キューバ危機に関連するものは含まれていない。

④は誤り。湾岸戦争は1991年である。したがって2006〜20年にロシアが拒否権を行使した決議案の中に，湾岸戦争に関連するものは含まれていない。

問5　13　正解②

②は正しい。メモにある通り，裁判所法第10条は，小法廷が法律について憲法に適合しないという違憲判断を下すことは，当事者の主張に基づく場合（第1号）も，当事者の主張に基づかない場合（第2号）も，いずれもできないと定めている。

①は誤り。小法廷が法律について違憲判断を行うことができない場合は，裁判所法第10条が定めている。

③は誤り。裁判所法第10条第1号の括弧書きにあるように，小法廷は，その意見が前に大法廷で行った裁判と同じである場合は，当事者の主張に基づいて，法律が憲法に適合するという合憲判断を下すことができるが，大法廷の裁判と異なる場合は，合憲判断を下すことができない。

④は誤り。裁判所法第10条第1号の括弧書きは，法律についての合憲判断を，その意見が前に大法廷で行っ

— 公，政 83 —

た裁判と同じである場合は，小法廷が下すことを認めているだけであって，大法廷が下すことを禁じているわけではない。

問6 　14　 正解②

②が適当。アには「世界中の人々がそれぞれの暮らしの中で直面する問題」に関連するものが当てはまる。②に「全世界の国民」の問題として記されている恐怖や欠乏は，それに当たる。

①は不適。世界中の人々ではなく，日本国民に焦点をあてて記述している。

③④は不適。人々ではなく，国家に焦点をあてた記述である。

第4問

〈出題分野〉

経済，国際経済

〈出題のねらい〉

「日本の雇用慣行」について話し合う生徒3人の会話文に基づいて，年金保険，経済思想，雇用問題など経済分野から幅広く出題した。国際経済分野では貿易論の知識を問うた。統計資料3点を使った問1は，戦後の日本経済史についての知識と資料の読み取りを求めている。問2は説明文をよく読んで，資料を読み取れば正解できる。問6では労働市場における需要曲線・供給曲線の理解が問われた。

〈解説〉

問1 　15　 正解③

ア　1990年代である。完全失業率が上昇を続け，最後の年には5％に迫っていることから判断できる。1990年代初頭のバブル崩壊後，完全失業率は上昇し，2000年には年平均で5％台に達した。イも完全失業率が上昇しているが，高くても2％台で，水準は低い。また，1997年4月に消費税率が3％から5％に引き上げられた。アの消費者物価指数の変化率には，その影響によると考えられる物価上昇も示されている。

イ　1970年代である。消費者物価指数の上昇率が際立って高い年があるなど，ア，ウに比べ，物価が顕著に上昇していることから判断できる。消費者物価指数の変化率を示す左目盛の数字がこの特徴を端的に表している。1973年の第1次石油危機の影響で，日本は「狂乱物価」と称される物価高騰に見舞われた。

ウ　2010年代である。完全失業率が低下を続けたこと，さらに消費者物価指数の変化率がマイナスになったり，プラスの場合でもほとんどの年が低い水準にとどまったりしていることから判断できる。物価が下落する

デフレーション（デフレ）から脱却するため，政府・日本銀行は消費者物価の上昇率を前年比2％とすることを目標にしたが，2010年代を通じて達成できなかった。3％台に達した年があるのは，消費税率の8％への引き上げ（2014年4月）の影響と考えられる。

以上により，古いものから順に並べると，イ→ア→ウになる。

問2 　16　 正解①

Aはドイツ，Bは日本，Cはイギリス，Dがスウェーデンである。

説明文1より，スウェーデンはDとわかる。表の「賃金水準」を見ると，A～Cは，勤続年数が長くなると賃金が上昇しているが，Dはそうなっておらず，賃金水準が勤続年数とは独立に決まっていることを示している。

説明文3より，ドイツはAとわかる。ドイツとスウェーデンは「賃金交渉の集権度」が同じであると述べられている。表の「賃金交渉の集権度」を見ると，スウェーデン（D）と同じ「3」は，A～Cのうち，Aだけである。

説明文2より，イギリスはC，日本はBとわかる。表の「勤続年数」で，年齢階層25～54歳でも，55～64歳でも，CはBより短いことが読み取れる。

問3 　17　 正解②

②は正しい。年金保険の財政方式のうち，その年の年金給付に必要な財源を，その年の現役世代から調達するやり方を賦課方式，将来受給する年金の原資を被保険者本人が積み立てていく方法を積立方式という。日本は現在，賦課方式を基本とする方式をとっている。

①は誤り。基礎年金の財源は，半分が保険料，半分が公費であり，公費のうち，税収で足りない部分は，国債発行収入を充てている。したがって税収は最大の割合を占めていない。基礎年金の財源に占める公費の割合（国庫負担割合）は，2004年の年金改革で「3分の1」から「2分の1」に引き上げられた。

③は誤り。積立方式の下では，インフレーション（物価上昇）が生じたときに年金給付額が実質的に減少するおそれがあるという問題がある。インフレが進むと，貨幣価値が下落するからである。デフレーション（物価下落）が生じたときではない。

④は誤り。厚生年金保険は報酬比例であり，報酬が高く，納めた保険料が多いと，受給する年金は多くなり，報酬が低く，納めた保険料が少ないと，受給する年金は少なくなる。

問4 　18　 正解④

ア　「フリードマン」が入る。フリードマン（1912～

— 公，政84 —

2006年)は景気対策としての財政・金融政策を否定し，通貨量を経済成長などに合わせて一定率で増減させるべきであると説いた。この考え方はマネタリズムと呼ばれる。ガルブレイス(1908～2006年)は，消費者の消費行動は企業の宣伝・広告に依存して行われるという「依存効果」を唱えたことで知られる。

イ 「リカード」が入る。リカード(1772～1823年)は比較生産費説を唱え，自由貿易を主張した。リカードが，イギリスで穀物の輸入を規制していた穀物法の廃止を唱えたのに対し，維持を主張したのがマルサス(1766～1834年)である。

問5 19 正解④

④は誤り。ある一定の仕事量に対し，一人当たりの労働時間を減らすことによって雇用人数を増やすことは，ワークシェアリングと呼ばれる。ワーク・ライフ・バランスとは，仕事と家庭生活の調和である。

①は正しい。労働者派遣法が2015年に改正され，同一の派遣労働者が同じ部署で勤務できる期間は原則として最長3年に制限された。

②は正しい。最低賃金の水準が低いことなどから，フルタイムで働いていても生活を維持することが困難な労働者が存在し，ワーキングプア(働く貧困層)と呼ばれている。

③は正しい。2021年平均の非正規雇用者は2064万人で，雇用者に占める割合は36.7%に上っている(総務省統計局「労働力調査結果」)。

なお，③に「すべての雇用に占める」という記述があるが，この「雇用」は「雇用者」の脱字と思われる。

問6 20 正解①

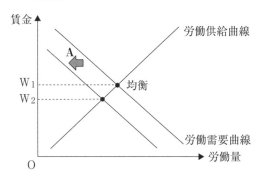

ア・イ 順に「労働需要曲線」「A」が入る。労働市場においては，企業による求人が需要，労働者による求職が供給である。労働を節約できるような新しい技術が導入されると，その分，人手はいらなくなるので，企業の求人が減少すると考えられる。したがって労働需要曲線が左，すなわちAの方向に移動する。

ウ 「低下」が入る。労働需要曲線が左に移動すると，労働供給曲線との交点(均衡点)の縦軸の座標で示される均衡賃金は，W_1からW_2に低下する。

第5問

〈出題分野〉
政治，経済

〈出題のねらい〉
クラスでグループに分かれて探究学習を行ったという想定で，日本経済の歩み，情報化社会に関する法制度などを出題した。知識を求めているのは問1，問4だけである。問2と問3は統計資料の読み取り問題で，問2は数学的な思考を行えば解きやすい。問3は単純に読み取るだけである。問5と問6では文章の読解力が問われた。

〈解説〉

問1 21 正解④

④は正しい。他社の株式を保有することにより，その会社の事業活動を支配することを主な業務とする会社を持株会社という。持株会社の設立は独占禁止法で禁止されていたが，1997年の同法改正により，原則として認められるようになった。

①は誤り。「外需主導型経済」を「内需主導型経済」とすれば，正文になる。外需主導型経済は輸出に依存する経済，内需主導型経済は，消費，投資といった国内需要が成長をけん引する経済である。

②は誤り。小泉純一郎内閣は特殊法人の統廃合，郵政民営化などの構造改革を推し進めたが，これは「大きな政府」ではなく，「小さな政府」を志向したものである。

③は誤り。モノそれ自体よりも知識や情報の重要性が高まっていくことは，経済のソフト化と呼ばれる。産業の空洞化とは，企業の海外進出に伴って国内の雇用が失われ，国内産業が衰退することをいう。

問2 22 正解②

表中の数値を用いて一人当たり労働生産性の変化率を計算すると，時間がかかってしまうが，数学的な思考をすれば，細かく計算することなく正解することができる。

②が適当。生徒Tの2番目の発言にあるように，一人当たり労働生産性は，実質付加価値を就業者数で割ると求められる。1994年から2019年にかけて，製造業とサービス業はいずれも実質付加価値は増加しているが，就業者数については，サービス業は増加しているのに対し，製造業は減少している。1994年と2019年の比較で，サービス業は分子の実質付加価値も，分母の就業者数も，いずれも増加しているのに対し，製造業は分子が増加，

分母は減少しているので，一人当たり労働生産性の変化率（上昇率）は製造業の方が大きくなる。

①は不適。農林水産業は1994年から2019年にかけて，実質付加価値は36.0％減少しているので，1994年の実質付加価値を1とすると，2019年の実質付加価値は0.64になる。また，就業者数は46.5％減少しているので，1994年の就業者数を1とすると，2019年の就業者数は0.535になる。その結果，一人当たり労働生産性は，1994年を1とすると，2019年は＜0.64÷0.535＞になるので，変化率は＜0.64÷0.535－1＞である。同じように製造業については，実質付加価値は，1994年を1とすると，2019年は1.393，就業者数は，1994年を1とすると，2019年は0.766になるので，一人当たり労働生産性の変化率は＜1.393÷0.766－1＞になる。正確に計算しなくても，＜0.64÷0.535－1＞より＜1.393÷0.766－1＞の方が値は大きい，すなわち製造業の方が変化率（上昇率）は大きいことがわかる。

③は不適。それぞれの産業で1994年から2019年にかけて，分子の実質付加価値の変化率の方が分母の就業者数の変化率より高ければ，一人当たり労働生産性は上昇していることになる。農林水産業，製造業，サービス業は，いずれもそうなっている。ただ，サービス業だけは両者の変化率がほとんど同じである。これは，一人当たり労働生産性はほとんど変化していないことを示しており，一人当たり労働生産性の変化率（上昇率）はサービス業が最も小さいことになる。

④は不適。農林水産業，製造業，サービス業は，いずれも1994年から2019年にかけ，実質付加価値の変化率の方が就業者数の変化率より高いので，一人当たり労働生産性は上昇していることになる。

問3 　23　 **正解③**

③は正しい。例えば「30〜39歳」では，「携帯電話・PHS（スマートフォンを除く）」を利用している人の割合は約10％，「スマートフォン」の利用者の割合は約90％である。

①は誤り。「6〜12歳」だけでなく，「70〜79歳」と「80歳以上」でも，スマートフォンを利用している人の割合は50％を下回っている。

②は誤り。パソコンを利用している人の割合は，「13〜19歳」より「60〜69歳」の方が高い。

④は誤り。「6〜12歳」では，「パソコン」よりも「タブレット型端末」の方が利用している人の割合が高い。

問4 　24　 **正解③**

ア　誤り。著作権，商標権あるいは特許権などの知的財産権は，知的な創作活動による利益に認められる権利

であり，インターネットにつながる自由とは関係がない。

イ　正しい。プロバイダー責任制限法（2001年）は，インターネット上で誹謗中傷などを受けた者がプロバイダー（インターネット接続事業者）に対し，発信者情報の開示を請求できることを定めている。

ウ　正しい。官民のデジタル化を推進し，デジタル社会を形成するため，2021年にデジタル庁が内閣に設置された。

エ　誤り。一定期間内であれば無条件で契約の申し込みの撤回や契約の解除ができるクーリングオフ制度を定めた法律として，特定商取引法（1976年）があるが，通信販売は同法のクーリングオフ制度の適用対象になっていない。ただし，通信販売業者が独自に返品制度を設けているケースはある。

問5 　25　 **正解⑤**

ア　**c**が入る。直前の生徒**L**の発言から，アには文脈上，違法・有害な情報の削除などを，事業者の自主的な取り組みに任せることについての見解が当てはまる。それは**c**である。

イ　**a**が入る。直前の生徒**K**の発言から，イには文脈上，事業者に対し，違法な情報の削除などを法律で義務づけることについての見解が当てはまる。また，イに続く生徒**M**の発言から，イは，法律による義務づけの問題点を指摘する内容でなければならない。この二つの条件に合致するのは**a**である。

ウ　**b**が入る。直前の**M**の発言から，ウには違法・有害な情報に対処するためのアイデアを述べたものが当てはまる。それは**b**である。

問6 　26　 **正解⑤**

ア　正しい。アは，発表原稿の第2段落で述べられている「エコーチェンバー」の問題，第3段落の「フィルターバブル」の弊害を踏まえた発言になっている。

イ　誤り。イは，見解としては正しいと言えるが，イが指摘している問題点は発表原稿では述べられていない。

ウ　正しい。発表原稿は第3段落で，インターネットについて「自分の考え方や価値観に近い情報だけに包まれた情報環境に置かれる」と「フィルターバブル」の問題を指摘する一方，テレビ，新聞などのマス・メディアについては，第4段落で「自分の好みや考え方に合わない情報に……触れる機会」を与えるものであるという考え方を示している。ウは，この考え方から導き出される発言である。

― 公，政 86 ―

第6問

〈出題分野〉

国際政治，国際経済

〈出題のねらい〉

生徒たちが「政治・経済」の授業で研究発表と討論を行うことになったという設定で，EU，移民・難民問題を中心に出題した。統計資料を用いた問題が多く，問2は統計資料の読み取りと思考力，EU加盟国についての知識，問4は統計の読み取りとシリア内戦に関する知識を求めている。問3はユーロの知識と思考力，問6は文章の読解力と思考力を問うた。問6は，まず(1)で三つの選択肢の中から任意に一つを選び，そのいずれを選んでも(2)の正解があるというユニークな問題である。問5でも思考力が試された。

〈解説〉

問1 ☐27☐ **正解⑥**

ア b「ユーロ危機」が入る。ギリシャ政府が財政赤字を隠ぺいしていたことが2009年に発覚し，同国は財政危機に陥った。財政危機は，財政状況が悪いポルトガル，スペイン，イタリアといった南欧諸国やアイルランドなどの欧州連合(EU)諸国に広がり，その影響でユーロが下落し，ユーロ危機と呼ばれた。

イ c「2004年」が入る。東欧諸国がEUに加盟するようになったのは，2004年からである。同年，ポーランド，ハンガリー，チェコなどが加盟し，それ以降も2007年にルーマニアが加盟するなどし，EU加盟国は増加していった。

ウ f「市場経済」が入る。東欧諸国は，計画経済を柱とする社会主義経済体制をとっていたが，1989年に共産主義体制が崩壊して相次いで民主化し，市場経済に移行していった。

問2 ☐28☐ **正解③**

ア 正しい。ラトビアは，他国に移住している人口の比率を示した**資料1**の上位10か国，居住人口増加率を示した**資料2**の下位5か国，最低賃金を示す**資料3**の下位5か国に含まれているので，前段は正しい。最低賃金の水準が低ければ，他国で就労するために移住する人が多くなり，居住人口は減ることが考えられるので，後段の推察も正しい。

イ 正しい。ルクセンブルクは**資料1**の上位10か国，**資料2**の上位5か国，**資料3**の上位5か国に含まれているので，前段は正しい。最低賃金の水準が高ければ，他国から就労のために移住してくる人が多くなり，居住人口が増加すると考えられ，また，経済統合が深化すれば他国への移住が増えることも考えられるので，後段の推

察も正しい(他国への移住が増えても，他国からの移住の方が多ければ，居住人口は増加する)。EUの前身である欧州共同体(EC)を設立した6か国をEUの原加盟国と呼び，ルクセンブルクはその一つである。

ウ 誤り。ブルガリアは**資料1**の上位10か国，**資料2**の下位5か国，**資料3**の下位5か国に含まれているので，前段は正しい。他国での就労などを目的とした移住が減少したとすれば，他国に移住している人口の比率が上位にあり，居住人口増加率が下位にあるということは，考えにくい。したがって後段の推察は正しくない。最低賃金の水準が低ければ，他国で就労するために移住する人が多くなると考えられることからも，推察は不適切である。

問3 ☐29☐ **正解①**

☐30☐ **正解②**

ア ①が適当。欧州連合(EU)は市場統合を完成させており，加盟国はモノ，サービスを自由に取引し，資本，労働も自由に移動させることができる。EUに残留を続ければ，この状況を維持することができる。①「EU市場へのアクセスは現状維持が最善である」と考えれば，残留を支持することになる。

イ ②が適当。EUは，加盟国に即時適用され，各国の国内法にも優先する規則を制定する権限を有している。したがって，②「イギリスのことはイギリスが決めるのが当然である」と考えれば，EU離脱を支持することになる。

なお，③はア，イのいずれにも不適。イギリスは1960年に結成された欧州自由貿易連合(EFTA)の原加盟国だったが，1973年に脱退した。

④もア，イのいずれにも不適。イギリスはEUに加盟していた間も，ユーロは導入しなかった。

問4 ☐31☐ **正解②**

ア 誤り。**資料5**から，最初の文は正しいが，2番目の文が誤り。中東・北アフリカ諸国で2010年に始まった民主化運動「アラブの春」はシリアにも波及したが，2022年11月時点でシリアでは政権交代は起きていない。

イ 正しい。最初の文の内容は，**資料5**から読み取れる。また，2番目の文も正しい。「アラブの春」が波及したシリアでは，アサド政権が民主化運動を武力弾圧し，反体制派も武装して，内戦になった。アサド政権は化学兵器を使用するなど，戦闘は激化していった。

ウ 誤り。**資料5**から，最初の文は正しいが，2番目の文が誤り。「パグウォッシュ会議でシリア難民対応への国際的合意がなされた」という事実はない。パグウォッシュ会議は，核廃絶を目指す科学者の組織である。

— 公，政 87 —

問5 　32 　正解⑧

　ア　**b**が入る。**資料6**の6か国のうち，**b**のカナダの難民認定率は54.9％で，最も高い。**a**のアメリカは25.7％である。

　イ　**d**が入る。**d**のマルチカルチュラリズム（多文化主義）とは，多様な人種・民族の文化を尊重し，共存していこうとする考え方をいう。マルチカルチュラリズムは難民の積極的な受け入れにつながり，その結果，難民認定率は高くなることが考えられる。**c**のユニラテラリズム（単独行動主義）とは，国際問題への対処にあたり，一国主導で解決しようとする立場をいう。難民認定率の高さには結びつかない。

　ウ　**f**が入る。難民条約が規定しているノン・ルフールマンの原則とは，難民について「迫害の待つ国に追放・送還してはならない」というものであり，**f**が当てはまる。**e**の「出身国での困窮を理由に入国した申請者」，すなわち経済難民は難民条約上の「難民」に当たらない。

問6 　33 　正解①または②または③
　　 　34 　正解③（ 33 が①の場合）
　　 　　　正解①（ 33 が②の場合）
　　 　　　正解②（ 33 が③の場合）

　ア　**b**と**c**である。アは「移民・難民を受け入れるべきである」とは提言していない。ここには移民・難民の受け入れに否定的な生徒**Y**の意見（**b**）が反映されている。また，「移民・難民の発生する地域の安定や開発に貢献すべきである」「そうした支援を行う国際機関への資金援助も今以上に積極的に行うべきだ」という提言は，移民・難民が発生しないようにするためのものである。これは「移民・難民として出ていかれたら，その国の将来を担う人材も減りそう」「他国の就労先で低賃金・重労働の仕事を押し付けられるのも心配だ」と懸念する生徒**Z**の意見（**c**）を踏まえたものである。

　イ　**a**と**b**である。「経済の活力が失われる日本の将来を考慮するならば，移民・難民の受入れとは考えなければならない選択肢の一つだ」という提言は，「移民労働者によって日本経済も活性化する」として，受け入れに賛成する生徒**X**の意見（**a**）と合致する。また，「移住してくる人たちに日本の社会や歴史，文化を深く理解してもらう」必要性を指摘しているのは，**Y**の「移民が急に増えると，生活習慣や文化の違いでその地域の住民と摩擦が起こりそうだ」という問題意識を踏まえたものである。「在留資格や国籍取得の要件」の厳格化を求めているところにも，移民・難民の受け入れに否定的な**Y**の意見が反映されている。

　ウ　**a**と**c**である。ウは，移民・難民を受け入れることを前提にした提言である。受け入れた移民・難民を，企業が雇用し，事業活動に活かせるようにするための方策を提案している。生徒3人のうち，**X**は受け入れに極めて積極的であるし，**Z**も移民・難民として他国に移住することは認められるべきであると考えている。

2024年度

大学入学共通テスト
本試験
― 現代社会 ―

解答・解説

'24
現社解答・解説

■2024年度大学入学共通テスト本試験「現代社会」得点別偏差値表
　　下記の表は，大学入試センター公表の平均点と標準偏差をもとに作成したものです。

平均点　55.94　標準偏差　14.96　　　　　　　　　　　　　　受験者数：71,988

得　点	偏差値	得　点	偏差値	得　点	偏差値	得　点	偏差値
100	79.5	70	59.4	40	39.3	10	19.3
99	78.8	69	58.7	39	38.7	9	18.6
98	78.1	68	58.1	38	38.0	8	18.0
97	77.4	67	57.4	37	37.3	7	17.3
96	76.8	66	56.7	36	36.7	6	16.6
95	76.1	65	56.1	35	36.0	5	15.9
94	75.4	64	55.4	34	35.3	4	15.3
93	74.8	63	54.7	33	34.7	3	14.6
92	74.1	62	54.1	32	34.0	2	13.9
91	73.4	61	53.4	31	33.3	1	13.3
90	72.8	60	52.7	30	32.7	0	12.6
89	72.1	59	52.0	29	32.0		
88	71.4	58	51.4	28	31.3		
87	70.8	57	50.7	27	30.7		
86	70.1	56	50.0	26	30.0		
85	69.4	55	49.4	25	29.3		
84	68.8	54	48.7	24	28.6		
83	68.1	53	48.0	23	28.0		
82	67.4	52	47.4	22	27.3		
81	66.8	51	46.7	21	26.6		
80	66.1	50	46.0	20	26.0		
79	65.4	49	45.4	19	25.3		
78	64.7	48	44.7	18	24.6		
77	64.1	47	44.0	17	24.0		
76	63.4	46	43.4	16	23.3		
75	62.7	45	42.7	15	22.6		
74	62.1	44	42.0	14	22.0		
73	61.4	43	41.4	13	21.3		
72	60.7	42	40.7	12	20.6		
71	60.1	41	40.0	11	20.0		

2024年度 本試験「現代社会」 解答・配点

（100点満点）

問題番号（配点）	設問（配点）	解答番号	正解	自己採点欄	問題番号（配点）	設問（配点）	解答番号	正解	自己採点欄
第1問（22）	1（3）	1	⑤		第4問（22）	1（3）	21	②	
	2（3）	2	⑥			2（3）	22	④	
	3（3）	3	③			3（3）	23	④	
	4（3）	4	⑥			4（3）	24	③	
	5（3）	5	④			5（3）	25	①	
	6（4）	6	②			6（4）	26	⑤	
	7（3）	7	①			7（3）	27	③	
	小　計					小　計			
第2問（19）	1（3）	8	⑤		第5問（16）	1（4）	28	③	
	2（3）	9	②			2（4）	29	③	
	3（3）	10	②			3（4）	30	②	
	4（4）	11	⑤			4（4）	31	④	
	5（3）	12	⑤			小　計			
	6（3）	13	①			合　計			
	小　計								
第3問（21）	1（3）	14	③						
	2（3）	15	④						
	3（3）	16	③						
	4（3）	17	③						
	5（3）	18	⑧						
	6（3）	19	④						
	7（3）	20	③						
	小　計								

解　説

第1問

〈出題分野〉

「安全保障に関わる日本の政治と判例」

〈出題のねらい〉

　大学の授業で受講生が「安全保障に関する政治と裁判」をテーマとした発表を行うことになったことに関連して主に政治分野から幅広く出題された。問1は大日本帝国憲法と日本国憲法の比較，問2は日米安保体制に関わる法整備，問3は国際平和構想を提唱した人物についての理解，問4はインターネット選挙運動，問5は裁判官の地位，問6は違憲判決への2つの立場からの批判についての理解を問う問題，問7は食料安全保障についての理解を問う問題で，問6，問7は知識だけでなく思考力を問う出題であった。

〈解説〉

問1　 1 　正解⑤

　Aは正しい。**統帥権**とは軍隊（陸海空軍）の最高指揮権を意味する。大日本帝国憲法第11条に「天皇ハ陸海軍ヲ統帥ス」との規定がある。

　Bは誤り。日本国憲法第68条に「…その（国務大臣の）過半数は，国会議員の中から選ばれなければならない」との規定があるので，全体の過半数を超えなければ国会議員でない民間人が国務大臣に就任することも可能である。しかし，第66条2項で「内閣総理大臣その他の国務大臣は，文民でなければならない」と規定されているため，文民でない者が国務大臣に就任することはできない。

　Cは誤り。政府は2014年7月に，「日本と密接な関係にある他国への武力攻撃が発生し，国民の生命・自由・幸福追求の権利が根底から覆される明白な危険があり，国民を守るために他に適当な手段がない場合」には**集団的自衛権**を行使できると閣議決定し，従来の政府解釈を大きく変更した。

　以上より，正しい組合せは⑤である。

問2　 2 　正解⑥

　日米安保共同宣言は1996年4月に橋本龍太郎首相とクリントン大統領との間で発表された宣言で，日本とアジア太平洋における日米間の協力体制が確認された。**日米ガイドライン**は1978年に取り決められた日本周辺で有事が起こったときの日米間の協力体制についての指針である。この改定は1997年9月，再改定は2015年4月に行われた。**安全保障関連法**は，再改定した日米ガイドラインの内容を受け，**周辺事態法を重要影響事態法**に改正する

などして2015年9月に成立した。よって時期は**ウ**になる。ガイドライン関連法は，1999年5月に制定された。その中心が周辺事態法で，日本政府が周辺事態と判断すれば，自衛隊による米軍への後方支援活動が可能となることなどが定められた。よって時期は**イ**になる。

　以上より，正しい組合せは⑥である。

問3　 3 　正解③

　A　**カント**（1724～1804）はドイツの哲学者で，自律的な人間が手段としてではなく，目的として尊敬し合う社会を理想とし，主著『**永遠平和のために**』（1795年）で自由な諸国家による国際平和機構の設立を提唱した。一方，**ヘーゲル**（1770～1831）は**弁証法**を確立したドイツの哲学者である。

　B　「**平和原則14か条**」は，1918年にアメリカの**ウィルソン大統領**（1856～1924）が提唱した。この中に国際平和機構設立の規定がある。なお，アメリカは上院の同意が得られず，国際連盟に不参加であった。一方，**F.ローズベルト大統領**（1882～1945）はニューディール政策を実施して世界恐慌からの脱却を図り，また1941年の一般教書演説において**四つの自由**（「言論と表現の自由」「信教の自由」「欠乏からの自由」「恐怖からの自由」）を示した。

　以上より，正しい組合せは③である。

問4　 4 　正解⑥

　Aは誤り。7月16日は公示後だが，**ポスター**に掲げられたルールにあるように，有権者が電子メールを利用して選挙運動を行うことは，誹謗中傷やなりすましに悪用されやすいので禁止されている。

　Bは正しい。動画配信アプリを使って選挙運動を行うことは，**ポスター**に掲げられたルールにあるように，インターネットを利用した選挙運動の例として認められている。また7月25・26日は選挙運動可能な期間であるのでルールに適合する。

　Cは誤り。**ポスター**に掲げられたルールには，投票日前日までしか選挙運動を行うことができないと記載されている。7月30日は投票日当日なので選挙運動を行うことはできない。

　以上より，正しい組合せは⑥である。

問5　 5 　正解④

　④は正しい。日本国憲法第76条3項で「すべて裁判官は，その良心に従ひ独立してその職権を行ひ，この憲法及び法律にのみ拘束される」と裁判官の職権の独立が規定されている。

　①は誤り。日本国憲法第64条1項に「国会は，罷免の訴追を受けた裁判官を裁判するため，両議院の議員で組織する**弾劾裁判所を設ける**」とあるように，弾劾裁判所

— 公，政91 —

は国会に設けられる。

②は誤り。心身の故障のために職務を果たせない裁判官は,裁判所における分限裁判で罷免の判断が行われる。

③は誤り。日本国憲法第79条1項に「最高裁判所は,その長たる裁判官及び法律の定める員数のその他の裁判官でこれを構成し,その長たる裁判官以外の裁判官は,内閣でこれを任命する」とあるように,長官以外の最高裁の裁判官は内閣で任命する。

問6　6　正解②

判決文は砂川事件の最高裁判決(1959年)である。同判決のポイントは「**日米安全保障条約については統治行為論で判断回避**」である。**判決文**では,日米安全保障条約に関して,高度の政治性を有する事項については,原則として裁判所が審査すべきでないとしながら,一見極めて明白に違憲無効であると裁判所が認める場合は審査権の範囲内としていることが読み取れる。よってア【判決文の主旨】にはAが該当する。

イ　裁判所が「積極的に違憲審査すべき」という立場はCが該当する。Cの「裁判所は,一見極めて明白に違憲無効であると認められなくても,違憲審査を回避すべきでない」に内容が合致している。

ウ　裁判所が「違憲審査を一切すべきでない」という立場はBが該当する。Bの「裁判所は,一見極めて明白に違憲無効と認められるかどうかの審査さえ行うべきでない」に内容が合致している。

以上より,正しい組合せは②である。

問7　7　正解①

イはAがあてはまる。イは国際問題の解決を担う国連及び国連機関にとっての食料安全保障論である。背景にある開発途上国における飢餓の問題の深刻化により,**国連食糧農業機関(FAO)**はすべての人が安全で栄養のある食料を入手する権利を有することをうち出している。

Ⅱは国外での凶作によって輸入が途絶える不測の事態を想定するので,国内での食料生産を増やすことを重視する内容のP「食料自給率を向上させる」があてはまる。

ⅢはR「半減させる」があてはまる。2000年のミレニアム開発目標では,2015年までに極度の貧困を半減させることや5歳未満児の死亡率を3分の1にするなどの8目標が掲げられた。以上より正しい組合せは①である。

他の空欄について,アはBがあてはまる。アは多くの食料を特定の国・地域からの輸入に依存する日本にとっての食料安全保障論である。日本は国外の状況に左右されることなく食料を確保すべきであることが主張される。

Ⅰは特定の国・地域への依存を回避するために行うこととなのでQ「食料輸入先を分散させる」があてはまる。

第2問

〈出題分野〉

「働くことと生き方についてのグループ研究」

〈出題のねらい〉

高校生が行ったグループ研究に関する会話文や資料をもとに,青年期の心理と課題の分野を中心に出題された。問1は課題研究の方法,問2は雇用問題,問3は仕事選択時の重要な観点についての資料読み取り問題,問4はアイデンティティについての定義と具体例の組合せ問題で文章理解と情報分析力を問う出題,問5は葛藤,問6は人間相互の関わりについての思想を問う出題であった。

〈解説〉

問1　8　正解⑤

アはBがあてはまる。フィールドワーク(実地調査)は,実際に現地を訪れて調査・研究活動を行うことを指す。一方,Aのロールプレイは現実にある様々な場面を想定して,そこに登場する特定の立場の人物などになったつもりで,設定された問題点や解決法を考える学習法を指す。

イはCがあてはまる。ブレインストーミングは会議などで複数の参加者が自由に,積極的に意見を出し合って,その中から新たな発想を見つけ出したり,アイデアをよりよいものとしたりする手法を指す。一方,Dはディベートの説明である。

ウはEがあてはまる。**帰納法**は複数の事例や事項から導き出せる共通項をまとめ,それについて検証,比較,考察を行って結論を導く方法で,イギリスの哲学者ベーコン(1561〜1626)が提唱した。一方,**F**の**演繹法**はすでに判明している一般的な原理・事実から論理的な推論によって結論を導き出す方法で,フランスの哲学者デカルト(1596〜1650)が提唱した。

以上より正しい組合せは⑤である。

問2　9　正解②

②は正しい。**インターンシップ**は,学生や生徒が自分自身の将来の進路と関連のある企業で行う就業体験を指す。

①は誤り。政府が設置している就労支援機関は**公共職業安定所(ハローワーク)**である。職業指導や職業訓練,失業給付などを行っている。一方,**国民生活センター**は消費者問題に関する情報提供や調査研究などを行う独立行政法人である。

③は誤り。**年功序列型賃金**は勤続年数によって賃金が

— 公，政92 —

上がっていく仕組みで，終身雇用とともに日本的雇用慣行の例として挙げられる。一方，成果主義型の賃金体系は個人の業績に応じて賃金が決まる仕組みで，1990年代以降に導入する企業が増えた。

④は誤り。**労働者派遣法**が1985年に制定された当初の派遣対象業種は，通訳やソフトウェア開発など13業種に限定されていたが，1996年改正で26業種に拡大し，その後1999年に原則自由化され，対象業種数は増えている。

問3 **10** 正解②

②は正しい。16～19歳は「自分が身に付けた知識や技術が活かせる」という観点は40.6％，「能力を高める機会がある」という観点は31.8％でそれぞれ他の年齢区分よりも高い。

①は誤り。25～29歳では「自宅から通える」という観点が51.0％で，「安定していて長く続けられる」という観点の46.7％を上回っている。

③は誤り。「自由な時間が多い」という観点は20～24歳が35.9％，25～29歳が31.3％で後者の方が低く，年齢区分が上がるごとに回答割合は増加するとは言えない。

④は誤り。「子育て，介護等との両立がしやすい」という観点は16～19歳で28.5％，20～24歳で25.7％と後者の方が低く，年齢区分が上がるごとに回答割合が増加するとは言えない。

問4 **11** 正解⑤

Xはウがあてはまる。「違う役割をしている自分に違和感がない」という部分に斉一性の感覚は表れているが，連続性の感覚は表れていない。

Yはアがあてはまる。「大学に入学したばかりの頃」，「大学を卒業する頃」と時間が経過しても「緊張しやすい」いう自分自身の変わらない性格・特徴が一貫して示され，これに応じた対応策を「ずっと続けていこう」とする部分に連続性の感覚は表れているが，斉一性の感覚は表れていない。

Zはイがあてはまる。「幼い頃」からの自分自身の心配性という特徴について，「就職後もこの特徴は強みになると思えました」という部分に連続性の感覚が表れており，「相手や場面によって自分の振る舞いを変えられる柔軟性があるのも私」という部分に斉一性の感覚が表れている。そしてその両方の感覚を親友が認めてくれていることが示されている。

以上より正しい組合せは⑤である。

問5 **12** 正解⑤

複数の矛盾した欲求がぶつかってしまい，どちらを選ぶかを決められない状態のことを**葛藤**といい，**レヴィン**（1890～1947）は葛藤を欲求の種類に応じて「接近―接近」

型，「接近―回避」型，「回避―回避」型の3つに分類した。

アは正しい。新入社員の指導について「上司として多くのことを指導したい」が，「細かいことを言い過ぎたくない」という状況は「接近―回避」型に当てはまる事例である。

イは誤り。「日帰り旅行のために，その日の休暇を申請したい」が，「親しい同僚の仕事を手伝ってあげたい」という状況は「接近―接近」型に当てはまる事例である。

ウは誤り。「昇進試験を受けたくない」が，「昇進しないで，現在の業務を続けたくもない」という状況は「回避―回避」型にあてはまる事例である。

以上より正しい組合せは⑤である。

問6 **13** 正解①

①は正しい。**和辻哲郎**（1889～1960）は，人間を純粋に独立した個人ではなく，他者との関係において人間であるという「**間柄的存在**」としてとらえた。

②は誤り。日常生活で「忠信」を守ることが必要だと説いたのは古義学派の創始者**伊藤仁斎**（1627～1705）である。**賀茂真淵**（1607～1769）は『万葉集』の研究を通じて国学を体系化した国学者で，主著に『国意考』，『万葉考』などがある。

③は誤り。主著『**孤独な群衆**』で人間の性格を「伝統指向型」「内部指向型」「他人（外部）指向型」に分類し，現代に生きる人々を「他人指向型」と特徴づけたのは**リースマン**（1909～2002）である。**サルトル**（1905～80）は，人は自由と責任を引き受けて政治や社会の様々な問題に積極的に参加すべきであることを意味するアンガージュマンを説いた哲学者である。

④は誤り。対話やコミュニケーションを通じて，相手との間に理解や合意を生み出すことを主張したのは**ハーバーマス**（1929～）である。**アドルノ**（1903～69）は著書『権威主義的パーソナリティ』で，ファシズムの原因を権威主義的性格の中に見出した。

第3問

〈出題分野〉

「日本の政治（立法，行政，司法及び地方自治）」

〈出題のねらい〉

大学生と高校生のきょうだいが将来の夢を語り合う場面設定で，国会議員や選挙制度，地方自治制度，日本の刑事司法制度，公害事件における損害賠償，情報関連の法制度などを中心に政治分野の知識が問われた。問2は各国の公務員（中央，地方）の割合についてグラフを読み取る出題，問5は裁判と和解に関する費用のシミュレーション問題で，計算力と情報分析力を問う出題であった。

— 公，政93 —

〈解説〉

問1 　14　 正解③

③は正しい。日本国憲法第45条に「衆議院議員の任期は，４年とする。但し，衆議院解散の場合には，その期間満了前に終了する」とある。2024年２月現在，衆議院議員が任期満了となったケースは1972年12月〜1976年12月の１度だけである。

①は誤り。日本国憲法第46条に「参議院議員の任期は，６年とし，３年ごとに議員の半数を改選する」とあるように，３年に１度の通常選挙で半数の参議院議員が改選される。

②は誤り。参議院の比例代表選挙は全国を１ブロックとして行われる。2001年の参議院議員選挙から比例名簿に当選順位をつけずに候補者名を掲載し，個人得票が多い順に当選者を決める**非拘束名簿式比例代表制**が採用されている。

④は誤り。2015年６月の公職選挙法改正で選挙権年齢は満18歳以上に引き下げられたが，衆議院議員の被選挙権は満25歳以上である。

問2 　15　 正解④

アは「地方」があてはまる。政府雇用者に占める「地方」の割合は連邦制を採用するドイツ，アメリカではともに８割程度であり，連邦制を採用していない韓国の割合（約６割）よりも大きい。

イは「中央」があてはまる。日本の政府雇用者に占める「中央」の割合は２割に満たず，韓国の割合（約４割）よりも少ない。

ウは「小さな」があてはまる。日本の全雇用者に占める政府雇用者の割合は約６％である。韓国（約7.5％），アメリカ（約15％），ドイツ（約10.5％）に比べて小さい。

以上より正しい組合せは④である。

問3 　16　 正解③

③は正しい。地方公共団体は**二元代表制**であり，有権者は首長と地方議会議員それぞれを直接選挙で選出する。

①は誤り。地方議会は首長の不信任決議権を有する一方で，首長は地方議会の解散権を持つ。ただし，首長は地方議会による不信任決議が可決された場合に限って，地方議会を解散することができる。

②は誤り。地方自治法に基づく直接請求権の**リコール**（公職にある者を，その任期満了前に解職する制度）の対象は首長，議員，主要な公務員（副知事，副市町村長など）である。有権者の原則**３分の１以上**の署名を選挙管理員会に提出すれば首長の解職請求を行うことができ，その後の住民投票で投票者の過半数の賛成があれば首長の解

職が決定する。

④は誤り。有権者は監査委員に対して有権者の**50分の１以上**の署名を提出することで，事務の監査請求を行うことができる。

問4 　17　 正解③

③は正しい。2008年の刑事訴訟法改正で，犯罪被害者や遺族は裁判所の許可を得て，刑事裁判に参加し，被告人に質問したり，量刑などについて意見を述べたりすることが可能になった。

①は誤り。日本国憲法第39条は「何人も，実行の時に適法であつた行為又は既に無罪とされた行為については，刑事上の責任を問はれない」と定め，遡及処罰を禁止している。

②は誤り。検察官に起訴された被告人は，刑事裁判で有罪判決が確定しない限り，無罪が推定される。これを**無罪の推定**という。この場合の立証責任は捜査機関または起訴した検察官にある。

④は誤り。日本国憲法第39条は「同一の犯罪について，重ねて刑事上の責任を問はれない」と規定している。有罪判決確定後に無罪を示す新たな証拠が発見されるなど，被告人に有利な場合以外では，同一の犯罪について再び審理を行うことはできない。これを**一事不再理**という。

問5 　18　 正解⑧

アは**B**があてはまる。原告側の和解の場合の予想利得額$100-70=30$は，裁判の判決で解決する場合の予想利得額$0.6×200-100=20$を上回るので，原告側は和解を選択する。

イは**C**があてはまる。被告側の和解の場合の予想損失額$100+70=170$は，裁判の判決で解決する場合の予想損失額$0.2×200+100=140$を上回るので，被告側は和解を選択しない。

ウは**Q**があてはまる。**Y**が40未満になれば，被告側の和解の場合の予想損失額が140未満になるので，裁判の判決の場合の予想損失額140を下回って，被告側は和解を選択する。この場合，原告の和解の場合の予想利得額は60を上回ることになり，裁判の判決で解決する場合の予想利得額$0.6×200-100=20$を上回るので，原告側も和解を選択する。

以上より正しい組合せは⑧である。

問6 　19　 正解④

アは「過失」があてはまる。民法では，他者に何らかの損害を与えたとしても，過失がない限り，損害賠償責任を負わないとする過失責任が規定されている。しかし，公害問題については1970年代以降，過失の有無にかかわ

― 公,政94 ―

らず，企業が損害賠償責任を負うべきとする**無過失責任の原則**が採用され，1972年改正の**大気汚染防止法**と**水質汚濁防止法**に明文化された。

イは「**公害健康被害補償法**」があてはまる。同法では**汚染者負担の原則（PPP）**が採用され，環境汚染を引き起こした者が環境回復または浄化のための費用を負担し，その一部を被害者に給付することを定めている。一方，**環境基本法**は1993年に**公害対策基本法**（1967年制定）と自然環境保全法（1972年制定）に代わって制定され，環境保全の基本的理念とそれに基づく基本的施策の総合的枠組みを規定しているが，**環境権**は明記されていない。

以上より正しい組合せは④である。

問7　20　正解③

③は正しい。従来は1988年に制定された行政機関を対象とする個人情報保護法だけしかなかったが，2003年に制定された**個人情報保護法**では，民間事業者に対し，個人情報の適切な保護・取り扱いを義務付けている。同法に基づき，個人は自己の個人情報の開示請求をすることができ，開示を受けた個人情報の内容が事実でない場合などには，訂正を求めることができる。

①は誤り。1999年に制定された**情報公開法**では，行政機関は，開示請求を受けた場合，個人情報や国の安全保障に関わる情報などは非開示にできる。また，同法は**知る権利**について明記していない。

②は誤り。2013年に制定された**特定秘密保護法**では，国が保有する①防衛，②外交，③スパイ活動防止，④テロ活動防止の４分野に関する秘密を漏えいした公務員に最長10年の懲役刑を課すだけでなく，漏えいを煽った者にも最高５年の懲役刑を課すことが定められている。

④は誤り。他人のパスワードの無断使用を禁止しているのは1999年に制定された**不正アクセス禁止法**である。同年に制定された**通信傍受法**は，組織的な薬物などの犯罪捜査のために，裁判官の発する傍受令状により，捜査機関が電話や電子メールなどの通信を傍受できることを定めた法律である。

第４問

〈出題分野〉

「開発途上国の経済と国際社会が直面する課題」

〈出題のねらい〉

高校生と叔父の会話文をもとに国際収支，日本のODA，エネルギー資源問題，国際機関，地球温暖化問題，外国為替相場，インフレの影響など国際経済，環境問題から幅広く出題された。問5は京都議定書からパリ協定に至る経緯を問う空欄補充問題，問6は会話文から**A国**

の通貨ルントとドルとの為替相場の変動や影響について推察させる論理的思考力を問う出題であった。

〈解説〉

問1　21　正解②

アは「**第一次所得収支**」があてはまる。第一次所得収支には海外企業からの雇用者報酬及び対外金融資産からの投資収益などが計上される。一方，「**第二次所得収支**」は国際機関への拠出金や食料・医薬品などの消費財の無償援助，海外で働く人の本国への送金などが計上される。

イは「**サービス収支**」があてはまる。「**サービス収支**」は旅行や保険，知的財産権の使用料などが計上され，会話文中で挙げられている海外ホテルの宿泊代金も含まれる。一方，「**貿易収支**」は商品の輸出と輸入の差額を示す。

以上より正しい組合せは②である。

問2　22　正解④

④は正しい。日本の**政府開発援助（ODA）**は二国間援助だけでなく，国際機関（**IBRD（国際復興開発銀行）**や**UNICEF（国連児童基金）**など）への拠出金など多国間援助も行っている。

①は誤り。日本のODAは，「**贈与**」だけでなく，「**借款**」も行っている。日本の場合，「**贈与**」の割合が低い，つまり融資基準の緩やかさを示す**グラント・エレメント**が低いのが特徴である。

②は誤り。2022年度の日本のODAの対GNI比率は0.39％で，DAC加盟国中15位であった。これは国連の目標値**GNI比0.7％**をはるかに下回っている。

③は誤り。ODAの対象は，医療，教育などの生活関連分野だけでなく，社会基盤分野や環境分野など広範に及ぶ。

問3　23　正解④

④は正しい。**可採年数**とは，枯渇性資源（石油，石炭，天然ガスなど）のある年の確認可採埋蔵量を，その年の年間生産量で割った数値である。

①は誤り。選択肢は**スマートグリッド**の説明である。**クリーン開発メカニズム**は先進国の資金・技術援助で発展途上国のCO_2削減を実現するもので，先進国は実現した削減分の一部を自国の排出枠として獲得できる仕組みである。

②は誤り。主たるエネルギー資源が転換することを**エネルギー革命**といい，特に第二次世界大戦後の石炭から石油への転換を指す。日本では1950〜1960年代に石炭から石油へと主たるエネルギー資源が変わった。**オイル・ショック**は1970年代に石油価格の暴騰がきっかけとなり，世界中に影響を及ぼした出来事である。第一次オイル・ショックは1973年に，第二次オイル・ショックは

― 公，政95 ―

1979年にそれぞれ起こった。前者は**第四次中東戦争**の際にアラブの産油国が原油生産の抑制，原油価格の大幅引き上げを行ったため，後者はイラン革命の影響で石油価格が高騰したために発生した。

③は誤り。選択肢は**バイオマスエネルギー**の説明である。**一次エネルギー**は石油など，自然界から採った資源を，そのまま活用するものである。

問4 24 **正解③**

③は誤り。選択肢は**国連貿易開発会議（UNCTAD）**の説明である。1964年の第1回UNCTAD総会ではプレビッシュ報告が提示され，「援助よりも貿易を」というスローガンが生まれた。一方，**経済協力開発機構（OECD）**は1961年に創設された経済協力組織で，加盟国経済の安定成長や途上国援助の促進などを目的としている。「先進国クラブ」とも呼ばれており，2024年3月現在，38ヵ国が加盟している。

①は正しい。**国連人間環境会議**は1972年にスウェーデンのストックホルムで「**かけがえのない地球**」をスローガンに開催された会議で，**人間環境宣言**が採択された。この会議での成果を受けて環境問題を総合調整する国連機関として**国連環境計画（UNEP）**が設立された。

②は正しい。**国際労働機関（ILO）**は，労働条件の改善を国際的に実現することを目標としている国際協力機関で，1919年に国際連盟の連携機関として設立され，1946年に国際連合の専門機関となった。

④は正しい。**国連難民高等弁務官事務所（UNHCR）**は1951年に難民問題の解決，難民の保護と定住の確保，国内避難民への援助のために国連総会によって設立された機関である。1991～2000年まで**緒方貞子**が高等弁務官を務めた。

問5 25 **正解①**

アは**P**があてはまる。「条約の特徴」にあるように，先進国は産業革命以来，温室効果ガスを大量に排出しながら経済成長を遂げた。これから開発途上国が経済成長を遂げるには，同様に温室効果ガスの排出をすることになるので，開発途上国に排出削減を求めることは，開発途上国の経済発展を阻害することになる。

イは**Q**があてはまる。1997年に**京都議定書**が採択されてから2015年に**パリ協定**が採択されるまでの期間に中国やインドのように経済発展を成し遂げた国もある。中国やインドは京都議定書では排出削減義務を課されていなかったが，パリ協定では排出削減義務が課されることになった。

ウは**R**があてはまる。開発途上国は技術も資金も不十分なため，独自に排出削減を行うのは困難なので，パリ

協定は，先進国にその支援を行う義務を課している。**S**は「**排出権（量）取引**」の説明である。

以上より正しい組合せは①である。

問6 26 **正解⑤**

Xは**イ**があてはまる。外国為替市場で，ルント売りドル買いの取引が行われてルントの供給が増え，ドルの需要が高まるため，ルント安・ドル高が進行する。

Yは**カ**があてはまる。戦後の日本では，緊縮財政下で政府支出の削減や増税など総需要抑制政策（ドッジ・ライン）が採用された結果，インフレは収束したが，急激なデフレが発生した。これを安定恐慌と呼ぶ。

Zは**サ**があてはまる。**固定相場制**を採用するとともに，新ルントの発行量を制限し，新ルントと外貨を安定して交換できるようにすると，外国為替市場における新ルントの信用が高まって，その価値が安定すると考えることができる。

以上より正しい組合せは⑤である。

問7 27 **正解③**

アは正しい。インフレ下では貨幣価値が下がっているため，年金受給額が一定ならば，その実質価値は目減りする。また，物価が上昇しているということは，以前と同じお金で買える物が少なくなることになるので，生活水準は下がる。

イは誤り。金利が一定ならば，インフレ下では貨幣価値が下がっているため，預金の実質的価値も下がる。

ウは正しい。インフレ下では貨幣価値が下がっているため，国債の実質的価値も下がることになり，返済負担は軽くなる。これを**債務者利得**という。

以上より正しい組合せは③である。

第5問

〈出題分野〉

「地域社会の現状と地域づくりの考察」

〈出題のねらい〉

2人の高校生による地域社会の現状と地域づくりについての課題探究学習を場面設定として，問1は住民運動における異議表明の事例についての組合せ問題，問2は地域づくりの意識に関わる調査資料を読み取る問題，問3は「関係人口」と呼ばれる人々が地域にもたらす効果の事例についての組合せ問題，問4は地域づくりの観点に基づく事例についての組合せ問題が出題された。各問題とも情報分析力・思考力・判断力をはかる出題であった。

〈解説〉

問1 28 **正解③**

アは正しい。「農地造成のために堤防を建設する」とい

— 公，政96 —

う自治体の政策内容への異議ではなく，**環境アセスメン**トの調査が不十分であるという政策決定までの過程への異議を表明している。

イは誤り。「渋滞解消のために道路を建設する」という自治体の政策内容への異議を表明している。

ウは正しい。「治水対策のためにダムを建設する」という自治体の政策内容への異議ではなく，住民の意見を聴取する機会を十分に確保しなかったという政策決定までの過程への異議を表明している。

以上より正しい組合せは③である。

問2 ⬜29 **正解③**

Aは**ア**があてはまる。**ア**は正しい。「住民自身がもっと当事者意識を持って取り組むべき」と回答した人の割合は小都市が53.0％，町村が53.4％であり，全体の58.1％よりも低い。また，「外部人材の参加を促すべき」と回答した人の割合は小都市が21.4％，町村が23.0％であり，全体の18.1％よりも高い。一方，**イ**は誤り。前半は正しいが，「地域の様々な主体の参加を促すべき」と回答した人の割合は小都市が17.9％，町村が20.1％であり，大都市の25.5％，中都市の22.7％よりも低い。

Bは**オ**があてはまる。**ウ**は誤り。10人に1人とは10％という意味である。前半は正しいが，「家族の事情や地域との関係性がある」と回答した人の割合は「地縁・血縁型」以外の型でもすべて10％を上回っている。**エ**は誤り。前半は正しいが，「地域の良い変化を感じられる」と回答した人の割合は「地縁・血縁型」が5.6％で最も低い。**オ**は正しい。5人に1人以上とは20％以上という意味である。「楽しい，リフレッシュできる」と回答した人の割合はすべての型で20％を上回っている。また「参加・交流型」では「いろいろな人との出会いやつながりがあり，共感を得ることができる」は27.0％，「同行者や滞在先の人などが喜んでいる」は24.5％であり，20％を上回っている。

以上より，正しい組合せは③である。

問3 ⬜30 **正解②**

アは正しい。地域住民が古民家の価値を再発見したことが**A**に該当し，古民家の利活用事業の仕組みを教えてもらったという部分が，**B**に該当する。さらに，自治体や町内会，商店街が連携して役割分担したことが**C**に該当する。

イは正しい。地域住民が地域の家庭料理の価値を再発見したことが**A**に該当し，関係人口の人々がその家庭料理の商品化のノウハウを地域に提供したという部分が，**B**に該当する。さらに，商店街や自治体が協力して商品宣伝を行うようになった部分が**C**に該当する。

ウは誤り。「長らく地域住民の誇りであった海岸林が劣化し始めていることに地域住民が気付いた」という部分より，地域住民がもともと海岸林の価値について認識を持っていたことがわかるので，地域資源の再発見という**A**の効果はもたらされていない。

以上より，正しい組合せは②である。

問4 ⬜31 **正解④**

アは誤り。その地域社会が従来持っていた歴史的な景観という独自の文化が失われているので，**観点**に基づく事例と考えることはできない。

イは正しい。まちづくり組織や展示や販売を行う人々など地域内外の担い手が，空き店舗という地域内の諸資源を活用しながら，古くから行われてきたお祭りという独自の文化を振興させているので，**観点**に基づく事例と考えることができる。

ウは正しい。地域住民と地域外のNPOという担い手が連携して，里山や伝統工芸品などの地域内の諸資源を活用した結果，地域に愛着を持つ人々が増えたり，独自の文化の振興につながる団体が複数生まれたりしているので，**観点**に基づく事例と考えることができる。

以上より，正しい組合せは④である。

2024年度

大学入学共通テスト
本試験
― 政治・経済 ―

解答・解説

'24
政経解答・解説

■2024年度大学入学共通テスト本試験「政治・経済」得点別偏差値表
　　下記の表は，大学入試センター公表の平均点と標準偏差をもとに作成したものです。

平均点　44.35　標準偏差　14.87　　　　　　　　　　　　受験者数：39,482

得　点	偏差値	得　点	偏差値	得　点	偏差値	得　点	偏差値
100	87.4	70	67.2	40	47.1	10	26.9
99	86.8	69	66.6	39	46.4	9	26.2
98	86.1	68	65.9	38	45.7	8	25.6
97	85.4	67	65.2	37	45.1	7	24.9
96	84.7	66	64.6	36	44.4	6	24.2
95	84.1	65	63.9	35	43.7	5	23.5
94	83.4	64	63.2	34	43.0	4	22.9
93	82.7	63	62.5	33	42.4	3	22.2
92	82.0	62	61.9	32	41.7	2	21.5
91	81.4	61	61.2	31	41.0	1	20.8
90	80.7	60	60.5	30	40.3	0	20.2
89	80.0	59	59.9	29	39.7		
88	79.4	58	59.2	28	39.0		
87	78.7	57	58.5	27	38.3		
86	78.0	56	57.8	26	37.7		
85	77.3	55	57.2	25	37.0		
84	76.7	54	56.5	24	36.3		
83	76.0	53	55.8	23	35.6		
82	75.3	52	55.1	22	35.0		
81	74.6	51	54.5	21	34.3		
80	74.0	50	53.8	20	33.6		
79	73.3	49	53.1	19	33.0		
78	72.6	48	52.5	18	32.3		
77	72.0	47	51.8	17	31.6		
76	71.3	46	51.1	16	30.9		
75	70.6	45	50.4	15	30.3		
74	69.9	44	49.8	14	29.6		
73	69.3	43	49.1	13	28.9		
72	68.6	42	48.4	12	28.2		
71	67.9	41	47.7	11	27.6		

2024年度 本試験「政治・経済」 解答・配点

(100点満点)

問題番号(配点)	設問(配点)	解答番号	正解	自己採点欄	問題番号(配点)	設問(配点)	解答番号	正解	自己採点欄
第1問 (26)	1 (3)	1	③	○	第3問 (25)	1 (3)	17	②	×
	2 (4)	2	②	○		2 (3)	18	⑥	
	3 (3)	3	⑦	○		3 (3)	19	④	×
	4 (3)	4	③	×		4 (3)	20	⑦	×
	5 (4)	5	③	×		5 (3)	21	③	○
	6 (3)	6	②	×		6 (3)	22	④	
	7 (3)	7	⑤	×		7 (4)	23	⑥	
	8 (3)	8	④	×		8 (3)	24	②	
小計				16	小計				3
第2問 (25)	1 (3)	9	③	○	第4問 (24)	1 (4)	25	⑥	
	2 (3)	10	④	○		2 (4)	26	⑤	
	3 (4)	11	⑤	×		3 (4)	27	③	×
	4 (3)	12	②	○		4 (4)	28	①	
	5 (3)	13	⑤			5 (4)	29	⑦	○
	6 (3)	14	④	○		6 (4)	30	⑤	
	7 (3)	15	②	×	小計				8
	8 (3)	16	④	○	合計				
小計				18					

解　説

第1問

〈出題分野〉

政治，経済

〈出題のねらい〉

　生徒2人が県主催の公開講座に参加したという想定の下，地方自治，裁判員制度，社会保障制度などを出題した。問5は有効求人倍率についての知識と統計資料の読み取り，考察力を問うた。問6は資料を丁寧に読み取らなければならない。簡単な計算も必要である。問1では少年法に関するやや難しい知識，問8でも中央省庁について細かい知識，時事的事項が問われた。なお，新科目「公共」では自立した主体として社会の形成に参画することに向け，法的な主体，政治的な主体，経済的な主体という角度から学習することになっており，本問冒頭にある公開講座の内容一覧は「公共」を意識したものだろう。

〈解説〉

問1　　1　　正解③

　③は誤り。刑事罰の適用対象とならない年齢は14歳未満である。刑事罰を科すことができる年齢（刑事処分可能年齢）はかつて16歳以上だったが，少年法が改正され，2001年に14歳以上に引き下げられた。

　①は正しい。選挙運動は18歳以上の者が行うことができる。公職選挙法は選挙運動として戸別訪問を行うことは禁止しているが，特定の候補者への投票を電話で依頼することは認めている。

　②は正しい。憲法改正に関する国民投票の投票権年齢はかつて20歳以上だったが，国民投票法が改正され，2018年に18歳以上に引き下げられた。

　④は正しい。未成年者が親などの法定代理人の同意を得ずに単独で締結した契約は，原則として取り消すことができる。この権利を未成年者取消権という。成年年齢が2022年に20歳から18歳に引き下げられたことにより，18歳，19歳の者が締結した契約は未成年者取消権の対象とならなくなった。

問2　　2　　正解②

　ア　「多い」が入る。変更前の選挙制度では各選挙区の当選者の政党は次のようになる。

　＜選挙区a＞B党，C党　　　＜選挙区b＞B党，C党

　＜選挙区c＞B党，C党　　　＜選挙区d＞A党，B党

　＜選挙区e＞A党，B党

　したがって各政党の当選者数は，A党が2，B党は5，C党は3になる。得票数の合計が135票で最も少ないB党は，当選者数が最多の5である。

　イ　「増加」が入る。死票とは落選者に投じられた票をいう。変更前の選挙制度では，死票になるのは得票数が3位の候補者に投じられた票だけであるが，変更後の選挙制度では得票数が2位の候補者と3位の候補者に投じられた票が死票になるので，増加することになる。

　実際に計算すると，各選挙区の死票の数は，変更前の選挙制度では次のようになる。

　＜選挙区a＞10　　　＜選挙区b＞25

　＜選挙区c＞15　　　＜選挙区d＞15

　＜選挙区e＞25

　したがって死票の数は全部で＜10＋25＋15＋15＋25＝90＞である。

　変更後の選挙制度では次のようになる。

　＜選挙区a＞10＋25＝35　　＜選挙区b＞25＋30＝55

　＜選挙区c＞15＋20＝35　　＜選挙区d＞25＋15＝40

　＜選挙区e＞35＋25＝60

　したがって死票の数の合計は＜35＋55＋35＋40＋60＝225＞である。

　ウ　「少ない」が入る。変更後の選挙制度では各選挙区の当選者の政党は次のようになる。

　＜選挙区a＞C党　　　＜選挙区b＞C党

　＜選挙区c＞C党　　　＜選挙区d＞A党

　＜選挙区e＞A党

　したがって各政党の当選者数は，A党は2，B党は0，C党が3になる。得票数の合計が135票で最も少ないB党は，当選者数も0で最も少ない。

問3　　3　　正解⑦

　ア　「直接請求」が入る。地方自治法は，生徒Xの2番目の発言にある「条例の制定」などを，住民が地方自治体に請求する直接請求制度を定めている。情報公開は自治体に対し情報の開示を求めるものであり，住民の意見を届ける手段とは言えない。

　イ　「50分の1」が入る。住民が直接請求制度を利用するためには，一定数以上の有権者の署名が必要である。条例の制定などの場合は，その自治体の有権者の50分の1以上である。これに対し，議会の解散などを請求する場合は，原則として3分の1以上となっている。

　ウ　「請願権」が入る。日本国憲法第16条は「何人も，損害の救済，公務員の罷免，法律，命令又は規則の制定，廃止又は改正その他の事項に関し，平穏に請願する権利を有し，何人も，かかる請願をしたためにいかなる差別待遇も受けない」と定めている。この権利を請願権と呼ぶ。

— 公，政 101 —

問4　4　正解③

ア　「事件ごとに」が入る。裁判員制度では裁判員は事件ごとに選任される。この点ではアメリカなどの陪審制度と同じである。

イ・ウ　順に「裁判員と裁判官が合議で」「加わる」が入る。裁判員制度では裁判員と裁判官が一つの合議体を形成し，有罪か無罪かの事実認定と量刑を行う。したがって裁判員は事実認定だけでなく，量刑の判断にも加わる。この点ではドイツなどの参審制度と同じである。

問5　5　正解③

ア　「上回って」が入る。求人数と求職者数の関係を示すのが有効求人倍率であり，有効求人倍率は求人数を求職者数で割った値である。したがって求人数の方が多ければ有効求人倍率は1倍を超え，求職者数の方が多ければ1倍未満になる。資料1で2014年以降は1倍を超えているので，求人数が求職者数を上回っていることになる。

イ　「不足して」が入る。労働市場では，求人が労働力の需要，求職が労働力の供給にあたる。資料2で「事務的職業」の有効求人倍率は1倍を下回っている。これは求人数より求職者数の方が多いこと，すなわち労働力の需要より供給の方が多いということであり，労働力の需要量が不足していることを示している。反対に，資料2で「輸送・機械運転の職業」の有効求人倍率は1倍を上回っており，これは労働力の供給量が不足していることを表している。

ウ　「フルタイム」が入る。イには「不足して」が入るので，ウには「労働力の需要量が不足している」雇用形態，すなわち有効求人倍率が1倍を下回っている雇用形態が当てはまる。資料3で「フルタイム」は有効求人倍率が1倍を下回っているが，「パートタイム」は1倍を上回っている。

問6　6　正解②

ア　「例a」が入る。資料では「実収入」から「非消費支出」を差し引いたものが可処分所得にあたるので，例aの可処分所得は＜550－150＝400＞，例bの可処分所得は＜310－60＝250＞になる。したがって，可処分所得に占める消費支出の割合である平均消費性向は，例aが＜300÷400×100＝75（％）＞，例bは＜180÷250×100＝72（％）＞であり，例aの方が高い。なお，資料の「実収入」と「実支出」の差（例aの場合は＜550－450＝100＞）が貯蓄であり，この値は可処分所得から消費支出を差し引いた値（例aの場合は＜400－300＝100＞）と一致する。例aで図示すると，次のようになる。

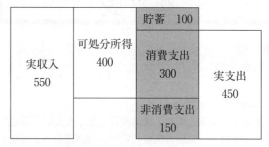

例a

イ　「30％」が入る。エンゲル係数は，消費支出に占める食料費の割合である。例cのエンゲル係数は＜30÷100×100＝30（％）＞になる。

問7　7　正解⑤

ア　正しい。社会保険制度は，被保険者が保険料を納め，保険の対象となる事由が発生した場合に給付を受けるというのが基本的な形である。例えば年金保険では一定の年齢に達した場合など，雇用保険では失業した場合などに給付が行われる。

イ　誤り。生活保護などの公的扶助制度の財源は保険料ではなく，全額が公費である。生活保護制度の財源は国が4分の3，都道府県が4分の1を負担している。

ウ　正しい。社会福祉制度は，老齢者，障害者，児童など援護を必要とする人に対し，施設の運営，サービスの提供などを行うものである。財源は主に公費である。

問8　8　正解④

④は誤り。2023年に新設されたこども家庭庁は内閣府の外局であり，内閣府に置かれている。

①は正しい。消費者庁は2009年に内閣府の外局として設置された。

②は正しい。復興庁は2012年に内閣に設置された。

③は正しい。デジタル庁は2021年に内閣に設置された。

第2問

〈出題分野〉
　政治，経済

〈出題のねらい〉
　生徒2人がさまざまな団体・集団の働きについて調べることにしたという設定で，社会保険，信教の自由・政教分離原則，会社企業などを出題した。問1は文献の抜粋，問6は消費者団体訴訟制度についてのメモ，問8は臓器移植法改正に関するメモの，それぞれ読解問題である。問4も地方自治法の条文の読み取りを求めている。問2はやや細かい知識を問うているが，設問の中にヒントがある。

〈解説〉

問1 ⌈9⌉ 正解③

③は正しい。**資料**6～7行目に「国家とは，ある一定の領域の内部で…(略)…正当な物理的暴力行使の独占を(実効的に)要求する人間共同体である」とあり，9～10行目に「国家が暴力行使への『権利』の唯一の源泉とみなされている」とある。

①は誤り。**資料**で暴力行使が「国家に特有な手段」(2行目)とされているのは，今日である。また，**資料**では，暴力行使は過去に「国家が用いる通常かつ唯一の手段」であったとは述べられていない。

②は誤り。**資料**3～5行目の「過去においては，氏族(ジッペ)を始めとする多種多様な団体が，物理的暴力をまったくノーマルな手段として認めていた」という記述に，後段が反する。

④は誤り。**資料**は7～9行目で，今日では，国家以外の団体や個人は，国家の許容した範囲内でのみ，物理的暴力を行使することが認められているとし，最後の行で，これを「現代に特有な現象である」と述べている。

問2 ⌈10⌉ 正解④

ア bが入る。雇用保険の失業給付の財源は，事業主と労働者が折半して負担する保険料と，政府が拠出する国庫負担金である。

イ dが入る。労働者災害補償保険(労災保険)の保険料は，全額を事業主が負担する。労働者の負担はない。また，雇用保険と異なり，労災保険の財源に国費は投入されていない。

アの正答**b**はやや細かい知識であるが，**メモ**で，労災保険は「給付の財源となる保険料の負担者は，⌈ **イ** ⌉」となっているのに対し，雇用保険は「給付の財源の負担者は，⌈ **ア** ⌉」となっており，雇用保険の財源には保険料以外も充てられていることのヒントになっている。

問3 ⌈11⌉ 正解⑤

ア bが入る。公務員の労働基本権は制限されており，国家公務員法などによって，ストライキなどの争議行為は禁止されている。不当労働行為とは，労働組合活動に対して使用者が行う妨害的な行為をいい，労働組合法によって禁止されている。

イ cが入る。人事院は給与など国家公務員の勤労条件の改善について，毎年，国会と内閣に勧告を行っている。人事院勧告と呼ばれる。国家公務員の労働三権が制限されていることに対する代償措置として導入されている。

ウ eが入る。一般職の国家公務員は労働三権のうち，団結権と団体交渉権は否定されていないが，団体行動権(争議権)は否定されている。**e**はこのことを述べている。

団結権は否定されておらず，勤労条件の維持改善を目的とする職員団体，すなわち労働組合を組織することはできるので，**f**は誤りである。

問4 ⌈12⌉ 正解②

ア aが入る。「地方自治の本旨」には団体自治と住民自治の二つの要素があり，国から独立した団体が地域の行政を行うことを団体自治，その団体の運営を地域住民の意思に基づいて行うことを住民自治という。

イ dが入る。**メモ**の第2段落の6～7行目に「住民に身近な行政はできる限り地方公共団体にゆだねる」という地方自治法第1条の2の条文が引用されている。

問5 ⌈13⌉ 正解⑤

ア 正しい。日本国憲法第20条が保障する信教の自由には，信仰の自由，宗教的行為の自由，宗教的結社の自由が含まれている。特定の宗教を信仰していることを理由とする弾圧や，特定宗教を信仰することの強制は，信仰の自由の侵害にあたる。宗教的行為とは宗教上の儀式・行事などを主催し，またはそれに参加することや，布教を行うことなどである。宗教的結社とは，宗教団体を組織することである。

イ 誤り。憲法第20条第1項後段は「いかなる宗教団体も，国から特権を受け，又は政治上の権力を行使してはならない」と規定し，あらゆる宗教団体について，国から特権を受けること，政治上の権力を行使することを禁止している。

ウ 正しい。憲法第20条第3項は「国及びその機関は，宗教教育その他いかなる宗教的活動もしてはならない」と定めている。

問6 ⌈14⌉ 正解④

④は正しい。**メモ**の「3. 消費者団体訴訟制度を導入するねらい」の2番目の項で述べられている内容である。

①は誤り。**メモ**の「2. 改正の背景」の2番目の項は，消費者団体訴訟制度を導入した背景として，「行政規制だけでは，被害の未然防止や拡大防止が十分にできなかった」ことを指摘している。

②は誤り。消費者団体訴訟制度の導入は，規制を緩和するものではない。行政規制とは別に，司法制度を利用するものである。

③は誤り。消費者団体訴訟制度の導入後も，行政は引き続き消費者被害の未然防止や拡大防止に取り組む。**メモ**の「1. 改正の内容」に述べられている。

問7 ⌈15⌉ 正解②

ア aが入る。株主は有限責任であり，会社の債務に対して出資額を限度とする責任を負うだけである。

イ cが入る。株式会社と同様に，有限責任の出資者

— 公，政 103 —

だけで構成されるのは合同会社である。合名会社は，無限責任の出資者で構成される。

ウ f が入る。ウには，株主が自らの経済的利益を優先し，社会にとって望ましくない活動を会社にさせる事態を避けるための方策が当てはまる。会社に社会的責任を果たさせて，従業員，取引先，顧客など幅広いステークホルダー（利害関係者）の利益を確保することは，そのような事態を防ぐのに有効である。e の株主代表訴訟は，株主が会社に代わり，取締役の経営責任を追及するために提起する訴訟である。

問8 　16 　正解④

ア　正しい。臓器を摘出できるのは，法改正前は「本人が書面で臓器を提供する意思を表示しており，家族が拒まないとき」だけだった。法改正後は「本人が書面で臓器を提供する意思を表示しており，家族が拒まないとき」か「本人の臓器提供の意思は不明であるが，家族が書面で承諾するとき」のいずれかである。法改正の前後を問わず，本人が臓器を提供しない意思を表示していれば，たとえ家族が承諾したとしても，臓器摘出はできない。

イ　正しい。法改正後は「本人の臓器提供の意思は不明であるが，家族が書面で承諾するとき」も臓器を摘出でき，これは「臓器を提供しない意思を表示していない15歳未満の者」の臓器摘出についても認められているが，本人が臓器を提供しない意思を表示している場合は，家族が承諾したとしても臓器摘出はできない。

ウ　誤り。法改正後，臓器を摘出できるのは「本人が書面で臓器を提供する意思を表示しており，家族が拒まないとき」か「本人の臓器提供の意思は不明であるが，家族が書面で承諾するとき」のいずれかである。本人が提供の意思を表示していても，家族が反対していれば臓器摘出はできない。

第3問

〈出題分野〉

経済，国際経済

〈出題のねらい〉

大学教員による出張講義で配布された資料をもとに，国民所得，需要曲線の移動などを出題した。問1，問4はGDP，GDPデフレーターなどの知識と計算を求めた。問5も計算問題である。景気循環に関する問6では知識，文章と統計資料の読み取り，考察力が求められている。統計資料3点の読み取りには熟考を要する。問7は比較生産費説についてやや難度の高いパターンを出題した。これも計算を要する。

〈解説〉

問1 　17 　正解②

エ　「250」が入る。農家，製粉会社，製パン会社がそれぞれ生み出した付加価値額は，それぞれの生産総額から中間投入物の額を引いたものである。製パン会社の生産総額は400万円，中間投入物の額（イ）は，製粉会社から購入した小麦粉の価格150万円なので，付加価値額は＜400万－150万＝250万（円）＞になる。

オ　「400」が入る。この国のGDP（国内総生産）は農家，製粉会社，製パン会社の付加価値額の合計である。エと同じように考えて，製粉会社の付加価値額（ウ）は＜150万－50万＝100万（円）＞なので，GDPは＜50万＋100万＋250万＝400万（円）＞になる。

問2 　18 　正解⑥

ア　b が入る。GDP（国内総生産）に海外からの純所得を加えると，GNP（国民総生産）になり，GNPから固定資本減耗を除くと，NNP（国民純生産）になる。NNPから間接税を差し引き，補助金を加えたものは，NI（国民所得）である。

イ　c が入る。NIは生産面，分配面，支出面の三つの側面からとらえることができ，それぞれ生産国民所得，分配国民所得，支出国民所得と呼ばれる。

ウ　f が入る。生産国民所得，分配国民所得，支出国民所得は，同じ国民所得を別の角度から把握しているものであるから，それらの額は一致する。これを三面等価の原則という。

問3 　19 　正解④

市場の失敗とは，市場メカニズムがうまく機能せず，資源の効率的な配分が達成できないことをいう。

ア　正しい。独占についての記述である。市場が独占状態にある場合は，市場の失敗が起こる。

イ　正しい。外部不経済についての記述である。外部不経済は市場の失敗を引き起こす。

ウ　誤り。売り手が持っている情報をすべて買い手が持っていることにより，市場の失敗が起こることはない。そうではなく，売り手が持っている情報と買い手が持っている情報に差があると，市場の失敗につながる。これを情報の非対称性という。

問4 　20 　正解⑦

ア　d が入る。名目GDP（名目国内総生産）と実質GDP（実質国内総生産）は，＜名目GDP÷GDPデフレーター×100＝実質GDP＞という関係にある。2020年の名目GDPは540兆円，実質GDPは360兆円なので，2020年のGDPデフレーターをxとすると，＜540兆÷x×100＝360兆＞という方程式が成り立つ。これを解くと＜x＝150＞

― 公，政 104 ―

になる。また，基準年のGDPデフレーターは100なので，<名目GDP÷100×100＝実質GDP>より，基準年においては名目GDPと実質GDPが一致する。2010年は名目GDPと実質GDPが400兆円で一致しているので，2010年を基準年と考えることができ，したがって2020年のGDPデフレーター150は，2010年を基準年としたものと考えることができる。

イ　eが入る。GDPデフレーターは基準年の値を100とする物価指数であり，ある年の物価が基準年より上昇していると，その年のGDPデフレーターは100より大きくなり，物価が下落していると，GDPデフレーターは100より小さくなる。2020年のGDPデフレーターは150なので，2020年の物価は基準年(2010年)より上昇したことになる。

問5　21　正解③

規制導入前，1年間に排出する汚染物質の量は，**企業A**が<100×0.01＝1（トン）>，**企業B**は<500×0.02＝10（トン）>なので，汚染物質の総量は<1＋10＝11（トン）>である。

③は正しい。この規制により，1年間に排出する汚染物質の量は，**企業A**が最大で<120×0.015＝1.8（トン）>，**企業B**は最大で<600×0.015＝9（トン）>になるので，汚染物質の総量は最大で<1.8＋9＝10.8（トン）>となり，規制導入前より減る。

①は誤り。この規制により，1年間に排出される汚染物質の総量は，最大で<（**企業A**の汚染水の年間排出量）×0.001＋（**企業B**の汚染水の年間排出量）×0.001（トン）>になる。汚染水の年間排出量は制限されていないので，**企業A**，**企業B**の汚染水の年間排出量によっては，この値は規制導入前の11トンを超える。

②は誤り。この規制により，1年間に排出される汚染物質の総量は，最大で<50×（**企業A**の汚染水の濃度）＋200×（**企業B**の汚染水の濃度）（トン）>になる。汚染水の濃度は制限されていないので，**企業A**，**企業B**の汚染水の濃度によっては，この値は規制導入前の11トンを超える。

④は誤り。この規制により，1年間に排出する汚染物質の量は，**企業A**が最大で<300×0.01＝3（トン）>，**企業B**が最大で<400×0.02＝8（トン）>になるので，汚染物質の総量は最大で<3＋8＝11（トン）>になる。最大になった場合は規制導入前と変わらないので，確実に減少することにはならない。

問6　22　正解④

ア・イ・ウ　順に「民間部門の在庫」「民間設備投資」「GDP」が入る。**資料2～4**の読み取り方に注意する必要がある。これらのグラフが示しているのは対前年増減額であって，**ア，イ，ウ**の額そのものではない。したがって，ある年の値が前年より小さくなっていても，その値がプラスである限りは，**ア**や**イ**や**ウ**は前年より増加していることになる。

資料1に，1989～94年の間に，生産は「抑制」（5行目）から「増加」（9行目）に転じたとあり，設備投資についても「減少」（5行目）から「活発化」（8～9行目）に変わったと述べられている。したがって生産額を表すGDP（国内総生産）と民間設備投資の対前年増減額の動きは，この間に下降局面から上昇局面に転じて終わっていると考えられる。それを示しているのは**資料3**と**資料4**である。このうち**資料3**では，1992，93，94年にマイナスになっており，**イ**は前年より減少したことがわかるが，**資料4**にはマイナスになった年はない。**資料1**に設備投資は「減少」（5行目）したとあるので，マイナスの年がある**資料3**の**イ**が民間設備投資で，**資料4**の**ウ**がGDPと判断できる。

そして残る**資料2**の**ア**が民間部門の在庫になる。1994年に，**資料3**の**イ**（民間設備投資）は反転して減少幅が縮小し，**資料4**の**ウ**（GDP）も反転して増額幅が拡大しているが，**資料2**の**ア**（民間部門の在庫）は下降局面を続けたまま，前年より減少している。これは**資料1**の7～9行目の「企業による過剰在庫の処分……とともに……景気は回復し，さらに好況に向かう。この中で企業の設備投資も活発化し，生産……も増加していく」という記述と符合する。

問7　23　正解⑥

a・b・c　順に「誤り」「正しい」「正しい」。**A国**における技術革新以前，自動車1単位を生産するのに必要な労働力の量は，**A国**ではオレンジ1単位を生産するのに必要な労働力の量の4倍(20÷5＝4)，**B国**ではオレンジ1単位を生産するのに必要な労働力の量の2.5倍(10÷4＝2.5)である。オレンジ生産との比較で自動車を安いコストで生産しているのは**B国**なので，自動車生産に比較優位を持つのは**B国**である。ちなみに，オレンジ1単位を生産するのに必要な労働力の量は，**A国**では自動車1単位を生産するのに必要な労働力の量の0.25倍(5÷20＝0.25)，**B国**では自動車1単位を生産するのに必要な労働力の量の0.4倍(4÷10＝0.4)なので，自動車生産との比較でオレンジを安いコストで生産している，すなわちオレンジ生産に比較優位を持つのは**A国**である。

＜A国における技術革新以前＞

	自動車1単位の生産に必要な労働力の量	オレンジ1単位の生産に必要な労働力の量
A国	オレンジ1単位の生産に必要な労働力の量の4倍	自動車1単位の生産に必要な労働力の量の0.25倍 （オレンジ生産に比較優位あり）
B国	オレンジ1単位の生産に必要な労働力の量の2.5倍 （自動車生産に比較優位あり）	自動車1単位の生産に必要な労働力の量の0.4倍

アに入る数値をxとすると，A国における技術革新以後，A国では，自動車1単位を生産するのに必要な労働力の量は，オレンジ1単位を生産するのに必要な労働力の量の＜x÷5（倍）＞になる。B国は2.5倍で変わらない。自動車生産に比較優位を持つ国がB国からA国に変わる，すなわちオレンジ生産との比較でA国の方が自動車を安いコストで生産しているためには，次の不等式が成り立たなければならない。

x÷5 ＜ 2.5

a，b，cの各数値のうち，この不等式を満たすのは，b（10）とc（5）だけである。

ちなみに，A国における技術革新以後，A国では，オレンジ1単位を生産するのに必要な労働力の量は，自動車1単位を生産するのに必要な労働力の量の＜5÷x（倍）＞になり，自動車生産にA国が比較優位を持つ場合は，オレンジ生産にはB国が比較優位を持つことになる。

＜A国における技術革新以後＞

	自動車1単位の生産に必要な労働力の量	オレンジ1単位の生産に必要な労働力の量
A国	オレンジ1単位の生産に必要な労働力の量の（x÷5）倍 x＝10のとき，2倍 x＝5のとき，1倍 （自動車生産に比較優位あり）	自動車1単位の生産に必要な労働力の量の（5÷x）倍 x＝10のとき，0.5倍 x＝5のとき，1倍
B国	オレンジ1単位の生産に必要な労働力の量の2.5倍	自動車1単位の生産に必要な労働力の量の0.4倍 （オレンジ生産に比較優位あり）

問8 ┃24┃ 正解②

②が適当。安価な冷凍野菜の輸入が解禁されると，生鮮野菜の需要は減少するので，生鮮野菜の需要曲線は左に移動すると考えられる。したがって③と④は不適である。また，「消費者は，生鮮野菜の価格が高いほど，生鮮野菜より冷凍野菜を好んで購入する傾向にある」ので，生鮮野菜の価格が高いほど，輸入解禁前と解禁後の需要量の差は大きく，価格が安いほど，その差は小さくなる。したがって①は不適で，②が適当である。

第4問

〈出題分野〉

政治，国際政治，経済，国際経済

〈出題のねらい〉

生徒3人が「国際社会における日本の立場と役割」をテーマにグループワークを行ったと想定し，イメージマップをもとに人口問題，ODAなどを出題した。問1の文献3点の抜粋には，政治思想家3人の基本的なキーワードを含めておらず，難度を上げている。家計の金融資産構成に関する問4は，知識，統計資料と会話文の読み取り，さらに考察力を求めている。問5は宇宙条約の読み取り問題である。問2，問6には「政治・経済」よりも「現代社会」でよく学習する事項が含まれている。問2は資料の読み取りと思考力を問い，問6は時事的事項も出題した。

〈解説〉

問1 ┃25┃ 正解⑥

ア　cが該当する。アはロック（1632～1704年）の『統治二論（市民政府二論）』（1690年）の一節である。自然状態について述べていること，「何人も他人の生命，健康，自由，あるいは所有物を侵害すべきではない」という記述から判断できる。ロックは，自然状態において人々は自然権として，生命，自由，財産を維持する権利を持っていると説いた。

イ　bが該当する。イはホッブズ（1588～1679年）の『リヴァイアサン（リバイアサン）』（1651年）の抜粋である。ホッブズはこのように述べて，人々は権力をつくり出す，すなわち国家を設立すると唱えた。

ウ　aが該当する。ウはグロティウス（グロチウス）（1583～1645年）の『戦争と平和の法』（1625年）からの引用である。グロティウスはこの著書で，自然法の立場から，国際社会にも諸国家が従わなければならない法があり，平時だけでなく戦時にも適用されなければならないと説いた。

なお，アの記述は『完訳　統治二論』（加藤節訳，岩波

— 公，政106 —

書店），**イ**の記述は『リヴァイアサン（一）』（水田洋訳，岩波書店），**ウ**の記述は『戦争と平和の法　第一巻』（一又正雄訳，酒井書店・育英堂）による。

問2 　26　**正解⑤**

ア　「中国」が入る。図は人口ピラミッドと呼ばれるものである。2050年に生産年齢人口（15～64歳）に含まれる人たちは2020年時点では34歳以下なので，2050年の生産年齢人口の総人口に占める割合が2020年より最も落ち込むと考えられるのは，2020年時点の34歳以下の人たちの人口が，15～64歳の人たちの人口に比べて最も大きく落ち込んでいる国と考えることができる。両者を比較する際，15～34歳の人たちは2020年と2050年のいずれの時点でも生産年齢人口に含まれるので，2020年時点の14歳以下の人たちの人口と35～64歳の人たちの人口を比べればいいことになる。それは中国である。インドとインドネシアは，14歳以下の各年齢階級の人口はいずれも35～64歳の各年齢階級の人口を上回っているが，中国では，60～64歳を除く各年齢階級の人口を下回っている。

イ　「人口オーナス」が入る。人口構成の変化が経済成長にマイナスに作用する状態を，人口オーナスという。オーナスとは「重荷，負担」という意味である。生産活動の中心を担う生産年齢人口の割合が低い状態，低下する状態が，それにあたる。これに対し，人口構成の変化が経済成長にプラスに作用する状態は人口ボーナスと呼ばれ，生産年齢人口の割合が高い状態，上昇する状態である。一般に，「多産多死社会」から「多産少死社会」に移行すると，人口ボーナス期に入るが，その後，社会が成熟するにつれて少子高齢化が進み，人口オーナス期に入ると考えられている。

問3 　27　**正解③**

③は正しい。政府開発援助（ODA）として行われる，食料や医薬品などの消費財の無償援助は，国際収支統計では経常収支のうち，第二次所得収支に含まれる。

①は誤り。「一帯一路」は，中国の習近平国家主席が2013年に提唱した経済圏構想である。陸路と海路からなり，中国から欧州までを陸路で結ぶのが「シルクロード経済ベルト」（一帯），南シナ海やインド洋などをつなぐのが「21世紀海上シルクロード」（一路）である。

②は誤り。アジアインフラ投資銀行（AIIB）は，アジア諸国向けを中心に，インフラ（社会基盤）整備に必要な資金を貸し出す国際金融機関で，中国が主導して2015年に発足した。創設時の参加国は57か国で，アジア諸国に限らず，イギリス，フランス，ドイツ，イタリアなども加わった。日本，アメリカは参加しなかった。

④は誤り。開発協力大綱（2015年策定，2023年改定）は，

日本がODAを実施するうえでの理念や目的，基本方針を定めた文書である。目的の一つに「我が国の国益の実現に貢献すること」を掲げている。

問4 　28　**正解①**

ア　「低い」が入る。金融資産の収益性とは，どれくらい利益を得られるかをいい，安全性とは，どれくらい損失を被らないかをいう。金融商品を持っていると，価格の変動，企業の倒産，国の財政破綻，為替相場の変動などによって損をすることがある。生徒Zの発言の「リスク」は安全性（「リスクが高い」とは「安全性が低い」ということ），「リターン」は収益性にあたる。また，流動性とは換金のしやすさであり，現金化しやすいことを「流動性が高い」という。この三つの間には，「収益性が高ければ安全性は低く，安全性が高ければ収益性は低い」「収益性が高ければ流動性は低く，流動性が高ければ収益性は低い」という関係があり，収益性が高い金融資産は，一般的に安全性と流動性が低い。また，この知識がなくても，生徒Yが2回目の発言で，安全性を高めるために収益性は低くてもいいと述べていること，反対に生徒Xは2回目に安全性が低くても収益性が高い方がいいと発言していることからも，「低い」が入ると判断できる。

イ　「日本」が入る。「資産が減る可能性を最も低くしたい」ということは，収益性，安全性，流動性のうち，安全性を最重要視するということである。資料の金融資産のうち，安全性が最も高いのは「現金・預金」である。現金は収益性が低いことからも，わかるだろう。日本は「現金・預金」の割合が54.3％で，アメリカ，ユーロエリアに比べて，極端に高い。

問5 　29　**正解⑦**

ア　正しい。この事例は，宇宙条約第4条の「条約の当事国は，核兵器……を運ぶ物体を地球を回る軌道に乗せないこと……を約束する」に違反する。

イ　正しい。この事例のように占拠することは，宇宙条約第2条（「月その他の天体を含む宇宙空間は，主権の主張，使用もしくは占拠またはその他のいかなる手段によっても国家による取得の対象とはならない」）によって認められない。

ウ　正しい。宇宙条約第6条は「条約の当事国は，……宇宙空間における自国の活動について，それが政府機関によって行なわれるか非政府団体によって行なわれるかを問わず，国際的責任を有し……」と規定している。したがって，企業Kの活動についてもJ国は国際的な責任を負っている。

問6 　30　**正解⑤**

ア　**b**が入る。発電する際に発生する熱を温水や蒸気

— 公，政 107 —

の形で電気と同時に供給し，給湯や冷暖房を行うシステムを，コージェネレーション（コジェネレーション）という。スマートグリッドとは，情報通信技術（ICT）を活用して電力の流れを需要・供給の両側から調整し，最適化できるようにした「賢い送電網」をいう。

イ **c**が入る。プライバシーの権利は，もともとは私生活をみだりに公開されない権利としてとらえられていたが，今日では，自分に関する情報が勝手に利用されないよう，自分でコントロールする権利として理解されている。新しい人権の一つであり，日本国憲法にプライバシーの権利を保障する明文の規定は置かれていない。したがって**d**は誤りである。

ウ **e**が入る。経済安全保障推進法は，安全保障を確保するための経済施策を総合的・効果的に推進することを目的に，2022年に成立した。半導体，医薬品など重要物質のサプライチェーン（供給網）に関する制度など，四つの制度を創設するものである。機微な技術の公開や情報流出を防止するための制度として，特許の非公開に関する制度も設けられ，半導体はこの制度の対象にも含まれる。**f**は文脈上，当てはまらないことがわかる。

MEMO

駿台文庫の共通テスト対策

※掲載書籍の価格は、2024年6月時点の価格です。価格は予告なく変更になる場合があります。

2025-大学入学共通テスト 実戦問題集

2024年6月刊行

※画像は2024年度版を利用し作成したイメージになります。

本番で問われるすべてをここに凝縮

◆ 駿台オリジナル予想問題5回+過去問※を収録
　※英語/数学/国語/地理歴史/公民は「試作問題+過去問2回」
　　理科基礎/理科は「過去問3回」

◆ 詳細な解答解説は使いやすい別冊挟み込み
駿台文庫 編　B5判　税込価格　1,540円　※理科基礎は税込1,210円

【科目別 17点】
- 英語リーディング　● 英語リスニング　● 数学I・A　● 数学II・B・C　● 国語
- 物理基礎　● 化学基礎　● 生物基礎　● 地学基礎　● 物理　● 化学　● 生物
- 地理総合,地理探究　● 歴史総合,日本史探究　● 歴史総合,世界史探究
- 公共,倫理　● 公共,政治・経済

※『英語リスニング』の音声はダウンロード式
※『公共, 倫理』『公共, 政治・経済』の公共は共通問題です

2025-大学入学共通テスト 実戦パッケージ問題 青パック【市販版】

2024年9月刊行

※画像は2024年度版を利用し作成したイメージになります。

共通テストの仕上げの1冊!
本番さながらのオリジナル予想問題で実力チェック

全科目新作問題ですので、青パック【高校限定版】や他の共通テスト対策書籍との問題重複はありません

税込価格　1,760円

【収録科目：7教科14科目】
- 英語リーディング　● 英語リスニング　● 数学I・A　● 数学II・B・C　● 国語
- 物理基礎／化学基礎／生物基礎／地学基礎　● 物理　● 化学　● 生物
- 地理総合,地理探究　● 歴史総合,日本史探究　● 歴史総合,世界史探究
- 公共,倫理　● 公共,政治・経済　● 情報I

※解答解説冊子・マークシート冊子付き
※『英語リスニング』の音声はダウンロード式
※『公共, 倫理』『公共, 政治・経済』の公共は共通問題です

「情報I」の新作問題を収録

短期攻略大学入学共通テストシリーズ

1ヶ月で基礎から共通テストレベルまで完全攻略

● 英語リーディング〈改訂版〉	税込1,320円
● 英語リスニング〈改訂版〉※	税込1,320円
NEW ● 数学I・A 基礎編〈改訂版〉	税込1,430円
NEW ● 数学I・A 実戦編〈改訂版〉	税込1,210円
NEW ● 数学II・B・C 基礎編〈改訂版〉	税込1,650円
NEW ● 数学II・B・C 実戦編〈改訂版〉	税込1,210円
● 現代文〈改訂版〉	2024年刊行予定
NEW ● 古文〈改訂版〉	税込1,100円
NEW ● 漢文〈改訂版〉	税込1,210円
● 物理基礎	税込　935円
● 化学基礎〈改訂版〉	2024年刊行予定
● 生物基礎〈改訂版〉	2024年刊行予定
● 地学基礎	税込1,045円
● 物理	税込1,320円
● 化学〈改訂版〉	2024年刊行予定
● 生物〈改訂版〉	2024年刊行予定
● 地学	税込1,320円

※『英語リスニング』の音声はダウンロード式

● 刊行予定は、2024年4月時点の予定です。
　最新情報につきましては、駿台文庫の公式サイトをご覧ください。

駿台文庫株式会社
〒101-0062 東京都千代田区神田駿河台1-7-4　小畑ビル6階
TEL 03-5259-3301　FAX 03-5259-3006
https://www.sundaibunko.jp

駿台文庫のお薦め書籍

※掲載書籍の価格は、2024年6月時点の価格です。価格は予告なく変更になる場合があります。

システム英単語〈5訂版〉
システム英単語Basic〈5訂版〉
霜 康司・刀祢雅彦 共著
システム英単語　B6判　税込1,100円
システム英単語Basic　B6判　税込1,100円

入試数学「実力強化」問題集
杉山義明 著　B5判　税込2,200円

英語 ドリルシリーズ
英作文基礎10題ドリル	竹岡広信 著　B5判　税込1,210円	英文法基礎10題ドリル	田中健一 著　B5判　税込990円
英文法入門10題ドリル	田中健一 著　B5判　税込913円	英文読解入門10題ドリル	田中健一 著　B5判　税込935円

国語 ドリルシリーズ
現代文読解基礎ドリル〈改訂版〉	池尻俊也 著　B5判　税込935円	古典文法10題ドリル〈漢文編〉	斉京宣行・三宅崇広 共著　B5判　税込1,045円
現代文読解標準ドリル	池尻俊也 著　B5判　税込990円	漢字・語彙力ドリル	霜 栄 著　B5判　税込1,023円
古典文法10題ドリル〈古文基礎編〉	菅野三恵 著　B5判　税込990円		
古典文法10題ドリル〈古文実戦編〉〈三訂版〉	菅野三恵・福沢健・下屋敷雅暁 共著　B5判　税込1,045円		

生きる シリーズ
霜 栄 著
生きる漢字・語彙力〈三訂版〉　B6判　税込1,023円
生きる現代文キーワード〈増補改訂版〉　B6判　税込1,023円
共通テスト対応　生きる現代文 随筆・小説語句　B6判　税込880円

開発講座シリーズ
霜 栄 著
現代文 解答力の開発講座　A5判　税込1,320円
現代文 読解力の開発講座〈新装版〉　A5判　税込1,320円
現代文 読解力の開発講座〈新装版〉オーディオブック　税込2,200円

国公立標準問題集CanPass（キャンパス）シリーズ
英語	山口玲児・高橋康弘 共著　A5判　税込1,210円	現代文	清水正史・多田圭太朗 共著　A5判　税込1,210円
数学Ⅰ・A・Ⅱ・B・C〈ベクトル〉〈第3版〉	桑畑信泰・古梶裕之 共著　A5判　税込1,430円	古典	白鳥永興・福田忍 共著　A5判　税込1,155円
		物理基礎＋物理	溝口真己・椎名泰司 共著　A5判　税込1,210円
数学Ⅲ・C〈複素数平面、式と曲線〉〈第3版〉	桑畑信泰・古梶裕之 共著　A5判　税込1,320円	化学基礎＋化学〈改訂版〉	犬塚壮志 著　A5判　税込1,760円
		生物基礎＋生物	波多野善崇 著　A5判　税込1,210円

東大入試詳解シリーズ〈第3版〉
25年 英語　25年 現代文　24年 物理・上　25年 日本史
20年 英語リスニング　25年 古典　20年 物理・下　25年 世界史
25年 数学〈文科〉　　25年 化学　25年 地理
25年 数学〈理科〉　　25年 生物
A5判（物理のみB5判）　各税込2,860円　物理・下は税込2,530円
※物理・下は第3版ではありません

京大入試詳解シリーズ〈第2版〉
25年 英語　25年 現代文　25年 物理　20年 日本史
25年 数学〈文系〉　25年 古典　25年 化学　20年 世界史
25年 数学〈理系〉　　　　　　15年 生物
A5判　各税込2,750円　生物は税込2,530円
※生物は第2版ではありません

2025- 駿台 大学入試完全対策シリーズ
大学・学部別
A5判／税込2,860〜6,050円

2025- 駿台 大学入試完全対策シリーズ
実戦模試演習
B5判／税込2,090〜2,640円

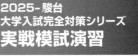

【国立】
■北海道大学〈文系〉　前期
■北海道大学〈理系〉　前期
■東北大学〈文系〉　前期
■東北大学〈理系〉　前期
■東京大学〈文科〉　前期※
■東京大学〈理科〉　前期※
■一橋大学　前期
■東京科学大学〈旧東京工業大学〉前期
■名古屋大学〈文系〉　前期
■名古屋大学〈理系〉　前期
■京都大学〈文系〉　前期
■京都大学〈理系〉　前期
■大阪大学〈文系〉　前期
■大阪大学〈理系〉　前期
■神戸大学〈文系〉　前期
■神戸大学〈理系〉　前期

■九州大学〈文系〉　前期
■九州大学〈理系〉　前期

【私立】
■早稲田大学　法学部
■早稲田大学　文化構想学部
■早稲田大学　文学部
■早稲田大学　教育学部-文系 A方式
■早稲田大学　商学部
■早稲田大学　基幹・創造・先進理工学部
■慶應義塾大学　法学部
■慶應義塾大学　経済学部
■慶應義塾大学　理工学部
■慶應義塾大学　医学部

※リスニングの音声はダウンロード式（MP3ファイル）

■東京大学への英語※
■東京大学への数学
■東京大学への国語
■東京大学への理科（物理・化学・生物）
■東京大学への地理歴史
　（世界史・日本史・地理）

■京都大学への英語
■京都大学への数学
■京都大学への国語
■京都大学への理科（物理・化学・生物）
■京都大学への地理歴史
　（世界史・日本史・地理）
■大阪大学への英語※
■大阪大学への数学
■大阪大学への国語
■大阪大学への理科（物理・化学・生物）

※リスニングの音声はダウンロード式（MP3ファイル）

駿台文庫株式会社
〒101-0062 東京都千代田区神田駿河台1-7-4　小畑ビル6階
TEL 03-5259-3301　FAX 03-5259-3006
https://www.sundaibunko.jp

① 20240711